Computergestützte Transkription arabisch-deutscher Gesprächsdaten

FTSK

Publikationen des Fachbereichs
Translations-, Sprach- und Kulturwissenschaft
der Johannes Gutenberg-Universität Mainz
in Germersheim

Band 75

Rahaf Farag

Computergestützte Transkription arabisch-deutscher Gesprächsdaten

Ein methodischer Beitrag zur Untersuchung gedolmetschter Gespräche

PETER LANG

Lausanne - Berlin - Bruxelles - Chennai - New York - Oxford

Bibliografische Information der Deutschen Nationalbibliothek
Die Deutsche Nationalbibliothek verzeichnet diese Publikation in der Deutschen Nationalbibliografie; detaillierte bibliografische Daten sind im Internet über http://dnb.d-nb.de abrufbar.

Zugl.: Univ. Mainz – Standort Germersheim, Diss., 2022

Autorin und Verlag danken der Deutschen Forschungsgemeinschaft und dem Freundeskreis FTSK Germersheim e. V. für die Unterstützung der Publikation.

D 77
ISSN 2199-6903
ISBN 978-3-631-88318-1 (Print)
E-ISBN 978-2-87574-728-0 (E-PDF)
E-ISBN 978-2-87574-729-7 (EPUB)
DOI 10.3726/b20240

Internationaler Verlag der Wissenschaften

Verlegt durch:
Peter Lang GmbH, Berlin, Deutschland

info@peterlang.com http://www.peterlang.com/

Abstract

Computer-assisted transcription of speech is a basic methodical tool for linguistic studies. It is notoriously difficult to reconstruct spoken language by means of writing – even more so when it is embedded in interaction processes that are polylingual and polydialectal. The greater the difference between the writing systems and the less the orthographic standardisation of non-standard varieties, the more difficult the reconstruction. This is also true for the transcription of Arabic-German talk-in-interaction: Arabic script (right-to-left) and Latin script (left-to-right) have opposing writing directions and the established methods to transcribe Arabic data are mostly, first and foremost, concerned with the written language, thus making the data much more difficult to curate. So how can we transcribe and translate Spoken Arabic in a convenient conversation-analytic manner? Which solutions do romanisation systems offer? Under what circumstances can transcription methods and corpus technology meet the needs of interaction-oriented research? How far do current practices support the sustainability and reusability of transcribed data? This book presents self-developed solutions for a systematic approach to Spoken Arabic transcription within polylingual contexts. The data stems from audio and video recordings of interpreter-mediated counselling sessions conducted via the telephone.

Dank

Forschung geht viele Wege, Umwege, Nebenwege, aber auch Irrwege, blickt zugleich auf weitere Wege, sucht beharrlich nach einem Lichtblick am Horizont und strebt nach Optimierung und Weiterentwicklung. Bei dieser Arbeit war es nicht anders. Die Transkription mehrsprachiger Gespräche mit arabischsprachigen Anteilen beschäftigt mich seit geraumer Zeit. Sie entsprang dem Interesse an der gesprächsanalytischen Erforschung mehrsprachiger, bisweilen dolmetschgestützter Interaktionen, speziell zu Aspekten der Dolmetschperformanz beim Telefondolmetschen Arabisch-Deutsch. Das Bedürfnis, eine Lösung für bislang wenig beachtete Probleme arabischsprachiger Transkription zu finden, wurde im Laufe der Zeit immer stärker und schließlich, am Ende eines langen Prozesses, zur festen Überzeugung, dass die speziellen Forschungszwecke derzeit ohne eine lateinschriftige Transkription des Arabischen nicht realisierbar sind. Ab diesem Moment wurden neue Pfade beschritten, die allerdings mitunter erst beim Gehen entstanden, fast so, als befände man sich in einem Labyrinth, an dessen Ende die Vertiefung der Datenanalyse wartet. Die gesamte weitere Entstehungsphase entwickelte eine Art Eigendynamik, sodass sich nach und nach weiterführende Ideen einstellen und durchsetzen konnten.

An dieser Stelle möchte ich mich bei all denjenigen ganz herzlich bedanken, die mich auf diesem Weg und während der Anfertigung der Dissertation nicht nur mit Rat und Tat unterstützt, sondern mir auch stets moralischen Beistand geleistet haben.

Zunächst gebührt mein besonderer Dank meinem Doktorvater, Herrn Professor Dr. Bernd Meyer, für die wohlwollende Förderung, seinen tatkräftigen Einsatz und die intensive Betreuung, die mir zahlreiche Wege eröffnet hat, meine Kenntnisse und Fähigkeiten kontinuierlich auszubauen, sowie für sein Vertrauen und die Schaffung von Freiräumen zur Entfaltung eigener Ideen.

Den weiteren Mitgliedern der Prüfungskommission, Frau Professorin Dr. Kristin Bührig (Universität Hamburg), Frau Professorin Dr. Andrea Cnyrim (Hochschule Karlsruhe) und Herrn Professor Dr. Utz Maas (Universität Graz), möchte ich für die aufgewendete Zeit und das entgegengebrachte Interesse bestens danken.

Frau Professorin Dr. Kristin Bührig danke ich zudem für ihre hilfreichen Kommentare und kritischen Anmerkungen.

Frau Professorin Dr. Andrea Cnyrim begleitet meinen akademischen Werdegang seit Anbeginn. Für ihr Dasein, ihre Empathie und den zuätzlichen Ansporn, den sie mir stets gibt, kann ich ihr nicht genug danken.

Ein herzliches Dankeschön geht an die Deutsche Forschungsgemeinschaft für die Bewilligung des Forschungsprojekts.

Den Mitarbeitern des Arbeitsbereichs Arabisch (Herrn Prof. em. Dr. Martin Forstner, Herrn Dipl.-Übers. Mohammed Alaoui, Herrn Dipl.-Übers. Andreas Bünger) am Fachbereich Translations-, Sprach- und Kulturwissenschaft der Johannes Gutenberg-Universität Mainz sei für den konstruktiven Austausch ausdrücklich gedankt.

Herr Professor Dr. Martin Forstner zeigte sich sehr interessiert am Fortgang der Arbeit und schenkte mir seine wertvolle Zeit durch Lektüre weiter Teile des Rohmanuskripts und durch anregende Diskussionen. „Nur Mut!", sagte er oft am Ende unserer sehr erbaulichen Besprechungen.

Bei Herrn Mohammed Alaoui fand ich in den ersten Phasen der Entwicklung und Erprobung der Umschrift stets ein offenes Ohr. Er gab mir immer wieder wichtige Hinweise, die sich bei der Entscheidungsfindung als hilfreich erwiesen haben.

Die Suche nach feinen Nuancen in der Welt der Sprachen, der Sprachwissenschaft und des Sprachgebrauchs braucht einen langen Atem. Herrn Andreas Bünger danke ich aufrichtig für seinen immensen Zuspruch sowie für die vertrauensvolle Zusammenarbeit und die fruchtbaren Diskussionen auf diesem gesamten Weg.

Ein Dank geht auch an Herrn Professor Dr. Eckehard Schulz (Universität Leipzig), Frau Professorin Dr. Dagmar Glaß (Rheinische Friedrich-Wilhelms-Universität Bonn) und Frau Dr. Kristina Stock (Universität Leipzig) für die prägnanten, kritischen Rückmeldungen, die auf ihre Art auch motivierend waren.

Herrn Dr. Thomas Schmidt (bis Mai 2022 beim Leibniz-Institut für Deutsche Sprache in Mannheim tätig) sei ebenfalls herzlich gedankt für sein Interesse an meinem Forschungsvorhaben, für die Bereitstellung seines computerlinguistischen Know-hows sowie für die Implementierung der ergänzten Umschriftzeichen in das Transkriptionstool *EXMARaLDA Partitur-Editor* und nicht zuletzt für die Teilnahme am internationalen, interdisziplinären Workshop „Discourse-oriented Transcription of Multilingual Data with Spoken Arabic Shares".

Danken möchte ich an dieser Stelle weiterhin Herrn Dr. Ahmad Mohammad Al-Harahsheh (Yarmouk University) und Herrn Dr. Dris Soulaimani (San Diego State University) für die Teilnahme am genannten Workshop, den interdisziplinären, wenn auch kurzen, Austausch und für die spannenden Datensitzungen.

Für allgemeine Hinweise bei der Dokumentation des Workflows zu Beginn danke ich Frau Hanna Hedeland, die zum damaligen Zeitpunkt noch Geschäftsführerin des Hamburger Zentrums für Sprachkorpora war.

Ebenso möchte ich allen mittelbar und unmittelbar beteiligten Personen danken, die die Erhebung der empirischen Daten ermöglicht haben und aus Datenschutzgründen nicht namentlich erwähnt werden dürfen: den Dolmetschern, die sich umgehend bereit erklärt haben, an der Untersuchung teilzunehmen, sich aufzeichnen ließen und mit Professionalität die Situation bewältigten, den Beratern, die nicht nur selbst zur Verfügung standen, sondern auch ihre Zeit und die nötigen Räumlichkeiten für die Aufzeichnung der Gespräche zur Verfügung gestellt haben, und insbesondere den Klienten, die sich, trotz ihrer oft intimen Anliegen, die unter den Erhebungsumständen selbstverständlich schwieriger zu artikulieren waren, auf die Situation einließen.

Ich danke auch Frau Farah Abouyoussef (dam. B.A.-Studentin), Frau Nassima Chabane (dam. angehende M.A.-Studentin) und Frau Hazar Khalilieh (dam. M.A.-Studentin), die mich im Rahmen des Projekts bei der Datentranskription und Transkriptübersetzung unterstützt haben.

Ein herzliches Dankeschön möchte ich noch ausdrücklich Herrn Professor Michael Schreiber für die Bereitschaft aussprechen, die Arbeit in die FTSK-Reihe aufzunehmen.

Mein tief empfundener Dank und meine ausdrückliche Wertschätzung gelten meiner Familie, insbesondere meinen lieben Eltern, die mir in jeder Hinsicht zur Seite stehen, mir bedingungslosen Rückhalt geben und mich stets motivieren, meine Möglichkeiten ideal auszuschöpfen. Allerliebsten Dank für Eure Begeisterung und Eure Begleitung, für jede Aufmunterung und jedes Auffangen, für Eure selbstlose Art und Eure immerwährende aufopfernde Unterstützung – für alles, was keine Worte gebührend beschreiben können.

Germersheim, im April 2022 Rahaf Farag

Inhalt

1 Einleitung

1.1 Ausgangslage und Erkenntnisinteresse

Manch einer mag diese Erfahrung kennen: Man nimmt einen Text in die Hand, liest ihn, kann jedoch die offenbar lateinbasierte Schrift zunächst keiner bestimmten Sprache zuordnen. Wer sich mit mehrsprachigen Gesprächstranskripten beschäftigt, findet sich oftmals in einer ähnlichen Situation wieder. Man fragt sich beim Lesen solcher Transkripte bisweilen, wer da eigentlich mit wem und in welcher Sprache spricht. Liegt über das Transkript hinaus noch eine Übersetzung vor, könnte man als Durchschnittsleser[1] eventuell über das rätselhafte Transkript hinwegsehen und sich vorerst mit der Übersetzung begnügen, selbst wenn die Frage, in welcher Sprache denn die übersetzten Sequenzen wohl ursprünglich formuliert worden sein mögen, weiterhin offenbleibt. Versucht man hingegen als Analytiker, Näheres zu erfahren, dann würde man sich wohl zunächst, sofern verfügbar, möglichst viele Informationen über die Gesprächssituation und die Gesprächsbeteiligten einholen. Was aber, wenn nun diese Metainformationen mit dem ersten Leseeindruck nicht übereinstimmen? Oder wenn das Transkript, trotz Kenntnis der Metainformationen, mehr Vages erahnen als Konkretes erkennen lässt? Vielleicht setzt man dann als Analytiker schlichtweg erneut mit prüfendem Auge zum Lesen an und konzentriert sich dabei auf die originalsprachigen Gesprächsbeiträge, bis sich Teile des Schriftbilds vielleicht nach mehrmaligem Lesen allmählich erschließen und man sich darüber im Klaren wird, dass die zunächst nicht zuordenbaren Teile offenbar Äußerungen in einer Sprache darstellen sollen, derer man eigentlich mächtig ist, was sich jedoch, wegen der Darstellung dieser Sprache in einer lateinbasierten Umschrift, nicht auf Anhieb feststellen ließ. So erging es jedenfalls der Verfasserin der vorliegenden Arbeit mehrmals, als sie zu gesprächsanalytischen Transkriptausschnitten in lateinschriftiger Fassung griff, die sich erst im Nachhinein, nach mehrmaligem Lesen und/oder nach Einholung von Metainformationen, als arabischsprachig identifizieren ließen. Interessanterweise trat der Verwirrungs- bzw. Verfremdungseffekt jedoch im

1 Aus Gründen der Lesbarkeit wird in dieser Arbeit weitgehend das generische Maskulinum verwendet, das Personen aller Geschlechter einschließt.

Laufe der Zeit immer seltener und in stets schwächer werdender Form ein. Der Effekt scheint vor dem inzwischen trainierten Auge der Verfasserin heute überwindbar und die *unmittelbaren* Auswirkungen (z. B. auf die Verständlichkeit des Transkripts) sind bewältigbar geworden. Seine *weitreichenden* Auswirkungen (z. B. auf die Analysierbarkeit der Daten) sind allerdings, obwohl gewissermaßen voraussehbar, nach wie vor nicht verhinderbar – es sei denn, durch den Transkribenten selbst.

Gegenstand der vorliegenden Arbeit ist die lateinschriftige Transkription des gesprochenen Arabisch. Die langjährige und intensive Beschäftigung mit der Thematik geht auf forschungspraktische Erfordernisse an die gesprächsanalytische Untersuchung von empirisch gewonnenen Gesprächsdolmetschdaten mit arabischsprachigen Anteilen zurück. Die entsprechende Motivation erwuchs zunächst aus eigens ermittelten Grenzen bei der Aufbereitung dieser Daten und wurde dann während der wiederholten Auseinandersetzung mit arabischsprachigen Gesprächstranskripten (nicht nur von dolmetschvermittelten Settings) immer stärker, je öfter es dabei zur Aufdeckung methodischer Unzulänglichkeiten verbreiteter Praktiken kam, angefangen bei der Datenkonstitution, die eine untersuchungsgerechte Datenaufbereitung im konkreten Fall häufig behindert, bis hin zur Datendissemination, die, abgesehen von den untersuchungsspezifischen Anforderungen, mit den disziplinübergreifenden Entwicklungen – Stichwort Internationalisierung, wissenschaftliche Zusammenarbeit, *Data Sharing*, *Open Science* etc. – vielfach nicht mithalten kann.

Die Transkription natürlicher gedolmetschter Gesprächsdaten mittels computergestützter Verfahren ist ein integrales methodisches Instrument der linguistischen Gesprächsanalyse[2] und seit vielen Jahren auch der interaktionsorientierten Dolmetschforschung (z. B. Amato/Spinolo/Rodríguez 2018; Arumí/Vargas-Urpi 2018; Angermeyer/Meyer/T. Schmidt 2012; Apfelbaum 2004, 2008; Bajrić 2014; Baraldi/Gavioli 2012; Bendazzoli 2017; Bolden 2000; S. Braun 2013, 2017; Davitti/S. Braun 2020; Bührig/Meyer 2014; Martini 2008; Meyer 1998, 2004; Niemants 2012; Pöllabauer 2005; Rivas-Carmona 2018; Salaets/Brône 2020). Angesichts der sprachlich-kulturellen Heterogenität in Europa und weltweit – im Zuge des Braingains, der Wirtschaftsmigration und der anhaltenden Fluchtbewegungen – wächst der Verständigungsbedarf in verschiedenen institutionellen Bereichen trotz bestehender Kommunikationsbarrieren, gleichzeitig wächst aber auch das Interesse an transkriptgeleiteten Analysen verschiedener kommunikativer Praktiken. Die Verfahren

2 Zum Begriff *Gesprächsanalyse* s. die einleitenden Zeilen zu Kapitel 3.

zur Erhebung und Konstitution der Daten (Elizitations-, Transkriptions- und gegebenenfalls Transkriptübersetzungsverfahren) werden jedoch nicht hinlänglich methodisch-methodologisch reflektiert und offengelegt. Dies betrifft auch mehrsprachige Transkripte, die unterschiedliche Schriftsysteme zusammenführen. Bei der kritischen Betrachtung verschiedener Transkriptbeispiele, mitunter in dolmetschwissenschaftlichen Beiträgen, wurde deutlich, dass mangelnde Reflexion und Transparentmachung der jeweiligen Vorgehensweise, speziell bei der Aufbereitung arabischsprachiger Sequenzen, nicht nur die Rezipierbarkeit der Transkripte und die Nachvollziehbarkeit der referierten Analyseergebnisse erschweren, sondern auch die Validität formulierter Schlussfolgerungen, ja sogar die Glaubwürdigkeit der gesamten Untersuchung gefährden, vor allem wenn arabischkundige Leser unkommentierte Widersprüche zwischen (teilweise) verständlichen Transkriptteilen und ihren Übersetzungen bemerken oder anderweitige Abweichungen von den Lesererwartungen unerklärt bleiben. Das Problem wird fatalerweise oft erst dann offenkundig, wenn der Verdacht aufkommt, dass Untersuchungen auf unsicherer Grundlage durchgeführt wurden, sprich wenn die Analyse nicht oder nicht ausschließlich auf Grundlage der originalsprachigen Sequenzen, sondern auf Grundlage ihrer (optimierten) Übersetzungen durchgeführt wird (s. Kap. 4). Sind wesentliche distinktive Prinzipien, wie methodische Diszipliniertheit, Explikation, Systematisierung, Eindeutigkeit, Einheitlichkeit, Präzision etc. (vgl. z. B. Deppermann 2007: 2), nicht stets erkennbar, lässt sich fragen, worin der analytische Mehrwert der Transkription eigentlich noch besteht. Denn Datentranskription dient zuvorderst der materiellen Fundierung interpretativer Forschung durch die intensive Auseinandersetzung mit Sprachdaten und nicht bloß der rekonstruktiven Fixierung flüchtiger akustischer Handlungen in einem grafischen Medium, der Beschreibung visueller Phänomene oder der Visualisierung interaktiver Prozesse, die allesamt ohnehin vielschichtigen Entscheidungen unterliegen.

Die vorliegende Arbeit stellt deshalb den Versuch dar, die Notwendigkeit eines reflektierten computergestützten Transkriptionsverfahrens aufzuzeigen. Hierzu werden wesentliche methodische Herausforderungen der Gesprächstranskription angesprochen. Die Zielsetzung basiert auf der These, dass die Verwendung der arabischen Schrift in einem mehrsprachigen, bidirektionalen Transkript bislang keine präzise Rekonstruktion (multimodaler) interaktiver Prozesse und zugrunde liegender zeitlicher Dimensionen (Reziprozität, Sequenzialität und Simultaneität sprachlichen Handelns) ermöglicht, deren Berücksichtigung bei interaktionsbezogenen Untersuchungen unentbehrlich ist. Eine adäquate Darstellung von Gesprächsdynamiken erfordert deswegen die Verwendung eines romanisierten, rechtsläufigen Schrifttyps zur Verschriftung arabischsprachiger Anteile im mehrsprachigen Transkript. Nun stellt sich zwangsläufig die Frage nach der Wahl eines geeigneten Umschriftsystems. Die Verschriftung des gesprochenen Arabisch ist aufgrund der kaum konventionalisierten Schreibung standardferner Varietäten und der unzureichenden Beschäftigung mit sprechsprachlichen Phänomenen (z. B. Diskursmarker, Interjektionen, Verzögerungslaute etc.) schwierig. Die im deutsch- und englischsprachigen Raum bewährten Umschriftsysteme orientieren sich primär an der Standardlautung und -schreibung und sind somit auf die Wiedergabe der Geschriebensprachlichkeit zugeschnitten. Gesprochensprachlichkeit ist hingegen vorwiegend Gegenstand phonologischer Umschriftsysteme, die in erster Linie jedoch phonetisch motivierten (z. B. dialektologischen, varietätenlinguistischen) Fragestellungen gerecht werden. Insofern ist die Entwicklung einer lateinschriftigen Systematik zur stärker orthografischen Transkription arabisch-deutscher Gespräche weiterhin ein Desiderat der gesprächsanalytischen Forschung und der Aufbau eines arabisch-deutschen Gesprächsdolmetschkorpus ein Desiderat der interaktionsorientierten Dolmetschforschung. Diese Arbeit setzt sich somit zum Ziel, an die bewährten arabistischen Umschriftsysteme anzuknüpfen, zugleich aber gesprächsanalytisch motivierte Akzente zu setzen, um eine sogenannte literarische Umschrift des gesprochenen Arabisch zu entwerfen. Sie baut auf Farag (2019a, b; 2021) und Farag/Meyer (2022) auf.

Ein besonderes Ziel der computergestützten Transkription ist darüber hinaus, die nachhaltige Zugänglichkeit, Vorhaltung und Nachnutzung der digital gespeicherten und aufbereiteten Gesprächsdaten für anderweitige Lehr- und Forschungszwecke zu ermöglichen und ihre Eingliederung als multimediale Sprachressource in eine digitale Forschungsinfrastruktur zu erleichtern. Durch die Entwicklung einer Systematik zur romanisierten Schreibung und zur Übersetzung der Gesprächsdaten wird ihre Opazität für Leser ohne Arabischkenntnisse reduziert und ansatzweise eine Lesbarkeit auch für Arabischunkundige geschaffen. Die Transparentmachung dieser Systematik ist für die Datenkuratierung und etwaige Nachnutzungen von besonderer Bedeutung. Mit Blick auf die sich wandelnden Arbeitsumgebungen sowie den fulminanten Aufstieg virtueller und hybrider Verständigungsmedien und die damit einhergehenden Änderungen in den Kommunikationsformen, wie im Fall des Ferndolmetschens, ist mit einem steigenden Bedarf an wissenschaftlicher Zusammenarbeit sowie an längerfristig und länderübergreifend zugänglichen und interdisziplinär nachnutzbaren Sprachkorpora zu rechnen, nicht zuletzt infolge der Anfang 2020 ausgebrochenen Covid-19-Pandemie, der damit verbundenen

Reisebeschränkungen und der zusätzlich erschwerten Bedingungen zur Erhebung authentischen Datenmaterials.

Die empirische Grundlage der Arbeit bilden zwar dolmetschgestützte Beratungsgespräche per Telefon (Kap. 1.4), die entwickelte Systematik zur Transkription und auch zur Übersetzung richtet sich aber allgemein an wissenschaftliche Transkribenten, die mehrsprachige Interaktionsprozesse in ein schriftbasiertes Medium (ohne Einbußen bei der Kennzeichnung zeitlicher Bezüge) überführen möchten und sich vor die Aufgabe gestellt sehen, gesprochenes Arabisch-in-Interaktion, so gebührend und authentisch wie analytisch erforderlich, in ein mehrsprachiges Format zu integrieren und es dabei arabischunkundigen sowie varietätenunkundigen Lesern durch eine Übersetzung verständlich zu machen, deren Zustandekommen sich anhand des jeweils in Lateinschrift dargestellten ausgangssprachigen Beitrags jederzeit nachvollziehen ließe.

Darüber hinaus dürften die analysierten Beispiele die Aufmerksamkeit von dolmetschwissenschaftlich interessierten Linguisten bzw. gesprächslinguistisch interessierten Dolmetschwissenschaftlern wecken, die sich einen Einblick in sprachlich-kommunikative Besonderheiten des Telefondolmetschens verschaffen möchten.

Des Weiteren könnte diese Arbeit für Studierende nützlich sein, die mehr über die Eigenheiten der Verschriftung des Arabischen in einer lateinbasierten Umschrift und über etablierte Transkriptionspraktiken in verschiedenen Disziplinen (Computerlinguistik, Soziolinguistik) erfahren oder sprachübergreifend in die Grundlagen der computergestützten gesprächsanalytischen Transkription eingeführt werden möchten.

1.2 Aufbau der Arbeit

Die Arbeit ist in sechs Kapitel gegliedert. Kapitel 2 gibt einen Überblick über eine Reihe von etablierten Praktiken bei der lateinschriftigen Wiedergabe arabischer Daten, um das unbedingte Bedürfnis nach einem gesprächsanalytischen Transkriptionssystem für gesprochenes Arabisch und allgemein nach einer regelbasierten romanisierten Schreibung bei mehrsprachigen Verfahren abzuleiten. Zur Präzision handlungsleitender Anforderungen widmet sich Kapitel 3 ausgewählten Grundproblemen der computergestützten linguistischen Gesprächstranskription sowie sprachübergreifenden Lösungswegen und weist abschließend auf aktuelle Ansprüche an die Qualitätssicherung von Transkriptionsprozessen zur Erhöhung ihres Nachnutzungswerts und bei anderweitigem Forschungsdatenmanagement hin. Die in Kapitel 3 behandelten Aspekte sollen also die Komplexität der Fragestellung verdeutlichen, damit der methodologisch-methodische Rahmen für die Entwicklung einer Umschrift geschaffen werden kann. Kapitel 4 lenkt das Augenmerk zurück auf die Transkription arabischsprachiger Daten und schildert wesentliche Herausforderungen bei der Bewältigung von Mehrsprachigkeit und Mehrschriftigkeit im Transkript. Dabei werden Forschungspraktiken bei der Aufbereitung arabischsprachiger Dolmetschdaten auf ihre Eignung hin diskutiert und in verschiedener Hinsicht allgemein problematisiert. Daran anschließend wird eine zu gesprächsanalytischen Zwecken dokumentierte Systematik einer lateinschriftigen Transkription vorgestellt, deren Nutzen und Grenzen dann an entsprechend transkribierten Daten aus dem Telefondolmetschkorpus erörtert werden. Die Arbeit schließt mit Kapitel 6, in dem der eingeschlagene Weg zur Entwicklung der Umschrift zusammenfassend dargelegt wird, ehe abschließend ein Ausblick auf weiterführende Fragestellungen sowie auf forschungspraktische Empfehlungen erfolgt.

Zunächst soll jedoch der Forschungsrahmen und die Datenerhebung skizziert werden, um die Anforderungen an deren Erschließung zu verdeutlichen und anschließend den Hintergrund der Ausarbeitung der Umschrift zu erhellen.

1.3 Forschungsrahmen

Die in dieser Arbeit aufbereiteten Daten stammen aus dem im Aufbau befindlichen Korpus des DFG-Projekts „Turn-Taking und Verständnissicherung beim Telefondolmetschen Arabisch-Deutsch" (TeDo), das seit 2019 am Fachbereich Translations-, Sprach- und Kulturwissenschaft (Arbeitsbereich Interkulturelle Kommunikation) der Johannes Gutenberg-Universität Mainz unter der Leitung von Univ.-Prof. Dr. Bernd Meyer durchgeführt wird. Im Rahmen des Forschungsprojekts wird der Frage nachgegangen, welche sprachlich-kommunikativen Verfahren die dolmetschenden Personen in telefonisch hergestellten Dolmetsch-Interaktionen nutzen, um die mangelnde Kopräsenz des Telefondolmetschers mit den primären Gesprächsbeteiligten zu kompensieren. Der Einsatz von Informations- und Kommunikationstechnologien, wie dem Telefon, ermöglicht nämlich ortsunabhängige Dolmetschleistungen. Gerade in der Kommunikation mit Geflüchteten ist das Telefondolmetschen, aufgrund mangelnder Alternativen, eine verbreitete Praxis in Unterkünften und Betreuungs- sowie Beratungskontexten (vgl. z. B. Cyrim 2017, 2020). In dolmetschgestützten Gesprächen geht die Präsenz einer dritten Partei, der dolmetschenden Person, grundsätzlich mit zusätzlichen kommunikativen Herausforderungen einher. Der Umgang mit Sprachbarrieren und

Wissensdivergenzen erfordert zusätzliche koordinierende Handlungen, die über die herkömmlichen Verfahren der Gesprächsorganisation hinausgehen (vgl. z. B. Baraldi/Gavioli 2012). Erwähnt seien beispielsweise inhaltsbezogene Redezüge, wie etwa Reformulierungen und Nachfragen bei Verstehensproblemen[3], sowie Handlungen, die einen geordneten Verlauf des Gesprächs ermöglichen sollen, wie etwa die explizite oder implizite Turnzuweisung.

Bei telefonisch erbrachten Verdolmetschungen stellt sich die Frage, wie die Beteiligten den Sprecherwechsel und die Bearbeitung von Kommunikations- bzw. Verständigungsbrüchen bewältigen. Während die Beteiligten in Face-to-Face-Interaktionen für die Gesprächskoordination meist verschiedene Ausdrucksmodalitäten nutzen, die aufgrund der räumlichen und visuellen Kopräsenz verfügbar sind, wie etwa Interjektionen und Rückmeldungen (*back-channels*) und/oder mimische und gestische Ressourcen (*cues*), stehen diese Ressourcen in telefonisch gedolmetschten Gesprächen nicht im gleichen Maße zur Verfügung. Ungeklärt ist bisher, wie koordinierende Handlungen beim Telefondolmetschen von den Beteiligten gemeinsam gestaltet werden, wenn visuelle und akustische Wahrnehmungsmöglichkeiten nicht oder nur begrenzt bestehen. Zu den koordinierenden Handlungen zählt beispielsweise die fortlaufende Aushandlung von Sprecher- und Hörerrollen (Turn-Taking) und die Bewältigung von gesprächsorganisatorischen Problemen wie simultanem Sprechen (Überlappung) und gegenseitigen Unterbrechungen. Neben den formalen, gesprächsaufrechterhaltenden Aspekten richtet sich das Augenmerk der Untersuchung auch auf koordinierende Handlungen inhaltlicher Natur, die der Telefondolmetscher zur vorbeugenden oder reparierenden Bearbeitung von potenziellen und manifesten Verständigungsschwierigkeiten unternimmt, zum Beispiel durch Wiederholungen und Erläuterungen (Birkner/Ehmer 2013) oder Reformulierungen (Bührig 1996) und weitere adressatenorientierte, dem Kommunikationszweck adäquat dienende Verfahren. Diese Aufgaben erwachsen dem Telefondolmetscher aus dem besonderen Teilnehmerstatus als *involved actor* (Wadensjö 1992) bzw. *full-scale participant* (Roy 2000) – trotz des eingeschränkten Zugangs zum Geschehen am anderen Ende der Leitung. *Verstehen* wird in diesem Zusammenhang nicht als psychisch-kognitiver Prozess, sondern als interaktionaler Vorgang analysiert, der von den Beteiligten gestaltet wird. In diesem Sinne wird Verständigung als Aushandlungsprozess begriffen, in dem Sprecher und Hörer sich wechselseitig sinnvolles Handeln unterstellen und nur in bestimmten Fällen mentale Verarbeitungsprozesse

3 Im Rahmen der vorliegenden Arbeit kann kein theoretischer Beitrag zum Verstehens- bzw. Verständigungsbegriff geleistet werden.

und -probleme explizit versprachlichen und thematisieren (z. B. Deppermann 2010, 2013a; Deppermann/R. Schmitt 2008; Kameyama 2004; Mondada 2011).

Im Gegensatz zum herkömmlichen Gesprächsdolmetschen von Angesicht zu Angesicht wohnen diesen besonderen Umständen, abgesehen von den räumlichen Verhältnissen, latente Quellen zur Entstehung und/oder Verstärkung von Verständnisproblemen inne. Hierzu zählen unter anderem (1) jegliche Störungen im Telefonnetz und (2) weitere technisch und situativ nicht antizipierbare oder schwer behebbare Beeinträchtigungen (z. B. Übertönungen, Hintergrundgeräusche und Lautstärkeschwankungen) sowie (3) die (fast immer) unterschiedlichen regionalen Varietäten bei Klient und Dolmetscher, deren Auswirkungen auf die Verständigung offenbar am Telefon, vor allem bei mangelnder kommunikativer Reichweite der sprachlichen Äußerungen (s. Kap. 2.1), ohne unterstützende visuelle Eindrücke, beispielsweise in Form von Lippenbewegungen, verstärkt werden können, weshalb sie in den Transkripten entsprechend erkennbar sein müssen. Die Aufbereitung der Daten in Form von Transkripten ermöglicht eine genauere qualitative, interpretativ-rekonstruktive Analyse der multimodalen Verfahren[4], mit deren Hilfe diese potenziellen Störquellen von den Interaktanten jeweils bearbeitet wurden, zugleich aber auch eine Lokalisierung und Quantifizierung verschiedener Phänomene durch korpusgestützte Auswertung. Zur Erfüllung der formulierten Untersuchungsziele mussten – vor dem Hintergrund der Pluriglossie bzw. der Varietätenvielfalt im Arabischen sowie des Phänomenreichtums im mündlichen Sprachgebrauch und der Probleme der mehrschriftigen Transkription des Arabischen – stringente, gesprächsanalytisch fundierte Transkriptionskonventionen für gesprochenes Arabisch in seinen im Korpus auftretenden Regionalvarietäten (Ägyptisch, Jemenitisch, Libysch, Marokkanisch und Syrisch) ausgearbeitet und erprobt werden.

4 Zum Begriff *Multimodalität* s. insbesondere Kapitel 3.3.

1.4 Datenerhebung und TeDo-Korpus

Die Untersuchung wird anhand von dolmetschgestützten Beratungsgesprächen[5] zu asylbezogenen Themen im Sprachenpaar Arabisch-Deutsch durchgeführt. Die Dolmetscher wurden telefonisch zugeschaltet und konnten nur auditiv mit den Klienten und Beratern interagieren, die sich wiederum, sozusagen „physisch kopräsent", jeweils in einem Zimmer befanden (*telephone-based interpreting*). Die Verfasserin entwickelte ein geeignetes Erhebungssetting und stellte den Feldzugang inklusive der Anwerbung von Studienteilnehmern (Berater, Dolmetscher, Klienten) her.

Erhoben wurden zwölf Gespräche zwischen Arabisch sprechenden Klienten ohne bzw. mit geringen Deutschkenntnissen und Deutsch sprechenden Sozial- bzw. Jugendmigrationsberatern (kommunale Verweisberatung), zu denen ein Dolmetscher per Telefon herangezogen wurde. Klienten und Berater nahmen die Verdolmetschung über einen Lautsprecher akustisch wahr (s. Abb. 1). Die Klienten waren Geflüchtete (überwiegend aus Syrien) mit authentischen Beratungsanliegen zu allgemeinen asylbezogenen Themen wie Familiennachzug, Arbeitssuche und Spracherwerb. Das Datenmaterial kann als quasi-authentisch bezeichnet werden, da seitens der Verfasserin (in ihrer Funktion als Erheberin der Daten) lediglich das Zustandekommen der Gespräche bewirkt wurde (Terminkoordination, Zusammenführung geeigneter Probanden, Bereitstellung der Dolmetscher). Die beteiligten Dolmetscher, überwiegend beeidigt, verfügten über einen einschlägigen Hochschulabschluss und eine mehrjährige Berufserfahrung, jedoch nicht oder nur geringfügig in Remote-Situationen. Um über die sozialen Umstände der Flucht, die betroffenen Rechtsgebiete und Zuständigkeitsbereiche sowie die erwünschten Integrationsmaßnahmen (Beschäftigung, Sprachförderung, Schulbesuch) sprechen zu können, wurde in den meisten Gesprächen eine durchgehende Verdolmetschung benötigt. Die Gespräche wurden mit einem digitalen Aufzeichnungsgerät (TASCAM DR-05) aufgezeichnet, Berater und Klienten mit einer Videokamera (Sony CX405 Handycam) aus der Halbnahen aufgenommen, der Dolmetscher mit zwei Videokameras aus der Halbtotalen und der Nahen (s. Abb. 1).

5 Die dokumentierte kommunikative Praxis wird auch von den beteiligten Beratern selbst als Beratungsarbeit bezeichnet.

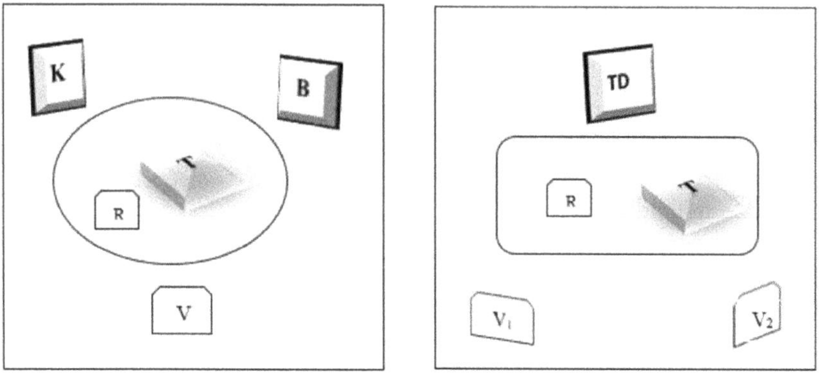

Abb. 1: Aufzeichnungssetting in Split-Screen-Ansicht, räumliche Anordnung des Beratungs- (links) und des Dolmetscherzimmers (rechts)[6]

Der in dieser Situation als Datenerheberin fungierenden Verfasserin war bewusst, dass ihre Präsenz im Beratungszimmer oder die Gegenwart der Kameras, selbst ohne die Präsenz einer aufzeichnenden Person im Dolmetscherzimmer, die Interaktion mehr oder weniger stark beeinflusst haben. Roy (2000: 48) räumt diesbezüglich allerdings ein, dass die Interaktion in der Regel die Aufmerksamkeit der Beteiligten dermaßen stark beansprucht, dass sie nach einiger Zeit den Beobachter im Raum nicht mehr wahrnehmen.[7] Bei der erhobenen Situation gab ihnen allerdings der Konsekutivmodus immer wieder Anlass, sich an die Präsenz der Aufzeichnungsgeräte und der Datenerheberin zu erinnern. Da die zu erforschenden Phänomenbereiche, trotz kalkulierten Handelns, nicht übermäßig stark kontrolliert werden können, wird bei der Analyse die durch das Setting (Präsenz von Datenerheberin und Aufzeichnungsgeräten) motivierte Inszenierung(squalität) der Handlungen prinzipiell außer Acht gelassen und nur im Einzelfall berücksichtigt. Die Beteiligten wurden zwei Mal mündlich über den Forschungszusammenhang der Aufzeichnungen grob unterrichtet, und zwar bei der Vorbereitung des Termins und direkt vor Beginn des

6 Abkürzungen: B = Berater, K = Klient, TD = Telefondolmetscher, T = Telefon, R = Audiorekorder, V = Videokamera. Das Telefon war im Beratungszimmer nicht immer in der Mitte zwischen den Gesprächspartnern platziert. Im Dolmetscherzimmer hat sich während der Aufzeichnung keine weitere Person aufgehalten. Die Aufzeichnungsgeräte wurden vorab eingeschaltet.

7 Labov (1972: 61) spricht vom „Observer's Paradox", vom Wunsch, die Menschen bei der Interaktion zu beobachten, während sie glauben, nicht beobachtet zu werden bzw. während sie nicht von der Gegenwart des Beobachters wissen.

Gesprächs. Dabei wurde nur allgemein von der Erforschung der Besonderheiten des Telefondolmetschens gesprochen. Die zu besprechenden Themen wurden nicht vorab abgesprochen. Alle Gesprächsteilnehmer haben schriftlich in die Verwendung der Aufzeichnungen zu wissenschaftlichen Zwecken eingewilligt.

Alle Audioaufzeichnungen (sowohl vom Beratungs- als auch vom Dolmetscherzimmer) wurden transkribiert. Arabischsprachige Sequenzen wurden ins Deutsche und auszugsweise zu Präsentationszwecken auch ins Englische übersetzt. Eine Auswahl exemplarischer Arbeitstranskripte befindet sich im Anhang. Die Videoaufzeichnungen werden unterstützend zur Transkription hinzugezogen, denn sie machen es möglich, Handlungen der Beteiligten zu erschließen, die in den Audioaufzeichnungen nicht eindeutig zuordenbar sind, sowie weitere nicht akustisch wahrnehmbare Handlungen zu ermitteln, die für den/die anderen Gesprächsteilnehmer im jeweils anderen Zimmer nicht sichtbar sind (s. Kap. 4.1.3 und 5.5). Beschreibungen nonverbaler Handlungen werden aus pragmatischen Gründen bei der Analyse auszugsweise an untersuchungsrelevanten Stellen ergänzt.

Für die Transkription und Übersetzung wurden im Rahmen des Projekts, neben der Verfasserin, drei studentische Hilfskräfte eingesetzt, die sich gegenseitig nach dem sogenannten Vier-, zum Teil auch nach dem Sechs-Augen-Prinzip kontrollierten. Unsichere, problembehaftete Sequenzen wurden markiert und in Teamsitzungen unter Teilnahme der Verfasserin entschieden. Die Hilfskräfte waren Bachelor- und Masterstudierende translationswissenschaftlicher Studiengänge, die als arabische Muttersprachlerinnen das Team sprachlich-kulturell bereichert haben, denn sie verfügten über Varietätenkenntnisse des Ägyptisch-, Jordanisch-Palästinensischen- und Algerisch-Maghrebinisch-Arabischen. Sie waren mit den untersuchten Gesprächsbereichen (Asyl- und Integrationsberatung, sozialpädagogische Betreuung) gut vertraut, mit den methodisch-methodologischen Anforderungen der Untersuchung allerdings nicht. Deswegen wurden sie zu Beginn von der Verfasserin gesprächsanalytisch fortgebildet und in die Methoden der Gesprächstranskription und Transkriptübersetzung eingeführt. Dabei wurden sie für die Tragweite ihrer übersetzerischen Handlungen sensibilisiert und auf die zu beachtenden Aspekte allgemein und speziell auf die Aspekte des betreffenden Forschungsrahmens aufmerksam gemacht. Der Schwerpunkt der Absprachen mit den Hilfskräften lag dennoch primär auf der Vermittlung der Umschrift und vorab formulierter Festlegungen (Kap. 5) sowie auf der Dokumentation getroffener Entscheidungen zwecks Systematisierung, Vereinheitlichung und Revision der Transkription, mit dem Ziel, die Erlernbarkeit bzw. Nutzerfreundlichkeit des ausgearbeiteten Umschriftsystems zu ermitteln und laufend zu optimieren.

Im Rahmen des Projekts wurden die allgemeinen Regeln und fachspezifischen Empfehlungen zum Umgang mit Sprachdaten eingehalten (vgl. Deutsche Forschungsgemeinschaft 2015; DFG-Fachkollegium 104 „Sprachwissenschaften“ 2013). Mit der Veröffentlichung des erstellten Korpus werden erstmals arabisch-deutsche Gesprächsdaten zugänglich gemacht, die für weitere dialektologische, translations- und sprachwissenschaftliche Untersuchungen genutzt werden können. Aus diesem Grund kommt der intensiven Beschäftigung mit der Thematik und der ausführlichen Dokumentation des Vorgehens eine besondere Rolle bei der Nachnutzbarmachung der Daten zu (Kap. 3.6.2). Die hier unternommenen Bemühungen schließen sich also den zunehmenden Forderungen nach der Zugänglichmachung von Forschungsdaten an. Es sei mit Bezug auf den Mangel zugänglicher Gesprächsdolmetschkorpora und auf die Elizitierbarkeit authentischen Datenmaterials aus geschützten Kontexten beispielsweise auf die Stellungnahmen von Angermeyer/Meyer (2021: insbes. 121–123), Angermeyer/Meyer/T. Schmidt (2012: 276–277) und Meyer (2019: 77–78), hingewiesen.[8] Die langfristige Speicherung und Verfügbarmachung aller (mit Metadaten versehenen) Transkripte erfolgt über das Forschungsdatenrepositorium der Universitat Hamburg (Meyer/Farag 2023).

1.5 Anmerkungen zur Terminologie

Die vorliegende Arbeit konzentriert sich auf sprachwissenschaftliche Transkriptionen zu gesprächsanalytischen Zwecken für interaktionsbezogene Untersuchungen. Die Begriffe *Transkription, Transkribieren* und *Transkript*, die in der Literatur oftmals synonymisch gegeneinander ausgetauscht werden, müssen differenzierter betrachtet werden. *Transkription* bezeichnet in abstrakter Weise den gesamten methodischen Prozess der schriftbasierten Aufbereitung aufgezeichneter Sprachdaten. *Transkripte* stellen das Produkt des Transkriptionsprozesses dar, oder, in T. Schmidts Worten (2005a: 21), „jede [...] visuell erfassbare, in irgendeiner Form geschlossene grafische Darstellung“ der rekonstruierten Daten. Der Begriff *Transkribieren* hebt die zugrunde liegenden konkreten Handlungen hervor. Alle drei Aspekte werden in dem Oberbegriff *Transkriptionsverfahren* zusammengefasst. Der in der einschlägigen Literatur häufig synonymisch verwendete Begriff *Notation* sollte jedoch, in Anlehnung an T. Schmidts (2005a: 24) Auffassung, Transkription sei als Modellierungs- bzw. Visualisierungsverfahren (Kap.3.2.7), nicht als Schreibarbeit zu betrachten, nur

8 Eine Übersicht über bekannte Gesprächsdolmetschkorpora findet man z. B. bei Castagnoli/Niemants (2018).

unter Vorbehalt zum Einsatz kommen. Nur wenn das Augenmerk explizit auf schrift- bzw. verschriftungsbezogene Aspekte gerichtet ist, sollte bevorzugt die Bezeichnung *Notation* gewählt werden. Die Relevanz dieses Verständnisses für die Entwicklung eines geeigneten Systems zur Transkription der arabischen Daten wird in Kapitel 5 ersichtlich.

Die Begriffe *Transkriptionskonventionen* und *Transkriptionssysteme* werden ebenfalls bewusst voneinander unterschieden. Nach dem Verständnis der Verfasserin sind *Transkriptionskonventionen* konventionalisierte Regeln für die schriftliche Repräsentation gesprochener Sprache (für einen Überblick über eine Auswahl s. z. B. Edwards/Lampert 1993; Ehlich/Switalla 1976; Deppermann/Schütte 2008; Kowal/O'Connell 1995; Redder 2001). *Transkriptionssysteme* bezeichnen hingegen Zeicheninventare, mit denen gesprochene Sprache in einer verschrifteten Form dargelegt wird. Somit wären Standardorthografie, literarische Umschrift, phonetische Umschrift und andere Zeicheninventare keine Transkriptionskonventionen, sondern Transkriptionssysteme (s. Kap. 3.5.2).

Im Kontext der computergestützten Aufbereitung der Gesprächsdaten werden die Begriffe *Transkriptionstools* bzw. *-editoren* synonymisch verwendet (Kap. 3.6.1). Dabei handelt es sich um Software-Werkzeuge, die beim Transkribieren im engeren und weiteren Sinne (z. B. bei der Annotation, bei der Verwaltung von Metadaten etc.) zum Einsatz kommen.

1.6 Transkriptionszeichen

Die Transkription wurde mithilfe der Software *EXMARaLDA Partitur-Editor* weitestgehend nach den Konventionen der Halbinterpretativen Arbeitstranskription (Rehbein et al. 2004; s. Kap. 3.5.1) durchgeführt. Das Korpus wird mit dem *EXMARaLDA Corpus-Manager* (COMA) erstellt.

Die Gesprächsteilnehmer werden einheitlich mit den nachstehenden Siglen bezeichnet: B = Berater, TD = Telefondolmetscher, K = Klient, PM = Projektmitarbeiterin (= Verfasserin/Datenerheberin), die je nach Gespräch entsprechend nummeriert werden. Handelt es sich zum Beispiel um ein TeDo1-Gespräch, dann erhält ein Berater die Bezeichnung B1. Die Klienten sind die einzigen Teilnehmer, die nur einmal im Korpus auftreten. Alle Dolmetscher und ein Teil der Berater waren jeweils an mindestens zwei Gesprächen beteiligt. Die Projektmitarbeiterin war bei allen Gesprächen im Beratungszimmer anwesend, nahm aber nicht an den Gesprächen teil.

Neben den Äußerungsendzeichen der deutschen bzw. arabischen Standardorthografie (Punkt, Komma, Ausrufezeichen, Fragezeichen) werden zur Markierung weiterer sprachlicher Phänomene folgende Zeichen verwendet:

Tab. 1: Transkriptionszeichen (eigene Darstellung, modifiziert nach Rehbein et al. 2004)

Zeichen	Bezeichnung	Markiertes Phänomen
·	hochgestellter Punkt	Äußerung ohne Modus
/	Schrägstrich	Reparatur (= selbstinitiierte Selbstkorrektur)
...	Ellipsenpunkte	Abbruch (= unabgeschlossene Äußerung)
–	Gedankenstrich	Parenthese
-	Bindestrich	Teilwörter, Pause innerhalb einer lexikalischen Einheit
:	Doppelpunkt	Ankündigung
‿	Ligaturbogen	schneller Anschluss
'	Apostroph	Glottalverschluss (nur bei Interjektionen sowie bei Verzögerungslauten in finaler Position)
=	Gleichheitszeichen	unübersetzbare Einheit
(	runde öffnende Klammer	Beginn von schwer verständlicher Einheit
)	runde schließende Klammer	Ende von schwer verständlicher Einheit
((	doppelte runde öffnende Klammer	Beginn von unverständlicher Einheit, nicht phonologischem Phänomen oder numerischer Pausenangabe
))	doppelte runde schließende Klammer	Ende von unverständlicher Einheit, nicht phonologischem Phänomen oder numerischer Pausenangabe
`	Gravis	fallende Intonation (nur bei Interjektionen)
´	Akut	steigende Intonation (nur bei Interjektionen)
^	Zirkumflex	steigend-fallende Intonation (nur bei Interjektionen)
ˇ	Caron	fallend-steigende Intonation (nur bei Interjektionen)
¯	Makron	schwebende Intonation (nur bei Interjektionen)
•	einfacher Pausenpunkt	Mikropause < 0,5s
• • •	dreifacher Pausenpunkt	längere Pause ≥ 0,9s
((1s))	numerische Pausenangabe	gemessene Pause ab einer Sekunde

Zur Beschreibung nonverbaler Handlungen werden in Anlehnung an Ehlich/Rehbein (1981a, b) folgende Abkürzungen verwendet:
KO = Kopf, GE = Gesicht, AU = Auge(n), BR = Braue(n), OH = Ohr(en), RO = rechtes Ohr, LO = linkes Ohr, MU = Mund, MuW = Mundwinkel, UK = Unterkiefer, KI = Kinn, AR = Arm(e), RA = rechter Arm, LA = linker Arm, EB = Ellenbogen, HA = Hand, RH = rechte Hand, LH = linke Hand, HÄ = Hände, FI = Finger, ZF = Zeigefinger, DF = Daumen, BE = Beine, OS = Oberschenkel, US = Unterschenkel, OK = Oberkörper, SC = Schultern, BRU = Brust, r = rechts, l = links.
In den in dieser Arbeit angeführten Transkriptbeispielen werden einige Abkürzungen aus Verdeutlichungsgründen ausgeschrieben.

Jedes Transkript weist folgende Spurenstruktur auf:

Tab. 2: Spurenanordnung im Transkript (eigene Darstellung, modifiziert nach Rehbein et al. 2004)

		Bezeichnung	**Display-Name**
innerhalb des Partiturrahmens	für jeden Sprecher	suprasegmentale Spur (prosodische Phänomene, wie Tempo, Lautstärke und Sprechweise)	[sup]
		verbale Spur	[v]
		Spur für besondere Betonung	k. A.
		Übersetzungsspur	[TS-de]
		nonverbale Spur	[nv]
	einmal	Spur für akustische Phänomene ohne Autorenschaft (z. B. Straßenlärm) sowie zur Annotation von unerwarteten Ereignissen, die das Gespräch kurz unterbrechen (z. B. Telefonat, Besuch externer Klienten)	[nn]
		Spur zur Angabe anonymisierter personenbezogener Daten (Person, Ort etc.), um später eine maskierte Fassung der Audiodateien zu erzeugen.	[ano]
außerhalb des Partiturrahmens	für jeden Sprecher	Spur für audiovisuelle Phänomene	[av]
		Kommentarspur	[k]

Technisch bedingte Übertönungen und andere Handlungen der Beteiligten, die wegen der mangelnden Kopräsenz nicht für alle Beteiligten in den beiden Interaktionsräumen hörbar, für die Transkribenten jedoch erschließbar, oder die in einem Interaktionsraum ausschließlich visuell wahrnehmbar sind, werden in den jeweiligen Kommentarspuren durchgehend annotiert (z. B. ganz übertönt, teilübertönt, kaum hörbar etc.). Aufgrund ihrer besonderen Relevanz für die Analyse werden sie, wie in den Transkriptbeispielen erkennbar, aus der Kommentarspur ([k]) in eine spezielle Annotationsspur für audiovisuelle Phänomene ([av]) überführt.

2 Arabische Varietäten in verschrifteter Form: Querschnitt der Transkriptionspraktiken

Untersuchungsgegenstand der Gesprochene-Sprache-Forschung bilden die im mündlichen Medium vollzogenen sprachlichen Handlungen in ihrer lautlichen Dimension (Kap. 3.1 und 3.3). Ihre methodologisch-methodische Verschriftung (Transkription) in materieller visueller Dimension, genauer ihre schriftbasierte Rekonstruktion in einem dauerhaft fixierten Medium, ermöglicht empirische Analysen. Diese empirischen Analysen zeigen, je nach Zeicheninventar, Darstellungsart und Untersuchungsansatz, verschiedene Wege zur Auswertung auf, wobei auch bestimmte subjektive Variablen, wie etwa Ort und Zeit der Transkription, Bearbeitungsgänge, Transkribent, Analyst etc., einbezogen werden können oder sogar müssen. Bei der schriftzentrierten Überführung des Gesprochenen in eine grafische Gestalt stellen sich, in Anbetracht der eingangs erwähnten Forschungslücke, folgende Fragen:

- Inwieweit lassen sich die Varietäten des Arabischen, insbesondere die nicht bzw. weniger kodifizierten Varietäten, und ihre konstitutiven Merkmale mittels lateinischer Schrift transkribieren bzw. systematisch rekonstruieren?
- Was zeichnet etablierte Praktiken zur lateinschriftigen Rekonstruktion arabischer Daten aus?

Zu diesem Zweck sollen einleitend grundlegende Aspekte der Phonem-Graphem-Relationen im Arabischen erläutert werden, insbesondere prägnante Korrelationen zwischen gesprochener und geschriebener Sprache sowie orthografische Möglichkeiten und Grenzen, und zwar anhand relevanter soziolinguistischer Besonderheiten der sprachlichen Situation in Arabisch sprechenden Gemeinschaften[9] (Kap. 2.1). Ziel ist es nicht, die arabischen Varietäten mit Blick auf ihre konzeptionelle Realisierung (gesprochensprachlich-geschriebensprachlich)

9 Eine raumtheoretische Diskussion der Begriffe *Raum* und *Welt* sowie weiterer geografischer Einheiten, in denen eine oder mehrere Sprachen in ihren verschiedenen Varietäten zum Einsatz kommen – unabhängig davon, ob es sich um Mehr- oder Minderheitensprachen handelt, was sich jedoch nicht ausschließlich an der Sprecherzahl festmachen lässt (vgl. hierzu z. B. May 2011 und Wanzenbeck 2013: insbes. 12–13) – würde den Rahmen der vorliegenden Arbeit sprengen. An dieser Stelle sei lediglich angemerkt, dass eine auf die Amtssprachen eingeschränkte, national-isolierende Perspektive für diese Untersuchung nicht dienlich ist, nicht zuletzt hinsichtlich der zu transkribierenden Daten mit arabischen Anteilen, deren Erhebung außerhalb der

erschöpfend darzustellen, sondern Problemquellen für die Verschriftung des gesprochenen Arabisch herauszustellen und Nicht-Arabisten für die Herausforderungen, die sowohl einsprachige als auch mehrsprachige (Gesprächs-)Daten mit sich bringen, in Grundzügen zu sensibilisieren, um einen eigenständigen Beitrag zu ihrer Erforschung zu leisten. Hierfür ist der gegenwärtige linguistische Zustand maßgeblich. Historiogenetische Entwicklungen werden, sofern notwendig, lediglich am Rande angeführt. Zudem sollen bisherige Verfahren zur lateinschriftigen Wiedergabe von arabischen Daten beleuchtet werden, um einen repräsentativen Überblick über den gegenwärtigen Forschungsstand bieten zu können. Im Zuge dessen sollen bewährte Umschriftsysteme auf ihre Eignung zur Erfassung gesprochensprachlicher Phänomene hin geprüft werden (Kap. 2.2).

2.1 Verhältnis zwischen Mündlichkeit und Schriftlichkeit im Arabischen: orthografische Möglichkeiten und Grenzen

Die Tatsache, dass Sprachen (einschließlich Arabisch) in ihrer Gesamtheit Außenstehenden zwar homogen erscheinen mögen, eine kleinteilige Innenbetrachtung jedoch eine zumeist heterogene Sprachlandschaft zutage bringt, die diverse Varietäten und Variationen aufweist, ist unstreitig. Als große Herausforderung erweist die schriftliche Fixierung spontaner, mündlich produzierter sprachlicher Handlungen erst, wenn die Diskrepanz zur herkömmlichen (normativen) Grafie des standard- oder schriftsprachlichen Gebrauchs so massiv ausfällt, dass Verschriftungsprozesse einen Verlust bestimmter, meist integraler, phonetischer Aspekte nach sich ziehen. Angesichts dieses Spannungsfelds stellt sich die Frage, wie ein rudimentäres Schriftbild der sprachlichen Realität im Falle des Arabischen[10] konkret aufgefasst werden soll und welchen gesprächsanalytischen Stellenwert die betroffenen Phänomene für

arabischen Welt, in Deutschland, stattfand. Daher soll mit dem Begriff *Gemeinschaft* der Versuch unternommen werden, die Aufmerksamkeit, soweit möglich, auf die Sprecher und weniger auf den Raum zu richten sowie die Herkunftssprachen der zugewanderten Sprecher (i. e. Gesprächsteilnehmer) mit einzubeziehen. Eine verallgemeinernde Etikettierung der Regionalvarietäten, also ihre Reduzierung auf die nationalen bzw. territorialen Grenzen bei der Benennung (z. B. Ägyptisch-Arabisch, Kairenisch; Syrisch-Arabisch, Damaszenisch), lässt sich im Folgenden jedoch nicht vermeiden.

10 Überblick über die verschiedenen Varietäten des Arabischen z. B. bei Behnstedt/Woidich (2013), W. Fischer/Jastrow (1980), Owens (2013), Versteegh (2006, 2014).

interaktionsbezogene Untersuchungen erhalten. Ihre Behandlung erfordert zusätzlich zu einem grundlegenden Verständnis der eigentlichen Sprachverwendung und der sprachlich-kulturellen Situation in den arabischsprachigen Gemeinschaften auch ein Verständnis der damit verbundenen sozio- und variationslinguistischen Kontroversen, zumal die betreffenden Gemeinschaften bislang nicht in ausreichendem Maße untereinander differenziert werden konnten.[11]

Die arabischen Varietäten haben von der Epoche der Schriftlosigkeit und mündlichen Überlieferung über die Epoche ihrer schriftlichen Fixierung[12] und zunehmenden Normierung[13], die nicht allein auf die Korankodizes und die Prozesse der Kanonisierung ab dem ersten islamischen Jahrhundert (7. Jahrhundert) zu begrenzen ist, bis hin zur Epoche einer teilweisen Entnormierung, nicht zuletzt in der alltäglichen und medialen Kommunikation, eine historische Entwicklung durchlaufen. Diese Entwicklung von der vorislamischen Zeit bis heute lässt eine innewohnende Vielfalt erkennen, wobei über die Wechselwirkungen zwischen gesprochener und geschriebener Sprache stets kontroverse Ansichten geherrscht haben. Zu den altbekannten, ansatzweise deskriptiven und typologisierenden Deutungskonzepten gehört das umstrittene Konzept der Diglossie[14], das ursprünglich zur Beschreibung der Sprachsituation in Griechenland entwickelt wurde. Orientalisten und westliche Linguisten übertrugen es später (aufgrund ihrer Erfahrungen und Eindrücke)

---

11 Woidich (1990: 100) plädiert für eine differenzierte Erforschung der großregionalen Varietätengruppen, um den unterschiedlichen sprachhistorischen Gegebenheiten, unter anderem der Sprachkontaktphänomene während der Kolonialzeit, sowie dem Grad einer entsprechenden sprachpolitischen Öffnung gerecht zu werden.

12 Hinweise zu altarabischen, vorislamischen Inschriften, die neuarabische Merkmale tragen und regionalsprachliche Variationen, vor allem lexikalischer und morphologischer Art, bieten Larcher (2010) und W. Müller (1982).

13 Einen Einblick in sprachgeschichtliche Annahmen über die Ursprünge und die verschiedenen Entwicklungsstufen der arabischen Sprache nebst einer Typisierung, unter anderem in Alt-, Klassisch-, Mittel- und Neuarabisch, geben Abboud-Haggar (2006), Behnstedt/Woidich (2005: 8–27), Edzard (1998: 136–168), W. Fischer (1982b), Holes (2004: 9–55), Singer (1982) und Versteegh (2014). Zur Standardisierung und Normierung früharabischer Varietäten und Entstehung des Klassisch-Arabischen s. Versteegh (2014: 60–84). Einige Hypothesen zur umstrittenen Herausbildung der neuarabischen Varietäten bei W. Fischer (1995) und Versteegh (2014: 126–151).

14 Vgl. die bibliografische, jedoch nicht erschöpfende Übersicht über Untersuchungen zum Konzept der arabischen Diglossie und daran anschließende Ansätze bei Fernández (1993), Hudson (1992) und Versteegh (2014: 256–258).

auf arabische Gemeinschaften (Marçais 1930), stellten es Konzepten für andere Sprachgemeinschaften, wie der deutschschweizerischen und der haitianischen, gegenüber (Ferguson 1959) und erweiterten es letztlich zu breiter angelegten Konzepten, nämlich der Triglossie (Youssi 1983), Multiglossie[15] (Hary 1992, 1996), Pluriglossie (Dichy 1994) und Polyglossie[16] (E. Badawi 1997; Mackey 1986), um die Spannweite von Varietäten und vor allem von Kontaktphänomenen in Anschlag zu bringen.[17] Unklar ist, wie die erweiterten Konzepte zur Situation vor der Arabisierung, sprich zu den in den arabisierten Regionen bereits vorhandenen Sprachen (Aramäisch, Berberisch, Koptisch, Nubisch, Persisch, Syrisch etc.) und ihren Einflüssen als Substraten, sowie zu den sprachlichen Praktiken in der Diaspora und hervortretenden Interferenzen beim Kontakt mit Einheimischen (Abboud-Haggar 2006; Singer 1982; Wehr 1934; Versteegh 2013) stehen. So bezeichnet das Attribut *diglossisch*, im Falle des Arabischen, eine Sprachgemeinschaft, in der eine festgeschriebene und relativ stabile Koexistenz von zwei historisch (unterschiedlich) verwurzelten, aber strukturell verschiedenartigen Varietäten hervorsticht, nämlich einer H-Varietät (*high variety*) und einer L-Varietät (*low variety*), dem überlagernden, normierten (modernen) Hocharabisch und den unterlegenen, weniger normierten Umgangs- bzw. Volkssprachen[18], mit zugewiesenen Erwerbswegen[19],

15 Hary (1992: 35–47) präsentiert verschiedene Theorien zur kontrovers diskutierten soziohistorischen Herleitung der angenommenen Multiglossie im arabischsprachigen Raum.

16 Die Begriffe *Poly-* und *Pluriglossie* treten in Beiträgen oftmals synonymisch auf, ganz gleich ob diese das Nebeneinander verschiedener Varietäten des Arabischen oder verschiedener Sprachen samt Arabisch untersuchen. M. Badawi (1997: 12) zufolge, deute das Präfix *Pluri-* jedoch auf eine parallele Existenz mehrerer Glossen in einer Sprachgemeinschaft an, schließe aber keine interglossalen Interferenzen ein. Es gibt jedoch offenbar bislang keine saubere begriffliche Trennung.

17 Für sprachübergreifende Begriffsklärungen s. Riehl (2014: 16–22).

18 Die gewählten Bezeichnungen *Umgangssprache* und *Volkssprache* gehen auf die dem Diglossiebegriff (und weiteren *-glossie*-Konzepten) anhaftende hierarchische Unterordnung der L-Varietät(en) und der damit verbundenen Stigmatisierung zurück, etwa als „illiteraten" (Diem 1974), gesprochensprachlichen, eher privaten und weniger formellen (alltäglichen) Zwecken vorbehaltenen sowie zur Schriftlosigkeit verdammten (Jastrow 2008) Entitäten.

19 Diem (1974: 17–19) spricht von einer „nachgeordnete[n] Zweisprachigkeit" (*subordinate bilingualism*), da die zweite Varietät, also die Hochsprache, mit den Mitteln der zuerst erworbenen regionalen Varietät, der mithin eine mutter- bzw. erstsprachliche Geltung zukommt, erlernt wird (vgl. hierzu auch Grotzfeld 1980: 20–22).

Rollen, Funktionen und geregelten Verwendungsbereichen.[20] Begründet wird diese funktional-stilistische Dichotomie zwischen der hochsprachlichen Norm und der sprachlichen Wirklichkeit (im Alltag) nicht nur mit dem Gefühlswert der betreffenden Varietäten, wie den emotionalen und gruppenkonstitutiven Assoziationen zur L-Varietät, sondern auch dem intellektuellen Aufwand, den ein Sprecher im Vergleich zur natürlich, zuerst erworbenen L-Varietät beim (gesprochensprachlichen) Gebrauch der H-Varietät aufbringen müsse, sodass er diese – trotz Grundbildung – zumeist nicht ohne (bemerkbare) Mühe sprechen würde (Diem 1974: 15–24; Ferguson 1996: 52). Diese Überlegungen sind für gesprächsanalytische Untersuchungen insofern relevant, als sie auf gewisse Eigenheiten konzeptioneller Mündlichkeit und Schriftlichkeit[21] des Arabischen verweisen. Vorgeblich statische Gegebenheiten (aus makrolinguistischer Sicht) stehen jedenfalls nicht im Einklang mit den Prinzipien der Konstitutivität und Interaktivität (Kap. 3), kurzum der Idee einer interaktiv konstruierten und ausgehandelten Sprachverwendung, was Ferguson (1996: 61–62) nachträglich bemängelt. Deswegen scheint eine ausgiebige Erörterung des Diglossiebegriffs von Ferguson und seines Beitrags zur Öffnung eines neuen soziolinguistischen Forschungsfelds, der den Weg zur Erforschung sprachlich-kommunikativer Tätigkeiten ebnet (z. B. Fishman et al. 1986), nachfolgend ohne Belang zu sein.[22]

---

20 Zu den in diesem Zusammenhang angesprochenen soziolinguistischen Aspekten, wie Status und Prestige der Varietäten, die ihre tendenziell wertenden Bezeichnungen (z. B. *al-fuṣḥa*, *al-faṣīḥa*, „beredt“, „sprachgewandt“, „sprachlich rein“; *al-ʿāmmiyya*, *ad-dāriǧa*, „gewöhnlich“, „geläufig“, „vulgär“, „plebejisch“, „gemein“) bereits implizieren, s. Bassiouney (2020, 2018), Diem (1974), W. Fischer (1982a), Suleiman (2003) und Versteegh (1996, 2014: insb. 249–253). Sie diskutieren überdies ihre sprachideologischen, kulturpolitischen und nationalistischen Überlegungen sowie die sprachliche Konstruktion einer gemeinsamen (panarabischen) Identität und kulturellen Einheit, deren Garantin, also die Hochsprache, zu bewahren sei. Der Einfluss des Koran auf die Schrift und ihre Sprache ist auch mitzuberücksichtigen (Diem 1982; Endress 1982a; S. Wild 1982; Bobzin 2014: insbes. 94–96). Daher zielen die fundamentalistisch-puristischen Bestrebungen auf eine Abgrenzung des Klassischen Arabisch (göttlichen Ursprungs) zur Alltagssprache (menschlichen Ursprungs). Bemerkenswert sei auch hierneben die Tatsache, dass die Benennungen für die Regionalvarietäten, wie Niehoff-Panagiotidis (1994: 520) treffend formuliert, „den Unterschied zur Hochsprache, nicht die lokale Variation“ herausstellen.

21 Zu den Termini *konzeptionelle Mündlichkeit* und *konzeptionelle Schriftlichkeit* s. Kap. 3.3.

22 Dasselbe gilt für sämtliche postfergusonsche Ansätze (z. B. Boussoffara-Omar 2006a; Falkner 1998; Fishman 1967, 1971, 2002; Hawkins 1983; Hudson 1991, 2002; Kaye 1970; Tollefson 1983; Walters 1996) und Fergusons (1996) Reaktion darauf.

Angemerkt sei außerdem, dass die für bestimmte Domänen prototypischen Varietäten nicht (in Reinform) parallel existieren und sich gegenseitig ausschließen, sondern sich stets durchmischen. So treten hochsprachliche Elemente in Gesprächen auf, ja sogar Phänomene der gesprochenen Sprache in regionalsprachlich geprägten Texten literarischer Art, wie Prosa, Lyrik und Drama (Badwy 2013; Davies 2006; Diem 1974: 96–125; Grotzfeld 1980: 21–22; Rosenbaum 2000; Woidich 2010), und nicht literarischer Art, in technisch vermittelten Situationen, unter anderem auch in einer romanisierten Form, dem arabischen Chat-Alphabet, also dem sogenannten *Arabizi*[23] bzw. *Franco-Arabic* (Holes 2013), das bislang keine Standardisierung bzw. Konventionalisierung kennt. Eine vorherrschende Tendenz, Merkmale einer bestimmten Varietät aufzuweisen, lässt sich ebenfalls nur fallabhängig bei einer genaueren Analyse feststellen.

Obwohl die gefestigten Kenntnisse um die sprachliche Heterogenität arabischsprachiger Gemeinschaften, insbesondere im Hinblick auf die zeitliche Einordnung obiger Konzepte und auf fachinterne Entwicklungen (samt kommunikativ-pragmatischer Wende), durchaus diskussionswürdig sein mögen und obwohl soziolinguistische Benennungen mannigfaltig, in einzelnen Fällen sogar geradezu intransparent verwendet werden, lassen sich dennoch gewisse terminologische Ausgangspunkte kurz anschneiden.

Angestrebt wird, wie gesagt, eine Untersuchung von Interaktionsdynamiken und sprachlicher Akkommodation[24] bzw. von einseitigen oder

23 *Arabizi* ist eine Wortkreuzung aus *ʿarabī* (dt. „Arabisch") und *ʾinǧilīzī* (dt. „Englisch"). Jedes arabische Phonem wird dabei durch ein oder mehrere lateinische Grapheme und/oder durch arabische Ziffern dargestellt, um fehlende Phoneme im Englischen zu kompensieren. Die verwendeten Ziffern ähneln in ihrer Form jeweils der Form des darzustellenden arabischen Graphems (Panović 2018). Die Entwicklung und verbreitete Verwendung lässt sich auf die zunehmende Anwendung moderner Technologien durch Arabisch sprechende Nutzer zurückführen, welche anfangs keine arabische Schrift unterstützten. Obwohl viele dieser Technologien inzwischen den Einsatz des arabischen Alphabets erlauben, wird das Chat-Alphabet weiterhin in verschiedenen medienvermittelten Kontexten verwendet (s. z. B. Allehaiby 2013; Bies et al. 2014; Elmahdy et al. 2011; Elmahdy/Gruhn/Minker 2012; König 2021; Palfreyman/al Khalil 2003; Yaghan 2008; El Essawi 2011).

24 Erläuterung des Begriffs *Akkommodation* und der damit einhergehenden Phänomene der Konvergenz oder Divergenz, insbesondere wenn unterschiedliche Regionalvarietäten aufeinandertreffen, bei Britain (2013), Niedzielski/Giles (1996) und Riehl (2014: 141–156). Blanc (1964: 81–85) nennt diese sprachlichen Mittel, etwa zur lexikalischen Auswahl möglichst verständlicher regionalsprachlicher,

wechselseitigen Angleichungen und Anpassungen sowie von anderen (kommunikativ motivierten) Formen jener sprach-[25] oder varietätenbezogenen Wechsel- oder Mischerscheinungen (z. B. Albirini 2011; Alkhamees/Elabdali/Walters 2019; Boussoffara-Omar 2006a, b; Bassiouney 2020; Diem 1974; Ermisch 2011; Kühnel 2008; Sayahi 2014; Walters 1996), die – zusätzlich zu den individuell-performativen Faktoren (Idiolekt, Sprachsozialisierung) – darauf abzielen, den Verstehensprozess zu unterstützen und ein Näheverhältnis herzustellen, vor allem in Gesprächen, deren Beteiligte unterschiedliche regionalsprachliche Zugehörigkeiten mehr oder weniger eindeutig durchscheinen lassen oder auch nicht zu demonstrieren versuchen. Ausgangspunkt sei hierbei der Grundsatz, dass sprachliches Handeln vielschichtig ist und dass Variationsebenen vielfach miteinander verwoben sind. Man hat es also zum Beispiel mit einem Geflecht aus synchronen, geografischen und diachronen, sozial-vertikalen Dimensionen zu tun. Außerdem können gesprächsartspezifische, inhaltlich-kommunikative und stilistische, individuelle Faktoren eine Rolle spielen. Eine fein säuberliche Kategorisierung nach gesprochener Sprache und geschriebener Sprache, die dann jeweils auch noch bestimmten Domänen zugeordnet wird, erscheint somit reduzierend. Aus diesem Grund orientiert sich die Verfasserin vielmehr am (zur Kreol- und Pidginforschung gehörigen) Konzept eines Sprachkontinuums[26], in dem Varietäten sich ergänzen und nicht in Konkurrenz oder gegenseitigem Ausschluss zueinander stehen (z. B. Hary 1992, 1996; Kaye 1994; Mejdell 2006; Meiseles 1980; Versteegh 2014; Woidich 1990). Genau genommen wird bereits bei Vollers das Konzept des Sprachkontinuums angedeutet:

> Die ᶜArabīya ist so wenig wie unsere deutsche Schriftsprache eine Schöpfung aus einem Guß, sondern vielmehr eine *Mischung*, eine *Fusion*, wobei eine Kernmasse und andere kleinere angegliederte Bestandteile zu unterscheiden sind.
>
> (1906: 170; Hervorhebungen durch die Verfasserin)

---

standardnaher oder klassisch gehobener Ausdrücke, „leveling devices“ bzw. „classicizing devices“.

25 Gemeint sind Sprachmischformen, wie *Franco-Arabe* und *Anglo-Arabic*.

26 Laut bei Behnstedt/Woidich (2005: 95) angeführtem Hinweis von H. Goebl sei dieses Kontinuum nicht als anfangs- und endlos fortlaufendes Sprachgebilde zu verstehen, weswegen es als *Pseudokontinuum* zu benennen wäre. Mit Blick auf die gesichteten Arbeiten hat sich dieser Vorschlag allerdings nicht durchgesetzt.

Das Konzept des Sprachkontinuums lehnt zwar eine strikte Dichotomisierung prinzipiell ab, die jeweils vorgelegten Aufteilungen einiger Ebenenmodelle (z. B. E. Badawi 1973[27]; E. Badawi/Hinds 1986; Mitchell 1980, 1984; Blanc 1964) und ihre Anwendbarkeit in der Praxis sind bei näherem Hinsehen indes nicht unproblematisch, wiewohl sie (bisweilen explizit) für probabilistische und idealtypische Konstrukte gehalten werden. Erwähnt sei beispielsweise die Frage, ob zur Bestimmung einer Ebene definierte Attribute zu quantifizieren sind. Trotz scharfer Bruchstellen bei großräumig geografischen Klassifizierungen, wie etwa zwischen den syrischen und marokkanischen (Behnstedt/Woidich 2005) oder anderen jeweils im sogenannten Osten (*al-mašriq al-ᶜarabī*) bzw. im sogenannten Westen (*al-maġrib al-ᶜarabī*) auftretenden Varietäten, seien letztendlich vor allem die überwiegend fließenden, verflochtenen Übergänge, die, im Gegensatz zu den *-glossie*-Konzepten, Kontakterscheinungen vorsehen, für das gegenständliche Forschungsvorhaben relevant, bei dem unter anderem auch die sprachbiografischen Daten der Gesprächsteilnehmer miteinbezogen werden. Dieser Ansatz lässt sich nicht mit der Vorstellung von hierarchischen sprachlichen, in sich homogenen Entitäten und den wertenden, puristischen Oben-Unten-Konstruktionen vereinen. Deswegen wird der Terminus *Hocharabisch* in der weiteren Diskussion vom Terminus *Standardarabisch*[28] abgelöst, auch wenn im Arabischen diese Differenzierung nicht konsequent stattfindet und der Terminus *al-luġa al-miᶜyār*, also die eher befremdlich wirkende wörtliche Entsprechung zum Terminus Standardsprache, jenseits einiger sprachdidaktischer und philologischer Beiträge, im Vergleich zum Terminus *al-ᶜarabīya al-fuṣḥā* (= *Hocharabisch*) sehr viel seltener vorkommt. Der Terminus *Standard* beinhaltet in erster Linie die weitgehende Kodifizierung der schriftsprachlichen Varietäten. Trotzdem sei er weder auf die Schriftsprache (oder das Schriftmedium) noch auf den öffentlichen Verwendungsbereich einzugrenzen. Mitchell (1984: 6) gibt zu bedenken, dass sich der Standard nicht als Konsens aus der (Mehrheits-)Sprache einer einzigen Region entwickelt habe. Dies spricht

27 Verschiedene Beiträge zur Diskussion und Neubetrachtung des Ebenenmodells von E. Badawi aus heutiger Sicht bei Taha (2020).

28 Beim Standardarabisch (*Modern Standard Arabic*) handelt es sich um eine sprachhistorisch morphologisch und syntaktisch vereinfachte, weniger kodifizierte Form der klassischen hocharabischen Varietät, die nicht dem schriftlichen Gebrauch vorbehalten ist und stärker unter dem Einfluss der im Alltag eingesetzten Varietäten steht, jedoch nicht territorial begrenzt ist. Deshalb schreibt ihm Kästner (1981: 24) einen „Funktionalstil" und „überregionale[n] Kommunikationseffekt" zu. W. Fischer/Jastrow (1979: VII) zufolge handle es sich um „ein Hocharabisch ‚in Pausalformen'", also ohne Kasus- und Modusendungen (Verlust der Desinentialflexion).

wiederum für eine Plurizentrizität der arabischen Sprache, das Vorhandensein mehrerer unterschiedlicher nationaler Standards[29] (Abd-el-Jawad 1992). Somit dient das Attribut *Standard* im Folgenden dazu, alle Varietäten zu bezeichnen, die weder als regionale Varietäten bzw. als L-Varietäten im Fergusonschen Sinne betrachtet werden noch jenen weiträumig angewandten und relativ verständlichen, überregional verwendeten lokalen Varietäten zugeordnet werden können, welche auf den (haupt-)städtischen Varietäten beruhen, aus soziolinguistischer Sicht eine gewisse Normierung aufweisen und somit den Status einer Verkehrssprache haben oder erlangen (W. Fischer/Jastrow 1980).[30] Dieser Logik folgend wird beispielsweise Kairenisch als Kairenisch-Arabisch (*Cairene Arabic*) bezeichnet und nicht als kairenisches Standardarabisch analog zum englischen Terminus *Cairene Standard Arabic*, wie bei Bassiouney (2018). Unabhängig davon kann man keineswegs davon ausgehen, dass das Attribut *Standard* im Terminus *Standardarabisch* das Vorhandensein von Normen und universalen Regelwerken impliziert, denen zufolge Variationen nonkonforme Abweichungen wären.[31]

Ausschlaggebend für das Erkenntnisinteresse sind vielmehr die Bezugsgrößen (1) orthografische Normierung der Varietät sowie (2) areale Erstreckung bzw. Orientierung an den geografischen Großräumen[32] und Abbildung ihrer Hauptmerkmale. Dementsprechend wurde der im Falle des Arabischen weniger verbreitete[33] Begriff *Regionalvarietät* gegenüber dem Begriff *Dialekt* und der inhärenten lokalen bzw. stärker regional begrenzten Verwendung vorgezogen, um die großregionale Verbreitung bezeichnen zu können. Die Präferenz der Bezeichnung *Varietät* ist darin begründet, dass sie am wenigsten theorielastig ist. Sämtliche Kritik an der ungenügenden Berücksichtigung variierender Merkmale bzw. Spezifika gesprochensprachlicher Kommunikation, wie

29 Zur Frage der Plurizentrizität von Sprachen allgemein s. auch Clyne (1992), Kloss (1978: 66–67) und Sinner (2014: 102–110).

30 Zu den allgemeinen Implikationen des Begriffs *gesprochene Standardsprache* s. S. Jäger (1980: insbes. 376–377).

31 Eine abschließende begriffliche Lösung kann und soll diese gesprächsanalytische Arbeit ohnehin nicht liefern.

32 s. hierzu etwa Palva (2006) und Versteegh (2014).

33 Kühnel (2018: 304–307) äußert sich zur Problematik von Begriffen und der Subjektivität ihrer Bestimmungen. Sein Einwand, dass die Begriffe *Regionalsprache* und *Varietät*, verglichen mit solchen wie *Dialekt*, zur Bezeichnung des gesprochenen Arabisch kaum Einsatz finden und sie als auferlegte europäische bezeichnende Konstrukte zu erwägen wären, ist hier aus den genannten Gründen nicht maßgeblich, dürfte jedoch eine begriffliche Diskussion in einem anderem Rahmen auslösen.

etwa der Entwicklungsstadien der individuellen Sprachkompetenz oder des diastratischen und diaphasischen Abstands zum Standard (vgl. Fiehler et al. 2004: 137–138), wird dabei in Kauf genommen. In Anbetracht des relativ engen Erhebungszeitraums der auszuwertenden Daten dürfte hier eine gewisse Stabilität des Sprachsystems und die Wiederkehr analyserelevanter, transkriptionswürdiger sprachlicher Phänomene unterstellt werden, unabhängig von den gewöhnlichen Variationen, die unter anderem aus den situativ und konstellationsbedingten Anforderungen an die Beteiligten entstehen und nicht zwangsläufig einen systematischen Charakter annehmen, weil beispielsweise Müdigkeit oder Emotionalität (Stress, Betroffenheit etc.) zu Inkonsistenzen führen können. Die Begriffe *Variation* bzw. *Variante* dienen in diesem Rahmen, gleichwohl reduzierend, ausschließlich der Bezeichnung von Alternanten, wie den unterschiedlichen lautlichen Realisierungen (z. B. Allophone) als latenten Auslösern für Verständigungsbrüche.

Eine Unterscheidung zwischen der Standardvarietät[34] (Modernes Standardarabisch), die über eine überregionale kommunikative Reichweite verfügt und damit einigermaßen einheitsbildend bzw. erhaltend fungiert, und den standardfernen, orthografisch kaum kodifizierten Regionalvarietäten mit einem vergleichsweise geringeren Verständigungsradius wird in diesem Kontext als ausreichend angesehen, um bei der Analyse der elizitierten Situationen weiterführende Schlüsse zuzulassen und mögliche Quellen für Verständnisschwierigkeiten zu identifizieren. Ausgehend von der Tatsache, dass arabischsprachige Gemeinschaften eine „one language community" (in Fragen der Schrift), bei weitem aber keine „one speech community" sind (Abuhamdia 1988: 52), liegt die Hypothese nahe, dass die einzelnen Regionalvarietäten untereinander so

34 Die Verfasserin spricht der Einfachheit halber bewusst singularisch von einer Standardvarietät, obschon diese, trotz der Bemühungen der (getrennt agierenden) Sprachakademien zur Vereinheitlichung des Lexikons (vgl. z. B. M. Badawi 1997 und Bassiouney 2020: 290–292), keineswegs völlig einheitlich und gleichermaßen normiert ist. Als Beispiel seien die regional geprägten artikulatorischen Besonderheiten (auch ein und derselben lexikalischen Einheit) und (kulturell bedingten) lexikalischen Unterschiede erwähnt, die in weniger fachlichen Anlässen vorwiegend aus Interferenzprozessen (Diem 1974) hervorgehen und die im Bereich der Fachterminologie noch grundlegender und ausgeprägter sind. Einen Sonderfall stellt das Maltesische dar (Jastrow 2008: 9–10; Niehoff-Panagiotidis 1994: 581–589). Zu den aus der Plurizentrizität des Arabischen erwachsenen Herausforderungen für die Übersetzung s. z. B. Alaoui (2010) in seinem Beitrag zur rechtssystemgebundenen juristischen Terminologie und Abdelaty (2015) in seinem Beitrag zur Kraftfahrzeugtechnik.

verschieden sind, dass eine Verständigung nicht immer vollends hergestellt werden kann, obschon sie stets angestrebt und ausgehandelt wird, zum Beispiel durch Hyperkorrektionen und die Einebnung potenziell unverständlicher Formulierungen, durch die gemeinsame Ausarbeitung überregionaler Kompromisse oder durch Rückgreifen auf Mischsprachen[35] entlang des gleitenden Kontinuums.[36] Die Gründe hierfür bestehen in den größtenteils unterschiedlichen sprachlich-kulturellen Zugehörigkeiten von Klienten und Dolmetschern sowie dem aufgespaltenen kommunikativen Radius und dem Telefonkanal als Vermittlungsmedium, einschließlich latenter akustischer Störungen. Die Zielsetzung der Arbeit verlangt daher eine Transkription, die die großräumig gesprochensprachlichen Realisierungen und deren (von den Beteiligten unterstellte) Verständigungsmöglichkeiten bzw. -grenzen darlegt. Erstrebt wird demnach die Entwicklung einer Systematik zur Anfertigung von Arbeitstranskripten, die diese Erscheinungen in ihrer Bandbreite hinreichend und einheitlich dokumentieren, sowie die eingeschlichenen Elemente der Standardsprache (einschließlich situativ bedingtem gehobenem Stil und schriftsprachlicher Erscheinungen als Form des Verständigungshandelns) zu erkennen geben, damit zugleich Verfahren zur Bearbeitung oder Nichtbearbeitung von Störungen analytisch erfasst und später Dritten nachvollziehbar präsentiert werden können. Dazu zählen auch sprachliche Handlungen von Sprechern, die von ihren ländlichen Varietäten zu einer, ihrer Einschätzung nach, verständlicheren städtischen Varietät wechseln. Zwischen dem zugrunde liegenden wissenschaftlichen Anspruch und der tatsächlichen Umsetzung adäquater Methoden bei der Rekonstruktion lexikalisch-morphologischer Eigenschaften klafft jedoch eine merkliche Lücke, schon allein wegen des nahezu rein konsonantischen Charakters der arabischen Schrift. Ihr graphemisches Grundinventar lässt bestimmte lautliche Einheiten, nämlich Kurzvokale, verdoppelte Konsonanten (Gemination) und vokallosen Silbenschluss, unbezeichnet.[37] Dadurch

---

35 Zur Hybridisierung von lokalen Varietäten und standardsprachlichen Elementen s. einführend Holes (2004: 86–89, 363–373).

36 Interessant sei in diesem Zusammenhang auch die Frage, die im frankophonen Raum gestellt wird: Wären die Araber als *araboscribes* oder als *arabophones* zu bezeichnen (s. etwa Kallas 1994)?

37 Allerdings existieren Texte (meist religiöser oder didaktischer Art), in denen bewusst, um Mehrdeutigkeit zu verhindern, zu den Grundgraphemen sogenannte Fakultativgrapheme (vgl. Bauer 1996: 1434) hinzugefügt werden, nämlich Zeichen für kurzvokalige Phoneme, Zeichen für Vokallosikgeit (*sukūn*) und Konsonantenverdopplung (*šadda*). Das Versehen mit Texten mit Fakultativgraphemen bezeichnet man als *taškīl*.

entstehen unterschiedliche Möglichkeiten der Vokalisierung und ein der Analyse nicht dienlicher Deutungsspielraum jenseits der „natürlichen" Polysemie. Diesen Aspekten müsste die Transkription jedoch Rechnung tragen, nicht zuletzt aus den folgenden Gründen:

- Kürzung, Längung, Verschiebung oder Wegfall der Vokale sind in der gesprochenen Sprache üblich und weichen in der Regel von der schriftnahen Standardlautung ab;
- Form der Aussprache und Vokallänge geben Hinweise auf die sprachliche Zugehörigkeit ihrer Sprecher sowie auf die zur Bewältigung oder Vermeidung von Verständigungsbrüchen interaktiv ausgehandelte intermediäre Varietät;
- Unterschiedliche Regionalvarietäten stellen eine potenzielle Quelle für lexikalisch-semantische Störungen dar, also für die mangelnde Realisierung propositionaler Gehalte und illokutiver Muster;[38]
- Standardferne oder der jeweiligen Person bislang unbekannte sowie individuelle oder undeutliche Aussprachen (z. B. in Form von veränderten oder ausgefallenen Vokalen) können zu verständigungsbedingten Stockungen im Gesprächsfluss führen (Kap. 5.5).

Die zu bewältigenden Schwierigkeiten bei der Verschriftung gesprochener Sprache seien, wie Woidich (2010: 67–68) zum Thema Dialektliteratur einräumt, der „historische[n] Orthographie" geschuldet, die sich stark nach der Standardsprache und -lautung richte und die Erkennung oder eher Hineininterpretation der verwendeten Varietät auf den Leser abwälze. Betroffen sei des Weiteren die Darstellung morphologischer Eigenheiten, etwa der häufig assimilierten indirekten Objekt- und Negationssuffixe, die sich – abgesehen von den Auswirkungen unterdrückter kurzvokaliger Phoneme[39] auf die Rekonstruktion der Suffigierung – nach Gusto entweder an das Verb (mit oder ohne Bindestrich) binden oder getrennt schreiben lassen, bei einer Getrenntschreibung aber lexikalisch und damit phonologisch angepasst werden müssen, wie im Folgenden gezeigt wird:

- Syr. *btaržem**la*** vs. *btaržem-**la*** vs. *btaržem la**ha*** (dt. „ich übersetze es ihr");
- Äg. ***ma**fīš vs.* ***ma**-fīš* vs. ***mā** fīš* (dt. „es gibt kein").

38 Die herkömmlichen Beispiele beziehen sich auf die divergierenden Bedeutungsinhalte lexikalischer Einheiten, wie bei Diem (1974: 5): Ägyptisch, Libanesisch oder Syrisch *mabsūṭ* („zufrieden", „froh") vs. Irakisch *mabsūṭ* („geschlagen").

39 Zu den historischen Gegebenheiten der Vokalschreibung s. Diem (1979).

Andere orthografische Herausforderungen birgt die Zuordnung grafischer Zeichen zu lautlichen Einheiten von standardfernen Gesprächsmarkern, zu deren Darstellung in der arabischen Schrift (z. B. in Theatertexten oder gleichsprachigen Untertiteln von stärker regionalsprachlichen Kurzauftritten in Fernsehshows) – geschweige denn in der lateinischen Schrift – kaum Beispiele vorliegen. Auch legen die wenigen Referenzen keine systematischen Lösungen vor. Angeführt seien unter anderem Interjektionen[40], Verzögerungspartikel und Rückmeldungen des teilnehmenden Hörers[41] (*back-channels*) ohne greifbaren propositionalen Gehalt, die eine rein gesprächsaufrechterhaltende Funktion haben. Sie genießen weder in der (westlich geprägten)[42] Dialektologie und Soziolinguistik einen Stellenwert, deren Forschungseinrichtungen sich oft außerhalb des arabischsprachigen Raums befinden, noch in der interaktionsbezogenen Gesprächsanalyse, die germanisch und romanisch geprägt sowie lateinschriftig zentriert ist (Kap. 2.2 und 4; vgl. auch Egbert/Yufu/Hirataka 2016). Die Gründe für die fehlende Systematik bei ihrer Darstellung liegen allgemein eher in den begrenzten Möglichkeiten einer nicht phonetischen Verschriftung und in der Marginalisierung im jeweiligen Forschungszusammenhang als in den technischen Hindernissen, etwa bei der korrekten Einstellung der Direktionalität der Schrift(en) von mehrsprachigen Transkripten.

Im nächsten Unterkapitel sollen nun Verfahren vorgestellt werden, denen Ansätze zur Überwindung dieser Hindernisse möglicherweise zu entnehmen sein können. Hierzu werden kurze Abrisse aus verschiedenen Disziplinen kritisch betrachtet.

---

40 Zum Problem der Übersetzung von Interjektionen fiktiver Unterhaltungen in literarischen Texten sowie standardarabisch geprägter Gespräche s. z. B. Abdulla/Talib (2009), Farghal/Borini (1996), Thawabteh (2010). Einen kurzen Einblick in Interjektionen des Ägyptisch- und Syrisch-Arabischen geben etwa Woidich (2006: 110) und Sabuni (1980: 204).

41 Mit dem Terminus „Hörer“ bezieht sich die Verfasserin in dieser Arbeit auf den im Goffmanschen Sinne (1981) ratifizierten teilnehmenden Hörer. Seine Hörerrolle (*addressed* bzw. *unaddressed*) wird nur bei Bedarf expliziert.

42 Vgl. hierzu (Behnstedt/Woidich 2005: 2–3). Die Annahme, dass die (weiterhin) mangelnde Erforschung des gesprochenen Arabisch mit einer geringen Wertschätzung, einer feindlichen Haltung oder einer Zurückhaltung infolge der Unterstellung unlauterer Motive (Imperialismus, Spionage, Spaltung der arabischen Einheit etc.) zusammenhänge, muss, aus heutiger Sicht, infrage gestellt werden.

2.2 Existierende Systeme zur Transkription arabischer Daten in Lateinschrift: von den Anfängen bis zur Gegenwart

In den folgenden Ausführungen soll stets differenziert werden zwischen

(a) Systemen, die im deutschsprachigen Raum entwickelt wurden und häufig zum Einsatz kommen,
(b) Systemen, die außerhalb des deutschsprachigen Raums entwickelt wurden und ausschließlich außerhalb des deutschsprachigen Raums Verwendung finden, und
(c) Systemen, die im Wesentlichen zwar außerhalb des deutschsprachigen Raums entwickelt wurden, dennoch teilweise im deutschsprachigen Raum zum Einsatz kommen.

In allen drei Kategorien lässt sich bei der Erfassung herkömmlicher Verfahren der Transkription arabischer Daten eine mangelnde begriffliche Unterscheidung zwischen der (1) Rekonstruktion gesprochener Sprache mittels der Schrift, also ihrer Überführung von einem mündlichen in ein schriftliches Medium (Transkription), und der absolut eindeutigen, rückübertragbaren sowie zielsprachenneutralen Überführung eines Schriftbildes in ein anderes Schriftbild, also der intramedialen Bewegung zwischen unterschiedlichen Schriftsystemen (Transliteration[43]), feststellen sowie zwischen (2) der Darstellung sprachlicher Einheiten mit den Mitteln des lateinischen Alphabets (Romanisierung) und der national-offiziellen Ersetzung eines nicht lateinischen Schriftsystems oder einer schriftlosen Sprache durch ein lateinisches Schriftsystem (Latinisierung).[44] Über die betreffenden medialen und konzeptionellen Bewegungen hinaus (Mündlichkeit-Schriftlichkeit, Schriftlichkeit-Schriftlichkeit, gesprochene Sprache-Schriftsprache) erfordert die Beschäftigung mit arabischen Daten eine besondere Berücksichtigung ihrer phonetischen Elemente, die in der arabischen Schrift nur beschränkt erscheinen. Als Beispiel seien die kurzen Vokale und die Gemination genannt, die schriftlich allenfalls noch in Texten mit *taškīl*[45] als diakritische Zeichen auftreten. Demzufolge weist das lateinische

---

43 Wellischs (1978) Bezeichnung „conversion of scripts" stellt den schriftsprachlichen Gegenstand dieses Vorgangs klar heraus.

44 Nicht sprachbezogene terminologische Klärung bei Wellisch (1995: ix–xvi).

45 Der Prozess, bei dem Texte mit sogenannten Fakultativgraphemen in Form von Diakritika (ar. *taškīl*) versehen werden, wird in der Fachliteratur oft als *Vokalisierung* bezeichnet. Der Terminus *Vokalisierung* trifft allerdings nicht den Kern der Sache. Genau genommen sind nämlich alle arabischen Texte, selbst diejenigen ohne Diakritika, bereits teilweise vokalisiert, denn das arabische Alphabet enthält

Abbild in der Regel eine stärkere Phonem-Graphem-Beziehung auf. Das Ansinnen ist dabei, Bedeutung zu inferieren, die – im Falle einer graphemischen 1:1-Wiedergabe in einem anderen Schriftsystem – sonst nicht klar wird. Wie in der DIN 31635 zur Umschrift des arabischen Alphabets (Deutsches Institut für Normung 2011: 4) zu Recht eingeräumt wird, treffe die Bezeichnung *Transliteration* keineswegs zu, weil das Produkt stets „einen les- und sprechbaren Text" vorführe. Es handelt sich also um eine phonetisch- bzw. phonologisch-orthografische Transkription[46] aus der ausgangssprachigen Lautung in die zielsprachige Orthografie. Um eine begriffliche Klarheit zu schaffen, wird in dieser Arbeit die Bezeichnung *Umschrift* als Oberbegriff für die verschiedenen Darstellungsverfahren in einem anderen Schriftsystem verwendet, wobei im Hinblick auf das Untersuchungsinteresse die mediale (nicht ausschließlich interaktionsorientierte) Transkription, im Sinne der Verschriftung von natürlicher Sprache, mehr Aufmerksamkeit erhält.

In diesem Unterkapitel sollen ausgewählte Transkriptionssysteme hinsichtlich ihrer Entstehung und Entwicklung chronologisch und typisierend dargelegt werden. Dabei gilt es, den Datentyp (mündlich vs. schriftlich; Text vs. Gespräch) als klassifizierendes Kriterium zu identifizieren. Die Fokussierung auf normierte schriftbezogene Praktiken ist historisch tief verwurzelt, da die Erschließung arabischer Druckerzeugnisse fast ausschließlich unter philologisch-theologischen Aspekten erfolgt. Deshalb erfordert sowohl die verhältnismäßig dürftige Quellenlage zu Beiträgen, die sich primär der Sprache-in-Interaktion widmen, als auch die weitverbreitete Verwendung von Systemen, die der Romanisierung eines vorliegenden Schriftbilds (einschließlich dazugehöriger standardsprachlich normierter Phoneme, die orthografiegemäß im Schriftbild nicht enthalten sind) dienen, eine disziplinübergreifende Suche nach Transkriptionsverfahren, die bei der Transkription des *gesprochenen* Arabisch Anwendung finden. Zunächst sollen Systeme mit schriftsprachlichem

---

feste Grapheme für (standardsprachliche) Langvokale (*ā*, *ū*, *ī*). Daher schlägt Bauer (1996: 1434) den Terminus *Punktierung* vor. Da bei der Verwendung des Terminus *Punktierung* die Gefahr besteht, dass man den Begriff *diakritische Zeichen* mit dem Begriff *diakritische Punkte* gleichsetzt, wird in dieser Arbeit der präzise arabische Terminus *taškīl* beibehalten.

46 In seiner Untersuchung zur Schreibung von Personen- und Eigennamen aus nicht lateinischen Schriftsystemen unterscheidet M. Mangold (1965) zwischen (1) einer orthografisch-orthografischen Transliteration, (2) einer phonetisch-orthografischen Transkription und (3) einer gemischten Transliteration-Transkription als hybride Form der Methoden (1) und (2).

Schwerpunkt (Kap. 2.2.1) seit ihren Anfängen mit computer- und soziolinguistischen oder ähnlichen Systemen, die Interaktionsdaten zum Gegenstand haben, verglichen werden. Ziel ist dabei weder der Anstoß einer gründlichen multidisziplinären Diskussion noch die Schilderung der Bedingungen, unter denen die jeweiligen Systeme und die angeführten Beispiele aufkamen, sondern lediglich die Erörterung ihres jeweiligen Nutzungspotenzials für die Gesprächsanalyse.

2.2.1 Datentyp *Text*

Die Suche nach ersten Anfängen einer Darstellung arabischer Zeichen und Texte in Lateinschrift gestaltet sich schwierig. Ihre datierbaren Wurzeln reichen bis in die Zeit der handschriftlichen Überlieferung zurück, seit den Dokumentationen der ersten Begegnungen von Europäern mit den arabisierten Ländern und Völkern des Orients[47]. Erste nennenswerte Versuche finden sich unter anderem bei Thomas Oliverus[48] und Johannes Schiltberger[49], die während der Kreuzzüge im 12. und 13. Jahrhundert ihre Erlebnisse und Beobachtungen niederschrieben. Sie führen im Rahmen ihrer Beschreibungen einzelne lexikalische Einheiten – in der Regel Kulturspezifika und Eigennamen von Personen, Orten, Tieren und Gegenständen – in Lateinschrift ein, ohne über die Umschriftung offen zu reflektieren. Schiltberger teilt am Rande mit, dass er sich an der „sprach der lande“ (1885: 1) bzw. den „sprachen der land“ (1885: 113) zu orientieren versuche, und kündigt damit lediglich eine verfremdende Transkription an, vor allem von Orts- und Gewässernamen. Eine umfassende Verwendung einheimischer Formen ist jedoch nicht zu erkennen. Ortsnamen und Titulierungen übernimmt er öfters eins zu eins, aber mit leichten Anpassungen

---

47 Der Begriff *Orient* wird zur Bezeichnung jener geografischen Einheiten Nordafrikas und Vorderasiens verwendet, deren arabische Sprache(n), Literatur(en) und kulturelle Eigenheiten es aus verschiedenen Gründen bereits seit der Antike zu erkunden gilt, weswegen (polyglotte) Herausgaben arabische Anteile in lateinischer Umschrift bieten. Eine begriffliche Diskussion, unter anderem hinsichtlich der inhärenten Andeutungen auf theologische Prägungen oder historische und politische Entwicklungen dieser Regionen, lässt sich in dieser Arbeit nicht durchführen. Es sei lediglich angemerkt, dass ein Dualismus, also eine Entgegensetzung mit dem „Okzident“ als einem in sich geschlossenen Gegenpol keineswegs beabsichtigt wird, ausgenommen dem dort verbreiteten Schriftsystem und der Mehrheitssprachen.

48 Bekannt auch als *Oliver von Paderborn*. Biografische Daten bei Hoogeweg (1887).

49 Bekannt auch als *Hans Schiltberger*. Kurzprofil bei Langmantel (1890) und Tremmel (2005).

an die Lateinschrift, wie etwa „Misr" (ar. *Miṣr*; dt. „Ägypten") und „Alkkeyr" (ar. *al-Qāhira* dt. „Kairo") sowie „Malek" (ar. *malik*; dt. „König") und „Sultan" (ar. *sulṭān* dt. „Sultan"). Velarisierungen von Konsonanten, Längungen von Vokalen und andere bedeutungsunterscheidende phonologische Eigenheiten lässt er größtenteils außer Acht, wodurch verschiedene Lesarten möglich werden, was wiederum die unmittelbare Lesbarkeit und Verständlichkeit der Umschrift beeinträchtigt. Oliverus (1894) geht in seinen lateinischen Schriften ähnlich vor. Aufschlussreichere Beispiele liefern hingegen Schiltbergers Erläuterungen zum Islam und zu den religiösen Bräuchen der Einheimischen. Die Umschriftung einzelner Wörter, wie etwa „Mesdschid" und „Meesgitt" (ar. *masǧid*; dt. „Moschee"), ist für Arabischkundige wiederum leichter nachvollziehbar als die Umschriftung längerer Einheiten, die jedoch ohnehin nur sehr vereinzelt, vor allem in Form religiöser Verse, auftreten. Erwähnt sei zum Beispiel die Umschrift des islamischen Glaubensbekenntnisses „La illach illalach Machmet rasul ullach" (ar. *lā ᵓilāha ᵓillā llāh Muḥammadun rasūlu llāh*), was er folgendermaßen ins Deutsche übersetzt: „War Got allmächtiger und der Machmet sein warer pot" (1885: 93). Da sich Schiltberger zu der von ihm verwendeten Umschrift nicht näher äußert, lässt sich dieses Bekenntnis erst mithilfe der Übersetzung und nach der wiederholten Lektüre rekonstruieren. Er verlässt sich bei der Umschreibung wohl ausschließlich auf sein Gehör und das lateinische Zeicheninventar, was sich in der fehlenden Differenzierung von Lang- und Kurzvokalen zeigt, aber auch in der phonetischen Angleichung fremder Phoneme und in der resultierenden Ambiguität bei den Phonem-Graphem-Beziehungen (z. B. *ch* für ح als auch für ه). Interessant sei auch die Verschriftung von sprechsprachlichen Phänomenen, insbesondere von Assimilations- und Sandhi-Erscheinungen[50]. So schreibt Schiltberger mündlich zusammengezogene Sprecheinheiten zusammen, die im arabischen Schriftbild eigentlich als zwei Schriftwörter auftreten („ill**al**ach" statt „ill**a ll**ach"). Außerdem hängt er eine Endung an das nachfolgende Stammwort an („rasu**l u**llach" statt „rasul**u** llach"), was die Lesbarkeit selbst für einen arabischkundigen Leser

50 *Externer Sandhi* bezeichnet jegliche lautlichen Veränderungen, die in einer Verbindungsposition (ar. *waṣl*) auftreten, konkret beim Zusammentreffen aus- bzw. anlautender Morpheme zweier aufeinanderfolgender Wörter in der zusammenhängenden Rede (Becker 2012: 15–16; Bußmann 2008: 598). Die eingetretenen Veränderungen (z. B. Assimilation) gehen im Grunde nicht in das arabische Schriftbild ein, selbst wenn die Texte punktiert (d. h. mit Zeichen für Kurzvokale, Vokallosigkeit und Konsonantenverdopplungen versehen) sind. Vielmehr wird die gewöhnliche Urform in Isolation beibehalten (Pausalform). Zum Ausnahmefall des Hamza s. Kap. 5.4.1.4.

erschwert. Festzuhalten ist demnach, dass sich die Umschrift in diesen Texten und vergleichbaren zeitgenössischen Werken auf kurze lexikalische Einheiten bezieht und dass sie nicht an die Ausgangslautung, sondern primär an die Lesegewohnheiten von Lesern lateinischer und lateinschriftiger Texte angepasst ist.

Weitere Versuche, das Grapheminventar des Arabischen in Lateinschrift darzustellen, stehen im Zusammenhang mit der Geschichte des Buchdrucks. Hierzu zählen aus der Inkunabelzeit Bernhard von Breydenbachs[51] Beschreibung der Sarazenen in Jerusalem und ihrer Schrift (Abb. 2) – zunächst auf Latein, dann auf Frühneuhochdeutsch – in seinem Reisebericht *Peregrinatio in terram sanctam* (1486; dt. „Pilgerreise ins Heilige Land") sowie Arnold von Harffs[52] posthum veröffentlichtes Werk (1860; womöglich auf Rhein-Maasländisch) über seine ursprünglich zu Pilgerzwecken unternommenen Fahrten. Ähnlich wie Breydenbach[53], fertigt Harff (1860: 112–113) eine Liste mit Vokabeln und kurzen Äußerungen (z. B. Gruß- und Dankesfloskeln) an, die zum Teil nach Verwendungsbereichen geordnet sind.[54] Diese Listen lassen, trotz orthografischer Fehler und Ungenauigkeiten, die Grundzüge der Regionalvarietäten der Sprecher bis zu einem gewissen Grad erkennen, insbesondere hinsichtlich der Lexik und der gesprochensprachlich standardfernen Realisierung (Zusammenziehungen, Tilgungen etc.), wie bei der Zahl „telatasch" (statt Standardarabisch *ṯalāṯat ʿašar*; dt. „dreizehn"), sowie der im Arabischen als *ʾimālā* bezeichneten Vokalverschiebung von /a/ zu /e/ bzw. /i/, etwa bei „inte" (statt Standardarabisch *anta*; dt. „du").

51 Zur Person des Mainzer Domdekans s. Fuchs (1955) und Heyd (1876).

52 Eine kurze Vorstellung des reisenden Ritters bei Heyd (1879) und Lahrkamp (1966).

53 Vgl. dazu als Ergänzung zur lateinischen und frühneuhochdeutschen Übersetzung der damals verwendeten arabischen Bezeichnungen die neuhochdeutsche und standardarabische Übersetzung, die Angelika Neuwirth angefertigt hat (Mozer 2010: 779–786). Die Umschrift basiert nicht auf den heute als herkömmlich betrachteten wissenschaftlichen Konventionen und lässt die Unzulänglichkeiten der vergleichsweise begrenzten römischen Orthografie zur genauen Rekonstruktion des arabischen Laut- und Schriftbildes erkennen.

54 Grotzfeld (1995) bietet eine Analyse von arabisch-lateinischen Wortlisten in der Pilgerliteratur des 15. Jahrhunderts, die, seiner Ansicht nach, „ältest[e] datierbar[e] Belege" von levantinischen Regionalvarietäten in verschrifteter lateinischer Form abgeben.

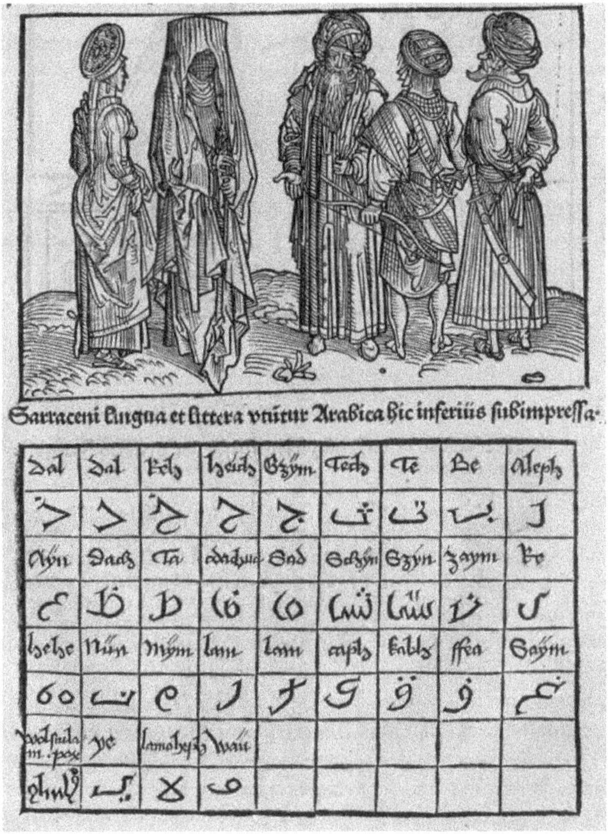

Abb. 2: Breydenbachs Holzschnitt mit dem arabischen Alphabet (1486)[55]

55 Breydenbachs Werk enthält keine Seitenzahlen.

Nach der Einführung des Buchdrucks[56] rückte ein weiteres Problem in den Vordergrund, das über die Laut-Graphem-Zuordnung[57] hinausgeht, nämlich die Erstellung von beweglichen arabischen Lettern im Zuge der Entwicklung der Schreib- und Drucktechnik zur Bewahrung und/oder Verbreitung von (Hand-)Schriften, vereinzelt sogar in mehrsprachiger Form (Hanebutt-Benz/Glaß/Roper 2002). Anlässe für ein wachsendes Bestreben in Europa, eine (neue) arabische Typografie (unverändert oder romanisiert) zur Ablösung von Handschriften und Holztafeldrucken zu schaffen und damit die Vervielfältigung von Texten fortlaufenden Inhalts zu begünstigen, waren unter anderem die zunehmenden Bemühungen um originalsprachige Urquellen im Sinne des humanistischen Ideals *ad fontes* sowie die Errichtung philologischer Studiengänge[58] (Hebräisch, Aramäisch und Arabisch), die anfangs theologischen (alttestamentarischen oder biblischen) Traditionen stark verbunden waren (Pehlivanian 2006: 12, 182). Diese Verbundenheit schlug sich vor allem in den Lehrmaterialien, insbesondere den grammatikalischen und lexikalisch-lexikografischen Hilfsmitteln, nieder, die zu Übungszwecken Gebetstexte und Fragmente aus dem Bibelkanon in arabischer Schrift bereitstellen, mitunter begleitet von ihrer Umschrift zur Einführung in Schriftzeichen und Lautung, zuzüglich einer lateinischen Übersetzung, beispielsweise Jakob Christmanns[59]

---

56 Einführung in die Motive und Stadien des arabischen Frühdrucks in Europa sowie die Entwicklung von Typensätzen bei Roper (2002) und Endress (1982b).

57 s. auch das *Alphabetum Arabicum* (1592) der *Typographia Medicea* (Medici-Druckerei) und das gleichnamige Druckwerk (1715) der damals ebenso in Rom ansässigen *Sacra Congregatio de Propaganda Fide* (dt. „Kongregation für die Verbreitung des Glaubens“; Henkel 1977), die nicht zuletzt für die Belange der Missionsarbeit sowie zur Gewinnung von Christen außerhalb der römisch-katholischen Kirche in ihren Typendrucken orientalische Schriften zu integrieren versuchte (vgl. hierzu Hanebutt-Benz 2002: 16–17). Im Vergleich zu den bislang vorgestellten Beispielen sowie weiteren davor angewendeten Umschriften sei hier die genauere Wiedergabe der Konsonanten, wenngleich mittels zweibuchstabiger Verbindungen (Digraphe), bemerkenswert.

58 Die Erfassung der arabischen Varietäten, in erster Linie der klassischen Varietäten, diente eine Zeit lang einzig und allein dem tieferen Verständnis anderer Sprachen, z. B. der hebräischen oder der persischen (vgl. z. B. Bourel 1988 und Fück: 1953). Pehlivanian (2006: 12) weist bei Papst Clemens V. auf Motive im 14. Jahrhundert zur Förderung der Übersetzungs- und Missionstätigkeit durch die Vermittlung von Sprachen jüdisch-(alt-)christlichen Ursprungs und die Erforschung ihrer Schriften hin. Vgl. darüber hinaus die Motive zur Erstellung arabischer Wörterbücher in der europäischen Frühmoderne, etwa bei Lindermann (2017), die unter anderem auf die Alphabeteinführungen von Christmann (1582) und Raphelengius (1595) eingeht.

59 Biografische Sammlungen bei Cantor (1876) und Dörflinger (2015).

Alphabetum Arabicum[60] (1582). Untersuchenswert erscheint in diesem Zusammenhang nicht so sehr die ansatzweise lexikografische Erschließung religiöser Texte oder, wie in der Pilgerliteratur, die arabischen (Alltags-)Varietäten, sondern vielmehr die Herstellung mehrschriftiger Traktate, die unterschiedliche Schriftsysteme und längere (mehr als eine lexikalische Einheit umfassende) oder mehrere aufeinanderfolgende Äußerungen einschließen, wie etwa die Erzeugnisse der polyglotten Druckerei von Christoffel Plantijn in Antwerpen[61], in denen sein Schwiegersohn Frans van Ravelingen, bekannt als Franciscus Raphelengius[62], verschiedene arabische Typen ausprobierte. Die Schriftprobe *Specimen Charactervm Arabicorvm* (1595) umfasst, neben einer Auflistung von Alphabet und Umschrift, Psalmen in arabischer Schrift, die stellenweise mit einer ebenso linksläufigen Umschrift und durchgehend mit einer über die jeweilige Verszeile gesetzten lateinischen Interlinearübersetzung angereichert sind (Abb. 3). Interessanter als einige Ungenauigkeiten der Umschrift und als die entstandenen graphemischen Mehrdeutigkeiten dürfte zudem die Art und Weise sein, in der Raphelengius eine Orthografie des Arabischen in Lateinschrift zugunsten einer Rekonstruktierbarkeit der Artikulation entwickelte:

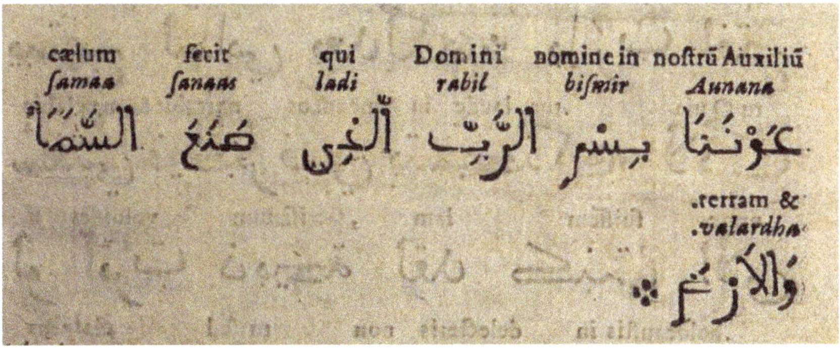

Abb. 3: Psalm 124:8 aus der arabisch-lateinischen Schriftprobe von Raphelengius' *Specimen Charactervm Arabicorvm* (1595)

So bildet er phonologische Besonderheiten ab, die das arabische Schriftbild nicht zu erkennen gibt, zum Beispiel Assimilationserscheinungen sowie veränderte konsonantische und vokalische An- oder Auslaute in Sandhi, und bemüht

60 s. hierzu Lindermann (2017).

61 s. hierzu Hanebutt-Benz (2002: 20–22).

62 Kurzprofil bei J. Braun (1888).

sich damit um einen (leidlich) sprechbaren Text. Allerdings schafft er dadurch mehr Verwirrung als leserfreundliche Klarheit, insbesondere deshalb, weil der bestimmte Artikel und die suffigierten Präpositionen grafisch nicht abgehoben werden, etwa in „valardha“ (nicht „va-l-ardha“ oder „val-ardha“; dt. „und die Erde“). Außerdem lassen die lautlichen Phänomene die Morphemstruktur von Wörtern schwer bestimmen, unter anderen beim Verbum + Objekt „sanaas samaa“ (dt. „er hat den Himmel gemacht“). So wurde der bestimmte Artikel „-as“ samt assimiliertem Konsonanten an das Verbum „sana“ (dt. „er hat gemacht“) angehängt und nicht dem determinierten Objekt „samaa“ (dt. „den Himmel“) vorangestellt. Die linksläufige Umschriftung mit divergierender Leserichtung beeinträchtigt die Verständlichkeit noch stärker.

Eine andere Darstellungsform von zweischriftigen Versen (weitgehend christlicher Ausrichtung) lässt sich in den deutschen Frühdrucken finden, so auch in Peter Kirstens[63] Breslauer Abhandlungen:

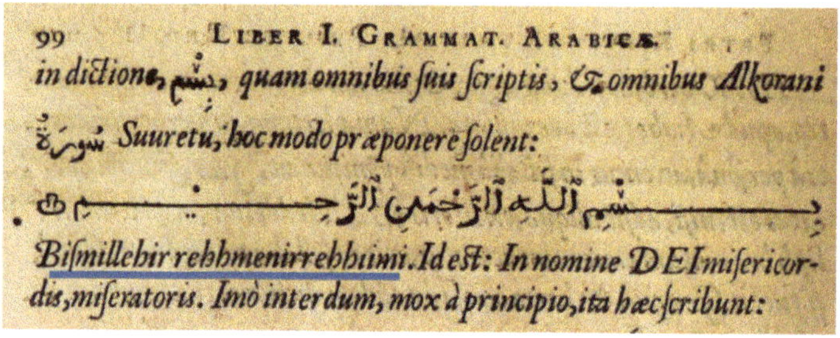
99 LIBER I. GRAMMAT. ARABICÆ.
in dictione, بسم*, quam omnibus suis scriptis, & omnibus Alkorani*
سورة *Suuretu, hoc modo præponere solent:*
بسم الله الرحمن الرحيم
Bismillehir rehhmenirrehhimi. Id est: In nomine DEI misericordis, miseratoris. Imò interdum, mox à principio, ita hæc scribunt:

Abb. 4: Islamische Eröffnungsformel (ar. *basmala*) in arabischer Schrift und in Umschrift aus Peter Kirstens *Grammatices Arabicae liber I.* (1607: 99; Hervorhebung durch die Verfasserin)

Die zur ersten Koransure und zu allen weiteren Suren gehörenden Eröffnungsworte (dt. „Im Namen Gottes, des Barmherzigen und Gnädigen“) ähneln von Zeichensatz (einschließlich Umschrift sowie Grad der lautlichen Abbildungen in Graphemen) und Schriftart her einigen vorangegangenen Erzeugnissen, vor allem jenen von italienischen Schriftgießereien[64]. Im Unterschied zu Raphelengius (Abb. 3), gibt Kirsten (Abb. 4) den umschrifteten Einheiten eine rechtsläufige Richtung, die sich fortlaufend lesen lässt, ohne beim Lesen jeder Einheit neu ansetzen zu müssen. Die umschrifteten Einheiten stehen teils unter, teils neben ihrer arabischen Entsprechung. Doch gleichzeitig wird

63 Zur Person Peter Kirstens s. Schimmelpfennig (1882).

64 Vgl. hierzu Hanebutt-Benz/Glaß/Roper (2002: 486) und Roper (2002: 142–144).

offenbar angestrebt, ein lesbares Konstrukt zu erschaffen, das die vokalischen Flexionsendungen mit einschließt. Ähnlich wie Raphelengius berücksichtigt auch Kirsten Sandhi-Erscheinungen sowie damit verbundene Assimilationen und Tilgungen. Einheitsgrenzen sind größtenteils artikulatorisch und weniger orthografisch gekennzeichnet. Zusammengehörende Sprecheinheiten (z. B. Genitivverbindung zu Beginn) werden zusammengezogen, sodass die ursprünglich vier Schriftwörter umfassende Formel in der Lateinversion allenfalls noch als zwei Schriftwörter zu erkennen sind, was sich entsprechend auf die morphematischen Strukturen auswirkt.

In chronologischer Hinsicht ging die Entwicklung von Lösungen für typografisch-technische Schwierigkeiten lange Zeit ausschließlich mit theologisch-philologischen Bemühungen um die (massenhafte) Herstellung von Druckwerken in orientalischen Sprachen einher, darunter vor allem Grammatiken, lautphysiologische Arbeiten[65] und für didaktische Zwecke notwendige Hilfstexte. Gleichwohl fehlten bis Ende des 18. Jahrhunderts ausgearbeitete Methoden zur genauen systematischen Erfassung von arabischen Graphemen und den jeweils zugrunde liegenden Phonemen durch ein anderes Schrift- und Lautsystem mit einem begrenzten Inventar. Analog zur Reiseliteratur[66] aus dem Mittelalter verfügten die späteren Schriften (ab dem 17. Jahrhundert) über romanisierte Schreibungen kürzerer lexikalischer Einheiten, in der Regel Konkreta. Meist liegen weder Erläuterungen zum verwendeten Zeicheninventar noch sonstige Anmerkungen oder Hinweise (z. B. in Form einer Tafel) vor, so etwa in den Veröffentlichungen von Friedrich Konrad Hornemann (1802a, b), Johann Ludwig Burckhardt (1819[67], 1822, 1875), Heinrich Menu (1824), Ida Pfeiffer (1856) und Ida Hahn-Hahn (1844). Eine Anpassung an die Standardorthografie ist trotzdem zumeist bemerkbar, sogar bei der Rekonstruktion nicht geläufiger oder nicht zuvor auf Latein

---

65 Vgl. hierzu auch die späteren arabistischen Untersuchungen aus dem 19. Jahrhundert zur Laut- und Formenlehre des Arabischen mit seinen Standardvarietäten, z. B. Brücke (1860), Caspari (1859, 1876), Stumme (1902), Wallin (1855), wobei letzterer sogar in geringem Maße auf Regionalvarietäten (Ägyptisch-Arabisch) eingeht, sowie Volneys französischsprachige Erkenntnisse (1794) als verbreitete Referenz ihrer Zeit.

66 Der Begriff *Reiseliteratur* sei hier und im Folgenden auf alle Texte anwendbar, in denen Reisende über ihre Erfahrungen berichten (vgl. Link 1963: 5–8; Schuster 2007).

67 Seine englischsprachigen Publikationen gab die in London gegründete *African Society* (dt. *Gesellschaft zur Förderung der Entdeckung des Innern Afrikas*; Boahen 1961; Sinclair 1901), in deren Diensten er stand, in den Jahren von 1819 bis 1831 unter dem Namen *John Lewis Burckhardt* heraus. Die Übersetzungen ins Deutsche erschienen ab 1820 unter seinem deutschen Namen.

verschrifteter Ausdrücke und Floskeln, die vereinzelt in Originalschrift ergänzt wurden. Mehr Interesse am tatsächlichen Sprachgebrauch lässt sich bei Carsten Niebuhr (1772: insbes. XVII, 85–87; 1774: insbes. 72–73) feststellen, der sich zur Diskrepanz zwischen der „Sprache des Korans" und den „verschiedene[n] Dialekte[n] der Araber" kurz äußert und „alt[e] Büche[r]" als unzureichend für einen zeitgenössischen Spracherwerb erachtet, des Weiteren bei Ulrich Jasper Seetzen (1859), der sich mit der syrischen (damaszenischen) Alltagssprache sowie mit ausgewählten Sprich- und Schimpfwörtern auseinandersetzt. Alle bislang beschriebenen Transkriptionsversuche haben gemeinsam, dass die verfolgten Ziele nicht sprachwissenschaftlicher[68], sondern unter anderem theologischer, bibelexegetischer, kulturanthropologischer, landeskundlicher, topografischer und ethnografischer Natur waren.[69] Insofern lässt sich möglicherweise erklären, warum bei den besprochenen Beispielen das Bestreben nach Einhaltung einer gewissen Systematik bei der Anwendung entsprechender Zeichen aus linguistischer Sicht und nach einer authentischen, sorgfältigen und nachvollziehbaren Abbildung phonologischer Phänomene offenbar nicht im Vordergrund gestanden haben.

Die Zunahme in den Textbeständen, darunter Handschriften, Schriftzeugnisse, Karten, Zeichnungen, wissenschaftliche Abhandlungen, literarische Werke etc., und in den Sammlungen von Erwerbsobjekten, die Reisende (Gelehrte, Gesandte etc.) aus dem Orient nach Europa brachten, regte eine grundsätzliche Diskussion zur Vereinheitlichung und Systematisierung existierender Verfahren zur Romanisierung nichtlateinschriftiger Daten an, zunächst zur Erfüllung wissenschaftlicher Ansprüche (den fächerinternen Entwicklungen[70] entsprechend), später dann aus der praktischen Notwendigkeit heraus, angefangen bei der Katalogisierung und Betreuung von Schriften und Sammlungsobjekten, die gemeinhin königlichen Bibliotheken[71] übergeben

68 Vgl. als Gegenbeispiel Socins Baedeker-Reiseführer Palästina und Syrien (1897), der sich im einleitenden Abschnitt (XCVII–CX) seines Werks mit seinen Ausführungen zu den Varietäten und zu den Zeichen, die er bei der Umschreibung einsetzt, an Sprachinteressierte wendet.

69 s. die rahmenden Paratexte betreffender Schriften.

70 Zur Entstehungsgeschichte der arabistischen Forschung in Europa und vor allem Deutschland s. Fück (1954) und Paret (1966). Aber auch Bobzin (1992) erklärt die ideengeschichtlichen und institutionellen Entwicklungen bis zum Ausgang des 18. Jahrhunderts.

71 s. hierzu z. B. die Sammlungen an der Staatsbibliothek zu Berlin (früher *Königliche Bibliothek*) und entsprechende Ausführungen zur Digitalisierung alter Daten (Rauch 2018).

wurden, bis hin zur Redaktion mehrsprachiger Periodika (orientalistischer[72] Prägung) und die Harmonisierung individueller Umschriften. In Anbetracht des ambivalenten Verhältnisses von lateinischem Graphem und originalem (Standard-)Laut und der damit verbundenen Digraphie als wiederkehrende Phänomene bei umschriebenen Einheiten gibt Sir William Jones (1746–1794) zu bedenken:

> Every man, who has occasion to compose tracts on *Asiatick* Literature, or to translate from the *Asiatick* languages, must always find it convenient, and sometimes necessary, to express *Arabian*, *Indian*, and *Persian* words and sentences, in the characters generally used among *Europeans*, and almost every writer in those circumstances has a method of notation peculiar to himself; but none has yet appeared in the form of a complete system; so that each original sound may be rendered invariably by one appropriated symbol, conformably to the natural order of articulation, and with a due regard to the primitive power of the *Roman* alphabet, which modern *Europe* has in general adopted.
>
> (1799: 1–2; Hervorhebungen im Original)

Des Weiteren begründet Jones (1799: 2–3) seine Bedenken, indem er bereits zu diesem Zeitpunkt die mangelnde Gründlichkeit und Konsistenz in den philologischen, historischen und geografischen Fächern beanstandet, die oft auf unzureichende Sprachkenntnisse und im Einzelfall auch auf eine gewisse Indifferenz, etwa gegenüber der für eine authentische Wiedergabe erforderlichen Eindeutigkeit der Phonem-Graphem-Beziehungen, und sprachliche Einfalt zurückgeht. Zudem beklagt er die fehlende Initiative, existierende Ansätze abzugleichen und sich auf einheitliche Maximen zu einigen. Daher legt er Vorschläge für latinisierte Darstellungen von indischen, arabischen und persischen Schriften (1799: 40–44, 57) vor und ebnet damit den Weg für aufbauende Arbeiten, obgleich sein in diesem Zusammenhang musterhaft umschrifteter Ausschnitt (Abb. 5) aus einem arabischen Gedicht von Muhammed Husain ohne die separat beigefügte Übersetzung nicht uneingeschränkt zugänglich wäre, was aber vor allem auf die Tatsache zurückzuführen ist, dass viele literarische Texte im Arabischen von Haus aus schwer verständlich sind.

72 Eine kritische Auseinandersetzung mit dem Begriff *Orientalismus*, den Praktiken von orientalischen Wissenschaften (in Deutschland etwa bei Hanisch 2003 und S. Mangold 2004), ihren Rahmenbedingungen (auch politischer Art) und imperialistischen Anschuldigungen (vgl. hierzu Said 1978) sowie Stellungnahmen dazu (z. B. Marchand 2009) tritt in dieser Arbeit in den Hintergrund.

raśadat ásáwida kaúmihá
fatakhallasat minhá álgharar
nazaât khalákhíláh lehá
állá tufájíhá bishar
má ánsa lá ánsa állatí
jáat ílayya âlaí hadhar
álnaúmu áthkala jafnahá
waálkalbu tára bihi áldhaâr

The Tranſlation.

1. Never, oh! never ſhall I forget the fair one who came to my *tent* with timid circumſpection:

2. Sleep ſat heavy on her eye-lids, and her heart fluttered with fear.

3. She had marked the dragons of her tribe, (the *sentinels,)* and had diſmiſſed all dread of danger from them:

4. She had laid aſide the rings, which uſed to grace her ankles; leſt the ſound of them ſhould expoſe her to calamity:

Abb. 5: Ausschnitt aus einem arabischen Gedicht in lateinischer Umschrift und englischer Übersetzung aus Jones (1799: 40–43)

Im Zuge einer intensivierten Beschäftigung mit diversen kulturellen und sprachlichen Facetten Nordafrikas, Vorderasiens und anderen Regionen des sogenannten Orients wurden vermehrt Stimmen laut, die homogene Zeicheninventare forderten, wie in eben jenem Fall von Jones, der sich mit der arabischen Schrift parallel zur komparatistischen Erforschung von indoarischen und indogermanischen Sprachen, wie Hindustani und Sanskrit, während seines Aufenthalts im damals besetzten Kalkutta beschäftigte (Lepsius 1855: 8). Allerdings erfuhren Jones' Vorschläge für die arabischschriftigen Sprachen anfangs keine große Aufmerksamkeit und breite Anwendung. Zeitgenössische Werke hielten weiterhin an ihrer eigenen Systematik fest. Deshalb folgten ähnliche Versuche zur Abstimmung verschiedener Umschriftsysteme zur Erschließung orientalischer Werke erst später (Burgess 1894: 27). Eine intensivere Rezeption seiner Vorschläge setzte in Europa wohl im Zusammenhang mit der Gründung orientalistischer

Gesellschaften im 19. Jahrhundert ein, die regionale Diskussionsforen wissenschaftlicher Forschung schufen. Bobzin (1992: 165–166) zufolge nahm die Zeitschrift *Asiatick Researches* (London, Kalkutta 1788–1839) der von Jones 1784 in Kalkutta gegründeten *Asiatick Society* nämlich eine Vorbildfunktion ein, da sie, im Gegensatz zu den anderen Fachzeitschriften aus der damaligen Zeit, nicht wie gewohnt einem starren Orientalistik-Konzept enger Erkenntnisinteressen, etwa theologischer Natur, verbunden war, sondern zu einer thematischen Vielfalt aufrief und damit neue Forschungshorizonte öffnete.[73]

Unter diesen Vorzeichen findet im deutschsprachigen Raum gegen Mitte des 19. Jahrhunderts eine Hinwendung zu den phonetisch-phonologischen Eigenheiten von Sprachsystemen statt. Diese wurden nun verstärkt in die Forschung einbezogen, nicht zuletzt aus einem wissenschaftlichen Bedürfnis nach einer hinreichend genauen, wenn auch noch nicht eindeutigen Wiedergabe der einzelnen (bedeutungsunterscheidenden) Phoneme heraus, mit dem Ziel, die wesentlichen Züge der Lautung und Schriftung jener erforschten Sprachen zum Vorschein zu bringen.[74] Anders als bei den (überwiegend biblisch-missionarischen) Texten aus der frühen Neuzeit, in denen einige artikulatorische Phänomene (z. B. Assimilationen), Lautwerte hingegen weniger und eher willkürlich Berücksichtigung gefunden hatten, tendierten die neueren Verfahren verstärkt dazu, das lateinische Zeicheninventar zu erweitern, um die fehlenden Grapheme zu ergänzen. Hierfür verwenden Lepsius (1855)[75], Kuhn/Schnorr von Carolsfeld (1897) und F. Müller (1897) neben Diakritika (in Form von zusätzlichen über- oder untergesetzten Punkten und Strichen), die trotz mancher Abweichungen zum festen Bestand jedes Umschriftsystems gehören, auch griechische Zeichen, während Barb (1860) darüber hinaus auch erfundene Zeichen vorschlägt. Brockhaus (1863) greift ebenfalls zu erfundenen Zeichen, die zum Teil vom Hebräischen inspiriert sind, zieht aber aus Gründen der Einfachheit und besseren Handhabbarkeit Digraphe den mit diakritischen

---

73 Jones war von 1788 bis zu seinem Ableben 1794 Hauptverantwortlicher für die Herausgabe der *Asiatick Researches*, in deren erster Ausgabe er die von ihm entwickelte Umschrift einführte.

74 So formuliert etwa Lepsius (1855) das Postulat einer „gleichförmigen Orthographie", Brockhaus (1863) ebenso wie A. Schleiermacher (1864) jenes eines „harmonischen" bzw. „allgemeine[n] Alphabet[s]".

75 Lepsius (1849) hatte seine Umschrift in seinen zum Teil ägyptologischen Dokumentationen der königlich-preußischen Expeditionen nach Ägypten und Äthiopien der Jahre 1842 bis 1845 verwendet, lange ehe er seine Referenzwerke zur Standardisierung etlicher zu romanisierenden Schriften verfasste.

Zeichen versehenen Monographen vor, wohingegen A. Schleiermacher (1864) sich ausschließlich herkömmlicher lateinischer Zeichen und Diakritika bedient, um die Rückübertragung in die Originalschrift zu erleichtern, aber auch um Leser und Studenten der Philologien nicht mit weiteren fremdsprachlichen oder erfundenen Zeichen zu belasten. Sämtliche Systeme lassen nicht nur eine weitgehende Orientierung am Schriftbild erkennen, sondern auch die Beschäftigung mit Texten und Normschriften, ausgenommen der zu normierenden illiteraten Sprachen[76] – so unterschiedlich die Anlässe und Motivationen auch sein mögen.

Diskussionen über eine effektive Vereinheitlichung, eine gleichmäßige Umsetzung gemeinsamer Richtlinien und eine Anwendung verbindlicher Zeicheninventare wurden von Philologen, die an Sammelwerken, Zeitschriften und anderen kooperativen Arbeiten Inkonsistenzen auszusetzen hatten, auch im 20. Jahrhundert weitergeführt. Hervorzuheben ist ein System, das in deutschsprachigen Anwendungsbereichen eine dauernde Gültigkeit beansprucht, nämlich das System der Deutschen Morgenländischen Gesellschaft[77] (DMG) aus dem Jahr 1935 (Brockelmann et al.), einer Vereinigung deutschsprachiger Orientalisten, die unabhängig von religiösen Institutionen arbeiten wollte und sich zu diesem Zweck zunächst dem *Verein deutscher Philologen und Schulmänner* anschloss (S. Mangold 2004: 176–225; Hanisch 2003 und Preissler 1995). Wie im Titel der „Denkschrift zur Transliteration der arabischen Schrift“ ausdrücklich angegeben, ist dieses Regelwerk getreu den damals ausgeprägten Wissenschaftsinteressen auf die „Hauptliteratursprachen der islamischen Welt“ (Arabisch, Persisch und Türkisch vor seiner Latinisierung) sowie ihre historische und geografische Ausdehnung zugeschnitten und zur Anwendung auf die jeweilige Schrift als Träger der betreffenden Literatur und Kultur bestimmt. Anvisiert wird die Romanisierung von einzelnen lexikalischen

76 Ein praktischer Grund für die Entwicklung eines stringenten Umschriftsystems geht auf den im Mittelalter verwurzelten Versuch zurück, illiteraten Völkern, die es zu christianisieren galt, eine Schrift zu geben (Lepsius 1855: 4–7; s. weiter die im Jahr 1981 erschienene und von Kemp besprochene englische Ausgabe).

77 Albert Socin beantragte (über Eugin Prym) auf der im Jahr 1893 abgehaltenen Generalversammlung der DMG die Bildung einer Transkriptionskommission, um vorerst Autoren, die bei der *Zeitschrift der Deutschen Morgenländischen Gesellschaft* (ZDMG) zu veröffentlichen wünschen, an einheitliche Richtlinien binden zu können sowie der verbreiteten Willkür bei der Wahl der Zeichen entgegenzuwirken und dadurch Variationen bei der latinisierten Wiedergabe eines Lexems innerhalb einer und derselben Ausgabe zu verhindern (Flemming et al. 1893: XXIII–XXIV; Socin 1895).

Einheiten, Textstellen und nötigenfalls Eigennamen für philologische oder jegliche Vorhaben, „die irgendein Gebiet der Geschichte des islamischen Orients zum Gegenstande der Behandlung haben, sei es der politischen, sei es der Geistesgeschichte oder der historischen Geografie" (Brockelmann et al.: 1935: 3). Der formulierte Geltungsbereich beschränkt sich auf die in jener Zeit festgelegten Gründungsziele der Gesellschaft, nämlich die „Kenntnis des Morgenlandes [...] zu fördern" sowie die „Sprachen und Literaturen der morgenländischen Völker" in ihrer historischen und gegenwärtigen Entwicklung wissenschaftlich zu erschließen („Satzungen des Vereins ‚Deutsche Morgenländische Gesellschaft'" 1913: LXXI).[78] Zur Erforschung von Textsammlungen und zur Vermittlung von erworbenem Wissen dürfte eine lateinische (Um-)Schrift neben den jeweiligen Schriften durchaus hilfreich sein, wenn auch als „Notbehelf" (Brockelmann et al. 1935: 8). Ihr Inventar ist in weiten Teilen an nationale bibliothekarische Schemata der Transkription andersartiger (speziell semitischer) Schriftsysteme angelehnt, vornehmlich an die *Instruktionen für die alphabetischen Kataloge der Preussischen Bibliotheken und für den Preussischen Gesamtkatalog* (kurz: PI; 1899: 52; 1908: 145), welche 1961 von den *Regeln für die Alphabetische Katalogisierung* (E. Wagner 1961: insbes. 9–13) abgelöst wurden, ebenso wie an internationale, von Orientalistenvereinigungen[79] ratifizierte Vorlagen. Das Inventar besteht aus herkömmlichen, rein lateinischen und bedarfsweise mit Diakritika versehenen Zeichen[80], die im arabischen Schriftbild, bis auf die gemeinhin weitgehend nicht bezeichnete Vokalisierung (Bauer 1996; Kap. 2.1), erfasst sind, sodass sich die ursprüngliche Schreibung und (standardnahe) Lautung rekonstruieren lassen, deren Berücksichtigung nicht zuletzt für ein besseres Verständnis sowie für angestrebte sprachdidaktische Zwecke nötig ist. Obwohl die Standardorthografie einen maßgebenden Richtwert darstellt, räumt das System (forschenden) Transkribenten einen (wenn auch

---

78 Die aktuelle, im Jahr 2014 verabschiedete Fassung der Satzung unterscheidet sich von den ersten Fassungen aus den Jahren 1845 und 1913 nur in hier nicht relevanter Weise.

79 s. etwa *Tenth International Congress of Orientalists, held at Geneva* (1895: 882, 888). Ein Beispiel dafür, wie ein weitgehender Anschluss an englisch- und französischsprachige Umschriften angestrebt wurde, zeigt die Einigung auf das Graphem *y* zur Darstellung des arabischen Zeichens ي, obwohl es eigentlich einem palatalen /j/ im Deutschen entspricht.

80 Brockelmann et al. (1935: 6–8) begründen ihr Vorgehen bei der Wahl von Diakritika mit Lösungswegen zur Erweiterung des lateinisches Grapheminventars, die auf der Kopenhagener Konferenz (Meinhof 1926: 11–13) im Jahre 1925 vorgestellt worden waren (*monotypes* vs. *diakritisches* Prinzip).

engen) „Ermessensspielraum" bei der Wiedergabe artikulatorischer Handlungen ein (s. Hildebrandt o. J.), zum Beispiel für die Darstellung von Assimilationen, von Elisionen, die mit einem Auslassungszeichen zu kennzeichnen sind, oder von unterdrückten Endungen im status absolutus, unter anderem das nach einem Kurzvokal als /a/ realisierte /t/ (ar. *tāʾ marbūṭa*) in Femininendung (z. B. *madīn**a(h)*** vs. *madīn**a**^{tun}*; dt. „Stadt"). Die jeweiligen Phänomene dürfen dann mit Verweis auf eine gesprochensprachliche Variante bzw. Varietät in entsprechender Weise abgebildet werden. Dennoch steht fest, dass gesprochene Sprache(n)-in-Interaktion mit ihrem dynamischen, gegenwärtigen Charakter und die damit einhergehenden Akkommodationsprozesse, die sich bisweilen auch lautlich manifestieren, nicht den Gegenstand der betreffenden DMG-Denkschrift bilden und nur am Rande Beachtung finden (dürfen). Die Transkriptionskommission der DMG leistete sicherlich einen bedeutenden Beitrag dazu, den Hauptteil des arabischen Standardinventars in ein klares Verhältnis zum deutschen Schrift- und Lautsystem zu setzen und verschiedene Bemühungen im Sinne einer „Schrifttranskription"[81] zusammenzufügen, doch die ausgewählten Zeichen decken regional-phonologische Einfärbungen mündlich realisierter Sprache nicht ab. Deshalb konnten die Grundprinzipien der DMG-Umschrift ebenfalls keine abschließenden Lösungen zur orthografisch-typografischen Systematisierung anderweitiger Abweichungen vom Standard, unter anderem morphologischer Art (z. B. Affigierungen und Kompositionen), bringen. Diesen Abweichungen hatten sich dialektologische, phonetisch orientierte Abhandlungen ohnehin erst ab Mitte des 19. Jahrhunderts parallel zu den Versuchen, die Standardumschrift zu homogenisieren (z. B. Wetzstein 1868; Bergsträsser 1915; Spitta-Bey 1880), verstärkt zugewandt, wobei sie den nunmehr herrschenden philologischen, areal-, sozio- und varietätenlinguistischen Ansätzen folgten.[82]

Weitere bewährte Umschriftsysteme, die im deutsch- und englischsprachigen Raum nach wie vor ihre phonetisch-orthografische Eignung zeigen und eine mehr oder weniger eindeutige Rekonstruierbarkeit des arabischen Schriftbildes erreichen wollen, sind (vorrangig) den nachstehenden Bereichen zuzuordnen:

81 s. hierzu auch Socin (1895: 180–181).

82 Einführung in die westliche Fachgenese bei Behnstedt/Woidich (2013) und Fück (1955: 239–245).

- Bibliothekswesen und Dokumentenmanagement: ALA-LC[83], BS 4280[84], DIN 31635, ISO 233-1, ISO 233-2[85] etc.;
- Lexikografie: Hans Wehr (1979, 1985, 2020) etc.;
- Periodika: EI_3[86], IJMES[87] etc.;
- Kartografie[88]: BGN/PCGN[89], UNGEGN[90] etc.

---

83 Gemeinsame Empfehlungen der *American Library Association* (ALA) und der *Library of Congress* (LC): ‹https://www.loc.gov/catdir/cpso/roman.html› und ‹http://www.loc.gov/catdir/cpso/arabic.html› (09. September 2021).

84 s. *British Standards Institution* (1968).

85 Rodinson (1964) gibt einen Einblick in die Entstehungsgeschichte der ISO-Normen (1984, 1993). Kuntz (2005) vergleicht sie mit der ALA-LC-Umschrift.

86 „System of Transliteration of Arabic and Persian Characters" der *Encyclopaedia of Islam, 3rd edition* unter: ‹https://referenceworks.brillonline.com/entries/encyclopaedia-islamica/system-of-transliteration-of-arabic-and-persian-characters-SIM_052837› (9. September 2021). Tabellarische Vergleiche von EI_3 und EI_2 mit den ALA-LC- und DMG-Zeicheninventaren bei ‹https://guides.lib.uw.edu/c.php?g=341351&p=2970796› bzw. ‹https://referenceworks.brillonline.com/pages/help/transliteration-islam› (09. September 2021).

87 s. *International Journal of Middle East Studies*: ‹https://www.cambridge.org/core/journals/international-journal-of-middle-east-studies/information/author-resources/ijmes-translation-and-transliteration-guide› (09. September 2021).

88 Unter den ersten deutschsprachigen kartografischen Beiträgen, die durch ihre methodische Transparenz, Präzision und den für diese Zwecke nicht üblichen Einsatz von eineindeutigen Zeichen (vgl. etwa Kosack 1971) herausragen, sei Millers Inventar zur Umschreibung von Landkartenmaterial aus arabischen Manuskripten (1926) hervorzuheben. Sein Vorgehen hat sich jedoch in außerakademischen Bereichen nicht durchgesetzt. Das Problem der Bezeichnung von geografischen Einheiten und neuere Beiträge dazu können in diesem Rahmen nicht aufgearbeitet werden. Für einen beispielgebenden Überblick über bekanntere englischsprachige Systeme s. die Veröffentlichung der *United Nations Group of Experts on Geographical Names* (kurz: UNGEGN; 2007: 10–14), die über ein gleichnamiges System verfügen. Bislang ließ sich gleichwohl kein länderübergreifender Konsens erzielen (Atoui 2012).

89 Festlegungen des *United States Board on Geographic Names* (BGN) und des *Permanent Committee on Geographical Names for British Official Use* (PCGN) aus dem Jahr 1956 bei „Romanization Systems and Roman-Script Spelling Conventions" (1994: 5–9).

90 Erläuterung der toponymischen Richtlinien der UNGEGN unter: ‹https://www.eki.ee/wgrs/rom1_ar.htm› (09. September 2021).

Die Vielzahl der verschiedenen Umschriftsysteme geht auf die Tatsache zurück, dass die jeweiligen Herangehensweisen an arabische Daten je nach Zielsetzung und Einsatzbereich unterschiedlich ausfallen, jedoch nicht zwangsläufig auf diese beschränkt werden müssen. Polizei, Justiz und andere Behörden sind, vor allem im Rahmen der (computergestützten) Überprüfung von Personalien und Identitäten[91] (Alghamdi 2004; Izwaini 2010; Pouliquen et al. 2005), bei der Suche nach einem zweckmäßigen Verfahren immer noch nicht fündig geworden, ebenso die Massenmedien (Harrer 1993; Schlott-Kotschote 2004). Das liegt daran, dass die ausgewählten Konzepte auf einer rein für wissenschaftliche Zwecke ausgelegten Systematik basieren. Die besagten Systeme bauen zum Teil aufeinander auf und ergänzen sich (z. B. die Systeme *DMG*, *DIN 31635* und die von Hans Wehr), und zwar im Hinblick auf die Phonem-Graphem-Korrespondenzen, jedoch nicht notwendigerweise im Hinblick auf die typografische Gestaltung der lexikalisch-morphologischen Ebene (z. B. Getrennt- und Zusammenschreibung, Orthografie, Groß- und Kleinschreibung). Auffallend ist vor allem der Umstand, dass alle genannten Systeme gesprochene Sprache quasi nicht im Blickfeld haben, weil ihr Hauptinteresse den normierten Schriftsprachen und der Standardlautung und somit einer orthografischen Angleichung sowie einer Beseitigung von Abweichungen gilt. In Bezug auf die Verschriftung mündlicher Texte gäbe es allerdings einzuwenden, dass eine nivellierende Angleichung weitreichende Änderungen herbeiführen und im Extremfall Daten entweder unecht wirken lassen oder deren Authentizität lediglich vorgeben würde, was sowohl aus ethischen Gründen als auch für gesprächsanalytische Vorhaben nicht zulässig wäre. Dennoch bietet die Schriftzentriertheit dieser Ansätze sowie ihr lateinbasierter Bestand an Standardphonemen bei entsprechender Erweiterung und Modifizierung durchaus ein gewisses Potenzial, das sich bei der Entwicklung eines gesprächsanalytischen Systems für die Transkription von gesprochenem Arabisch in einer rechtsläufigen Lateinschrift, den Erfordernissen eines mehrsprachigen

---

Aktualisierungen können in den Berichten der turnusmäßigen VN-Konferenzen zur Standardisierung geografischer Namen nachgelesen werden: ‹https://unstats.un.org/unsd/geoinfo/UNGEGN/conferences.html› (09. September 2021).

91 Es sei in diesem Zusammenhang auf die Versuche des Bundesamts für Migration und Flüchtlinge hingewiesen, die Richtigkeit der angegebenen Herkunft von Asylbewerbern mittels einer Dialekterkennungssoftware zu prüfen (Biselli 2018; Bubrowski 2019; „Digitalisierungsagenda" 2020: 14–15; Bundesregierung 2018; R. Schneider 2017, 2018).

Zusammenhangs entsprechend, nutzen lässt. Zunächst soll jedoch geklärt werden, inwiefern der Einsatz gegenwärtig existierender gesprächsbezogener Transkriptionsverfahren hilfreich sein könnte.

2.2.2 Datentyp *Gespräch*

Sprachressourcen des Arabischen sind in der digitalen Welt begrenzt verfügbar. Zeroual/Lakhouaja (2018: 630–631) sprechen daher von einer relativ ressourcenarmen Sprache, die in Korpusinfrastrukturen für die Linguistik unterrepräsentiert sei, teils wegen Varietätenreichtums, mangelnder Standardisierung und daraus erwachsender Herausforderungen (etwa bei der adäquaten Wiedergabe morphologischer Strukturen), teils wegen fehlender Kapazitäten (finanzieller und personeller Art) und spärlicher Zusammenarbeit von Forschungsinstituten, aber auch wegen mangelnder Bündelung vorhandener Daten und Kompetenzen. Ressourcen zum Datentyp *Gespräch*, seien sie einsprachig oder mehrsprachig, liegen in unverhältnismäßig geringer Zahl vor, was einem bislang eher spärlichen Interesse an Gesprächsdynamiken sowie einer noch aufstrebenden Tradition *Gesprochene-Sprache-Forschung* und einer noch zu intensivierenden Elizitation authentischer Daten geschuldet ist. Erschwerend kommt hinzu, dass insbesondere auf Daten von Projekten im arabischsprachigen Raum – soweit sie denn existieren – nicht uneingeschränkt zugegriffen werden kann, wodurch derzeit ein gewisses Maß an Intransparenz, vor allem auch in Bezug auf das Geschehen an einigen arabischen Hochschulen, zu beklagen ist. Zugleich lässt die Sichtung gesprochensprachlicher Korpora induktive Schlüsse zu. Zentrale Frage ist dabei, ob diese in ihrer Konzeption die Auffassung von Sprache als interaktivem Handeln mit ephemerem, spontanem, also nicht umfassend vorgeplantem oder experimentell inszeniertem, kommunikativem Charakter bestärken (Gesprächskorpora) oder ob sie, neben anderen Daten mündlichen Ursprungs, auf Gesprächsdaten aufbauen, ohne ihre konstitutiven Eigenheiten als analytisch grundlegend zu erachten (Sprachkorpora).[92] Erstrebenswert wäre eine Einschätzung, inwieweit gewisse Praktiken in computerlinguistischen und soziolinguistischen Disziplinen gesprächsanalytische

92 Zur Klassifikation der Korpora vgl. T. Schmidt/Elenius (2010: 123–125) und T. Schmidt (2018b: 210–213). Sie arbeiten wesentliche Eigenschaften von Gesprächskorpora heraus, um sie von anderen Korpora mündlichen Sprachgebrauchs abzugrenzen. Gleichwohl weisen sie Forderungen zurück, wonach diese Korpora allein gesprächsanalytischen Untersuchungen vorbehalten sein und scharfe Grenzlinien gezogen werden sollen.

Untersuchungen ermöglichen und zur Aufbereitung arabischer Interaktionsdaten beitragen können. Im Mittelpunkt der folgenden Betrachtungen stehen verschiedene Verfahrensweisen beim Umgang mit spontansprachlichen Varietäten des Arabischen, Transkriptionssystemen und Layoutprinzipien (Formen der Visualisierung).

2.2.2.1 Computerlinguistische Transkriptionsverfahren

Sammlungen gesprochensprachlicher Daten des Arabischen sind in ihrem Datenverständnis überwiegend von computerlinguistischen Beiträgen geprägt.[93] Aufzeichnungen von Gesprächen dienen meist als Quelle für die (Weiter-)Entwicklung, Erprobung und Pflege von Sprachverarbeitungsprogrammen, die auf der Basis von maschinellem Lernen funktionieren. So benötigen *speech-to-text-* und *speech-to-speech-*Anwendungen, etwa zur Sprach- und/oder Dialekterkennung sowie zur maschinellen Übersetzung (in Echtzeit), extensive und heterogene Sprachressourcen (geparste Korpora, Lexika) als Trainingsdatensätze für anderweitige informationsverarbeitende Zwecke (AbuZeina/Elshafei 2012: 16–23; Graff et al. 2006; Kirchhoff/Vergyri 2005; Masmoudi et al. 2014; Shaalan/Hassanien/Tolba 2018; Zaidan/Callison-Burch 2014; Zbib et al. 2012). Trotz der Erfolge beim Einsatz von künstlicher Intelligenz für seit Langem erforschte Sprachen existiert vor allem für die standardfernen arabischen Varietäten noch keine leistungsfähige Software. Die lexikalisch-semantischen, phonetisch-artikulatorischen und damit auch orthografischen Unterschiede von Region zu Region, die kulturspezifischen Wendungen und Floskeln (bildhafter, affektiver und religiöser Natur) sowie die veränderten morphologischen Züge (z. B. die Bildung agglutinierender Strukturen) erschweren einen effizienten Einsatz solcher Tools (Falk 2018; Farghaly/Shaalan 2009; Harrat et al. 2015; Rozovskaya/Sproat/Benmamoun 2006). Ein Großteil der aktuellen sprachtechnologischen Beiträge[94] zu Gesprächsdaten stammt aus Forschungsprojekten des Linguistic Data Consortiums, die in Zusammenarbeit mit internationalen Forschungseinrichtungen durchgeführt und von verschiedenen militärischen, nachrichten- und sicherheitsdienstlichen sowie anderen staatlichen Instanzen mitgefördert wurden (z. B. die DARPA-Projekte *BABYLON*, *BOLT* und *GALE*

---

93 Einen Einblick in aktuelle korpuslinguistische Studien zu den arabischen Varietäten, basierend auf unterschiedlichen Datentypen, mit Bezugnahme auf vergangene Forschungsarbeiten, geben McEnery/Hardie/Younis (2019).

94 Einen Überblick über Forschungsarbeiten zur maschinellen Verarbeitung von Regionalvarietäten des Arabischen bieten Shoufan/Al-Ameri (2015).

des US-Verteidigungsministeriums).[95] Der Schwerpunkt liegt auf den Sprachen des Maschriq-Gebiets (Ägypten, Levante, Arabische Halbinsel). Genannt seien beispielhaft die Korpora *CALLFRIEND* und *CALLHOME Egyptian Arabic Speech* (Canavan/Zipperlen 1996, 1997; Canavan/Zipperlen/Graff 1997), die derzeit weiterhin als Trainingsdatensätze aufbereitet werden[96], sowie das *Fisher Levantine Arabic Conversational Telephone Speech* (Maamouri et al. 2007).

Ein erschöpfender Überblick über die verschiedenen Transkriptionsverfahren scheint kaum möglich, weil die im Vergleich zu den Textkorpora ohnehin begrenzt verfügbaren Gesprächskorpora[97] mit standardfernen Inhalten schwer zugänglich und die jeweiligen Transkriptionssysteme quasi nicht durchschaubar sind. Es werden in der Regel nur kleinere Ausschnitte exemplarisch veröffentlicht. Andere Beispiele gehen, soweit feststellbar, nicht über einzelne lexikalische Einheiten und relativ kurze Äußerungen hinaus. Zudem fallen die Belege von natürlichen Gesprächen sowohl qualitativ als auch quantitativ hinter die Belege von vorher geskripteten (meist nicht interaktional erzeugten) Daten zurück. Dies gilt nicht nur für Belege in Form von lexikalischen Eintragungen, die zwecks korrekter Erfassung phonetischer Merkmale einer bestimmten Varietät zur artikulatorischen Vorführung vorgegeben werden, wie das *Egyptian Colloquial Arabic Corpus* (Elmahdy/Gruhn/Minker 2012: 27–30), sondern auch für Belege in Form von verschrifteten Gesprächen aus Filmen oder schriftlichem Austausch aus Foren. Beispiele hierfür sind das ägyptisch-arabische *Corpus al-Logha al-Musriya*[98] (kurz: *CALM*; White/Lonsdale 2019) und das *Yet another Dialectal Arabic Corpus* (kurz: *YADAC*; Al-Sabbagh/Girju 2012) sowie das levantinisch-arabische *Shami Dialect Corpus* (Abu Kwaik et al. 2018). Aus diesem Grund werden im Folgenden nicht ausschließlich Transkripte natürlicher oder nicht arrangierter mündlich realisierter Gespräche untersucht.

Im Hinblick auf das Erkenntnisinteresse der Computerlinguistik scheint es nachvollziehbar, dass die rekonstruierten Sprechereignisse weitgehend losgelöst von jeglichen zeitlichen und kontextsensitiven Phänomenen, auch non- und paraverbaler Art, wie Überlappungen (Phasen gleichzeitigen Handelns)

---

95 Olive/Christianson/McCary (2011) stellen die Projekte des *Defense Advanced Research Projects Agency* (DARPA) vor. Zum Umgang mit dem Arabischen s. den Beitrag von Kirchhoff im selben Band.

96 s. das *BOLT Egyptian Arabic-English Word Alignment: Conversational Telephone Speech Training* (Li/Grimes/Strassel 2020). Bisherige Verwendungen des Korpus bei Kumar et al. (2014).

97 Für eine Übersicht s. Zeroual/Lakhouaja (2018).

98 ‹https://linguistics.byu.edu/thesisdata/CALMcorpusDownload.html› (09. September 2021).

und Turnübergabestellen, analysiert wurden. Beim Layout der Sprechereignisse dominiert die Zeilendarstellung, zum Teil mit genauer zeitlicher Angabe der einzelnen Äußerungen. Diese Art der Darstellung lässt jedoch die sequenzielle Struktur der Gespräche nicht erkennen, anders als bei den gesprächsanalytischen Konventionen, wie GAT/GAT 2 (Kap. 3.5.1). Wie aus Abbildung 6 hervorgeht, dient sie lediglich der Modellierung sprachlicher Einheiten in einer linearen Abfolge, ohne interaktional relevante Gesprächsstrukturen zu beachten:

```
11.37 16.22 B:  وأنا %أه متزوج وعندي طفل ولد عمره أربع سنوات    w>anaA %>h mutazaw~ij wEindiy Tifil walad Eumrw(Cons_Change) >arbaE sanawAt
17.33 21.72 B:  وهواياتي أح- -- أحسن هواية عندي هي السباحة    whiwAyAtiy >aH- -- >aHsan hiwAyap(-ap_Silent) Eindiy hiya AlsibAHap(-ap_Silent)
24.12 26.45 A:  إسمي ^عبد الأحد ^شارة    <ismiy Eabid Al>aHad ^$Arap(-ap_Silent)
26.92 29.14 A:  لبناني متزوج عندي تلات أولاد    lubnAniy mutazaw~ij Eindiy tlAt(Cons_Change) >awlAd
30.01 32.25 A:  ساكن في ميشيغن  sAkin fiy ^miy$iyGan(Cons_Change)
32.87 35.57 A:  و %أه عندي هواية واحدة  wa %>h Eindiy hiwAyap(-ap_Silent) wAHidap(-ap_Silent)
36.18 38.21 A:  -أحب أساعد الناس    >aHab >asAEid AlnAs-
38.33 39.48 A:  لأنه عملي هو    la>in~w(Cons_Change) Eamaliy huwa
41.40 41.95 A:  مرشد    mur$id
43.80 45.81 A:  فحياتي كلها قضيتها    faHayAtiy kulhaA >aDiythA(Cons_Change)
46.32 49.27 A:  بهالعمل وأستلذ فيها عملي جداً  bihAlEamal wa>astali* fiyhaA Eamaliy jid~aAF
50.61 51.97 B:  أهلاً وسهلاً فيك يا أخي  EalaY wsahlAF fiyk yA >axiy
52.21 52.81 A:  أهلاً بيك    EalaY biyk
```

Abb. 6: Transkriptausschnitt aus dem Korpus *Fisher Levantine Arabic Conversational Telephone Speech* (Maamouri et al. 2007; Katalognr LDC2007T04)[99]

Die rechts neben den arabischen Schriftzeichen befindliche Umschrift stützt sich auf Buckwalters Transliterationssystem (Habash/Soudi/Buckwalter 2007; einführend außerdem Habash 2010: 20–21, 25–26). Bei diesem System handelt es sich um Leitlinien, die Ende der 1980er Jahre von Tim Buckwalter im Rahmen eines Projekts zur Entwicklung eines morphologischen Analyse- und Übersetzungstools für geschriebene arabische Wörter entwickelt wurde, das zugleich die Nachnutzung umschrifteter Einträge für anderweitige Zwecke der elektronischen Datenverarbeitung (engl. NLP), auch in der Lexikographie, ermöglichen soll (Beesley 1991, 1998; Buckwalter 2002, 2004). Deshalb streben diese Leitlinien nach einer maschinenfreundlichen, rückübertragbaren 1:1-Wiedergabe der arabischen Schriftzeichen („one-to-one mapping"), wofür sie zunächst ausschließlich den Einsatz des ASCII-Zeichensatzes[100] vorsahen:

99 ‹https://catalog.ldc.upenn.edu/LDC2007T04› (09. September 2021).

100 ASCII steht für *American Standard Codes for Information Interchange.*

> When I developed my Arabic transliteration system (with Ken Beesley at Alpnet in Provo, Utah, 1989), we needed to represent native Arabic orthography with a Latin-based scheme that was easy to input on ordinary keyboards, that used upper- and lower-case characters, but no accented (upper ASCII) characters. In other words, we needed a 7-bit representation of the Arabic writing system that would be suitable for NLP, especially in contexts where native Arabic characters could not be easily input or displayed (especially with bi-directional issues), or where non-Arabists needed to read and make some sense of Arabic text data. I feel that in many NLP publications where the focus is not necessarily a discussion of Arabic orthography, IPA or modified LC transliteration would be more suitable, but note that most of these schemes require use of upper-ASCII (8-bit), Latin Extended, or even Greek characters. Although this can work well in printed publications […], this kind of data does not travel well by e-mail or across platforms, nor as safely as 7-bit data. In any case, 7-bit data is easy to input on all platforms.
>
> (Buckwalter 2007)[101]

Später wurden die Leitlinien doch zur Berücksichtigung morphologisch relevanter, im arabischen Schriftbild nicht sichtbarer phonologischer Informationen (Kurzvokale und Geminationen) bearbeitet. Deswegen entschloss man sich nach der breiteren Einführung von Unicode und der damit einhergehenden Vereinfachung der Zeichenkodierung zu einer Erweiterung um Nicht-ASCII-Zeichen, nicht zuletzt um die Transkripte leserfreundlicher zu gestalten. Die erweiterten Unicode-Leitlinien bedienen sich einiger Grapheme (z. B. *p* für ة; *v* für ث), die jedoch nicht konsequent die entsprechenden Phoneme des Arabischen abbilden, und einiger Sonderzeichen (z. B. > für أ; * für ث; $ für ش), denen gemeinhin kein phonologischer Wert zugewiesen werden würde.[102] Deshalb ist die Umschrift ohne die arabischen Originaläußerungen schwer zugänglich, zumindest für nicht trainierte Leser ohne computerlinguistischen Hintergrund. Die Frage, wie die Gesprächsdaten im Korpus tatsächlich aussehen, bleibt offen. Die Transkripte seien nämlich mithilfe des *LDC's Multi-Dialectal Transcription Tool* (AMADAT) erzeugt worden (Maamouri/Buckwalter/Cieri 2004). Ursprüngliches Ziel war eine Darstellung mit verschiedenen Annotationsebenen und Transkriptionsspuren (orthografischer und phonologischer Art), die aber offenbar, zumindest in den verfügbaren

101 s. auch die virtuelle Diskussion unter den einzelnen Wissenschaftlern, die über die Mailingliste *Corpora-List* miteinander vernetzt sind (MG 2007).

102 Tabellarischer Vergleich zwischen den Zeicheninventaren von Buckwalter und DIN 31635 bei McEnery/Hardie/Younis (2019: 229–231). Sie greifen in ihrem Sammelband aus Gründen der Lesbarkeit auf die DIN-Umschrift zurück, die stark an das DMG-System angelehnt ist, ziehen aber zur computerlinguistischen Veranschaulichung die Buckwalter-Prinzipien vor.

Daten, nicht angelegt wurden. Beim CALLHOME-Korpus[103] hingegen werden, zumindest in den freigegebenen Beispielen, arabischschriftige Transkripte von umschrifteten Fassungen getrennt (s. Abb. 7), um Fehler bei der bidirektionalen Umsetzung zu vermeiden. Weitere Unterschiede zum Transkriptionsverfahren im *Fisher Corpus* (Abb. 6) sind nicht feststellbar. Darüber hinaus wurde, wie an den Symbolen ■ und ▶ erkennbar, Tonaufzeichnung und Transkript miteinander gekoppelt. Dieses Text-Ton-Alignment soll vermutlich die Lektüre erleichtern und möglicherweise auch Dritten im Bedarfsfall einen Einblick in den O-Ton zur nachträglichen Erfassung phonologischer Aspekte geben.

```
0   @Loc:     CallHome/ara/4023.cha
1   @PID:     11312/t-00000785-1
2   @Begin
3   @Languages: ara
4   @Participants: A Subject, B Subject
5   @Options:     heritage
6   @ID:      ara|ara|A|||||Subject|||
7   @ID:      ara|ara|B|||||Subject|||
8   @Media: 4023, audio
9   *A:  Tayyib xalAS lAzim nitkallim carabi cala$An humma cayzIn %E
10       il+mukalmaB~ tibqa bi+il+<English Egyptian Arabic> cala$An humma
11       biysaggilu=a .   ■
12  *A:  Eh luGAt kitIr mukalmAt kitIr Haw- HawalEn il+cAlam wi HayistaxdimU
13       Hayicmilu=a <English speech recognition> wi HagAt kida OkkE .   ▶
14  *B:  %ah Tayyib .   ▶
15  *A:  fa+HaniDTarr nitkallim carabi {laugh} .   ▶
16  *B:  Tayyib Tayyib mA$i mi$ farqaB~ .   ▶
17  *A:  {laugh} izzayyik .   ▶
18  *B:  ilHamdulillA kuwayyisaB~ wi inti izzayyik .   ▶
19  *A:  ilHamdulillA inti carfaB~ in ana Hatgawwiz=1 .   ▶
20  *B:  (( simict )) [static] ana simict &maha kAnit bitiHki li+&$irIn wi
```

Abb. 7: Alignierter Transkriptausschnitt aus dem Korpus *CALLHOME Egyptian Arabic Speech*.[104] Zu Orientierungszwecken wird die aktuell hörbare Audiosequenz im Transkript immer gelb unterlegt, wie hier in den Zeilen 9, 10 und 11.

103 ‹https://catalog.ldc.upenn.edu/LDC2002T38› (09. September 2021).

104 Transkripte des CALLHOME-Korpus und mit den Transkripten alignierte O-Ton-Gesprächsaufzeichnungen sind über die TalkBank abrufbar: ‹https://ca.talkbank.org/browser/index.php?url=CallHome/ara/4023.cha› (09. September 2021), ‹https://ca.talkbank.org/access/CallHome/ara.html› (04. Februar 2023).

Abgesehen von den vorgestellten Korpora widmet sich eine Reihe anderer Forschungsbeiträge der Aufstellung von überregionalen Transkriptions- und Annotationskonventionen, die eine maschinelle Erkennung von Varietätenwechseln (Standardvarietät-Regionalvarietäten) ermöglichen und zugleich die Unterschiede zwischen den einzelnen zu rekonstruierenden Regionalvarietäten minimieren, um Suchmaschinenergebnisse zu präzisieren und morphologische Modellierungsprozesse zu optimieren. Hierfür schlagen die Autoren unter anderem eine Anpassung an die Standardorthografie, also eine normalisierte Schreibung, vor. Im Bereich der arabischschriftigen orthografischen Transkription in Anlehnung an das Standardinventar seien in diesem Kontext CODA und CODA* erwähnt (z. B. Dasigi/Diab 2011; Habash et al. 2018; Habash/Diab/Rambow 2012; Jarrar et al. 2017; Saadane/Habash 2015). Dabei handelt es sich um Bestrebungen zur einheitlichen Notation der Regionalvarietäten sowie zu ihrer verbindlichen Kodifizierung im arabischen Schriftbild und mit den verfügbaren arabischen Schriftzeichen.

Um eine möglichst konsistente, aber differenziertere phonologische Umschrift zu schaffen, folgt das CAPHI-System den konventionalisierenden CODA-Prinzipien und greift, zusätzlich zu den herkömmlichen lateinischen Graphemen, auf Zeichen (genauer Ziffern) des arabischen Chat-Alphabets zurück (Habash et al. 2018).[106] Auch treten beim CAPHI-System Digraphe, ASCII-Zeichen zur Angabe von Wort- und Morphemgrenzen und Diakritika in Form von Interpunktionszeichen (z. B. Punkt nach einem Graphem zum Ausdruck der Emphase) auf.

Dialect	Arabic	English	CAPHI
EGY	يا اهبل	O' stupid	/y a # 2 a h b a l/
EGY	يا اهبل	O' stupid	/y a # h b a l/
LEV	عندي امتحان	I have a test	/3 i n d i # 2 i m t i 7 aa n/
LEV	عندي امتحان	I have a test	/3 i n d i # m t i 7 aa n/

Abb. 8: Ägyptisch- und levantinisch-arabische Äußerungen in CAPHI-Umschrift[105]

105 ‹https://camel-guidelines.readthedocs.io/en/latest/phonology/› (09. September 2021).

106 Durchsuchbare Datenbank in CODA und CAPHI mit Angabe der jeweiligen Varietät und Wortart bei: ‹https://camel-guidelines.readthedocs.io/en/latest/› (09. September 2021).

Wie in Abbildung 8 zu sehen, dürften die verwendeten Grapheme und Ziffern jedem geläufig sein, der Lateinschrift und Chat-Alphabet lesen kann. CAPHI-Umschriftungen werden stets durch Schrägstriche gekennzeichnet. Schriftwörter werden durch das Doppelkreuz (#) getrennt. Einzelne Wörter und gesprochensprachliche Eigenheiten (z. B. Assimilationen, Sandhi, Wegfall anlautenden Glottisschlags) lassen sich problemlos wiedererkennen. Ein bedeutender Vorteil dieser phonologischen Umschrift besteht demnach darin, dass phonologische Merkmale, die im arabischen Schriftbild nicht erkennbar sind bzw. sein können, im lateinischen Schriftbild durch das umfassendere Inventar zum Vorschein kommen. So lassen sich in Abbildung 8 für jeweils ein und dieselbe Äußerung zwei romanisierte Schreibungen finden: eine am Schriftbild und/oder an der Standardlautung orientierte Umschrift (obere Zeile) und eine am Lautbild orientierte Umschrift (untere Zeile). Der Nachteil dieses Umschriftsystems besteht, selbst für Nutzer, denen das Chat-Alphabet geläufig ist, darin, dass der Lesefluss durch die Verwendung des Doppelkreuzes zur Trennung lexikalischer Einheiten sehr oft rigoros unterbrochen wird, andererseits aber innerhalb der lexikalischen Einheiten durch die fehlende optische Absetzung von Präfixen, Suffixen etc. die Wurzelradikale der einzelnen Lexeme und Morpheme nicht auf Anhieb erkennbar sind, wie im Fall des nachstehend angeführten Verses in CAPHI-Umschrift (Abb. 9):

Arabic (Levantine)	English	CAPHI
باكْتب اسْمك يا بلادي عالشّمس الي ما بتغيب	I write your name o' my country on the sun that never sets	/b a k t i b # 2 i s m i k # y a # b l aa d i # 3 a sh sh a m s # i l # m aa # b i t gh ii b/

Abb. 9: Arabischer Vers aus einem levantinischen lyrischen Text in CAPHI-Umschrift[107]

Für Umschriftungen im CAPHI-System stehen zur weiteren Beurteilung des Systems keine kompletten Transkripte zur Verfügung. Das Potenzial der Anwendung lateinischer Grapheme und Sonderzeichen sticht dennoch hervor. Die veröffentlichten Beispiele leisten aber in erster Linie einen Beitrag zur Sprachmodellierung. Sie stellen lediglich exemplarische romanisierte Notationen einzelner lexikalischer und syntaktischer Einheiten dar. Demzufolge lässt

107 ‹https://camel-guidelines.readthedocs.io/en/latest/phonology/› (09. September 2021). Wie in der Tabelle zu sehen, werden im *CAMeL Arabic Phonetic Inventory* nicht verschiedene regionale Varietäten gegenübergestellt, sondern artikulatorische Abwandlungen in den einzelnen Varietäten abgebildet.

sich eine Übertragung des CAPHI-Verfahrens auf gesprächsanalytische Vorhaben eher nicht realisieren. Auch hier zeigt sich, dass Computerlinguistik und Gesprächsanalyse im Hinblick auf die Erkenntnisinteressen mitunter kollidieren können.

Darüber hinaus fehlt es an aussagekräftigen Musterfällen, die mehrere Regionalvarietäten zu vereinen versuchen. Multivarietätenkorpora befinden sich in der Minderzahl[108], ganz zu schweigen von den Gesprächsressourcen mit standardfernen Inhalten. Eine Ausnahme bildet das *Al Jazeera Dialectal Speech Corpus* mit Ausschnitten aufgezeichneter Sendungen des gleichnamigen Fernsehkanals (Wray/Ali 2015). Eine umfassende Analyse des verwendeten Transkriptionssystems gestaltet sich allerdings schwierig, da eine Einsicht in das Korpus ohne eine sehr schwer erhältliche Lizenz nicht möglich ist.

Ebenso schwach wie Multivarietätenkorpora sind mehrsprachige Interaktionsdaten vertreten. So liegt für das Sprachenpaar Arabisch-Englisch aktuell nur ein Dolmetschkorpus mit lizenziertem Zugang vor. Das WAW-Korpus[109] (Abdelali et al. 2018) entstammt beispielsweise Aufzeichnungen von Redebeiträgen auf internationalen Konferenzen zu diversen Themen aus den Bereichen Bildung, Forschung und Gesundheit. Die Entwickler des WAW-Korpus reihen sich ausdrücklich in die korpuslinguistischen Studien zum Dolmetschen (z. B. House/Meyer/T. Schmidt 2012) ein. Dennoch geht es ihnen in erster Linie um die linguistische Datenverarbeitung – genauer gesagt um die Optimierung maschineller Übersetzungstools sowie damit verbundener Lernverfahren – und nur zweitrangig um Dolmetschforschung und -didaktik (Temnikova et al. 2017, 2019). Konkret umfasst das WAW-Korpus Redetranskripte. Diese Redetranskripte enthalten jeweils eine Spur im O-Ton für Englisch und Arabisch sprechende Redner, in denen standard- und regionalsprachliche Eigenheiten festgehalten werden, und eine Spur für die aufgezeichneten simultan produzierten Dolmetschbeiträge sowie zusätzliche Angaben der Transkribenten (arabisch- und englischschriftige Annotationen, darunter Übersetzungen). Die Verschriftung arabischer Äußerungen in arabischer Schrift scheint ohne besondere Schwierigkeiten zu gelingen, was möglicherweise daran liegen könnte, dass auf Konferenzen standardsprachliche Beiträge überwiegen. In Bezug auf

108 Ein Beispiel ist das im Aufbau befindliche Parallelkorpus des MADAR-Projekts (Bouamor et al. 2018). Gezeigt werden prototypische Äußerungen, mit denen Dritte zur Übersetzung in ihre muttersprachlichen Varietäten betraut werden. Einblick in die öffentlich zugänglichen arabischschriftigen Teile bei: ‹https://camel.abudhabi.nyu.edu/madar/#Resources› (09. September 2021).

109 ‹https://alt.qcri.org/resources/wawcorpus/› (02. November 2021).

regionale Spezifika des Arabischen wird angestrebt, dass diese, sofern annotiert, großräumig zugeordnet werden, etwa der arabischen Halbinsel, der Levante, Ägypten oder dem Maghreb-Raum. Ferner wird eine möglichst unveränderte Rekonstruktion sprechsprachlicher Aspekte (z. B. Interjektionen, Hesitationen, Versprecher, Luftholen) durch entsprechende Angaben (*tags*) angestrebt, jedoch ohne Berücksichtigung ausgeprägter Variationen auf der phonetischen und phonologischen Ebene, wie Assimilationen und Tilgungen.

514
00:31:56,266 --> 00:31:58,862
well so that is the way I think you know [NE:PER Danny Weitzner]
515
00:31:58,862 --> 00:32:01,986
[REP who is] [HES] [NOISE] is was [REP in] [FALSE DC]
[REP in] in [NE:LOC Washington DC] for a while
516
00:32:01,986 --> 00:32:05,072
[HES] [FALSE for the] working [FALSE with the] [REP for the]
for the government.
517
00:32:05,072 --> 00:32:06,605
and he is back at [NE:ORG CSAIL] now.
518
00:32:06,605 --> 00:32:09,785
he is a lawyer [NOISE] [REP and] and a principal investigator
at [NE:ORG CSAIL].

160
00:31:59,489 --> 00:32:12,985
[تردد] [علم: شخص داني وايتنر] [تردد] موجود في [علم: مكان وشنطن دي سي] بالنسبة
[تردد] والآن عاد إلى [علم: مكان سيشل] أو [علم: مكان سياتل] [تردد] وهو محامي.

Abb. 10: Transkriptausschnitt aus dem WAW-Korpus (Abdelali et al. 2018: 2136)

Wie in Abbildung 10 zu erkennen, gibt dieser Ausschnitt die Äußerungen annotiert und zeilenartig wieder. Eine Transkription der arabischen Redebeiträge im Sinne einer Wiedergabe des arabischen O-Tons in einer lateinbasierten Umschrift wird nicht vorgenommen. Was die Transkription arabischer Redeanteile in arabischer Schrift anbelangt, so formulieren die Entwickler des

WAW-Korpus zwar idealisierte Leitlinien, faktisch liegen jedoch keinerlei Hinweise dafür vor, dass eine Transkription arabischer Daten in großem Umfang stattgefunden hat.

Außer in sprachtechnologischen Bereichen kommen Gesprächsdaten auch in variationslinguistischen Projekten zum Einsatz. Verwiesen wird beispielhaft auf die Korpora *VICAV* (*Vienna Corpus of Arabic Varieties*)[110] und *TuniCo* (*Linguistic dynamics in the Greater Tunis Area*)[111], die weitgehend durchsuchbar sind. Sie verfolgen inhaltlich hauptsächlich variationslinguistisch-dialektologische, lexikografische und sprachdidaktische Ziele. Methodisch versuchen sie, den neuerdings zunehmenden Forderungen nach Digitalisierung und Verfügbarmachung von Sprachressourcen gerecht zu werden (Mörth 2018; Mörth/Wissik 2018) und sind deshalb in digitale Forschungsinfrastrukturen (CLARIN-AT, ACDH-CH) eingegliedert. Die dabei verwendeten rein phonetischen Umschriftsysteme werden im weiteren Verlauf der vorliegenden Arbeit bei der Entwicklung eines gesprächsanalytisch inspirierten Systems (Kap. 5) ansatzweise mitberücksichtigt, speziell das System für Syrisch-Arabisch (Aldoukhi/Procházka/Telič 2014, 2016).

Abschließend sei festzuhalten, dass alle erörterten Systeme jeweils spezifische Zwecke verfolgen. Ein Layout, das die integralen Merkmale eines Gesprächs (Kap. 3.3 und 3.4.) außer Acht lässt, und Zeicheninventare, die eher maschinen- als menschenfreundlich sind, lassen sich mit den gesprächsanalytischen Anforderungen nicht ohne Weiteres in Einklang bringen. Dies gilt auch für rein phonetische Systeme[112].

---

110 ‹https://vicav.acdh.oeaw.ac.at/› (09. September 2021).

111 ‹https://tunico.acdh.oeaw.ac.at/› (09. September 2021).

112 Vgl. dazu auch Untersuchungen zum Spracherwerbsprozess bei Kindern, wie das *Arabic Kuwaiti Corpus* (AlQattan/Khattab 2015) und das *Kern Corpus* (Kern o. J.), die im Datenbanksystem *Child Language Data Exchange System* frei zugänglich sind.

2.2.2.2 *Soziolinguistische Transkriptionsverfahren*

Ähnlich wie in den computerlinguistischen Arbeiten ist in den interaktionalen Untersuchungen arabischer Gespräche häufig eine gewisse Systematik bei der Aufbereitung zu analysierender Daten erkennbar. Diese Systematik wird allerdings in den meisten Fällen nur unzureichend erläutert. Eine methodisch-methodologische Reflexion unterbleibt ebenfalls. Generell müsste zunächst einmal geklärt werden, wie sich für derartige Reflexionen ein inhaltlich adäquater Diskussionsraum in angemessenem Umfang schaffen lässt, wenn theoretisch-analytische Fragestellungen im Vordergrund stehen sollen. Solange jedoch kein Raum für Reflexionen über Elizitations- und Transkriptionsverfahren existiert, dürfte es schwierig sein, die jeweiligen Ergebnisse eigenständig konsequent herzuleiten oder die Daten für weitere Analysen zu nutzen. Die bisher in soziolinguistischen Arbeiten angewandten Transkriptions- und Elizitationsverfahren erwecken den Eindruck, als gäbe es im Umgang mit der arabischen Gesprochensprachlichkeit keine Herausforderungen und bei der Suche nach transkriptionsbezogenen Lösungen keinerlei Grenzen. Erschwerend kommt hinzu, dass sich keinerlei Korpora oder andere Formen der Datenkuration[113] ermitteln lassen, die zumindest eine Sichtung längerer Ausschnitte aus Interaktionsdaten ermöglichen.

In englischsprachigen soziolinguistischen Untersuchungen zu einsprachigen Situationen[114] dominieren phonetisch-phonologische Vorgehensweisen (*broad phonetic transcription systems*). Sie beruhen weitgehend auf dem Internationalen Phonetischen Alphabet (IPA). Diese Tatsache wird allerdings nicht durchgehend explizit angegeben und erläutert, besonders bei Arbeiten, bei denen phonetische Aspekte gar nicht den Untersuchungsschwerpunkt bilden, sondern andere Themen, wie etwa Sprachwechselphänomene (Albirini/Chakrani 2017; Davies/Bentahila/Owens 2013), Sprecherwechselorganisation und turnbezogene Handlungen (Al-Harahsheh 2013; Elouakili 2017; Hafez 1991), Eröffnungssequenzen bei Telefonaten (Saadah 2009), Reparaturverfahren (Al-Harahsheh 2015) und Diskursmarker (Al Rousan/Al-Harahsheh/Huwari 2020; Mughazy 2003; Owens/Rockwood 2008).[115] Es handelt sich um

113 Zum Begriff *Kuration* s. Kap. 3.6.2.

114 Gemeint sind nicht dolmetschgestützte Kommunikationsformen. Die Einsprachigkeit bezieht sich auf die Verständigung in einer gemeinsamen Nationalsprache und nicht auf die individuell verwendeten Sprachvarietäten.

115 Es wird beispielgebend auf möglichst aktuelle Beiträge verwiesen, die Transkriptausschnitte präsentieren und die nicht bloß Ergebnisse und Schlussfolgerungen ohne datenbezogene Illustration vorlegen. Ältere Beiträge wenden, soweit nicht anders vermerkt, ähnliche Praktiken an.

qualitative Untersuchungen mit relativ überschaubaren Datensätzen. Die Frage, wie viele Daten im Rahmen der oben genannten Projekte über das veröffentlichte Material hinaus erhoben und letztlich auch transkribiert wurden, bleibt ebenso unbeantwortet, wie die Frage nach Sorgfalt und Aufwand bei der Transkription des nicht veröffentlichten Materials. Alle Beiträge lassen keinen Einsatz (gesprächsanalytischer) computergestützter Transkriptionstools erkennen, sondern deuten auf die Anwendung manueller Verfahren unter Zuhilfenahme herkömmlicher Textverarbeitungsprogramme hin. Die verschiedenen Umschriften sind teils gut, teils schwer lesbar, je nachdem, inwieweit der Leser mit den behandelten Varietäten vertraut ist (s. Kap. 2.1: „Kriterium der kommunikativen Reichweite"), aber auch inwieweit die verwendeten Zeichen eindeutig sind und inwieweit die Regeln für deren Verwendung konsequent einheitlich befolgt werden. Erhebliche Schwierigkeiten bei der Lektüre bereitet beispielsweise die Wiedergabe des Vokalismus sowie des Konsonantismus ohne korrespondierende bedeutungsunterscheidende Phoneme:

1	NR[1]:	Gal liya neqes-u shi shwiya?= He said to me: (can I) shorten/lower it a little?= ((enacting the cutting of the hair))
2		= °GELT l-ih awddi: te. = °I SAID plea:se. (1.0)
3		ghir khelih nit hakdak= Just leave it that way=
4		=hsan mzyan. =it's better. (0.1)
5		Wash neqes-u shwiya= Do you want me to shorten it=
6		=ula nkhell-ih ┌ hakda? or leave it that way? ((enacting the looking of the barber))
7	AD1:	└ *hhHHhh
8	NR:	=u hez wahed l-mqes= =he took one of the scissors=

Abb. 11: Transkriptausschnitt aus einem marokkanisch-arabischen Gespräch (Soulaimani 2018: 4)[116]

116 Abkürzungen: AD1 = Adressat 1 (*addressee*), NR = Erzähler (*narrator*). Die englische Übersetzung steht unter den jeweiligen Äußerungen.

Der Ausschnitt entstammt einer multimodalen Untersuchung zu berichtenden alltäglichen Erzählungen vergangener Handlungen, hier zur nonverbalen Rekonstruktion (*embodiment*) des letzten Besuchs beim Herrenfriseur. Erklärungen zur Umschrift liegen nicht vor. Es lässt sich jedoch eindeutig feststellen, dass sich die Umschrift nicht an der Standardorthografie orientiert, sondern an der Lautung. Dieses Verfahren hebt zwar die Verwendung der maghrebinischen Varietät besser hervor, wirkt sich aber ungünstig auf die semantische Deutlichkeit lexikalischer Einheiten aus. Im Grunde wird zwar auf das Zeicheninventar der Lateinschrift zurückgegriffen, doch Mehrdeutigkeiten behindern die Rekonstruktion der originalsprachigen Daten, selbst wenn man zur Rekonstruktion die Übersetzung heranziehen würde. Infolgedessen muss man einen Ausschnitt mehrmals lesen, bevor man überhaupt zur Analyse übergehen kann. Leser ohne (fundierte) Kenntnisse marokkanisch-arabischer Varietäten können deshalb wohl nur schwer Zugang zur nicht konventionalisiert verschrifteten Form der Daten finden. Konkret wären für den oben genannten Beitrag (Abb. 11) folgende Problemquellen zu nennen:

- Homographie infolge mangelnder Differenzierung zwischen Kurzvokalen, Halbvokalen, Langvokalen und Diphthongen;
  Beispiel: „ula" in Zeile 6 steht hier für ولا (gemäß DMG-Umschrift: *wa-llā*; dt. „oder"), kann aber nach diesem Umschriftsystem theoretisch auch als أولى (gemäß DMG-Umschrift: ʾūlā; „erste") gelesen werden;
- Homographie infolge mangelnder Differenzierung zwischen konsonantischen Phonemen;
  Beispiel: „neqes" (dt. „schneiden") in Zeile 1 und 5 vs. „hsan" (dt. „besser") in Zeile 4; keine Differenzierung zwischen dem emphatischen Sibilanten ص (gemäß DMG-Umschrift: *ṣ*) und dem nicht emphatischen Sibilanten س (gemäß DMG-Umschrift: *s*), die beide lediglich als *s* abgebildet werden;
- Digraphie zum Ausdruck eines Phonems;
  Beispiel: *kh* für خ (gemäß DMG-Umschrift: *ḫ*), wie bei „khelih" (dt. „lass es") in Zeile 5, und *gh* für غ (gemäß DMG-Umschrift: *ġ*), wie bei „ghir" (dt. „doch") in Zeile 3.

Diese Aspekte beeinträchtigen die Interpretation insofern, als die Zeichenverwendung nicht entsprechend erläutert wird. Konsonantenhäufungen in den maghrebinischen Varietäten könnten arabischkundigen Lesern aus dem Maschriq-Gebiet (Ägypten, Levante, Arabische Halbinsel) die Lektüre des in Lateinschrift angefertigten Transkripts zusätzlich erschweren, weil Digraphe verwendet werden, bei denen allgemein die Gefahr einer ambigen Graphem-Phonem-Zuordnung besteht. Diese starke Orientierung am tatsächlichen Sprachgebrauch durch Weglassung der für ein breites Verständnis notwendigen Vokale im Transkript könnte den Leserkreis erheblich einschränken. Das Hauptproblem liegt aber eigentlich in der undurchsichtigen Systematik und der mangelnden Konsistenz, infolge derer sich die Bedeutung der einzelnen Einheiten ohne die Übersetzung nur schwer erschließen lässt. Eine eigenständige Behandlung der Ausschnitte wäre also ohne Kenntnis der sprachlichen Analyse wohl eher unergiebig.

Eine ähnliche Problematik ist bei Arbeiten erkennbar, die zu Transkriptionszwecken Elemente des Chat-Alphabets heranziehen. Der folgende Transkriptausschnitt (Abb. 12) entstammt einer Unterrichtseinheit für Arabischlernende. Zwei Arabischlernende (im Transkriptausschnitt „Nathaniel" und „Rose" genannt) üben im Gespräch die Verwendung des Adjektivs „gha9'iba" (gemäß DMG-Umschrift: *ġāḍiba*; dt. „wütend") und erhalten dabei Anweisungen von ihrer Dozentin (im Transkriptausschnitt „Ustetha" genannt, analog zu *ustāḏa* gemäß DMG-Umschrift; dt. „Dozentin"). Die Frage, wann Probleme der Lesbarkeit eindeutig auf die korrekt rekonstruierten sprachlichen und artikulatorischen Fehler der Kursteilnehmer zurückgehen, deren präzise Wiedergabe im Interesse der Untersuchung (Schomaker 2015) sein sollte, und wann sie eigentlich auf Defizite im Transkript zurückzuführen sind, lässt sich nur vom Forscher selbst beantworten. Relevant für die Ermittlung der Tauglichkeit des Chat-Alphabets ist einzig die Erkenntnis, dass auch hier weder Eindeutigkeit noch orthografische Vorhersagbarkeit gewährleistet wären und deshalb auch kein systematisches Vorgehen, zum Beispiel bei der Suche nach relevanten Phänomenen in Transkripten größeren Umfangs, ermöglicht werden würde.

1	Nathaniel:	6oyyib. arba3a ((moves his piece four spaces)) gha:9'iba. a:h, *good. four an:gry. a:h,*
2		gha9'iba, u:h adhunu fii angry at? u:m *angry, u:h think (1st sg) #in angry at? u:m* *angry, I think it's angry at?*
3	Rose:	ena gha9'iba min hetha sof. *I angry(3rd masc sg past) from this class.* *I am angry at this class.*
4	Ustetha:	.hhh [hhh hhh hhh]
5	Nathaniel:	[gha9'iba? gh]a9'iba? *angry?*
7	Rose:	el SOF LAYSA EL USTE:THA, hhhh *the CLASS NOT THE TEA:CHER*
8	Ustetha:	wALLAH hh hhi *Dear God*
9	((laughter from Ustetha, Nathaniel Rose, and me))	
10	Nathaniel:	6oyyib. gha9'iba, fii? *good. angry, in?*
11	Ustetha:	gha9'iba <u>min</u>. *angry <u>from</u>.*
12	Nathaniel:	min? gha9'iba min, to be angry at, u:h *from? angry from, to be angry at, u:h*
13	Rose:	gha9'iba min kul a3lim. *angry (3rd masc sg past) from all world.* *I'm angry at the whole world*

Abb. 12: Verwendung von Elementen des Chat-Alphabets zu Transkriptionszwecken bei Schomaker (2015: 129)

Der Verzicht auf Diakritika und ihre Ersetzung durch Ziffern, Digraphen und Interpunktionszeichen (z. B. Doppelpunkt zur Markierung sowohl von unnatürlichen Dehnungen als auch von Langvokalen) bringen, wie in Abbildung 12 deutlich erkennbar, nur eine scheinbare Entlastung. Dennoch bleibt unbestritten, dass das Chat-Alphabet in pragmatischer Hinsicht durchaus Vorteile hat, unter anderem weil das System leicht erlernbar und die Transkription wenig aufwendig ist.

Eine andere Methode, die bisweilen in soziolinguistischen Untersuchungen über Gespräche auf Arabisch angewandt wird, ist die Darstellung von Analyseergebnissen anhand von Übersetzungen, ohne dass dabei die analysierten Äußerungen in der Originalsprache (= Arabisch) oder in einer entsprechenden Umschrift zur Verfügung gestellt werden:

I: First of all, we would like to ask you Raya about your look. You are known for the **natural look**, [**you are** always **very simple**]
P: [true]
I: either with your hair or skin or make-up
P: [That's right].
I: [Tell us first], how do you take care of your skin, especially that you travel a lot?
P: In mornings and evenings, I always put **moisturising cream**, and I believe the most important thing when I work and I need to wear **make-up** is that my skin has to be very clean before sleeping, so that I wake up with a fresh face.
I: Is there any secret that you would like to share with 'Hia' **readers**?

Abb. 13: Transkriptausschnitt aus einem Fernsehinterview mit der libanesischen Markenbotschafterin eines Pflegeprodukts (Akeel 2016: 62)[117]

Erforscht werden spontane Sprachwechsel ins Englische in einem libanesisch-arabischen Fernsehinterview mit Beteiligten, die für bilingual gehalten werden. Die Untersuchung versteht sich als gesprächsanalytisch. Englische Äußerungen sind fettgedruckt hervorgehoben. Die Ausführungen beziehen sich auf kürzere Beispiele. Das Transkript des relativ kurzen Gesprächs (ca. 6 Minuten) findet sich im Anhang der Untersuchung, allerdings ebenfalls nur in komplett englischer Fassung. Selbst für Untersuchungen, die einzig und allein Code Switching und/oder andere Sprach-/Varietätenwechsel- und -mischungphänomene analysieren, reicht diese Art der Darstellung nicht, zum einen weil die jeweiligen Untersuchungen Phänomenen in originalsprachigen Äußerungen nachgehen, diese jedoch nicht in ihrem ursprünglichen sprachlichen Ko- bzw. Kontext rekonstruieren und dem Leser auch nicht zugänglich machen, zum anderen weil sich die vorgetragenen Analyseergebnisse auf Übersetzungen beziehen und im Einzelfall wohl auch auf diesen basieren, was den Eindruck einer weitgehenden Übereinstimmung mit den Originaläußerungen erweckt und somit eine gewisse Belanglosigkeit bzw. Entbehrlichkeit einer originalsprachigen Rekonstruktion suggeriert. Ähnliches gilt für die Analyse von Gesprächsdaten aus Dolmetschkontexten (Kap. 4).

117 Abkürzungen: I = Interviewerin (*interviewer*), P = Interviewpartnerin (*participant*).

Soweit zu englischsprachigen Beiträgen. Auch im deutschsprachigen Raum liegen soziolinguistische Arbeiten vor, die sich mit Gesprächsdaten in arabischer Sprache auseinandersetzen. Bei einem Großteil dieser Arbeiten orientieren sich die Gesprächstranskripte an den phonologisch-orthografischen Richtlinien der DMG-Umschrift. Anders als bei einigen arabistisch-dialektologischen Arbeiten (Kap. 2.1) wird die DMG-Umschrift jedoch, zumindest in den gesichteten und im Weiteren exemplarisch vorgestellten soziolinguistischen Arbeiten, nur selten erweitert, um varietätenunterscheidende Phoneme grafisch abzubilden und dadurch Eigenheiten des gesprochenen Arabisch sichtbar zu machen. Erwähnenswert ist hier zum Beispiel Krause (2018). Er ergänzt das DMG-Inventar, etwa durch Grapheme zur Abbildung syrisch-arabischer Phoneme (in Anlehnung an Aldoukhi/ Procházka/ Telič 2016), mit dem Ziel, mehrsprachige Handlungen im Mathematikunterricht für Schüler mit unterschiedlichen Sprachbiografien linguistisch zu erfassen.[118] Das entsprechende Arbeitspapier enthält lediglich eine Umschrifttabelle, in der die festgelegten Grapheme aufgelistet und prototypischen IPA-Zeichen zugeordnet werden, um anschließend deren Aussprache anhand lexikalischer Beispiele für arabischunkundige Leser vorzuführen. Einzelne arabische Beispiele sind mehrheitlich standardsprachlich, außer bei der Veranschaulichung der Nichtstandardlautung. Anwendungsfälle für die vorgelegten Vorschläge zur romanisierten Wiedergabe arabischsprachiger Sequenzen finden sich in jüngeren Projektpublikationen (Krause et al. 2021; J. Wagner et al. 2022), allerdings nur auszugsweise in Beispielanalysen mehrsprachiger Mathematiklernsituationen. Sequenzen aus syrisch-arabisch-deutschen Lehr-Lerneinheiten wurden gemäß den HIAT-Konventionen mit literarischer (statt streng phonetischer oder rein orthografischer) Umschrift in einem Partiturformat transkribiert und übersetzt.[119] Hierfür wurden studentische Hilfskräfte eingesetzt. Im folgenden Ausschnitt (Abb. 14) versucht eine Lehrkraft (im Transkript: FLAA), die Herkunftssprache der Lernenden (im Transkript: Bouchra und Jamil) in einer Kleingruppenförderung spielerisch zu aktivieren. Die Lernenden sind 13- bis 14-jährige Jugendliche aus Syrien.

118 Die Verfasserin war auf Anfrage von Arne Krause bei der Entwicklung des Umschriftsystems zeitweilig beratend tätig.

119 Gründe für die Heranziehung einer lateinbasierten Umschrift statt der arabischen Schrift zur schriftlichen Wiedergabe arabischsprachiger Handlungen geben Krause/ Uribe (2022: 89–91). Zur Einführung in verschiedene Transkriptionsmethoden s. Kap. 3.5.

[144]

		/228/	/230/	/231/
FLAA [v]	raʾam bil-almany?			Ja, maktub hōn Anzahl,
FLAA [tr]	auf Deutsch?			Ja, hier steht Anzahl, was
Bahar [v]		Zahl.		
Bouchra [v]			Zahl.	
Jamil [v]		/229/ Zahl.		

[145]

	/232/	/233/	/234/
FLAA [v]	šu yaʿne? • • yaʿne		Ja ayeh el-ʿadad yaʿne.
FLAA [tr]	bedeutet das? • • das heißt		ja, die Anzahl also.
Bahar [v]		arqam?	
Bahar [tr]		Zahlen?	

[146]

	/235/
FLAA [v]	((1,6s)) yaʿne • • • ʿadad el-marat yalli fawatet fiyon
FLAA [tr]	Das heißt • • • die Anzahl der Treffer ist vier.

[147]

	/236/
FLAA [v]	gōl heneyh arbʿa. ((2,0s)) arbʿa min ḫamsi aw arbʿa
FLAA [tr]	Vier von Fünf oder vier über fünf, das

Abb. 14: Transkriptausschnitt zu einer deutsch-arabischen Mathematikunterrichtseinheit (J. Wagner/Krause/Redder 2022: 106)

Arabische Äußerungen sind hier in einer modifizierten DMG-Umschrift repräsentiert. Die Transkriptausschnitte sind mithilfe interlinear verlaufender Übersetzungen meist hinreichend lesbar. Gesprochene Sprache und regionalsprachliches Repertoire sind erkennbar. In einzelnen Fällen erschwert allerdings die starke Orientierung an der Aussprache die Lesbarkeit, etwa bei optisch nicht erkennbarer Auslassung getilgter Laute oder Wiedergabe assimilierter Morpheme. Die relativ konsequente typografische Gestaltung komplexer lexikalischer Einheiten zur Hervorhebung einzelner Morpheme (z. B. Abtrennung von Präfixgruppen durch einen Bindestrich) wirkt sich positiv auf das Verständnis aus. Erstrebenswert wäre jedoch vor allem eine konsequentere Systematisierung und Vereinheitlichung des Vorgehens, also eine höhere Stringenz bei der Umsetzung der Lösungsansätze, sei es bei der Getrennt- und Zusammenschreibung, bei der Differenzierung zwischen Kurz- und Langvokalen (v. a. im Inlaut) sowie zwischen Einfach- und Doppelkonsonanten oder bei der eindeutigen Bezeichnung konsonantischer Phoneme, weil die Darstellung dieser Elemente die Bedeutungserschließung jeweils maßgeblich beeinflusst. Da die im Rahmen des erwähnten Projekts bislang präsentierten Fälle einen geringen Anteil an arabischsprachigen Äußerungen aufweisen, kann die verwendete Umschrift jedoch kaum weiter diskutiert werden.

Was das Layout betrifft, so ist in allen soziolinguistischen Beiträgen die Zeilendarstellung am stärksten ausgeprägt, vor allem die Zeilendarstellung nach den angelsächsischen Konventionen von Gail Jefferson (1984) im englischsprachigen Raum oder GAT/GAT 2 von Selting et al. (1998, 2009; vgl. Kap. 3.5.1) in deutschsprachigen Zusammenhängen. Sobald in einem Transkript mehrere Sprachen mit jeweils unterschiedlichen Leserichtungen auftauchen, gestaltet sich die Zeilendarstellung in Bezug auf die Laufrichtung der Transkription schwierig. Im Folgenden werden deshalb anhand ein und derselben Handlungssequenz zwei unterschiedliche Vorgehensweisen vorgestellt:

18	P1:	ja
19	P2:	روح و البس كفوفك
	Ü	*geh und zieh deine handschuhe an*
20		(3.25)
21	P2:	تعال عم يشرح الزلمة تعال
	Ü	*komm der mann erzählt noch komm*
22	P1	((unverständlich))
23	M:	<<f> KEIne HANDschuhe. (.) [NO]
24	P1:	[((unverständlich))]
25		(0.56)
26	M:	NO
27		(0.67)
28	M:	no
29	P1:	okay (.) no
30		((Mobiltelefon klingelt bis zum Ende)))
31	M:	kEIne hÅndschuhe
32	P1	ja
33		(-)
34	M:	handschuhe (.) n: NICHT (.) ån einer-
35		(0.53)
36		an einer- (.) [bohrmaschine; (.) not.]
37	P1:	[انا سمعت كلامك]
	Ü	*ich hab auf dich gehört*

Abb. 15: Bidirektionaler Transkriptausschnitt aus einem Einweisungsgespräch (Cindark/Hünlich 2017: 57–58)[120]

Das Transkript „Keine Handschuhe" dokumentiert eine Lehr-Lernsituation im Rahmen einer beruflichen Qualifizierungsmaßnahme für (u. a. syrische) Geflüchtete mit geringen Deutschkenntnissen. Gegenstand der Untersuchung sind hier Instruktions- und Verständigungshandlungen aus gesprächsanalytischer Sicht. Das Transkript (Abb. 15) führt drei Schriftrichtungen zusammen: (1) die rechtsläufige zur Fixierung deutscher Äußerungen, (2) die linksläufige zur Verschriftung arabischer Äußerungen (Z. 19, 21, 37) und (3) die vertikale zur Rekonstruktion der sequenziellen Entfaltung des Gesprächs. Das Zeilenlayout, ähnlich einem Theaterskript, lässt eine Mehrschriftigkeit

120 Abkürzungen: M = Meister, P1 = Praktikant 1 (syrisch), P2 = Praktikant 2 (syrisch).

zu, eine korrekte zeitliche Alignierung jedoch nicht. Die eckigen Klammern (Z. 23–24, Z. 36–37) zeigen zwar eine Überlappung (simultanes Sprechen) an, doch bei längeren und komplexeren parallelen Handlungen würde die Bidirektionalität zu Unklarheiten führen. Derselbe Ausschnitt wird in einer späteren Veröffentlichung in einer bearbeiten Fassung wie folgt vorgelegt:

```
12  MM   ja-
13  WS   *ganz wichtig +!KEI!ne #HANDschuhe-+*
    ws                  +Handbewegung wie Handschuh anziehen+
    mm   *zieht sich Schutzbrille an-------*
                                   #Bild 3
14  IH   rūḥ wa albis kfūfak[13]
    Ü    Geh und zieh die Handschuhe an
15       *(4.1)*
    mm   *geht zur hinteren Werkbank und nimmt Handschuhe*
16  IH   *ta‘āl ’am yašraḥ al-zalama ta‘āl*
    Ü     Komm, der Mann erzählt noch, komm
    mm   *zieht einen Handschuh an--------*
17  MM   *isch will=
    mm   *kehrt mit Handschuhen zurück zur Bohrmaschine----->
18  WS   =<<f>KEIne HANDschuhe (.)
19       +!NO;! (0.6)
    ws   +schüttelt erhobenen Zeigefinger------------------>
20  WS   NO, (0.7)
21       no,+
         ---+
22  MM   okay; (.) no.
23       *(1.6)*
    mm   *legt Handschuhe neben Bohrmaschine ab*
24  WS   keine handschuhe;
25  MM   ja+:- (-)
    ws     +legt Handschuhe auf Tisch links
26  WS   handschuhe (.) !NICHT! an einer-+ (--)
         ------------------------------+
27       an einer- (.)an ner [bohrmaschine; (.) not.]
28  MM                       [ana sami't kalāmak    ]
    Ü                         Ich hab auf dich gehört
```

Abb. 16: Unidirektionaler Transkriptausschnitt aus einem Einweisungsgespräch einer beruflichen Qualifizierungsmaßnahme (Deppermann/Cindark 2018: 254)[121]

Dieselbe Interaktionssituation (Cindark/Hünlich 2017) wird nunmehr in umschrifteten arabischen Äußerungen (Z. 14, 16, 28) dargestellt. Die in Abbildung 16 ausschnittweise dokumentierte Untersuchung widmet sich nach wie vor Instruktions- und Verständigungshandlungen aus gesprächsanalytischer Sicht. Die Umschrift des gesprochenen Syrisch-Arabisch ist gut lesbar. Unbeantwortet

121 Abkürzungen: IH = Praktikant (syrisch), MM = Praktikant (syrisch), WS = Ausbilder.

bleibt die Frage, auf welcher Grundlage die lateinschriftige Transkription aufbaut. DMG-Zeichen sind augenfällig. Allerdings erweckt die Verwendung bestimmter Vokale (besonders *a*) einen standardarabischen, zum Teil befremdlichen Eindruck, da sie für die betreffende Regionalvarietät nicht üblich sind, z. B. *wa albis* (Z. 14; dt. „und zieh"). Varietäten sind indes dafür bekannt, dass Vokale im Falle einer Ko-Artikulation nicht nur assimiliert, sondern auch verschoben werden (vgl. z. B. Al-Ghamdi 2018; Behnstedt 1994; W. Fischer/Jastrow 1980; Grünert 1876; Grüter 2012; Lane 1850; Maas 2001, 2011, 2019).

Abschließend sei darauf hingewiesen, dass alle angeführten Beobachtungen in Bezug auf soziolinguistische Beiträge keinerlei Anspruch auf Normativität erheben, sondern immer wieder an den Punkt gelangen, an dem sich herausstellt, dass die bestehenden Aufbereitungsmethoden unzureichend öffentlich und offen reflektiert werden. Dringlicher als die Frage nach den einzusetzenden Zeichen sei nämlich die Frage, wie die zu klärenden Phonem-Graphem-Zuordnungen tatsächlich (orthografisch und typografisch) umgesetzt werden können, sodass lexikalisch-morphologische Zusammenhänge auch ohne Kenntnis der sprachlichen Analyse möglichst verständlich gehalten werden. Datensammlungen sind jedoch über die Grenzen publizierter Arbeitspapiere hinaus nicht zugänglich. Die arabischen Äußerungen finden sich in den genannten Publikationen größtenteils in ein lateinisches Schriftbild eingefügt, und zwar zum Zwecke der Veranschaulichung, der morphologischen Glossierung und der Veröffentlichung. Es gibt keine Indizien dafür, dass die Umschrift bei soziolinguistischen, gesprächsanalytischen Vorhaben die Erstellung *umfangreicher* Transkripte unterstützt. Existierende Arbeiten belegen, dass die Analysen nicht auf Grundlage der Umschriften stattgefunden haben, sondern auf Grundlage der originalschriftigen Transkripte oder ihrer Übersetzungen.

2.3 Zusammenfassung

In Kapitel 2 wurde die Verwendung der Lateinschrift zur Schaffung heuristisch-empirischer Grundlagen wissenschaftlicher Fragestellungen bei der Beschäftigung mit arabischen Varietäten historisch betrachtet, um Anwendungsmöglichkeiten für gesprächsanalytische Forschungsvorhaben zu ermitteln. Wie eingangs in Kapitel 2.1 erklärt wurde, besteht im Arabischen eine beträchtliche Diskrepanz zwischen der gesprochenen Sprache und der geschriebenen Sprache. Das bedeutet, dass eine Umschrift, die sich an der (von Konsonantengraphemen geprägten) Standardorthografie der arabischen Schrift orientiert, immer nur ein rudimentäres Abbild der sprachlichen Realität erzeugen kann. Aus der heterogenen Sprachlandschaft im Arabischen und der mangelnden Standardisierung gesprochensprachlicher Varietäten erwachsen größere Herausforderungen an authentische Transkriptionsprozesse, selbst wenn eine Umschrift zur Wiedergabe phonetisch-phonologischer Eigenheiten dieser Varietäten, insbesondere ihrer vokalischen Bandbreite, bevorzugt wird. Der Grund für das Ausweichen auf die Lateinschrift liegt hier in den Anforderungen der gesprächsanalytischen Forschung, die bei der Aufbereitung mehrsprachiger Daten, vor allem für interaktionsanalytische Zwecke, sonst nur schwer erfüllbar wären (insbes. Kap. 4.1). Die vorausgehenden Darlegungen machen deutlich, dass man eine nachhaltige Zugänglichmachung, Bearbeitbarkeit und Nachnutzbarkeit arabischer Interaktionsdaten nur erreichen kann, wenn bestimmte Faktoren in ausreichendem Maße berücksichtigt werden. Gesprächsanalytische Untersuchungen erfordern vor allem eine korrekte Abbildung der Sequenzialität, Simultaneität und Reziprozität sprachlicher Handlungen. Hierfür erwiesen sich die vorgestellten, vorwiegend auf Lateinschrift basierenden Praktiken als wenig zielführend, kaum zweckdienlich und teils optimierungsbedürftig – zum einen weil sie, wie in philologischen Arbeiten der Fall, Gesprochensprachlichkeit und Sprache-in-Interaktion nicht behandeln, oder, wie in computerlinguistischen Arbeiten der Fall, weder leserfreundlich noch handhabbar wirken und im Einzelfall auf eine rigorose Nivellierung regionalsprachlicher Unterschiede hinauslaufen (z. B. zur Präzisierung von Suchmaschinenergebnissen und morphologischen Modellierungsprozessen); zum anderen weil sie sich stets auf die Transkription einer relativ überschaubaren Datenmenge beziehen, aber trotzdem, wie in einigen soziolinguistischen Arbeiten der Fall, gewisse Unzulänglichkeiten (mangelnde Systematik, schlechte Lesbarkeit, Inkonsistenz, methodische Intransparenz etc.) aufweisen und kaum anwendbare Lösungen für die Aufbereitung umfangreicher Datenmengen bzw. für den Aufbau eines mehrfach einsatzfähigen

Gesprächskorpus bieten. Inzwischen besteht nämlich ein Bedarf an gleichermaßen qualitativ und quantitativ zufriedenstellenden Ermittlungen. Deswegen ist die Entwicklung eines maßgeschneiderten Transkriptionssystems (Kap. 5) vonnöten. Um die erhöhten Anforderungen an ein solches Transkriptionssystem zu veranschaulichen, sollen vorab methodisch-methodologische Grundlagen der Gesprächsanalyse skizziert werden.

3 Grundlegende Aspekte der gesprächsanalytischen Transkription

Gesprochene Sprache wird aus den unterschiedlichsten Gründen erforscht, sei sie natürlich und spontan oder rezitiert und geplant oder artifiziell und automatisch generiert. Vor allem interaktiv konstituierte Gespräche bilden den Gegenstand gesprächsanalytischer Untersuchungen. Sie auf synchronen Ton- und Bildträgern festzuhalten, ist gängige wissenschaftliche Praxis seit der Erfindung entsprechender Technologien. Eingehende Analysen erzwingen eine materielle und systematische Erfassung aufgezeichneter Phänomene. Daher kommt der Art und Weise der Transkription bzw. schriftlichen und grafisch aufbereiteten Wiedergabe von Gesprochensprachlichkeit eine bedeutende Rolle zu.[122]

Kapitel 3 widmet sich der präzisierenden Darlegung grundlegender Anforderungen der gesprächsanalytischen Transkription sowie ihrer grafischen und darstellungslogischen Realisierbarkeit. Zunächst sollen die Wurzeln der Gesprächsanalyse als Teildisziplin der übergeordneten Gesprochene-Sprache-Forschung ermittelt werden, um die Hinwendung der germanistischen Linguistik zur Interaktionsforschung durch eine zeitliche Einordnung etablierter Transkriptionspraktiken historisch zu verorten (Kap. 3.1). Der Begriff *Gesprächsanalyse* wird in dieser Arbeit integrativ verwendet (Hausendorf 2001: 971). Er soll die verschiedenen methodischen und erkenntnistheoretischen Ausrichtungen (z. B. ethnomethodologisch orientierte Konversationsanalyse[123]; funktionalpragmatische Diskursanalyse[124];

---

122 T. Schmidt (2005a: 18) beklagt die Unzulänglichkeiten der deutschen Sprache bei der Unterscheidung zwischen den Begriffen *speech* und *spoken language*. Ersterer umfasst (künstlich) erzeugte Sprachdaten, letzterer steht eindeutig für *gesprochene Sprache* (Konstitutionsmerkmale in Kap. 3.3). Beide lassen sich im Deutschen als *Sprache* bezeichnen. Mangelnde Differenzierungen sind in Dokumentationen von sowohl deutsch- als auch englischsprachigen Gesprächskorpora feststellbar, obschon sich im Englischen beide Datentypen terminologisch abgrenzen lassen.

123 s. einführend z. B. Bergmann (2001, 2019), Birkner et al. (2020), Günthner/Wegner (2017), Gülich/Mondada (2008), Hutchby/Wooffitt (1998), Kallmeyer/Schütze (1976), Mondada, Sacks (1995), Sidnell/Stivers (2013), ten Have (2007).

124 s. hierzu exemplarisch Bührig/Meyer (2004; 2007); Bührig et al. (2012); Ehlich (1991); Ehlich et al. (1990); Hohenstein/Kameyama (2000); Rehbein (2001).

Dialoganalyse[125]; Interaktionale Linguistik[126]) einschließen, die den gleichen oder ähnlichen Untersuchungsgegenstand haben, sowie Empirie, Datenbezogenheit und Transkriptarbeit als analytisches Gerüst auffassen. In Kapitel 3.2 werden deshalb zunächst etablierte Konzepte gesprächsanalytischer Transkription vorgestellt und anschließend in Kapitel 3.3 vor dem Hintergrund elementarer Eigenschaften von Gesprächen betrachtet, sodass in Kapitel 3.4 entsprechende methodologische Erkenntnisse und Grundprobleme zusammengefasst werden können. Darauf aufbauend soll dann in Kapitel 3.5 auf konkrete Transkriptionspraktiken eingegangen werden, um schließlich in Kapitel 3.6 die Wichtigkeit einer präzisen Datenkonstitution und einer nachhaltigen Datenkuratierung darlegen zu können. Konkrete Beispiele stammen dabei zwar jeweils sowohl aus dem deutsch- als auch dem englischsprachigen Raum, der Schwerpunkt wird jedoch auf Transkriptionspraktiken liegen, die sich im deutschsprachigen Raum bewährt haben. Relevant sind basale Prinzipien und Gütekriterien, die sich, wenn erforderlich, auf anderssprachige Verfahren übertragen lassen.

3.1 Von der Gesprochenen-Sprache-Forschung zur Gesprächsforschung: Rückblick auf die Geschichte der gesprächsanalytischen Transkription

Die Erforschung von Gesprächen blickt nicht auf eine lange Tradition zurück. Ihre Ursprünge liegen weniger in der Linguistik als vielmehr in hermeneutisch ausgerichteten, verstehenden Verhaltens- und Sozialwissenschaften. Aus dem Bedürfnis, intuitionistische und verallgemeinernde Schlüsse durch eine empirische Fundierung zu ersetzen, erwuchs eine Neigung zu qualitativen, materialgestützten Fallanalysen situierter Handlungen und zugleich die Notwendigkeit, reale Situationen möglichst genau zu erfassen und zusammenwirkende Phänomene möglichst authentisch zu rekonstruieren. Aus diesem Grund bedienten sich Vertreter dieser disziplinprägenden und forschungspraktischen Veränderungen ton- und später auch bildkonservierender sowie grafisch fixierender Methoden, wodurch eine wiederholbare, hinreichend kontextgebundene Wahrnehmung und mehrfache Auswertung der zu analysierenden Aspekte

125 s. einleitend etwa Fritz/Hundsnurscher (1994), Hundsnurscher/Weigand (1995), Stati/Weigand (1992), Weigand (2009) und Weigand/Kecskes (2018).

126 s. z. B. Barth-Weingarten (2008), Couper-Kuhlen/Selting (2018), Imo/Lanwer (2019) und Selting (2016).

möglich werden sollte, wie entsprechenden Aufzeichnungen und Dokumentationen zu entnehmen ist:

> When I started to do research in sociology, I figured that sociology could not be an actual science unless it was able to handle the details of actual events, handle them formally, and in the first instance be informative about them in the direct ways in which primitive sciences tend to be informative – that is, that anyone else can go and see whether what was said is so [...]. So the question was, could there be some way that sociology could hope to deal with the details of actual events, formally and informatively? [...] I wanted to locate some set of materials that would permit a test [...]. I started to work with tape-recorded conversations. Such materials had a single virtue, that I could replay them. I could transcribe them somewhat and study them extendedly – however long it might take [...]. So the work I am doing is about talk. It is about the details of talk. In some sense it is about how conversation works [...]. Our aim is to get into a position to transform [...] our view of "what happened", from a matter of a particular interaction done by particular people to a matter of interactions as products of a machinery. We are trying to find the machinery.
>
> (Sacks 1984: 26–27)

So kam der Anstoß zur Untersuchung konkreter Ereignisse dialogischer Natur, stärker aus den USA in den 1960er und 1970er Jahren, von interaktionsinteressierten Vertretern der alltagsnahen Soziologie und Ethnomethodologie (z. B. Arbeitsgruppe Bielefelder Soziologen 1980; Douglas 1970; Garfinkel 1967; Goffman 1961, 1981; Heritage 1984; Schütz 1932; Weingarten/Sack/Schenkschein 1979) sowie der Ethnografie des Sprechens (Gumperz/Hymes 1972; Hymes 1980) und später der ethnolinguistischen Anthropologie (Clemente 2013; Duranti 1997; Sidnell/Enfield 2014). Riten sozialer Interaktion aus alltäglichen (und später institutionellen) Handlungszusammenhängen, die sich erst interaktiv erzeugen und sprachlich manifestieren und vollziehen, galt es nun akribisch zu dokumentieren. Die Anfänge zur Konventionalisierung der gesprächsanalytischen Transkription sind wohl am ehesten bei der ethnografischen Konversationsanalyse[127] ab dem Ausgang der 1960er Jahre zu suchen (z. B. Schegloff 1968; Sacks/Schegloff/Jefferson 1974; Jefferson 1984). Die Einbeziehung formaler Dimensionen, insbesondere gesprächskonstituierender, -organisierender und -strukturierender Vorgänge (etwa durch Sprecherwechsel; vgl. z. B. Kallmeyer 1985: 84–85, Mroczynski 2014: 223–238 und Schwitalla 1979: insbes. 24–25, 70–71), sowie die Wiedergabe von Ordnung von herstellenden bzw. reparierenden Verfahren schlugen sich fortan in den Transkripten konzeptionell nieder (Kap. 3.4.1).

127 Zum Entstehungskontext s. Maynard (2013).

Die Frage, warum sich gesprächsanalytische von anderen sprachwissenschaftlichen Transkriptionsverfahren abheben, kann ein wissenschaftsgeschichtlicher Streifzug[128] aufhellen. Die Beschäftigung mit dem gegenwärtigen mündlichen Sprachgebrauch erschien lange als peripher. Eine negative Grundhaltung „echten", regionalsprachlichen Varietäten gegenüber sei einer der Gründe, aber nicht der alleinige (Fiehler/Schröder/Wagener 2007: 331–332). Das gesprochene Wort war lange Gegenstand diachroner Studien. Geräte zur Schallaufzeichnung und Schallwiedergabe gab es bereits Ende des 19. Jahrhunderts (z. B. der Edisonsche Phonograph; Tewksbury 1897). Doch sie wurden in der Linguistik nicht sogleich genutzt. Ihre Rezeption und Heranziehung war nicht alleinig Sachzwängen, sondern disziplinären inhaltlichen und methodischen Entwicklungen unterworfen, wie der Abkehr von systemorientierten Ansätzen und der Hinwendung zu handlungsorientierten Denkweisen oder der nachlassenden Dominanz von Schriftlichkeit und Schriftsprache als Ausgangspunkt sprachwissenschaftlicher Untersuchungen. Eine Verlagerung erkenntnisleitender Interessen von der geschriebenen auf die gesprochene Sprache wurde naturgemäß zunächst in den Bereichen Phonetik, Dialektologie und Mundartforschung vorangetrieben. Auch führten Bemühungen zur Alphabetisierung schriftloser indigener Sprachen zu transkriptionsbezogenen Fragen bezüglich des Verhältnisses zwischen Phonemik und Graphemik (z. B. zwischen Laut und Buchstabe) (Auer 1993: 106–107). Doch obwohl sich die systematische Untersuchung des (frei) gesprochenen Gegenwartsdeutsch bereits Ende des 19. Jahrhunderts als ernstes Anliegen linguistischer Forschung erwiesen hat (z. B. Behaghel 1927), erschienen ihre Resultate (Transkripte) erst Mitte des 20. Jahrhunderts häufiger. Sprachsammlungen dienten zunächst primär phonetischen Zwecken. Bekannt seien vor allem Datenerhebungen des Nervenarztes und Phonetikers Eberhard Zwirner, der im Jahr 1932 das *Deutsche Spracharchiv*[129] (DSAv) gründete. Auf Schallplatten gespeicherten Gesprächen von Bergleuten wurde unter sprachstrukturellen und -pathologischen

---

128 Für einen Sammelbericht zu einigen Schlüsselbeiträgen in Zeiten sich wandelnder Forschungsinteressen in der Gesprochene-Sprache-Forschung in der Bundesrepublik ab den 1960er Jahren s. z. B. Betten (1977/78), die die paradigmatischen Übergänge zeitlich gliedert. Für einen kürzeren Überblick s. z. B. Hoffmann (2018: 7–11) und Rath (1994).

129 Zur Geschichte des Deutschen Spracharchivs s. Knetschke/Sperlbaum (1983). Zu seiner Übergabe in den 1970er Jahren an das (Leibniz-)Institut für Deutsche Sprache (IDS) in Mannheim und seiner Entwicklung zum gegenwärtigen digitalen *Archiv für Gesprochenes Deutsch* (AGD) s. einführend Stift/T. Schmidt (2014).

Aspekten quantitativ nachgegangen. Vor der Entwicklung geeigneter Möglichkeiten zum wiederholten Abspielen (auch durch Dritte) erwiesen sich phonetische Systeme der Transkription zur genauen Reproduktion sprachlicher Laute als unentbehrlich (Ehlich/Switalla 1976: 79). Nach dem Zweiten Weltkrieg und der Veränderung der Sprachlandschaft durch Flucht, Vertreibung und Umsiedlung vollzog sich vor dem Hintergrund ausgereifter Aufzeichnungslösungen (Tonbänder) eine Wende in der Dialektologie und allgemein der Variationslinguistik. Für das Zwirner-Korpus fanden extensive Erhebungen in Zusammenarbeit mit regionalen Wörterbüchern und Sprachatlanten in der Zeit von 1955 bis 1972 in Deutschland und angrenzenden Regionen statt. Die Daten wurden hauptsächlich in arrangierten, aber möglichst natürlich gestalteten Settings, etwa Befragungs- und Erzählsituationen, in Tonstudios erhoben (Knetschke/Sperlbaum 1967; Zwirner/Bethge 1958).[130] Das aufgezeichnete Tonmaterial war oftmals durch eine über weite Strecken fast monologische, narrative Struktur gekennzeichnet. Dialogische Sequenzen wurden, wie bisher üblich, zeilenartig dargestellt. In einem Zeilentranskript beginnt ein neuer Redebeitrag in der Regel mit einer neuen Zeile. Das Nacheinander der Handlungen lässt sich räumlich vertikal umsetzen (vgl. Kap. 3.5.1). Abbildung 17 zeigt einen entsprechenden Transkriptausschnitt aus dem Zwirner-Korpus:

130 s. hierzu des Weiteren die vom Deutschen Spracharchiv herausgegebene und im Niemeyer Verlag (später von De Gruyter übernommene) Buchreihe *PHONAI*, die Nachfolgerin der „Lautbibliothek der deutschen Mundarten", und die darin veröffentlichten Beiträge zu den Tonaufzeichnungen bzw. ihren Transkripten.

0001 **S1** Mein Vater war Pflasterermeister. Ich bin mit vierzehn Jahren in die Lehre gekommen, und da hat mein Vater gerade in [(UNDEUTLICH)] geschafft, das ist im Elsaß. Und da habe ich müssen als am Morgen, am Montag am Morgen um viere, drei, viere immer müssen fortlaufen und habe müssen zu Fuß auf durch. Der Zug ist nur bis auf Mühlhausen gefahren, von Mühlhausen hat man müssen laufen und ist gleich weit gewesen, wie von da, von Neuenburg auf [(UNDEUTLICH)] . Da sind wir halt als durchgelaufen und da haben wir alle Tage zehn, zwölf Stunden geschafft, ich bin dort vierzehn Jahre alt gewesen, frisch aus der Schule, und da sind wir am Samstag zu Abend wieder haben wir um sechse Feierabend gemacht, und da sind wir heimgelaufen. Da sind wir als am Samstag zu Nacht, nicht wahr, also nach Mitternacht sind wir heimgekommen. Und im Winter [(PAUSE)] so ist's im Sommer gewesen, nicht wahr, man hat überallhin müssen laufen, wo man geschafft hat, hat man müssen laufen, Räder haben wir noch keine gehabt damals, nicht wahr, und als gelaufen. Und-

0002 **S2** Das tätest du heute auch nimmer machen, daß du so allweil so weit laufen tätest,

0003 **S1** Das kann-

0004 **S2** heute machen sie das nimmer.

0005 **S1** Das täte kein Mensch mehr machen heute.

Abb. 17: Transkriptausschnitt aus dem Korpus *Deutsche Mundarten: Zwirner-Korpus* (ZW--_E_00039: Geplante Aufzeichnung im Neuenburg am Rhein)[131]

Wie in Abbildung 17 zu sehen, erwecken Transkripte arrangierter Gespräche (hier einer Erzählung) den Eindruck eines nahezu geregelten Ablaufs und reibungslosen Sprecherwechsels. Interaktionsphänomene wurden in den Transkripten (bis auf die vermerkten Pausen beim ersten Sprecher in seinem ersten Redebeitrag und seine Unterbrechung durch den zweiten Sprecher bei seinem zweiten Beitrag in der dritten Zeile) selten aufgenommen. Dialogizität diente bei diesen Vorhaben nämlich allein der Datengewinnung, also der Generierung eines Untersuchungsgegenstands, und hatte somit in der Regel kein analytisches Gewicht. Mit anderen Worten: Zusammenhängende Sprache (Narrationen, Gespräche mit Probanden) ermöglicht die Schaffung von Datenmaterial und damit die Analyse, bedingt aber nicht ihren Gegenstand. Die Transkription sollte jeweils phonetisch, literarisch[132] und standardsprachlich erfolgen. Bei vielen Aufzeichnungen blieb es schließlich bei der standardsprachlichen Übertragung. Weitere Sammlungen ähnlicher Konzeption zur Erweiterung des Korpus wurden von der Tübinger Arbeitsstelle *Sprache in Südwestdeutschland* (damals Außenstelle des Deutschen Spracharchivs) unter der Leitung von Arno Ruoff und Eugen Gabriel initiiert (Ruoff 1973). Relaisgesteuerte Geräte erleichterten ein präziseres Abhören und ein verfeinertes Transkribieren. Gleichzeitig ebneten sie (durch die ausdehnbare Befassung mit ausgewählten Ausschnitten) den Weg für Bestrebungen nach überschaubaren, weniger lautorientierten Darstellungen, wenn sie für die Analyse nicht dienlich sind (vgl. Ramge 1978: 24).

131 Der Ausschnitt ist (samt Metadaten und alignierten Audioaufzeichnungen) über die Datenbank für Gesprochenes Deutsch (DGD) in voller Länge abrufbar.

132 Zum Begriff *literarische Umschrift* s. Kap. 3.5.2.

Der zeitgleich aufkommenden Tendenz in der Germanistik, sich strukturellen Fragestellungen zum mündlichen Sprachgebrauch (Syntax, Morphologie, Grammatik, Lexik, Stil) zuzuwenden und Gesprochene-Sprache-Forschung als eigenständiges Forschungsgebiet[133] anzuerkennen, entsprang das Bedürfnis, authentische mündliche Daten zu sammeln. Der Alltag diente lange als beliebte Ressource. Zu Zwecken der Veröffentlichung und der juristisch gestatteten Archivierung musste des Öfteren ebenfalls auf öffentliche Mitschnitte aus dem Rundfunk zurückgegriffen werden. Ziel war die Ermittlung syntaktischer Besonderheiten der für „normal" bzw. „richtig" gehaltenen gesprochenen Sprache[134] anhand eines strukturbezogenen Zugangs zu Gesprächen. Kontrastive Untersuchungen zur Schriftsprache gerieten in den Blickpunkt. Dies führte zur schrittweisen Ablösung von phonetisch-phonologischen Transkriptionssystemen. Dabei sind insbesondere die von Hugo Steger in den 1960er und 1970er Jahren geleiteten Vorhaben der ehemaligen Forschungsstelle Freiburg des IDS[135] hervorzuheben. Hierzu zählt auch das Projekt *Grundstrukturen der deutschen Sprache* (Engel 1971; Steger 1970). Gewonnene Erkenntnisse zur Gegenwartssprache sollten sich auf Anregung des Goethe-Instituts didaktischen Zwecken unterordnen und in Lehrmaterialien für den DaZ-/DaF-Unterricht fließen, weshalb das Hauptaugenmerk auf überregional verstandenen (gesprochenen wie geschriebenen) Standard- bzw. standardnahen Sprachen lag. Da die Transkription formalsyntaktische Kriterien zu erfüllen hat, baut ihr System auf einem stark formalisierten Zeicheninventar auf, um die Suchbarkeit und quantitative Auswertung (Erhebungen zu Vorkommenshäufigkeiten) zu unterstützen (Bausch 1971a: 53; Bausch 1971b: 34).

---

133 Rupp deutet die Schwierigkeiten an, die mit der Etablierung und Aufwertung des neuen Forschungsgebiets einhergingen:

> Als Peter von Polenz und ich [auf einer Sitzung des wissenschaftlichen Rats des Instituts für deutsche Sprache kurz nach seiner Gründung im Jahre 1964] vorschlugen, es solle eine Kommission für gesprochene Sprache gebildet werden, wurde dieser Vorschlag erstaunt zur Kenntnis genommen und überlegen belächelt, und die Kommission wurde wohl nur gebildet, weil man uns nicht verärgern wollte. (1979: 170)

134 Steger (1967: 264) spricht sich dagegen aus, verunglückte (korrigierte oder defizitär gebliebene) sprachliche Handlungen in grammatische und semantische Untersuchungen aufzunehmen.

135 Für einen Einblick in die Arbeit der Forschungsstelle, insbesondere während des Grundstrukturen-Projekts, s. Bausch (1971a). Die Tonarchive sind in digitaler Form über die DGD zugänglich.

Gesprächsdynamiken ließen sich erst mit dem Aufkommen der linguistischen Pragmatik gezielt rekonstruieren. Mit der Hinwendung zu interaktiv-kommunikativen Praktiken wurden interdisziplinäre Ansätze zur Analyse längerer Gesprächsfolgen, wie die im US-amerikanischen Raum etablierte Konversationsanalyse und ihre verschiedenen Strömungen, die Interaktionale Soziolinguistik und psychologisch orientierte Kommunikationsforschung verstärkt rezipiert (Bücker 2018: 43; Schank/Schwitalla 1980: 318). Der Fokus verlagerte sich von systemlinguistischen und mikrostrukturellen Analysekategorien zu meso- und makrostrukturellen Größen[136] (z. B. Gesprächsphasen, Gesprächssteuerung[137], Handlungen von Sprechern und Hörern, Herstellung von Verständigung). Aspekte der Dynamik von Gesprächsereignissen rückten nun in den Vordergrund. Erste Schritte in Richtung einer modernen linguistischen Gesprächsanalyse unternahm die Forschungsstelle in Freiburg ab 1974 im Rahmen des Verbundprojekts *Dialogstrukturen* (Berens et al. 1976). Um Regelhaftigkeiten und Regeln der Gesprächsorganisation für einzelne Gespräche und möglichst verschiedene Kommunikationstypen und „Redekonstellationen" bestimmen zu können, wurden Gespräche unterschiedlicher Art in privaten wie in (halb-)öffentlichen Bereichen (Beratung, Befragung, Prüfung, Unterhaltung u. a), aber auch Mitschnitte aus Rundfunksendungen dokumentiert. Aufzeichnungen aus dem vorangegangenen Grundstrukturen-Projekt wurden nach den neuen Konventionen neu transkribiert (Bausch 1971b). Die Transkripte sind nach wie vor linear konstituiert, heben sich allerdings durch die Abbildung wesentlicher Ausprägungen der Kommunikationspraxis heraus, namentlich struktureller, intonatorischer und zeitlicher Verhältnisse (z. B. Pausen, Überlappungen, Tempo) sowie nicht phonologischer und nicht lexikalisierter akustischer Phänomene (Lachen, Husten, Verzögerungen etc.). Diese Ausprägungen sind im folgenden Transkriptbeispiel (Abb. 18) als explizite Beschreibungen (z. B. „lachen", „stuhlrücken") und entsprechende grafische Markierungen (Klammern, Striche) jeweils in grauer Schriftfarbe festgehalten:

136 Zur Größenordnung zu analysierender Phänomene s. Henne/Rehbock (2001: 14) und Mroczynski (2014: 38).

137 Der Terminus *Gesprächssteuerung* wird in dieser Arbeit als Oberbegriff für Handlungen verwendet, mit denen ein Gespräch hinsichtlich formaler, thematischer und funktionaler bzw. handlungsschematischer Aspekte aufrechterhalten wird bzw. werden soll. Vgl. hierzu etwa Mroczynski (2014: 222) und Schwitalla (1979). Der Terminus *Gesprächsorganisation* ist als Teilhandlung aufzufassen.

0002	**S3**	warum hören sie n auch noch (-) (textunsicherheit) da bin ich allerdings entschieden dagegen (-) (bbx und aax lachen , türklappen) .
0003	**S4**	jo äh wir setzen uns immer hierhin (-) (stuhlrücken) .
0004	**S1**	mhm .
0005	**S4**	nehmen sie platz 5g5 (--) ich meine 5g5 (---) (hintergrundgeräusche) haben sie ihre literaturliste dabei (-) (papierrascheln) .
0006	**S2**	n ja (-) leider (-) etwas unvollständig (-) | die kenn ich auch noch nich.
0007	**S4**	das is schlecht | .
0008	**S3**	... nochmal.
0009	**S4**	mm (papierrascheln) .
0010	**S2**	nee (-) die is (-)äh uns fehlt der eine titel vom oevermann roth (-) das is so ne 5g5 (--).
0011	**S4**	ach .
0012	**S2**	kleine ausgabe (-) sind zwei aufsätze drin (-) aus dem buch von roth (-) begabung und lernen.
0013	**S4**	ja | ähä .

Abb. 18: Transkriptausschnitt aus dem Korpus *Dialogstrukturen* (DS--_E_00043_SE_01_T_01: In Freiburg im Breisgau durchgeführte Studienberatung zur Vorbereitung auf eine Zwischenprüfung an einer Hochschule)[138]

Die Einführung von Computer-Software löste die Handschrift[139] und Schreibmaschinen ab. Die technologischen Entwicklungen zogen nicht nur Erwägungen zur Aufzeichnungstechnik nach sich (z. B. Deppermann 2008: 21–39; Goodwin 1993; Mondada 2013). Sie ermunterten zu einer holistischen Sicht auf Kommunikation und Interaktion weit über die verbale Ebene hinaus. Holistisch sei der Ansatz insofern, als er nicht nur die akustischen Dimensionen der Kommunikation in den Blick nehme, sondern gleichermaßen auch die visuellen Dimensionen, die (ohne Kamera) vergleichsweise schwer eingefangen werden können. Die neuen audiovisuellen Speichermedien (einschließlich später herangezogener Transkriptionstools) erleichterten die Durchführung multimodaler Studien und damit den Zugang zur Komplexität sprachlicher Handlungen. *Multimodalität* bezeichnet in diesem Kontext ein „gleichzeitige[s] Zusammenspiel mehrerer Modalitäten […], die jeweils spezifische Möglichkeiten zur Verfügung stellen, sich in kommunikationsrelevanter Weise auszudrücken, Handlungsziele zu erreichen und soziale Bedeutung zu konstituieren“ (R. Schmitt 2005: 19). Die Technologie machte es möglich, neben den Gesprächsinhalten auch zu untersuchen, wie die Beteiligten etwas

138 Das Transkript ist in voller Länge von der DGD bereitgestellt.

139 Vgl. etwa die Empfehlungen von Ehlich/Rehbein (1976: 38) bei der Erstellung handschriftlicher Transkripte.

sagen und wie sie ihren Körper (abgesehen von den Sprechorganen) einsetzen, um die Interaktion herzustellen und aufrechtzuerhalten, wofür sie wiederum auf die Wahrnehmungs- und Bewegungsfähigkeiten ihres Körpers sowie die räumlichen Ressourcen und Umstände angewiesen sind. Dokumentierbar wurden nun die nonverbalen Rückmeldungen, die ein ratifizierter Hörer (im Goffmanschen Sinne) lokal, nicht turnbeanspruchend, als Reaktion auf eine vorausgehende Handlung produziert, wie zum Beispiel eine Rückmeldung in Form eines Nickens, das den Sprecher durchaus zur Fortsetzung seines Beitrags anregt. Demnach soll das gesprochene Wort weder als einzige Ausdrucksmodalität überbewertet noch Körperlichkeit[140] (Augenbewegungen, Mimik, Gestik, Körperhaltung etc.) und weitere Modalitäten (z. B. Prosodie) isoliert analysiert werden. Vielmehr gehe es nun darum, sie als ineinander verschränkte Interpretationsmodalitäten konsequent aufeinander zu beziehen und simultan produzierte Handlungen der Beteiligten als interaktionskonstitutive Komponenten[141] anzusehen, welche in die Transkripte integriert werden sollten (R. Schmitt 2005: 27; 2007: 398–399). Auf Grundlage dieses Postulats entstand schrittweise eine Systematisierung bei der Beschreibung nonverbaler Handlungen und situativer Umstände (z. B. Ehlich/Rehbein 1981a; Mondada 2019a). Solange nämlich ergänzende Protokolle teilnehmender Beobachter und/oder Aufzeichnender die einzige Quelle zur Einbeziehung nicht auditiver Phänomene waren, bestand kein akuter Bedarf an einer Konventionalisierung und Reduzierung zu transkribierender Ereignisse. Diese sollten ohnehin erstrangig ihren Analytikern zugänglich bleiben.[142] Wie O'Connell/Kowal (1999: 104–105) anmerken, seien (gesprächsanalytische) Transkriptionsmethoden ein Produkt neuer Technologien, ebenso wie Initiativen zur Schaffung einer Best Practice für *data sharing*, etwa als zugängliche Gesprächskorpora, zunächst in gedruckter[143] und dann auch in digitaler Form (Kap. 3.6). Transparente Verfahren und

140 Zum Begriff *Körperlichkeit* s. Hausendorf (1997; 2015: 52, 60).

141 Goodwin (1996: 371) spricht von einer „single, interactive activity" und „collaborative action", die sich aus den einzelnen Ausdrucksmodalitäten zusammensetzen.

142 Wie Schlieben-Lange (1993: 10) treffend formuliert, galt vor dem Aufstieg neuer Technologien der „Körper des Forschers" selbst, seine kognitiven und sinnlichen Ressourcen, als exklusives „Medium des Zugangs zu den Gegenständen der Forschung".

143 Beispiele hierfür bei der von Ehlich/Redder (1994a) herausgegebenen Reihe *PHONAI: Texte und Untersuchungen zum gesprochenen Deutsch*. Vgl. auch die bibliografischen Verzeichnisse von Glas/Ehlich (2000a) und Wagener/Bausch (1997).

veröffentlichte, mit dem O-Ton synchronisierte Verfahren machen die Validität und Verlässlichkeit sowie die Genauigkeit von Transkripten überprüfbar.

In sprachwissenschaftlichen Beiträgen zur arabischen Sprache gab es bis vor Kurzem keine nennenswerten Bemühungen, sich in ähnlich differenzierter, gesprächsanalytischer Vorgehensweise mit Phänomenen der gesprochenen Sprache und der Interaktion zu befassen. Deshalb kann man keinen vergleichbaren Überblick über die Forschungsansätze geben. Soziolinguistische Forschung existiert zwar in diesem Bereich, aber keine rein gesprächsanalytische Forschung (Kap. 2.2.2.2).

3.2 Methodologische Grundlagen der gesprächsanalytischen Transkription

Das gesprochene Wort verfliegt, das geschriebene Wort verweilt (*verba volant, scripta manent*). Dieses altbekannte Diktum bringt eine grundlegende Eigenschaft sprachlicher Äußerungen auf den Punkt, nämlich ihre Kurzlebigkeit. Die Flüchtigkeit des Schalls macht die Produktion und Perzeption sowie die (relative) Verständlichkeit aufeinanderfolgender Laute möglich, indem sie nach ihrem Auftreten verklingen (Ehlich 1983: 28; Ehlich 1994: 18). Das Gleiche gilt auch für sinnliche Eindrücke. Trotz aller Vorzüge der modernen Wiedergabetechnologie (z. B. uneingeschränktes Abspielen und Anhalten, flexibles Vor- und Rückspulen, veränderbare Abspielgeschwindigkeit) reicht der Primat des Hörens und des Sehens[144] alleine nicht, um Gesprächsaufzeichnungen in ihrer auditiven und/oder visuellen Form (Fixierung ersten Grades) qualitativ oder quantitativ, mikro- oder makroperspektivisch auszuwerten. Erst durch fassbare Bindung und ergänzende „Vergegenständlichung", also durch ein weiteres visuell-permanentes, grafisches Medium in Form von Transkripten (Fixierung zweiten Grades[145]) können die Aufzeichnungen interaktionsanalytisch zugänglich gemacht werden (Hennig 2006: 18). Die Termini *Transkription* und

Letztere führen obendrein ausländische Tonarchive an und teilen ausführliche Metainformationen (Aufnahmetechnik, Transkriptionsverfahren, Zugänglichkeit, Untersuchungsergebnisse etc.) mit.

144 Wie empirische Analysen an die sinnliche und haptische Sinnlichkeit gebunden sind, zeigt sich in der Metaphorik der Fachlexik (Franck 1989: 160).

145 Redder (2001: 1038) schreibt diesem Fixierungsverfahren eine verdauernde Funktion zu. Zum Begriff *Verdauerung* s. Ehlichs Untersuchungen (1994, 2007a) über die Eigenheiten der Schrift.

Transkribieren gehen auf das lateinische Substantiv *transcriptio* und das Verb *transcribere* zurück, die sich unter anderem als *schriftliche Übertragung* bzw. *(hin-)überschreiben* übersetzen lassen (Duden Fremdwörterbuch 2020: 1133; Georges 1918: 3180). Ihnen haftet schon vom etymologischen Ursprung her einen Gestaltwandel an, der durch Schrifthaftigkeit charakterisiert ist. Es gibt keine allgemein gültige Definition für die sprachwissenschaftliche Transkription, die die Form, die Funktion und den Repräsentationsstatus von Transkripten verdeutlicht. Im Hinblick auf die wörtliche Übersetzung dürfte die gehäufte Verwendung transfer- und schriftbezogener Terminologie nicht überraschen. Hierunter fallen beispielsweise folgende Versuche einer Definition des Begriffs *Transkription*:

- „‚Lesen' des Gesprochenen" (Redder 2002: 188);
- „graphische […] Repräsentation" (Deppermann 2008: 42) bzw. „textual representation of temporal, formal, and interactional features" (Mondada 2007: 811);
- „Transfer von Mündlichkeit in Schriftlichkeit" (Redder 2002: 115);
- „medial[e], materiell[e] und semiotisch[e] Transformation" (Stukenbrock 2009: 144; vgl. auch Bergmann 1988b: 17–18), und zwar „in ein um grundlegende Modi reduziertes linear-visuelles Medium" (Gross 1979: 158);
- „Überführung lautsprachlicher Kommunikation in ein normiertes graphisches Medium mit Hilfe eines konventionellen Systems von Transpositionen" (Gross 1979: 157), „Überführung von einer Form der Sprachlichkeit in eine andere" (T. Schmidt 2005a: 27);
- „mediale[r] Übergang von der Mündlichkeit zur Schriftlichkeit" (Deppermann 2008: 39);
- „Übersetzung ins schriftliche Medium" (Franck 1989: 161); „translation of auditory input into written output" (Ehlich 1993: 125);
- „Umsetzungen von auditiven (und visuellen) Sprachdaten in Schriftzeichen" (Ehlich/Redder 1994b: 11);
- „möglichst präzise und exakte Wiedergabe des Gehörten", „intonatorischer Erscheinungen" und „anderer kommunikativ relevanter Dimensionen" (Ehlich/Rehbein 1976: 22; 1979: 51–52);
- „Verschriftung" und „Verschriften" bzw. „verschriften" (z. B. Brünner/Weber 2009; Deppermann 2008; Lalouschek/Menz 2002; Ehlich/Redder 1994b; Redder 2002);

- „Verschriftlichung“ und „Verschriftlichen“ bzw. „verschriftlichen“[146] (z. B. Rehbein et al. 2004; Ehlich/Rehbein 1981a, b; Hess-Lüttich 1981; Meer/Pick 2019; J. Müller 1981; Selting 2001a.);
- „Tätigkeit des ‚Verschriftens‘ und ‚Verschriftlichens‘ auditiv aufgezeichneter mündlicher Sprachsignale in Schrift“ (Kameyama 2004: 52).

Die ausgewählten wiederkehrenden Begriffe haben ein Transferdenken gemeinsam, das eine 1:1-Überführung suggeriert, obwohl sie eigentlich eine Umwandlung vorsehen, die nicht ohne Reibungsverluste vonstattengeht. Diese Begriffe unterstellen allerdings auch teilweise, dass der Gegenstand der „Umsetzung“ oder „Übertragung“ vom Verfahren an sich nicht berührt wird. Damit wird von einer Übereinstimmung zwischen der Aufzeichnung und dem Transkript ausgegangen, die offenkundig nur teilweise besteht. Diese essentialistischen Vorstellungen einer Isomorphie von „Input“ (Roh- und Primärdaten bzw. Gespräch und Aufzeichnung) und „Output“ (Transkript) werden allerdings nur dann zum Problem, wenn die Grenzen und die Komplexität der Übergänge unausgesprochen bleiben. Somit stellen sich folgende inhaltliche und formale Fragen: Was soll transferiert und was soll beibehalten werden? Und welche Mittel wären hierfür erforderlich? Diese und andere Fragen (Kap. 3.4) sind nicht nur methodischer, sondern auch methodologischer Natur. Ehe Probleme der Gesprächstranskription und konkrete Lösungen erörtert werden, stellen sich hier zunächst zwei Fragen: (1) Warum ist das Transkribieren insgesamt weit mehr als nur eine reine und, wie öfter thematisiert, mediale Verschiebung? (2) Welche Rolle spielt das Transkribieren im wissenschaftlichen Erkenntnisprozess? Leitende Annahmen, die die wissenschaftliche Diskussion über methodologische Prinzipien gesprächsanalytischer Transkription geprägt haben, werden im Folgenden in sieben Abschnitten zusammengetragen.

---

146 Die Bezeichnungen *Verschrift**lichung*** und *Verschrift**ung*** werden (über die zitierte Literatur hinaus) oftmals synonymisch verwendet, obwohl ihnen eigentlich unterschiedliche Vorgänge zugrunde liegen (näher hierzu in Kap. 3.4.2).

3.2.1 Annahme (1): Transkription als theorie- und zweckgeleitete Methode

Das Wesen der Transkription beruht auf der Annahme ihrer Theorie- und Zweckhaftigkeit, die Ochs (1979) mit ihrem Titel „Transcription as Theory" geprägt hat. Obwohl frühe Arbeiten[147] auf entsprechende Überlegungen hinauslaufen und spätere Abhandlungen[148] (mit und ohne Bezugnahme) daran anknüpfen, gehört der Beitrag zu den kanonischen Referenzen einer reflektierenden Sichtweise auf Transkriptionsmethoden. Hingegen sei einzuwenden, dass der Schlüsselbegriff „theory" selbst nicht geklärt wird. Er tritt offenbar in der Bedeutung von „theory driven" auf. Die ambige Formulierung des Titels lässt zwei Möglichkeiten vermuten: (1) den Einfluss des Untersuchungsinteresses auf die Anwendung der Methode des Transkribierens, also ihre theoretische Befangenheit und methodologische Grundlage, sowie (2) die Transkription als theoriegenerierender Prozess, in dessen Verlauf Fragestellungen aus den Daten heraus (weiter-)entwickelt und neue Erkenntnisse induktiv gewonnenen werden. Je intensiver sich der Transkribent und weitere Analytiker mit den Daten befassen, desto wahrscheinlicher ergibt sich auch die Gelegenheit, vorab formulierte Hypothesen und Überzeugungen materialgestützt zu überprüfen, zu überdenken und gegebenenfalls neu zu formulieren. Beide Behauptungen schließen sich nicht gegenseitig aus. Das heißt, jede Transkription würde von Theorie(n) ausgehen und zur Entwicklung von Theorie(n) beitragen. Es wäre generell interessant, zu erfassen, wie oft die Begriffe *Transkribieren* und *Transkriptionsprozess* vergleichsweise genutzt werden. Möglicherweise wird der Prozess an sich häufiger thematisiert als das transkribierende Handeln (*doing transcription*) und konkrete Schwierigkeiten, oder in Stelma/Camerons Worten „the very messy reality of actually *doing* transcription" (2007: 363; Hervorhebungen im Original).

---

147 Hierzu zählen die ersten konversationsanalytischen Arbeiten (z. B. Sacks/Schegloff/Jefferson 1974) sowie die in Kapitel 3.1 zitierten Beiträge, die den Entstehungszusammenhang von Transkriptionssystemen und -konventionen (z. B. Tübinger Arbeitsstelle und Freiburger Forschungsstelle) entschleiern. Eine Übersicht über ältere Verfahren geben Ehlich/Switalla (1976). Erwähnenswert sei zudem Ehlich/Rehbeins (1976) erster konstitutiver Aufsatz über die Konventionen der Halbinterpretativen Arbeitstranskription (ausführlich dazu in Kap. 3.5.1). Die Bezeichnung der Konventionen deutet bereits die hermeneutische Leistung transkribierenden Handelns an.

148 T. Schmidt (2005a: 29) zählt hierzu einige deutsch-, englisch- und französischsprachige Beiträge auf. Angesichts der Vielzahl bisheriger Veröffentlichungen wird hier auf eine Anführung weiterer Verweise verzichtet. Bislang liegt kein aktueller Überblicksartikel zum Thema *Transkription als Theorie* vor.

Transkriptionsprozesse seien, wie Ochs (1979: 43–44) argumentiert, von epistemologischen Überzeugungen, analytischen Interessen und Zielsetzungen abhängig. Jedes Transkript spiegele prozessbegleitende Entscheidungen wider, die Transkribenten bewusst oder unbewusst treffen. Eine fundierte und zweckdienliche Auswertung könne jedoch nur auf der Grundlage dokumentierter Reflexionen erfolgen. Aus diesem Grund deckt Ochs (1979: 45–71) erste Einflüsse auf das Transkribieren, speziell die grafische Organisation von Transkripten[149], ihre weitere Analyse und ihre Rezeption auf. Diese führt sie nicht allein auf das Aufzeichnungssetting und das Forschungsziel zurück. Gewisse Gewohnheiten und Automatismen (*biases*) können sich in die formale Transkriptgestaltung einschleichen und sind deswegen im Hinblick auf ihre Auswirkungen auf den Leser ebenfalls zu überdenken. Mit anderen Worten: Für die Auswahl des Zeichensystems (Kap. 3.5.2) und der Darstellungsart (einschließlich Anordnung zu berücksichtigender Handlungsmodalitäten; Kap. 3.5.1) sollten Kulturtechniken des Lesens und Schreibens (z. B. direktionale Ausrichtung, normierte Orthografie) mitbedacht werden.

3.2.2 Annahme (2): Transkription als situierte Forschungspraxis

Ausgehend von der Feststellung, dass sich Transkriptionen in erkenntnisleitenden Bahnen bewegen, plädiert Mondada (2007: 810–812) dafür, sie als eine situierte Praxis zu begreifen, die in eine Reihe von technologisch gestützten Forschungspraktiken eingebettet ist, wie die Aufzeichnung zu fixierender Gespräche, ihre digitale und anonymisierende Archivierung, die Annotation (Anreicherung des Transkripts mit relevanten deskriptiven und analytischen Informationen), die Segmentierung (z. B. durch Einteilung verbaler Handlungen in kleinere Äußerungseinheiten, Intonationsphrasen etc.), die Darstellung und (weitere) Analyse transkribierter Ausschnitte etc. Die einzelnen Praktiken sollten dementsprechend nicht als autonome Schritte behandelt, sondern immer im Verhältnis zu den (methodologischen und kontextuellen) Bedingungen ihres Vollzugs und den nachkommenden Schritten ergründet werden. Eine Transkription, so Mondada (2007: 809–810), besitze nämlich einen indexikalen, also hinweisenden und rückbezüglichen, Wert, da sie sich fortwährend auf damit assoziierte Prozesse und Ziele berufen (sollte).

Die Situiertheit methodischer Erwägungen betrifft nicht nur ihre Theorie- und Zweckorientierung sowie konkrete Handlungsschritte, sondern darüber hinaus gesellschaftliche und disziplinspezifische Gegebenheiten. Diese wirken sich

149 Zur Erläuterung theoretischer Annahmen, die verschiedenen Layoutprinzipien zugrunde liegen, s. Kap. 3.4.1.

in erster Linie auf die Auswahl aufzuzeichnender Gesprächssettings sowie die Lösung darstellungs- und transkriptionsspezifischer Fragen aus: Welche Gesprächstypen sind untersuchungsbedürftig? Was ist die zeitgenössische Relevanz zu untersuchender Phänomene? Welche Leserschaft bräuchte welche Informationen, um einen Transkriptausschnitt als Grundlage für eine Analyse zu nehmen? Welche Sprachen und welche Varietäten werden überwiegend untersucht und warum? In welchen Schriftsystemen lassen sie sich transkribieren und welche werden dafür bevorzugt? Inwieweit können/sollen/dürfen gesprochensprachliche Äußerungen an die Standardsprache und -orthografie angeglichen werden? Diese Fragen, und dergleichen mehr, lassen sich pragmatisch klären. Sprachliche, gesellschafts- oder disziplinpolitische Überlegungen, die eventuell ins Gewicht fallen könnten, sollen dennoch auch reflektiert werden, denn Transkription kann in gewisser Hinsicht durchaus als „political act“ und als „act of power“ bezeichnet werden (Bucholtz 2000: 1453, 1461; Green/Franquiz/Dixon 1997: 172, 174; Jaffe 2007: 831).

3.2.3 Annahme (3): Transkription als selektives Vorgehen

Es besteht eine asymmetrische Beziehung zwischen einem aufgezeichneten Gespräch (Rohdatum), seiner Aufzeichnung (Primärdatum) und dessen Transkript (Sekundärdatum), sei das Transkript nun in Gänze oder nur in Teilen angefertigt worden. Die audiovisuelle und weiterhin grafische Fixierung geht nicht zwangsläufig mit einer verlustfreien „Konservierung“[150] einher. Vielmehr haften ihnen eine gewisse Relativierbarkeit und damit eine akustische und gegebenenfalls visuelle Reduktion an. Diese hängen einerseits mit der Beschaffenheit der Aufzeichnungen (Platzierung des Diktiergeräts, Ausrichtung, Justierung und Perspektive der Kameras, Qualität der Aufzeichnungen etc.), den beträchtlichen Einschränkungen der Aufzeichnungsbedingungen (räumliche Enge, Lärmpegel, technische Probleme etc.) sowie mit den verfügbaren Reproduktionsmöglichkeiten zusammen, andererseits mit dem Einfluss der beobachtenden und analysierenden Person(en) auf die Daten[151], also der

150 Bergmann (1985: insbes. 304–309) bezeichnet die methodische Fixierung flüchtiger Handlungen als „Konservierung“ und die dafür eingesetzten Verfahren als „Konservierungstechniken“. Er unterscheidet zwischen einer „registrierenden Konservierung“, der „Fixierung [...] in Bild und Ton [...] ohne sinnhafte Erfassung und Bearbeitung“ des vergänglichen Moments in seiner natürlichen, möglichst unbeeinflussten Umgebung, wodurch dieses Moment erst reproduzierbar wird, und einer „rekonstruierenden Konservierung“, der „deutende[n] Darstellung ex post“. Zur Transkription als Rekonstruktion s. Kap. 3.2.5.

151 Bailey/Tillery/Anders (2005) sprechen von „transcriber effects“.

neuronal bedingten Begrenztheit jeder menschlichen Wahrnehmung (Meer/Pick 2019: 20; Ochs 1979: 43–44). Ein Transkript ist daher kein getreues Spiegelbild der tatsächlichen Gesprächssituation, sondern lediglich ein abstrahierter Ausschnitt, der sich perspektivisch und fragmentarisch an diese annähert. Es kann das aufgezeichnete Gespräch bei weitem nicht allumfassend wiedergeben, auch wenn zu gesprächsanalytischen Zwecken eine größtmögliche Nähe zu den Primärdaten hergestellt werden soll (Deppermann 2008: 41; Lapadat/Lindsay 1999: 76). Zudem deutet nicht nur die theoretisch-epistemologische und gleichermaßen forschungs- wie disziplinpraktische Gebundenheit des Transkripts, sondern auch die forschungspolitische und im weitesten Sinn situative Gebundenheit bzw. Getriebenheit auf seinen selektiven Charakter hin. *Selektieren* bedeutet *filtern* und *auswählen*. Die Einschluss- und Ausschlusskriterien für die Gewichtung wahrgenommener Phänomene und die Bestimmung ihrer analytischen Tragweite richten sich nach der Forschungsfrage samt obigen Erwägungen, aber auch nach den zugrunde gelegten Ansätzen und der Auffassung vom *Gespräch* (Kap. 3.3). Daraus ergeben sich unterschiedliche Anforderungen an die Genauigkeit und die Detailliertheit der Transkription. So stellt sich zum Beispiel die Frage, inwieweit nonverbale Handlungen[152] einbezogen und phonetische Alternationen oder Variationen ein und desselben Wortes, die in der Regel nicht von kommunikativer Relevanz sind, für eine interaktionsorientierte Untersuchung (z. B. von Sprecherwechselverfahren) markiert werden sollen. Dahingegen herrscht weitgehend Einigkeit darüber, dass etwa sprecherseitige Phänomene der Äußerungsprozessierung (z. B. Verzögerungslaute, Versprecher und Selbstkorrekturen) sowie hörerseitige simultane (verbale) Reaktionen (z. B. *back-channels*) möglichst präzise und synchron dargestellt werden sollen, weil sie den Fortgang eines Gesprächs beeinflussen können. Gleichzeitig greift das Selektionsprinzip in die Datenanalyse ein, indem es die Aufmerksamkeit exklusiv auf bestimmte Aspekte lenkt und somit die Induktion allgemeiner Aussagen beeinflusst (Ochs 1979: 45). In dieser Hinsicht bezeichnet Jaffe (2007: 834) die selektiven Handlungen des Transkribenten, durch die er den Detaillierungsgrad bestimmt, als autoritär und als eine Form der Machtausübung durch die Entscheidungspraxis („excercising authority").[153]

---

152 Imo/Lanwer (2019: 123–124) schreiben der multimodalen Transkription eine „doppelte Selektivität" zu, und zwar in Bezug auf die Eingrenzung der „phänomenalen Breite" sowie der Auswahl einzelner relevanter nonverbaler Handlungssequenzen im zeitlichen Verlauf.

153 Zur Transkription als Machtakt s. außerdem Bucholtz (2000: insbes. 1453), die den Begriff *authority* noch weiter fasst. Sie beschränkt ihn nicht nur auf die

Darüber hinaus zwingen pragmatische Bedürfnisse[154] (z. B. die angestrebte Übersichtlichkeit des Transkripts) und/oder Zwänge (z. B. die Begrenztheit der Darstellungsfläche) zu einem ökonomischen Vorgehen, also zur Konzentration auf einen eingegrenzten Phänomenbereich. Eine extensive Detaillierung ziehe, so Bergmann (1985: 316), einen „Prozeß der Zertrümmerung" des Interaktionsgeschehens nach sich: Je umfänglicher und insgesamt kleinteiliger das Transkript ist, desto verzerrter wirken die Handlungen, was ihre Lesbarkeit, Analysierbarkeit und Auswertbarkeit beeinträchtigt. Für die Transkribenten selbst wäre unter anderem die Effizienz des Verfahrens (einschließlich Zeit- und Arbeitsaufwand) ebenfalls zu diskutieren (Kap. 3.4 und 3.6). Die graduelle Reduktion des Untersuchungsgegenstands ist somit nicht nur theoretisch und praktisch motiviert und unumgänglich, sondern auch unabdingbar und zweckdienlich (z. B. Cook 1990; Duranti 1997).

3.2.4 Annahme (4): Transkription als subjektive Auswahl

Das Prinzip der Selektivität leitet direkt auf die Subjektivität und Subjektbezogenheit transkribierenden Handelns über. Die Komplexität des Transkriptionsgegenstands (z. B. durch die erfasste phänomenale Breite, durch den analytischen Charakter der Methode und durch die zu erfüllenden Anforderungen) lässt es nicht zu, Transkripte vollautomatisiert zu erstellen (so auch Moore 2015; T. Schmidt 2018a: 222; T. Schmidt/Wörner 2005: 185). Eine gesprächsanalytische Transkription stellt somit ein humanbasiertes, technisch gestütztes Verfahren dar. Dabei ist das Resultat stets an den Transkribenten, insbesondere seine Entscheidungen und die dafür aktivierten Wissensbestände, gebunden. *Subjektgebundenheit* heißt nicht, willkürlich und überwiegend intuitiv an die Daten heranzugehen. Die Annahme des scheinbar unüberlegten Verschriftens akustischer Signale erweist sich spätestens dann als unhaltbar, wenn der Transkribent an seine Wissensgrenzen stößt, etwa beim Umgang mit Daten in einer Fremdsprache[155], die er selbst gar nicht oder nur unzureichend beherrscht, oder bei der Deutung schwer verständlicher Äußerungen. Die Notwendigkeit

---

Entscheidungsmacht, sondern verbindet ihn mit der Vorstellung von Autorschaft (*authorship*). Damit spricht sie sich für eine Aufwertung des Status von Transkribenten aus, die mit ihren Entscheidungen über Form und Inhalt der Transkripte bis hin zur Wahl von Schriftart, Schriftgröße und Formatausrichtung quasi neue Texte herstellen.

154 Zu den Gütekriterien einer Transkription s. Kap. 3.4.

155 s. hierzu Deppermann (2008: 41; Fn. 2).

einer Nachbearbeitung von Transkripten, die von sprachkundigen, aber nicht gesprächsanalytisch ausgebildeten Hilfskräften erstellt wurden, wäre ein weiterer Beleg für die Wissens- und Kompetenzabhängigkeit einer Transkription. So kann ein und dieselbe Aufzeichnung trotz einheitlicher Rahmenbedingungen je nach Transkribent und bisherigen methodischen Erfahrungen unterschiedlich aufbereitet werden. Zu berücksichtigen wären außerdem das Stadium der Transkription (Rohfassung vs. bearbeitete Fassung; Anfangsstadium vs. Endstadium) und die vorausgehenden Auseinandersetzungen mit den Aufzeichnungen. Doch auch die Entscheidung, was überhaupt aufgezeichnet wird und auf welche Weise, aber auch die Möglichkeiten des Feldzugangs sind abhängig von individuellen Voraussetzungen der Forschenden. *Subjektivität* erstreckt sich also auf den gesamten Forschungsprozess sowie auf herangezogene theoretische Grundlagen und angewandte Methoden, angefangen bei der Erhebung der Daten über ihre Transkription bis hin zu ihrer Auswertung und Dissemination.

3.2.5 Annahme (5): Transkription als interpretative und rekonstruktive Technik

Wie den bisherigen Ausführungen zu entnehmen ist, geht die Methode der gesprächsanalytischen Transkription weit über die Verstetigung einmaliger interaktiver Momente hinaus. Sie versteht sich als ein rekonstruktiver Ansatz zur Datenkonstitution (Ayaß 2015; Kowal/O'Connell 1995; Stukenbrock 2009). Der überführende und transformative Charakter des Verfahrens impliziert zweierlei: eine Beibehaltung gesprächskonstitutiver bzw. als gesprächskonstitutiv erachteter Einheiten und zugleich ihre abstrakte sowie überschaubare Wiedergabe in einem anderen medialen, semiotischen und situierten Rahmen entsprechend einer andersartigen Iteration, also einer nicht isomorphen Repräsentation. Die Frage, welche akustisch wahrgenommenen und beobachtbaren Phänomene kommunikativ relevant sind oder sich als untersuchungswürdig erweisen könnten und gemäß dem Selektionsprinzip mit zu berücksichtigen oder wegzulassen sind, lässt sich eher analytisch lösen. Dafür ist eine hermeneutische Leistung vonnöten, ja sogar unvermeidlich, beginnend mit der Identifizierung von Sprachlauten über die Rekonstruktion bedeutungstragender Einheiten und sprachlicher Prozeduren bis hin zur Segmentierung des Gesprächs, also seiner Aufteilung in kleinere Einheiten, einschließlich die Einführung von Grenzmarkierungen mithilfe von Äußerungsendzeichen und Bestimmung realisierter Äußerungsmodi. Die verstehende Auslegung der Daten beginnt nicht erst a posteriori, nach dem Abschluss der Transkription, wie die Bezeichnung der

Methode andeuten möge. Sie setzt bereits vor und während ihrer Durchführung an, auch wenn zunächst nur in einer rudimentären Form, die nach und nach, etwa bei der Bearbeitung und Annotation, vertieft wird (z. B. Bergmann 1988b: 24; Duranti: 1997: 137; Green/Franquiz/Dixon 1997: 172–173; Hutchby/Wooffitt 1998: 73–74; Redder 2002: 116; T. Schmidt 2002: 3). Interpretationen fließen in die Rekonstruktion vokal-auditiver Handlungen, einschließlich die Kategorien zur Deutung prosodischer Merkmale (Intonation, Sprechweise, Stimmmodulation, Sprechtempo, lautliche Dehnung etc.) ein. Die Entscheidung darüber, ob der Abschluss einer Äußerung beispielsweise schwebend, steigend, laut oder schnell realisiert wird und ob eine beim Sprechen eingelegte Pause (gemessen an der habituellen Geschwindigkeit) mehr als nur eine natürliche kurze Atempause ist, liegt im subjektiven Ermessen des Transkribenten, selbst wenn spezielle Schallmesstechniken herangezogen werden. Gleiches gilt auch für die Beschreibung kinesisch-visueller Ausschnitte, etwa einer unerwarteten Mundbewegung, welche entweder möglichst deskriptiv (gegebenenfalls mit einer geschätzten Winkelangabe) und relativ interpretationsarm (z. B. lächelt mit breit gezogenem Mund) oder eher wertend (z. B. schmunzelt) transkribiert werden kann. Für Deppermann (2018c: 57) sind (multimodale) Transkripte deshalb eher ein Produkt der Analyse als eine Analysegrundlage. Daher seien die Transkripte, so Jaffe (2007: 834), als Behauptungen über die erzeugten Daten („claims about the data") aufzufassen. Gleichzeitig wird jedoch postuliert, die eigenen Hypothesen nicht so auf die Daten zu reflektieren, dass die eigene Voreingenommenheit weiterführende Analysen (selbstständig oder durch Dritte) oder eine Widerlegung erster Interpretationen behindert. Die Transkripte sollen einen heuristischen Zugang zu den Daten ermöglichen, indem auch solche Aspekte nicht getilgt werden, die scheinbar keinerlei (interaktionale) Relevanz haben (Deppermann 2008: 47). Dazu zählen etwa Mikropausen sowie nicht phonologische akustische Phänomene[156], beispielsweise das Lachen oder das tiefe Luftholen und das Husten, seien sie physiologisch bedingt und reflexartig produziert oder absichtlich inszeniert worden.

Die interpretative und prinzipiengeleitete Beschaffenheit von Transkripten wirft natürlich Fragen nach deren Wert für die wissenschaftliche Analyse auf. Aus methodologischer Sicht steht fest, dass sie keinem ästhetischen oder lediglich repräsentativen Selbstzweck dienen. Ungeklärt ist jedoch bislang, inwieweit mit Transkripten intensiv und nachhaltig gearbeitet werden kann, ohne auf die Aufzeichnungen zurückzugreifen, also inwiefern sie als autonome

---

156 s. hierzu auch Rehbein et al. (2004: 35–37).

Erzeugnisse bzw. als eigenständige, nicht derivierte Daten (z. B. während ihrer Bearbeitung oder Analyse, auch durch Dritte) betrachtet werden können und sollen (Jaffe 2007: 833). Gleichwohl scheint Einigkeit über ihren epistemischen Status zu herrschen: Sie gelten als Erkenntnisobjekte, als eine wissensgenerierende Quelle, oder, wie Ayaß (2015: 524) in Anlehnung an Goodwin (1994: 606) argumentiert, als „objects of knowledge", die stets transformativen Handlungen unterliegen. Ihr dynamischer Charakter lässt sich mit den Prinzipien *Verfeinerbarkeit* und *Ausbaufähigkeit* sowie *Prozesshaftigkeit* erklären.

3.2.6 Annahme (6): Transkription als bearbeitbare Rekonstruktion

Bearbeitbarkeit ist ein inhärentes Merkmal jeder Transkription. Transkription erfolgt nicht einmalig und linear, sondern in mehreren Durchgängen mit jeweils unterschiedlichem Schwerpunkt und analytischem Ansinnen. Ein Transkript hat stets einen vorläufigen Charakter. Wie Coates/Thornborrow (1999: 596) zu Recht einräumen, gelte es nur im Moment seiner (situationsabhängigen) Betrachtung als perfekt und fertig („the best version at that moment") und somit als adäquat und untersuchungsreif. Zu einem späteren Zeitpunkt würden änderungsbedürftige Stellen zutage treten, etwa aufgrund einer erweiterten Perspektive, einer abweichenden Deutung nach einem Erkenntnisgewinn oder aufgrund eines neuen Untersuchungsinteresses. Es sei also ein Produkt auf Zeit, das entsprechend der hermeneutischen Spirale immer wieder modifiziert werden könne (Duranti 2006: 307–308). Dieses Produkt wird deshalb auch als ein „evolving flexible object" bezeichnet (Mondada 2007: 810). Je intensiver sich der Transkribent und/oder Forscher sowie herangezogene Gegenleser mit den Aufzeichnungen beschäftigen, also genauer hinhören (und aufmerksamer hinsehen), desto häufiger überarbeiten und revidieren sie das Transkript. *Revision* bedeutet hier nicht etwa, wie beim Zwiebelprinzip[157], mehr Detaillierungsstufen und neu entdeckte Aspekte zu ergänzen oder frühere Missinterpretationen zu korrigieren, sondern weiter selektiv zu handeln und mit derselben Sorgfalt bedarfsweise solche Feinheiten zu eliminieren, die für die betreffende Analyse marginal sind und/oder einer rezipientenorientierten Darstellung[158] nicht entsprechen. Die Revisionsarbeiten werden immer weiter durchgeführt, bis sie (zunächst) als abgeschlossen erklärt werden. Aus diesem Grund bezeichnen

157 s. hierzu Selting et al. (1998: 92; 2009: 356).

158 Zur Unterscheidung zwischen den unterschiedlichen Detaillierungsstufen von Transkripten führt Spiegel (2009: 8–14) drei Transkriptarten auf: (1) Voll- oder Analysetranskript, (2) Basistranskript und (3) Anschauungstranskript.

Lehnen/Gülich (1997: 108) die Transkription als einen „potentiell unabschließbare[n] Prozeß“. Doch eine verfeinernde Bearbeitung trägt nicht zwangsläufig zur Objektivierung des Vorgehens oder zu einer theorienübergreifenden Konsensbildung bei. Das Transkribieren bleibt weiterhin subjektiv, interpretativ und selektiv. Jegliche Bemühungen um eine weitgehend naturalistische Repräsentation von Handlungssequenzen, die für tatsächlich gegeben gehalten werden, ist nichts als eine fiktive Vorstellung[159], ein naiver Realismus:[160]

> Schon die Tatsache, daß jeder Gesprächsteilnehmer aus seiner visuellen, akustischen, attentativen und interpretativen Perspektive das Interaktionsgeschehen anders wahrnimmt, zeigt, daß eine „eigentliche Gesprächsrealität“ im strikten Sinne eine objektivistische Fiktion ist, denn es gibt keinen a priori privilegierten Ort, von dem aus diese festzustellen wäre […]. Auch die häufig geführte Rede, das Transkript erfasse nie die Fülle des ursprünglichen Geschehens, erscheint mir einseitig, denn es wird in situ von keinem der Beteiligten in seiner potentiellen Fülle wahrgenommen, sondern oft noch viel fragmentarischer und standortgebundener als in einem Transkript aufgefaßt.
> (Deppermann 2008: 46; Fn. 5)

Nicht nur die Realisierbarkeit einer vollumfänglichen Transkription bleibe eine fiktive Vorstellung, sondern auch die Annahme einer Gesprächssituation, die alle Beteiligten trotz ihrer Komplexität gleichermaßen absolut wahrnehmen. Mit *Komplexität* sei an dieser Stelle auf die Vielzahl gleichzeitig multimodal durchgeführter Handlungen – auf verschiedenen Ausdrucksebenen mithilfe unterschiedlicher Ressourcen (verbal, nonverbal, paraverbal) – sowie weiterer akustischer (und visueller) Phänomene hingewiesen, die sich im Interaktionsraum oder im öffentlichen Raum ereignen und eine interaktionale Relevanz erlangen (könnten). Hierzu gehören zum Beispiel potenzielle Störfaktoren, wie Straßenlärm, oder Unterbrechungen, die in der Regel durch externe Einwirkungen und unvorhergesehene Ereignisse (z. B. in Gegenwart kleiner Kinder) veranlasst werden und keinen thematischen Bezug zum Gespräch haben, etwa durch die Entgegennahme eines Telefonanrufs oder die Reaktion auf einen unerwarteten Besuch während eines Beratungstermins. Deshalb stellt sich die Frage, inwieweit eigentlich ein verfeinertes Transkript einen realistischen Eindruck über die tatsächlichen Handlungsprozesse vermittelt. Die Arbeit mit Transkriptionstools bzw. -editoren wird bisweilen mit der Arbeit mit Mikroskopen (z. B. Franck 1989: 164; Schlieben-Lange 1993: 18) oder mit Röntgengeräten (Fiehler 1995: 11) verglichen. Editoren können nämlich einzelne Handlungen

159 Vgl. auch Stukenbrock (2009: 166).
160 s. Mishler (2003: 297; 301).

heranzoomen, indem sie die Äußerungen verlangsamt und unbegrenzt abspielen. Und sie können die visuellen Bewegungen heranzoomen, also vergrößert anzeigen, und wieder herauszoomen, um sie in ihren Ko-Text einzubetten oder um ihren gesamten Handlungs- und Erhebungskontext zu beobachten. Dadurch lassen sich die einzelnen Handlungen detailliert rekonstruieren und erschöpfend mikroanalytisch untersuchen. Wie Stubbs (1983: 228) zu Recht erläutert, sei die Komplexität des Gesprächs jedoch vor allem für den Transkribenten und weniger für die Gesprächsbeteiligten selbst erkennbar. Er spricht von einem Verfremdungseffekt („enstrangement effect"), den eine Gesprächstranskription (bei den Beteiligten) hervorrufe. So können die interaktional verwendete Sprache in ihrer verschrifteten Form und die dabei dokumentierten sprechsprachlichen Phänomene (ungrammatische Äußerungen, vage oder widersprüchliche Aussagen, inkorrekte Terminologie, fehlende Abschlüsse etc.) als inkohärent, unverständlich oder, wenn normativ bewertet, auch als defizitär erscheinen, den Beteiligten jedoch in der Interaktionssituation selbst kohärent, sinnkonstituierend und funktional vorgekommen sein.

Erwähnenswert ist in diesem Zusammenhang auch Denzin (1995), der ebenfalls Transkripte als relativierbare Konstrukte betrachtet. Zu den Konzepten *Original* und *Transkript* sowie ihren Grenzen äußert er sich aus der Sicht der qualitativen Sozialforschung folgendermaßen:

> The "original" voices of individuals in a field setting, and the intentions behind those voices, can never be recovered. There are no original voices, for every instance of a voice being heard is an original, a new hearing, a new voice speaking (and hearing) its mind. Every transcription is a re-telling, a new telling of a previously heard, now newly heard, voice. (1995: 14)

Insofern ist eine Gesprächsaufzeichnung per se keine greifbare faktische Entität, keine Rohdokumentation eines verabsolutierenden Wirklichkeitsausschnitts, welche jederzeit deckungsgleich wiederhergestellt werden kann. Es handelt sich eher um ein Pseudo-Original, genauer eine eigennützig erzeugte und instrumentalisierte sowie stets neu zu definierende Transkriptionsvorlage, die einen Wirklichkeitsausschnitt als subjektiv und augenblicklich fixiert. Ihre Erschließung hängt auch von der Wahrnehmung durch den Aufzeichnenden und durch den Transkribenden ab, und zwar unabhängig von den bestimmenden Leitfragen sowie den theoretischen und praktischen Erwägungen. Mithin dürfte also die Verarbeitung in Form eines Transkripts ein interpretatives Novum und ein (vorübergehend gültiges) Resultat essenzieller erster Analysen darstellen, welches durch Computerunterstützung leichter überarbeitbar sein sollte.

3.2.7 Annahme (7): Transkription als modellierendes Verfahren

Die skizzierten Wesenszüge von Transkriptionsverfahren, insbesondere ihre Zweckhaftigkeit, Selektivität und Konstruktivität, weisen auf ihre abstrahierende, visualisierende und modellierende Funktion hin. Dies gilt einerseits für die Inhaltsseite der Transkription, konkret die zu verschriftenden, zu beschreibenden und zu annotierenden Informationen akustisch-phonologischer und gegebenenfalls visueller Art, andererseits für die Darstellungsseite der Transkription, sprich die Organisation dieser Informationen auf der Transkriptfläche (Darstellungsformat, Platzierung und Ausdehnung der Beiträge und ihre Beziehung zueinander etc.) sowie ihre typografische Gestaltung und grafisch-symbolische Präsentation (Schriftsystem, Zeichensätze, Zeichengrößen, Schriftarten etc.). In Zeiten, in denen sich Transkriptionen mit Stift, Schreibmaschine oder einfachen Texteditoren und Papier anfertigen ließen, wurde die Transkription ausgehend vom Gedanken der Überführung gesprochener Sprache in eine Schriftform begriffen, wodurch sich das transkribierende Handeln häufiger auf die Verschriftung inhaltlicher Einheiten eines Gesprächs im engen Sinne verkürzen ließ. Doch mit dem Aufstieg der Computertechnologie und der methodologischen Reflexion über die Integration entsprechender Tools in Transkriptions- und Auswertungsverfahren entfalteten sich Ansätze, die die Beziehungen zwischen den Gesprächen und ihren Transkripten neu überdenken. Ähnlich wie Olson (1994: 89) und Günther (1995: 15, 30), die Schrift als Modell für Lautsprache und deren Analyse auffassen, bezeichnen Kowal/O'Connell (1995: 114) Gesprächstranskripte als Modelle. Durch die Annahme einer Modellhaftigkeit des Transkriptionsprozesses sollte vermieden werden, dass von einer Kongruenz zwischen den Audio-/Videodaten und ihrem Abbild ausgegangen werden könnte. So rückt man von der Idee ab, dass Transkripte in erster Linie Dokumente bzw. textähnliche Datenformen seien, und betrachtet sie eher als „Datenstrukturen einer allgemeineren Art" (T. Schmidt 2002: 11; Fn. 5). Ein Transkript ist also kein Ausdruck dafür, wie ein Gespräch de facto ist. Vielmehr modelliert es die Interaktionen und Aspekte, die man für relevant hält. Zwar repräsentiert ein Transkript rekonstruierbar kommunikative Handlungen. Aber dennoch gibt es den Lesern vor, wie sie ein Gespräch aufzufassen und wahrzunehmen haben, welche Merkmale diesen Interaktionstyp ausmachen und daher eine Rolle spielen könnten (Kap. 3.3) und welche Phänomene (potenziell) für untersuchungswert zu erachten sind.[161] T. Schmidt (2004a, 2005a) stützt sich auf die allgemeingültigen Merkmale wissenschaftlicher Modellbildung (*Abbildung*, *Verkürzung*, *Pragmatismus*; Stachowiak 1973: 131–133), welche sich mit den angeführten Wesenszügen der Gesprächstranskription decken. Auch er nimmt einen begrifflichen Perspektivwechsel vor, und zwar weg von den Konzepten *Verschriftung* und *Verschriftlichung* hin zur computerbasierten Modellierung gesprochener Sprache. Im Unterschied zu anderen Ansätzen, die Transkripte ebenfalls als verkürzte und abstrahierte Modelle begreifen (z. B. Lalouschek/Menz 2002: 55; R. Ludwig 1988: 8–9), bringt T. Schmidt die Erkenntnisse der Texttechnologie mit denen der Gesprächsforschung und dem etablierten Transkriptionsverständnis so in Verbindung, dass der Modellgedanke tatsächlich zur Konzipierung und (Weiter-)Entwicklung einschlägiger Software-Werkzeuge nutzbar gemacht wird, um Korpora gesprochener Sprache aufzubauen, auszutauschen und auszuwerten. Er demonstriert, wie texttechnologische Möglichkeiten dafür ausgeschöpft werden können, Inhalt und Darstellung von Transkriptdokumenten so zu trennen, dass aus einer inhaltsorientierten Repräsentation der Daten verschiedene geeignete Darstellungen berechnet werden können.[162] Mit anderen Worten: Ein und dieselben Gesprächsdaten können sich in verschiedenen optischen Strukturen präsentieren lassen (Kap. 3.5.1). Demnach diene die Schrift lediglich der Modellbildung. Sie habe neben anderen formorientierten Mitteln einen instrumentellen Wert für den Modellierungsprozess (2004a: 3; 2005a: 68–70).

---

161 Vgl. auch Olson (1994: 89) zum Thema Schriftforschung:

> Writing systems [...] do represent speech. But not in the way that is conventionally held. Writing systems create the categories in terms of which we become conscious of speech.

162 Zum Prinzip der Trennung von Inhalt und Form von Transkriptionen auf dem Computer und zu entsprechenden Schnittstellen der Texttechnologie mit der Transkriptionsforschung s. T. Schmidt (2002: 9–10; 2005a: 63–64; 2007: 234–237).

3.2.8 Zusammenfassung der Annahmen (1)–(7): Wissenschaftliche Transkription als reflektierte und offen zu reflektierende Praxis

Wie aus den bisherigen Annahmen unter 3.2.1–3.2.7 entnommen werden kann, ist das (sprach-)wissenschaftliche Transkribieren weder ein rein intuitives noch ein rein technisches Verfahren. Es erfordert bewusstes Handeln entlang der vielschichtigen Transfer- und Transformationsbewegungen zwischen Aufzeichnung und im Anfertigungsprozess befindlichem Transkript. Als wissenschaftliche Arbeitstechnik hat es professionellen Ansprüchen zu unterliegen, die seinen analytischen und potenziell anwendungsbezogenen Zwecken nachkommen. Redder (2002) spricht nicht zufällig vom „professionelle[n] Transkribieren" und „Lesen des Transkriptes", Kowal/O'Connell (1995: 135) von „spezielle[n] Fähigkeiten, [...] die die alltäglichen Gewohnheiten im Umgang mit mündlicher und schriftlicher Sprache zum Teil außer Kraft setzen". Gleiches gilt ferner für (gezielt entwickelte) perzeptive Praktiken, die Transkribenten bei der Verarbeitung der Aufzeichnungen umsetzen, nämlich das professionelle Sehen und Hören (Mondada 2007: 811; in Anlehnung an Goodwin 1994).

Die hier dargelegten Diskussionen zielten darauf ab, den Blick vom Produkt, also vom Transkript als erbrachter Transferleistung, auf den Prozess, also das transkriptorische Handeln und die handelnden Transkribenten, zu lenken. Gerade deswegen plädiert Bucholtz (2000: 1461) für eine verantwortungsbewusste Prozessgestaltung. Als verantwortungsbewusst lässt sich ein Prozess dann bezeichnen, wenn er unter anderem stets aufs Neue reflektiert wird und wenn methodisches Vorgehen, ebenso wie getroffene Entscheidungen, offengelegt, öffentlich begründet sowie intersubjektiv nachvollziehbar und, sofern eine Veröffentlichung der Daten zulässig ist, überprüfbar gemacht werden.

Im Folgenden sollen nun ausgewählte methodische Probleme und Herausforderungen gesprächsanalytischer Transkription vorgetragen werden. Beim Transkribieren ergeben sich die Schwierigkeiten hauptsächlich aus dem praxisorientierten Postulat, die konstitutiven Merkmale eines aufgezeichneten Gesprächs in ein anderes konservierendes und gegebenenfalls erhaltungsfähiges Trägermedium zu überführen und mithilfe des Computers zu rekonstruieren und entsprechend zu visualisieren, ja mehr noch, es Dritten nachhaltig zugänglich zu machen. Um diese Schwierigkeiten zu verstehen, ist es notwendig, zuerst den Transkriptionsgegenstand *Gespräch* in den Blick zu nehmen und integrale Problemquellen festzuhalten.

3.3 Exkurs: Über konstitutive Gesprächsmerkmale

Konstitutiv für jedes Gespräch sind die Aspekte *Mündlichkeit* und *Gesprochensprachlichkeit*, *Multimodalität des sprachlichen Handelns* sowie *Zeitlichkeit* in Form von *Synchronizität*, *Reziprozität*, *Linearität* und *Sequenzialität*. Diese Aspekte haben eine zentrale Bedeutung für jede Analyse und müssen daher in dem zu entwickelnden Verfahren zur Transkription arabischer Gesprächsdaten entsprechend berücksichtigt werden. Vorab sind sie deshalb als methodologische Leitlinien der Transkriptionsarbeit im Einzelnen näher zu betrachten. Ziel ist es also, aus den Gesprächsmerkmalen in Kapitel 3.4 jene Herausforderungen zu thematisieren, die bei jeder Transkription, also auch bei arabischen Daten, grundsätzlich zu bewältigen sind. Dafür sollen die dazu bereits vorhandenen Überlegungen aus der Forschung in Betracht genommen werden, um anschließend in Kapitel 3.5 allgemeine Möglichkeiten der Rekonstruktion jener Merkmale zu skizzieren, welche für die Transkription arabischer Daten in Erwägung gezogen werden müssen (Kap. 5). Zur Ermittlung wesentlicher Merkmale werden die Gemeinsamkeiten verschiedener Ansätze aus dem deutschsprachigen Raum bezüglich linguistischer Arbeit mit empirischem Datenmaterial natürlicher Gespräche zusammengestellt. Erkenntnisleitende Annahmen, die in konkurrierenden Richtungen der Gesprächsforschung speziell verortet sind, treten hierfür in den Hintergrund. Mit welcher theoretischen Motivation etwa die verschiedenen Ansätze ihren gesprächsförmigen und mitunter auch namengebenden Transkriptionsgegenstand bezeichnen, ist in diesem Zusammenhang belanglos. Begriffe wie *Diskurs*, *Dialog*, *Konversation*, *Austausch* und dergleichen werden weiterhin nicht im Sinne einer definitorischen Unterscheidung eigenständig behandelt. Vielmehr wird der Begriff *Gespräch* als weniger theoretisch geladenes Konzept aufgefasst. So weist er beispielsweise im Unterschied zu den Begriffen *Dialog* und *Konversation*, die in der Alltagssprache irrtümlicherweise gleichbedeutend genutzt werden, weder auf einen bestimmten Typ von Sprechsituation noch auf Abstufungen in Bezug auf die thematische Orientierung hin, sondern er beschreibt vorrangig eine mündlich realisierte Kommunikationsform (Brinker/Sager 2010: 11–15). Ein gemeinsames Merkmal ist somit zunächst einmal das sprachliche Handeln in interaktionalen, mündlichen Kontexten (Sprache-in-Interaktion[163]). Grundlegend für die Konstitution des Untersuchungsgegenstands ist aus einer multimodalen

163 s. hierzu Imo (2013). Zum ursprünglich von Schegloff geprägten englischen Begriff *talk in interaction* s. Hutchby/Wooffitt (1998: 13), Sacks/Schegloff/Jefferson (1974: 720) und Schegloff (1998: 236; 2007: xiii–xiv).

Perspektive aber die Interaktion insgesamt (Kap. 3.1). Da die Rekonstruktion von Multimodalität sprachlicher Handlungen jedoch keine besonderen sprachspezifischen Verfahren benötigt und das Hauptaugenmerk in dieser Arbeit auf der Transkription verbaler arabischer Äußerungen liegt, wird Multimodalität in diesem Zusammenhang als inhärentes Merkmal nicht weiter behandelt. Das zur Darstellung von Zeitlichkeit erarbeitete Transkriptionsverfahren der Verfasserin (Kap. 5) und die sprachübergreifenden Verfahren der multimodalen Interaktionsanalyse[164] scheinen für die Zwecke dieser Untersuchung auszureichen, um Videodaten Arabisch sprechender Personen transkribieren zu können. Deshalb sei in diesem Zusammenhang auf die bewährten Transkriptionskonventionen (deutschsprachig z. B. Ehlich/Rehbein 1981a und Rehbein et al. 2004 bei HIAT und Selting et al. 1998, 2009 bei GAT/GAT 2) verwiesen, die, wenn auch nur in geringem Umfang, allgemein anwendbare Lösungen dafür vorlegen, wie nonverbale und weitere sichtbare Anteile der Kommunikation dargestellt werden können.

3.3.1 Mündlichkeit und Gesprochensprachlichkeit

Grundlegende Konstitutionseigenschaften von Gesprächen belaufen sich mehr oder weniger auf Aspekte von Mündlichkeit, aber zunächst durchaus noch immer auf die Vorstellung einer prototypischen gesprochenen Sprache sowie auf ihre Verortung im Spannungsfeld zwischen Mündlichkeit und Schriftlichkeit. Im Weiteren sollen verschiedene theoretische Diskussionen um die Konzepte *Mündlichkeit* und *gesprochene Sprache* zusammengefasst und Ansätze zur Charakterisierung von Gesprächsdaten als Transkriptionsgegenstand ausgelotet werden.

Kategorien zur Analyse von Mündlichkeit und gesprochener Sprache ließen sich bislang typischerweise in Abgrenzung zu einem Pendant, etwa geschriebenen Texten, erarbeiten. Fiehler (2016: 1186–1187) spricht von einer Vergleichsleistung, die zur Ermittlung spezifischer Konstitutionsbedingungen beim Schreiben und beim Sprechen unumgänglich sei. Diese Dichotomisierung drückt sich in der Vielfalt der Begriffspaare aus, die zur Beschreibung einzelner Wörter, Äußerungen und Äußerungsfolgen bis hin zur kategorialen Klassifikation größerer sprachlicher Einheiten dienen. Genannt seien beispielsweise *Rede* und *Schrift*, *Sprechsprache* und *Schriftsprache*, *lebendige Sprache*[165]

---

164 Stärker multimodale Transkriptionspraktiken finden sich z. B. bei Deppermann (2013b); Deppermann/Streeck (2018); Dix (2021); Jewitt (2009); Luff/Heath (2015); Mondada (2016, 2019a, b); C. Müller et al. (2013, 2014); R. Schmitt (2013, 2015, 2007a, b); Streeck/Goodwin/LeBaron (2011); Weatherall et al. (2021).

165 s. etwa Behaghel (1927: insbes. 19, 29, 32).

und *Schriftsprache*, *Diskurs* und *Text* und dergleichen mehr. Die systematische Erfassung genannter (und verwandter) Konzepte geht auf die Anfänge der Gesprochene-Sprache-Forschung sowie die synchronen Interessen der Schriftlichkeitsforschung und anderer angrenzender Forschungsrichtungen zurück. So veranlassten systemlinguistische Schwerpunkte, wie die Analyse der Grundstrukturen der deutschen Sprache[166], weitgehend die typisierende Gegenüberstellung verschiedener Modalitäten des (neuzeitlichen) Sprachgebrauchs in seinen verbalen Anteilen sowie seinen mikroanalytischen Kategorien (z. B. grammatischer, syntaktischer, lexikalischer, phonologischer und prosodischer Art). Der Vergleich zielte nicht darauf ab, sie zwecks Bewertung gegeneinander abzuwägen, sondern eher darauf, Gemeinsamkeiten und Unterschiede sowie Spezifika ähnlicher Kommunikationsformen, vor allem zwecks Typologisierung, zu ermitteln. Derartige Bezeichnungen suggerieren eine interne Homogenität und Gleichheit sprachlicher Formen, welche sich offenbar klar voneinander abgrenzen und pauschal miteinander vergleichen lassen (Fiehler 1994: 178–179; Fiehler 2000: 95, 101–102).[167] Sie haben aber in verschiedenen Kontexten – je nach Ansatz sowie zu untersuchenden Kommunikationsformen und -bedingungen – unterschiedliche Nuancierungen. Ein Beispiel hierfür ist die definitorische Ambiguität der Begriffe *mündlich* und *schriftlich*. Diese beziehen sich zum einen auf die Art des Mediums[168] (z. B. Schallträger vs. Schriftträger bzw. -projektor), in dem eine sprachliche Äußerung realisiert, vermittelt und rezipiert wird, und zum anderen auf die Ausdrucksweise, auf den Duktus (gesprochen vs. geschrieben), der die jeweilige Äußerung kennzeichnet. Lautlich realisierte Äußerungen können nämlich Elemente aufweisen,

---

166 Das gleichnamige Projekt der Forschungsstelle Freiburg (Bausch 1971a; Engel 2971; Götze 2014; Schröder 1975; Steger 1970) sei exemplarisch erwähnt; s. Kap. 3.1.

167 Eine Diskussion verschiedener Auffassungen zum Verhältnis von gesprochener und geschriebener Sprache, wie der Hypothesen zur Abhängigkeit (Dependenz) bzw. Unabhängigkeit (Autonomie) einer sprachlichen Realisationsform von der anderen, bleibt weiterhin außen vor; s. hierzu Dürscheid (2002: 25–70; insbes. 38–47).

168 Der Begriff *Medium* wird bei den nachstehenden Modellen auf die binäre Unterscheidung zwischen Lautsprache und Schriftsprache reduziert. Zur Kritik aus medientheoretischer Sicht s. etwa Dürscheid (2003: 1–3) und Dürscheid/Brommer (2009: 14). Für einen anregenden Überblick, wie verschiedene Disziplinen (Kulturwissenschaften, pragmatisch orientierte Forschungsrichtungen in der Linguistik, speziell der Medienlinguistik) die Begriffe *Medium* und *Medialität* ausgelegt haben, s. außerdem J. Schneider (2018). Dieser Rahmen erlaubt keinen Einstieg in aktuelle Diskussionen hinsichtlich neuer Technologien und dadurch veränderter Bedingungen der Sprachproduktion und -rezeption.

die typisch geschriebensprachlich sind, wie bei einem vorab verfassten öffentlich vorgetragenen feierlichen Eid, der trotz seiner phonischen Rezitation dem Bereich der Schriftsprache verhaftet bleibt. Umgekehrt ist es durchaus möglich, dass sich gesprochensprachliche Eigenheiten in einen geschriebenen Text, etwa einer Nachricht an Freunde, einschleichen und sich dabei so durchsetzen, dass das Mediale (als schriftliche Realisationsform) in den Hintergrund gerät. Insofern würde eine medienspezifische Abgrenzung nach Kommunikationswegen nicht reichen, um die jeweiligen innersprachlichen Spezifika und ihre Funktionen zu ergründen. Koch/Oesterreicher (1985, 1994, 2019; u. a. in Anlehnung an Söll 1985: 17–50) unterscheiden daher zwischen medialer und konzeptioneller Mündlichkeit und Schriftlichkeit, nicht zuletzt wegen der terminologischen Differenzierung oder eher Präzisierung. Die mediale Zuordnung lasse sich im Grunde relativ einfach bestimmen: Eine Äußerung liege entweder mündlich (phonisch) oder schriftlich (grafisch) vor. Die Realisationsform sei also dichotomisch angelegt, selbst wenn ein Wechsel innerhalb des prägenden Mediums stattfinde, indem etwa Audiodateien in ein elektronisches Lehrbuch eingebunden werden. Dagegen lassen sich dominierende Modalitäten, gewählte Ausdrucksweisen und eingesetzte Varietäten vielfältig beschreiben, entlang eines Kontinuums zwischen absoluter Sprechsprachlichkeit und radikaler Schreibsprachlichkeit, und zwar unabhängig davon, welchem medialen (Haupt-)Bereich die betreffende Kommunikationsform angehöre, also unabhängig davon, ob sie phonisch oder grafisch repräsentiert sei. Mit anderen Worten: Im Bereich der Konzeption sollte man, anders als bei der medialen Mündlichkeit und Schriftlichkeit, nicht von einer scharfen Trennlinie zwischen den Extrempolen ausgehen, sondern von einer Skala gradueller und ineinander verschränkter Abstufungen (*eher gesprochen* vs. *eher geschrieben*). Aufgrund dieser Relativität sei eine Kategorisierung nicht stets eindeutig und unproblematisch, besonders in offenbar untypischen Fällen, wie etwa bei hybriden und mediengestützten oder multimedialen Kommunikationsformen. Die „grundsätzliche Unabhängigkeit des Mediums von der Konzeption" schaffe mehrere Möglichkeiten, um einzelne Äußerungseinheiten nach verschiedenen Textsorten und Diskursarten zu kategorisieren: (1) grafisch-gesprochen, (2) grafisch-geschrieben, (3) phonisch-gesprochen und (4) phonisch-geschrieben (Koch/Oesterreicher 2019: 192).[169] Den klassifizierenden Parametern sprachlicher

---

169 s. dazu auch Schwitalla (2012: 20–22). Abbildungen des Kontinuums, die eine prototypische Anordnung einiger Äußerungsformen (angefangen mit Klatsch und familiären Gesprächen bis hin zu wissenschaftlichen Aufsätzen und Gesetzesartikeln) musterhaft zeigen, bieten neben Koch/Oesterreicher (1985: 18) auch Dittmar (2009: 39) und Imo/Lanwer (2019: 21).

Ausdrücke werden „nähesprachliche" und „distanzsprachliche" Eigenschaften zugeschrieben. Der Grad sprachlich-kommunikativer Nähe oder Distanz[170] erklärt sich aus den situativen Bedingungen, wie der Kommunikationsform (Dialog vs. Monolog), dem Raum-Zeit-Verhältnis (*face-to-face* vs. *remote*; raumzeitlich präsent vs. raumzeitlich getrennt; zeitgleich vs. zeitversetzt), dem Öffentlichkeitsgrad (öffentliche vs. vertrauliche oder private Kommunikation), dem sozialen Verhältnis der Kommunikationspartner (Vertrautheitsgrad) und ihrer Spontaneität bzw. Reflektiertheit sowie den tangierten Themenbereichen und besprochenen Themen, seien sie willkürlich gewählt und frei entwickelt oder von vornherein so festgelegt worden, dass sie keine „Abweichungen" zulassen.[171] Entscheidend sei auch die Art und Weise, wie sich die rahmenden „Kommunikationsbedingungen" in unterschiedlichen sprachlichen (oder vielleicht eher stilistischen) Strukturen niederschlagen und wie sie den verschiedenen „Versprachlichungsanforderungen" (Wortschatz, Syntax, Satz- bzw. Äußerungsverknüpfung etc.) nachkommen. Zu den Parametern zählen unter anderem „Elaboriertheit", „Formalität", „Informationsdichte" und „Kompaktheit" sowie „Planung", „Verdinglichung" (Vollendung) und „Endgültigkeit" sowie Revidierbarkeit und Korrigierbarkeit (Koch/Oesterreicher 1985: 23; 2019: 193–194). So wäre beispielsweise ein spontaner Klatsch unter Kollegen, bei dem sie ungehemmt schwätzen und ihren Worten und Gefühlen freien Lauf lassen, gesprochensprachlicher als eine ernste Arbeitsbesprechung in Anwesenheit des Vorgesetzten. Auch wäre eine ausgefeilt und formal formulierte Akquise eines B2B-Kunden (von Unternehmen zu Unternehmen) geschriebensprachlicher als eine persönlichere und geschmeidigere Akquise eines B2C-Kunden (von Unternehmen zu Privatkunden).

Nach Fiehler (2000: 95–96) und Fiehler et al. (2004: 50–52) sind zwei konkurrierende Tendenzen in der Gesprochene-Sprache-Forschung zu erkennen, nämlich eine „medial-extensionale" und eine „prototypisch-graduierende". Der medial-extensionale Zugang schließe alle Formen mündlicher Verständigung

---

170 Zur Theorie des Nähe- und Distanzsprechens s. zusammenfassend Ágel/Hennig (2006).

171 Koch/Oesterreicher (1994: 588) knüpfen hier an vorhandene pragmatisch-soziolinguistische Kategorisierungsmöglichkeiten an, anhand derer Kommunikationsbedingungen dokumentiert werden können, wie das Freiburger Redekonstellationsmodell zur Typologisierung von Gesprächen (K. Jäger 1976: insbes. 59, 61; Steger et al. 1974: 78–84, „Merkmale zur äußeren Situation"). Weitere Kategorisierungsmöglichkeiten bieten außerdem Henne/Rehbock (2001: 26–32).

mit ein, die mittels Sprechens produziert werden. Medialität gelte somit als alleiniges Ausschlusskriterium für die wissenschaftliche Tauglichkeit eines Untersuchungsgegenstands. Beim prototypisch-graduierenden Zugang schwingen hingegen weitere Kriterien mit, die konzeptionelle Eigenschaften stärker als die mediale Beschaffenheit gewichten und gewisse Unterschiede einzelner Kommunikationsformen herausstellen. Dementsprechend seien bestimmte Formen mündlicher bzw. gesprochensprachlicher als andere. Das Spektrum „echter" mündlicher Formen werde also enger aufgefasst. Der Zweck einer solchen kriteriengesteuerten Eingrenzung[172] des Untersuchungsspektrums durch die Skalierung verschiedener Kommunikationsformen bestehe, wie bereits ausgeführt wurde, darin, einen (deutlichen) Kontrast herzustellen. Dieser sollte ausreichen, Prototypen zu bilden und ihre Unterscheidbarkeit sicherzustellen, zum Einsatz in der Grundlagenforschung oder in der angewandten Forschung (z. B. Sprachdidaktik). Doch kein Weg führe direkt zur gesprochenen Sprache. Sie werde schließlich immer auf der Folie geschriebener Sprache betrachtet, also ausgehend von einem (gesellschaftlichen) Sprachbewusstsein, der schriftsprachlich gesättigt sei. Das „Schriftlichkeitsbias" („written language bias"; Linell 1982, 2005), also die Neigung zur Schriftlichkeit bzw. Geschriebensprachlichkeit, betreffe, so Fiehler et al. (2004: 49–50, 159–173; 2011: 92), sowohl den Gegenstand linguistischer Untersuchungen als auch Kategorien zur Analyse und Beschreibung gesprochener Sprache. Das heißt, dass sich alle Vorstellungen hinsichtlich der gesprochenen Sprache vorwiegend von bisherigen Reflexionen über die geschriebene Sprache herleiten. Dies gilt erst recht für interpretative und rekonstruktive Verfahren, speziell Transkriptionsverfahren, durch Vertextung und Verschriftung (Kap. 3.4).

Vor dem Hintergrund solcher Überlegungen stehen idealisierte Annahmen über homogene, oder eher homogenisierende Existenzformen, Realisierungsweisen und Rezeptionsweisen gesprochener und geschriebener Sprache. Diese unterscheiden sich auf den ersten Blick nicht nur hinsichtlich ihrer Flüchtigkeit bzw. Dauerhaftigkeit (Lautsprache vs. Schriftsprache), sondern ebenfalls hinsichtlich ihrer Systemstrukturen, die sich im Kontext des Vergleichs und der Abgrenzung herauskristallisieren. Mündlichkeits-/Schriftlichkeitsmodelle, wie Koch/Oesterreichers Nähe-Distanz-Modell, schaffen in der Tat eine Möglichkeit, um Gespräche (soweit als solche klassifiziert) zu charakterisieren und zu typisieren, und zwar anhand von Parameterbündeln, die elementare Merkmale

172 Vgl. hierzu auch die idealtypischen Definitionen gesprochener Sprache von Klein (1985: 15), Schank/Schoenthal (1976: 7), Schank/Schwitalla (1980: 314), Schwitalla (1994: 18–19), Steger (1967: 262, 264).

aufdecken (in Abgrenzung zur monologischen Art der Sprachverwendung). Solche Modelle nehmen allerdings eine Perspektive ein, die vorrangig das sprachliche Endprodukt (mündlicher Text) und nachrangig den Prozess seiner Entstehung (im Gespräch) anvisiert. Der Prozess an sich kommt demnach vor allem in der Erfassung allgemeiner situativer und sprachlich-kommunikativer Charakterzüge, genauer in der Erfassung der Bedingungen interaktiven Handelns, zum Tragen und weniger in dessen Hervorbringung und Entfaltung, zu der die Beteiligten gleichermaßen beitragen.[173] Gerade dieser Aspekt der Hervorbringung ist, jenseits analytischer Zwecke, für die Beschäftigung mit Transkriptionsverfahren (z. B. in Layoutfragen) mindestens genauso wichtig, wenn nicht gar noch mehr (Kap. 3.4.1 und 3.5.1). Es geht also weniger um die Konstruktion interaktiver Momente, wofür Sprache instrumentalisiert wird, als vielmehr um die Sprache an sich und ihre strukturellen Eigenschaften, die in interaktiven Momenten konstruiert werden. Mit anderen Worten: Nicht die Interaktivität (oder zumindest interaktionsbezogene Sprachbeschreibung) und Gesprächsförmigkeit einer Sprechsituation stehen im Vordergrund. Dafür fehlt es an einem geeigneten methodischen Instrumentarium, verglichen etwa mit jenen der Gesprächsforschung und Interaktionalen Linguistik, um Organisationsprinzipien (sequenzielle Organisation, zeitlicher Verlauf etc.), Regularitäten und Handlungen auf der lokalen Ebene (z. B. Sprecherwechsel, Sequenzmuster, Herstellung, Klärung und Verhandlung von Bedeutung) zu analysieren (Dürscheid/Brommer 2009: 15). Das Augenmerk liegt zuvörderst auf produktorientierten Fragestellungen hinsichtlich der Manifestation von *Mündlichkeit* in verschiedenen Konstellationen phonischen und grafischen Handelns und hinsichtlich der Auswirkungen situativ-kommunikativer Parameter auf die individuelle Sprachverwendung.

Was ein Gespräch demnach auszeichnet, scheint auf den ersten Blick unkompliziert zu sein, wenn man die Dimension *Medium* als Ausgangspunkt wählt. Da ein- und mehrsprachige (hier: arabisch-deutsche) Audio- und gegebenenfalls Videodaten, die in der Regel medial homogen sind, den Transkriptionsgegenstand bilden, bietet sich eine mediale Definition an, die von den jeweils festzustellenden Kommunikationsbedingungen und dem Ausmaß der mündlich-gesprochensprachlichen Prägung der Kommunikation ausgeht. Doch solange die Aufmerksamkeit nicht vornehmlich auf die medialen bzw.

173 Die Frage, inwiefern das Nähe-Distanz-Modell wirklich ein Instrumentarium bereitstellt, mit dem kommunikativ-situative Aspekte über die Zwecke der Einordnung von Kommunikationsform im Mündlichkeits-/Schriftlichkeitskontinuum hinaus analysiert werden können, muss vorerst noch offen bleiben.

materiellen Eigenschaften von Sprache (phonische Realisierungsweise, kurzlebiges Trägermedium) gerichtet werden soll, wird in dieser Arbeit die Bezeichnung *gesprochensprachlich* statt *mündlich* verwendet, um das Konzept des mündlich geäußerten, aber authentischen Handelns hervorzuheben. Damit würden die gesprochensprachlichen Eigenheiten aus einer mikroanalytischen, strukturbezogenen Perspektive (Dimension der Konzeption) sowie interaktive Verfahren in den Hintergrund treten.

Die Gegenüberstellung von Mündlichkeit und Schriftlichkeit, so reduzierend sie auch sein mag, ist dennoch für die Reflexion über Transkriptionsverfahren insofern hinreichend und bedeutsam, als die betreffenden Transferbewegungen (medialer, materieller, semiotischer und zum Teil auch konzeptioneller Art) transkriptionspraktische Konsequenzen nach sich ziehen (Kap. 3.4 und 3.5). Allerdings sei bei jedem Transkriptionsvorhaben zu klären, inwieweit Mündlichkeit bzw. Gesprochensprachlichkeit (einschließlich paraverbaler Phänomene, wie Intonation, Tempo und Lautstärke) in ihrer Vielfalt (Varietäten, Varianzen) zum Zwecke der „Verdauerung" (im Sinne von Ehlich) und nachhaltigen Analyse mittels Schrift rekonstruiert werden kann, sprich, welche gesprochensprachlichen Qualitäten beibehalten, welche getilgt und welche im Falle einer Tilgung mit Hilfe der Computertechnologien anderweitig kompensiert können/ sollen/müssen. Zu bewältigen ist also die grafische Rekonstruktion hervorgebrachter Lautketten.

3.3.2 Zeitlichkeit, Reziprozität, Synchronizität

Bei der Rekonstruktion von einsprachigen und mehrsprachigen Gesprächsdaten in einem visuellen, zweckdienlichen Layout kommt, neben dem heranzuziehenden Zeichensystem, der Anordnung von Äußerungen und Äußerungseinheiten zueinander ein besonderer Stellenwert zu. Da gesprächsanalytische Untersuchungsrahmen der kommunikativen Dynamik den Vorrang einräumen, reicht es nicht, den Untersuchungsgegenstand *Gespräch* aus einer statisch ausgelegten Kategorie heraus als eine sprachliche Entität zu begreifen, deren bedeutungstragende Konstituenten (Wörter, Äußerungen etc.) unreflektiert nacheinander wiedergegeben werden. Das Transkribieren erfordert vielmehr eine dynamische Auffassung des Sprechens als prozesshaftes, aufeinander bezogenes Handeln. Die augenfälligsten und für die Arbeit mit arabisch-deutschen oder anderen mehrsprachigen (mehrschriftigen) Daten kritischsten Grundbedingungen und formalen Merkmale lassen sich unter den Schlagwörtern *Zeitlichkeit* und *Reziprozität* zusammenfassen. *Gespräch* bezeichnet demnach eine Interaktion, die von mehreren Beteiligten aktiv hergestellt und ausgehandelt, dialogisch gestaltet und organisiert und schließlich wieder aufgelöst wird, um gewisse Ziele mithilfe konventioneller (auch weitgehend kulturell eingebetteter) Verfahren zu erreichen (Auer 2007: 95–96; Deppermann 2007: 3–13; 2008: 8–9; Fiehler 2016: 1234–1237). Furchner (2002: 307–308) hebt den Konstruktionscharakter von Gesprächen hervor: Die Beteiligten handeln kollaborativ, um das Gespräch sowohl thematisch als auch formal zu steuern und aufrechtzuerhalten (z. B. Mroczynski 2014: 223–238; Schwitalla 1979: insbes. 24–25, 70–71). Ordnung[174] und Bedeutung[175] seien nicht gegeben, sondern werden erst in gemeinsamer Anstrengung konstituiert und aus der Perspektive der Beteiligten definiert. Das heißt, dass die Bedeutung von Äußerungen nicht allein vom jeweiligen Sprecher festgelegt wird. Denn der teilnehmende Hörer leistet hier permanent ebenfalls seinen Beitrag, indem er sein Verstehen oder Nicht-Verstehen, seine Kooperation oder Nicht-Kooperation manifestiert, auch wenn der Sprecher noch den Turn[176] innehat und er selbst als Hörer noch nicht das Rederecht ergreift oder übernimmt. Kallmeyer (1985: 85) spricht daher von einer „Reziprozitätsherstellung". Lokal gesehen, entscheidet die Bezug- oder Nicht-Bezugnahme auf einen vorausgehenden Turn darüber, wie der nächste Turn und die darauf folgenden Turns zu entwickeln sind. Deshalb weist Schwitalla (2018: 89–90) darauf hin, dass die zeitliche Kopräsenz während eines Gesprächs nicht einfach durch eine Vor-, Gleich- und Nachzeitigkeit, sondern vielmehr durch rückbezügliche und vorausgreifende Handlungen gekennzeichnet sei. Insofern wird an die Transkribenten der Anspruch gestellt, nachzuzeichnen, wie sich ein Gespräch in der Zeit (über einen Handlungsprozess[177]) erstreckt und wie die Beteiligten diese Zeit interaktiv nutzen, sprich, welche Handlungsschritte wann erfolgen

---

174 Vgl. hierzu auch die konversationsanalytische Unterstellung „order at all points" (Sacks 1984: 22).

175 Zur Bedeutungskonstitution in der Interaktion s. z. B. Deppermann/Spranz-Fogasy (2006), Imo/Lanwer (2019: 217–243), Kallmeyer (1981), Mondada (2011), Ost (2017), Spiegel (1996) und Spranz-Fogasy (1993).

176 Die englischsprachige Bezeichnung *turn* hat sich mittlerweile in deutschsprachigen Arbeiten für den Begriff *Gesprächsschritt* gefestigt. Der Turn (Gesprächsschritt) ist ein konstitutiver Teil des Sprecherwechsels, und gehört zur dialogischen Natur der gesprochenen Sprache. Goffman (1971: 145) versteht den Turn als „ritual move[s]" bzw. als etwaige Handlungen, die ein Individuum verbal und/oder nonverbal vollzieht, während es an der Reihe sei. Dieser Turn sollte nicht mit einer Äußerung verwechselt werden. Kenntnisse der Begriffe und Verfahren beim Sprecherwechsel sowie dazu gehöriger Handlungen werden in dieser Arbeit vorausgesetzt. Einführender Überblick z. B. bei Brinker/Sager (2010), Henne/Rehbock (2001) und Mroczynski (2014).

177 Einführung in die funktionale Handlungstheorie bei Ehlich (1991), Rehbein (1977) und Rehbein/Kameyama (2006). Für einen Überblick über weitere Hauptströmungen der Pragmatik s. Liedtke/Tuchen (2018).

und wie sie vollbracht werden. Formal gesehen führen die Beteiligten zwar das Gespräch linear-sukzessiv, also fortlaufend, und in der Regel nacheinander und abwechselnd, *turn by turn*[178] durch aufeinander folgende Beiträge, aber eben auch miteinander und simultan, im Zusammenspiel verschiedener Ausdrucksmodalitäten (z. B. kinesische Hervorbringungen, etwa Blickrichtung und Orientierung des Gesichts, Positur, Kopf- und Rumpfbewegungen, Gestik und Mimik), sozusagen in „Synchronie" (Bührig/ten Thije 2005: 1227–1228), also bei gleichlaufender Prozessierung (d. h. Produktion, Rezeption und Verarbeitung) sprachlicher Handlungen. Phasen gleichzeitigen Sprechens liegen in der Natur von Gesprächen, seien sie lang oder kurz, überlappend, unterbrechend, eine Rückmeldung gebend oder Aufmerksamkeit anzeigend etc. Die Synchronizität zeigt sich auch darin, wie sich die Beteiligten näher aufeinander einstellen, etwa indem sie Äußerungen ko-konstruieren, also kollaborativ produzieren, wenn zum Beispiel ein Gesprächspartner eine Äußerung vollendet oder durch eine Ergänzung (bei Verbalisierungsschwierigkeiten o. ä.) zu ihrer Vollendung beiträgt (z. B. Dausendschön-Gay/Gülich/Krafft 2015; Rehbein et al. 2004: 26–29). In einer Situation des gemeinsamen Handelns und des geteilten Aufmerksamkeitsfokus[179] (Prototyp: Face-to-Face-Interaktion) sind außerdem Bezüge zu kollektiven nichtsprachlichen Tätigkeiten möglich. So können die Beteiligten, die sich in unmittelbarer Nähe[180] befinden, zusammen an Materialien arbeiten (z. B. am Ausfüllen von Formularen auf Ämtern), oder einer kann dem anderen Instruktionen geben und der andere diese befolgen und das Verstehen dann durchaus auch nonverbal demonstrieren (z. B. Brünner 2005; Deppermann 2018a, b; Deppermann/Cindark 2018). Eine zeitliche Kopräsenz geht üblicherweise mit einer sinnlichen Kopräsenz und Gewissheit einher (Ehlich 1983: 28; 1984: 16). Bei technisch vermittelten Gesprächen (z. B. Telefonaten) löst sich diese gegenseitige Gewissheit gewissermaßen auf: Der gemeinsame Wahrnehmungsraum wird aufgespalten, die deiktische Orientierung gestört, die nonverbalen Ressourcen fallen bis auf die hörbaren Handlungen und (bei Videokonferenzen) bis auf die klar sichtbaren Handlungen weg, die Gleichzeitigkeit kann bei Verzögerungen in der Tonübertragung mehr oder

178 Zum systematischen Regelwerk der Sprecherwechselorganisation (Turn-Taking) aus konversationsanalytischer Sicht s. Sacks/Schegloff/Jefferson (1974), Schegloff (1996, 2007). Eine aktuelle Einführung geben z. B. Auer (2020), Steensig (2011).

179 Vgl. hierzu auch die Auffassung Goffmans (1966: 84) von der zentrierten Interaktion („focused interaction").

180 Ehlich (2007a: 491) spricht von einer „primären und unmittelbaren Sprechsituation". Rehbein (1999: 91–92) weist auf das gemeinsame Wahrnehmungsfeld hin.

weniger stark behindert werden. Schwitalla (2018: 92) spricht in diesem Kontext von „Quasi-Synchronizität". Bührig/ten Thije (2005: 1227–1228) bezeichnen das Phänomen als „minimale zeitliche Zerdehnung" und gehen von einer „Diatopie der Kommunikation" aus, das heißt, einer räumlichen Trennung, die durch technische Hilfsmittel überwunden und womöglich durch verstärkt vollzogene hörerseitige Handlungen und den Einsatz situationsadäquater sprachlicher Mittel (z. B. deiktische Ausdrücke) kompensiert werde. Unabhängig davon, in welches Medium ein Gespräch eingebettet ist (*face-to-face* vs. *remote*) und wie sich die spezifischen medialen Eigenschaften auf die kommunikative Leistung auswirken, wird bei gesprächsanalytischen Vorhaben, die interaktionsbezogenen Fragen (Gesprächsorganisation, Reziprozitätskonstitution, Beziehungsgestaltung, Sequenzverlauf etc.) und nicht rein inhaltsbezogenen oder sprachstrukturellen Fragen nachgehen, dem zeitlichen Verlauf[181] und der progressiven, sequenziellen Entwicklung ein hoher Wert beigemessen.

3.3.3 Sequenzialität

Gespräche entfalten sich sequenziell in der Zeit. *Sequenzialität* wird in dieser Arbeit integrativ zur Bezeichnung der zeitlichen Strukturiertheit von Gesprächen und ihrer prozessualen, interaktiven Entfaltung aufgefasst. Die Frage, was eine Sequenz ausmacht, ist für die Transkription unmaßgeblich, denn es handelt sich im konversationsanalytischen Sinne um zwei- oder dreischrittige benachbarte (adjazente) Handlungen (*adjacency pairs*),[182] mit denen die jeweiligen Sprecher konditionelle Relevanzen (*conditional relevances*; vgl. Schegloff 1968) in Form von (erwartbaren) Zugzwängen so aufbauen, dass auf eine Handlung in der Regel eine zweite korrespondierende Handlung unmittelbar nach einem geordneten Sprecherwechsel folgt (z. B. Frage-Antwort-Frage, Frage-Antwort-Reaktion, Aussage-Bestätigung-Rückbestätigung). Diese Handlungen können als gereihte Einzeläußerungen, sozusagen als Oberflächenelemente, analysiert

181 Stoltenburg (2016) bietet eine ausführliche Auseinandersetzung mit verschiedenen Untersuchungen zur Zeitlichkeit als Ordnungsprinzip der gesprochenen Sprache, wobei für ihn die Auswirkungen ihrer zeitlichen Prozessierung und Gebundenheit auf die interaktionale Konstruktion grammatischer und syntaktischer Strukturen im Vordergrund stehen. Vgl. hierzu auch Auer (2000, 2007) und Imo/Lanwer (2019: 139–170). Für einen Einblick in verschiedene Untersuchungen zur Zeitlichkeit in Interaktion s. z. B. Deppermann/Günthner (2015) und Krug (2022: 19–27).

182 Zu den Sequenzstrukturen einer Paarsequenz s. einführend Auer (2020: 107–108; 2013: 141–152), Birkner (2020: 242–249), Schegloff/Sacks (1973: 295–299), Sacks/Schegloff/Jefferson (1974: 716–725) und Stivers (2013: 192–193).

werden (Rehbein/Kameyama 2006: 557). Oder der Schwerpunkt wird aus handlungstheoretischer Perspektive auf Tiefenstrukturen und „Realisierungen von sprachlichen Handlungsmustern" (Gruber 2001: 1266) gelegt. Dann ginge es eher um eine „Abfolge von Handlungsprozessen" (Rehbein 1977: 17) oder aber um eine Abfolge „mindestens zweier sprachlicher Handlungen" (Bührig/ten Thije 2005: 1235), wobei diese Abfolge „einen Wechsel der Aktanten systematisch, d. h. aufgrund der Musterstruktur (z. B. Frage/Antwort, Aufgabe-Stellen/Aufgabe-Lösen) [...] einschließt" (ebd.).

3.3.4 Zusammenfassung

Gespräche unterscheiden sich grundsätzlich von anderen Formen mündlicher und schriftlicher Kommunikationsformen dadurch, dass sie

- von mehreren Beteiligten,
- multimodal, das heißt stimmlich-akustisch und (selbst bei physischer Abwesenheit) kinesisch,
- synchron,
- progressiv,
- reziprok,
- in einer gemeinsamen Sprechsituation, aber teilweise mit unterschiedlichen kommunikativen Radien geführt werden.

Um ein- oder mehrsprachige Gesprächsdaten eingehend analysieren zu können, müssen sie transkribiert werden. Eine adäquate, zweckdienliche gesprächsanalytische Transkription ist eine solche, die, im Gegensatz zu nicht gesprächsanalytischen Transkriptionen (Kap. 2), ihre besonderen Merkmale (Synchronizität, Reziprozität, Prozessualität bzw. Sequenzialität, Multimodalität) nicht nur als immanent betrachtet und daher weitgehend rekonstruiert bzw. zu rekonstruieren versucht, sondern dabei auch das Transkriptionsverfahren im Sinne der ethischen Transparenz metakommunikativ offenlegt. Diese Transparenz betrifft auch die konzeptionellen Eigenheiten des Transkriptionsgegenstands (Gesprochensprachlichkeit), die sich zum Teil aus dem unaufhaltbaren, irreversiblen Charakter des Interaktionsprozesses ergibt, der durch Abbrüche, Versprecher, Zögerungen, Wiederholungen, sprachliche „Fehler" bzw. Unreinheiten, Korrekturen etc. geprägt ist. Welche Probleme diese Eigenheiten für das Transkribieren bereiten (Kap. 3.4) und inwieweit sich diese Anforderungen mithilfe der existierenden technologischen Mittel erfüllen lassen (Kap. 3.5), soll nachfolgend geschildert werden, ehe das Augenmerk wieder auf die Besonderheiten arabischsprachiger Daten und die Aufbereitung mehrsprachiger Daten mit arabischen Anteilen (ab Kap. 4) gerichtet wird.

3.4 Fragestellungen zur Gesprächstranskription: ausgewählte Grundprobleme

In Kapitel 3.2 wurden ansatzübergreifende methodologische Grundsätze der gesprächsanalytischen Transkription vorgestellt. Dabei wurde deutlich, dass es sich um eine Arbeitstechnik der empirischen Kommunikationsforschung handelt, die, wie ihre Bezeichnung schon verrät, primär analytisch-epistemologischen Zwecken nachgehen soll. Die *Zweckmäßigkeit* eines Transkriptionsverfahrens lässt sich wiederum in dreifacher Hinsicht beurteilen:

(a) in Hinsicht auf die *Fragestellungs- und Gegenstandsadäquatheit*, was in der Regel vor dem Transkribieren, mit Blick auf die gesetzten Untersuchungsziele, geprüft wird;
(b) in Hinsicht auf die *Praktikabilität*, die sich während des Transkribierens feststellen lässt und sich erst bei längerfristiger Erprobung manifestieren kann, wenngleich sie schon vorab prognostisch einzuschätzen ist;
(c) in Hinsicht auf die *Rezipierbarkeit*, die sich zwar tendenziell im Nachhinein an einem Transkriptausschnitt oder an einer umfangreicheren Datenbasis bewerten und optimieren lässt, zugleich aber, wie die vorangegangenen Kriterien auch, beim Transkribieren stets kontrolliert werden kann und soll, und zwar im Austausch mit Testlesern aus dem vorgesehenen Adressatenkreis, seien sie Fachkollegen oder Laien, versierte oder nicht versierte Transkriptleser.

Ein Transkriptionsprozess ist zweckmäßig, wenn zumindest die Postulate (a)–(c) erfüllt sind. Die formulierten Forderungen sind von Fall zu Fall entsprechend zu gewichten, zu präzisieren, aufzuschlüsseln und zu ergänzen. Die Frage, welche Konventionen und welches System sich für ein bestimmtes Vorhaben am besten eignen, lässt sich also kleinteiliger beantworten. Eine erste Orientierung bieten diesbezüglich eine Reihe von Gütekriterien, welche einzuhalten die einzelnen Konventionen von sich behaupten, oder die ihre Anhänger für allgemeingültig erklären und deren Anerkennung von den veröffentlichten Transkripten erwartet wird (z. B. Deppermann 2008: 46–48; Edwards 1993; Du Bois 1991: 78; Ehlich/Rehbein 1976: 103–104, 1979: 51–52; Henne/Rehbock 2001: 68; O'Connell 1993: 180–185; Kowal/ O'Connell 1995; Selting et al. 1998: 92–93; 2009: 356–356). Wie T. Schmidt (2005a: 35–40) mit Recht argumentiert, habe man für die einzelnen Kriterien unterschiedliche Bezeichnungen eingeführt, die das gleiche oder ähnliche Konzept beschreiben. So unterschiedlich die Ansprüche an eine Transkription (und Annotation) auch erscheinen mögen, eines ist ihnen gemeinsam: Sie können sich teilweise zuwiderlaufen, wie etwa *Lesbarkeit* versus *Selbstverpflichtung zur wissenschaftlichen Präzision*, oder *höchstmögliche Deskriptivität* und *sparsame Interpretation* (z. B. von non- und paraverbalen Handlungen) zugunsten eines relativ unbefangenen Vorgehens, das für geplante, aufbauende oder sonstige Analysen offen ist und deren Ausgang nicht vorbestimmt und auch nicht vorweg entschieden ist,[183] zugleich aber *Priorisierung untersuchungsrelevanter Phänomene* und *Berücksichtigung von Auffälligkeiten*, welche per se subjektiv behaftet sind und laufend überdacht werden dürfen/sollen (Deppermann 2008: 47–48; Deppermann/Schütte 2008: 205; Redder 2001: 1048). All diese Bedürfnisse zu befriedigen, wäre deshalb ohne gewisse Kompromisse nicht möglich (Deppermann 2008: 41; Deppermann/Schütte 2008: 205–209; T. Schmidt 2005a: 38–39, 2007: 234). Für jede Arbeit bleibt also weiterhin zu klären, wie die epistemologisch und methodologisch motivierten Ansprüche mit den (durchaus begrenzten) Möglichkeiten der Praxis (Kap. 3.5) und den Anforderungen der Digitalisierungstrends in den Geisteswissenschaften (Kap. 3.6) sowie den Anwendungsperspektiven der Gesprächsforschung vereint werden können, was anschließend im Einzelnen behandelt wird. Vorerst ist festzuhalten, dass bei der gebotenen Abwägung der Vor- und Nachteile einzelner Transkriptionskonventionen und -systeme, die evaluiert, übernommen, optimiert oder gar neu oder weiter erarbeitet werden sollen, die Bedürfnisse dreier Parteien zu beachten sind: (1) Transkribenten, (2) Analytiker, die mit dem/den Transkribenten nicht immer eine Einheit bilden, und (3) Rezipienten. Dank digitalen Verbundkonsortien und Infrastrukturen[184] (z. B. CLARIN, DARIAH, ELRA, ERIC, LDC, NFDI, Text^{+}) und erleichtertem Datenaustausch ist neuerdings auch noch eine vierte Partei mit ins Kalkül zu ziehen: (4) die Nachnutzer angefertigter Transkripte und eingerichteter Korpora (Kap. 3.6.2).

Um die Maximen, auf denen das in Kapitel 5 vorgeschlagene System zur Transkription arabisch-deutscher Gespräche beruht, nachvollziehbar begründen zu können, sollen in Kapitel 3.4 einige Grundprobleme der Gesprächstranskription sowie ihrer computergestützten Generierung und Verarbeitbarkeit aufgezeigt werden. Daran anknüpfend sollen verschiedene Wege zur Lösung

183 Vgl. hierzu auch das Konzept *minimum bias* von Edwards (1992a: 436–438).

184 Zu den Aufgaben von Forschungsdateninfrastrukturen allgemein s. z. B. *Kommission Zukunft der Informationsinfrastruktur* (2011). Einen Überblick über fachlich relevante qualitätsgesicherte Informationsinfrastrukturen bieten Suchportale wie *RISources* und *Re3Data*: ‹http://risources.dfg.de› bzw. ‹http://www.re3data.org› (21. September 2021).

der festgestellten Probleme aufgeführt und verglichen werden. Wird eine Transkription aus interaktionsanalytischen Interessen in Erwägung gezogen, sieht man sich im Grunde gleich zu Beginn mit diesen Problemen konfrontiert, genau genommen sogar bereits vorher in der Planungsphase, wenn erste (Vor-)Entscheidungen anstehen. Aus welchen Sprachen die zu reproduzierenden Daten stammen, spielt dabei keine entscheidende Rolle, denn es gibt prinzipiell ganz bestimmte schwierige Aufgaben, die jeder Transkriptionsprozess enthält, ganz gleich aus welchen Sprachen die Daten stammen. Mit anderen Worten: Was in den nächsten Abschnitten an Aufgaben vorgetragen wird, gilt für die meisten Sprachen. Diese Aufgaben zu bewältigen, wird dann allerdings bei der Aufbereitung mehrsprachig-mehrschriftiger Daten, je nach Sprache, de facto mehr oder weniger herausfordernd sein, wie gerade die Arbeit mit den Sprachenpaaren Arabisch-Deutsch und Arabisch-Englisch zeigt (Kap. 4). Da jedoch die Art und Weise, wie man diese Aufgaben angeht, die Analyse und die Auswertung der Daten sowie ihre Nachvollziehbarkeit durch Dritte allgemein steuert, werden Grundprobleme und Lösungen nachfolgend zunächst nur sprachunspezifisch dargelegt und bei Bedarf anhand von einsprachigen Beispielen aus dem Deutschen bzw. Englischen veranschaulicht.

Es sei erneut rekapituliert, was beim Transkribieren geleistet wird, ehe man auf die zu bewältigenden Aufgaben zu sprechen kommt:

> Mittels einer Transkription wird die Flüchtigkeit des Gesprochenen überwunden, die mündliche Kommunikation verdauert und so einer sorgfältigen Betrachtung zugänglich gemacht. Der originale Diskurs, systematisch ausgedrückt also das sprachliche Handeln unter den Bedingungen der Kopräsenz von Sprecher und Hörer (face-to-face-communication), wird zwar in das Medium der Schriftlichkeit transponiert, doch soll es gemäß den Transkriptionszielen seine Qualitäten als Diskurs beibehalten, d. h. keinen systematischen Umschlag in sprachliches Handeln unter Bedingungen mangelnder Kopräsenz und systematisch zerdehnter Sprechsituation (Ehlich 1983) erleiden, mithin nicht zum *Text* werden.
>
> (Redder 2001: 1038; Hervorhebung im Original)

Demnach besteht die Funktion von Gesprächstranskriptionen nicht bloß in der reinen Datenfixierung, denn sie dienen nicht einfach dazu, sprachliche und gegebenenfalls nicht sprachliche Handlungen sowie nicht phonologische, aber akustisch identifizierbare Phänomene (z. B. Niesen, Husten, Seufzen, Quietschen), welche von Natur aus mit ihrem Vollzug verschwinden, in derselben Beschaffenheit (verklingende Akustik, flüchtige Optik) auf Dauer festzuhalten, zumal sie schon durch Aufzeichnung abgefangen werden. Vielmehr schaffen Transkriptionen die Möglichkeit, diese Handlungen und Phänomene ihrer

„Vergänglichkeit zu entheben und zu ‚vergegenständlichen'[185]" (Fuß/Karbach 2019: 17–18). Das bedeutet, dass sie Vergängliches an ein physisches Objekt binden und für eine akribische Untersuchung verwertbar machen. Transkriptionen setzen da an, wo ein wiederholtes Abhören (und Ansehen) nicht reicht, um gesprächsanalytischen Fragen konsequent nachzugehen, vor allem wenn diese Fragen besondere Nuancen zum Gegenstand haben. Ausschnitte, die nur akustisch oder audiovisuell vorliegen, bleiben nämlich aufgrund der eingeschränkten Kapazitäten des Kurzzeitgedächtnisses und der selektiven Wahrnehmung des Analytikers nur teilweise zugänglich und einprägsam. Flüchtige Daten lassen sich erst dann sorgfältig betrachten, wenn die fixierten Handlungen und Phänomene in eine greifbare Form verwandelt werden, die kognitiv verarbeitet werden kann und nicht bloß über das Gedächtnis des analytisch Hörenden bzw. Betrachtenden abrufbar und reproduzierbar ist. Sie werden hierfür gewissermaßen „materialisiert" (Dittmar 2009: 92: 2009; Redder 2001: 1039) und grafisch umgesetzt, wozu Schriftzeichen, Symbole und andere texttechnologische Mittel der Anordnung und Darstellung verwendet werden. Lässt man Aspekte der Darstellung und Computerunterstützung bewusst außen vor, wird man feststellen, dass schriftliche Texte und Transkripte eines gemeinsam haben, nämlich die Schrift, und zwar nicht nur bezüglich ihrer medialen Qualitäten, sondern im Ansatz auch bezüglich ihrer Funktion, da beispielsweise sowohl schriftliche Texte als auch Transkripte der *Vergegenständlichung* und der *Materialisierung* dienen. Der Einsatz der Schrift erleichtert die eingehende Vergegenwärtigung von Primärdaten (Fiehler 2016: 1184), sodass sich untersuchungsrelevante Aspekte in transkribierter und annotierter Form, mit interpretierten und beschriebenen Anteilen, deutlich vor Augen führen lassen. Demnach ist der aus der Schriftlichkeitsforschung stammende Verdauerungsbegriff, so wie ihn Redder (2001) im obigen Zitat Transkriptionsprozessen zuschreibt, als eine „Memorierleistung" (Ehlich 1994: 27) aufzufassen, die gesprochene Sprachdaten jederzeit rekonstruktiv in Erinnerung ruft, und zwar über ein physisches Medium, sei es ein Bildschirmbild oder ein schriftlicher Ausdruck, wobei eine rein grafische oder eine mit Ton- und Bildelementen angereicherte Visualisierung stattfindet. Ähnlich wie wissenstradierende Texte fördern Transkripte die „Überlieferung [konstituierter Daten]

185 Der Begriff *Vergegenständlichung* tritt häufig in Arbeiten der Geschriebene-Sprache- und Schriftlichkeitsforschung auf, welche Verfahren zur Vertextung bzw. Verschriftlichung gesprochener Sprache thematisieren (z. B. Fiehler 2016: 1183, 1190; Hennig 2006: 18–19).

im Wissenschaftsprozeß" (Redder 2001: 1038). Deshalb sind bei der Entwicklung von Transkriptionsverfahren Aspekte der Dissemination erzeugter Transkripte mitzubedenken, sprich ihre Vervielfältigung und Verbreitung, etwa über den Aufbau von Gesprächskorpora (Kap. 3.6.2), und die Möglichkeiten der Weitergabe mitgelieferter Analysebeiträge. Rehbein/Mazeland (1991: 218) erkennen in Transkripten „einen gewissen Textcharakter" insoweit wieder, als sie nicht reproduzierbare Handlungen doch wiederherstellen und sie Anderen vermitteln.

Gesprächstranskripte konstituieren nicht Gespräche, sondern bilden sie nach bestimmten Prinzipien (Kap. 3.2) modellhaft ab, indem sie ihnen erst für die Analyse eine Textform verleihen. Diese Textform speichert die sprachlichen Handlungen über die unmittelbare Sprechsituation hinaus, unabhängig von den beteiligten Personen (Sprecher und Hörer), die für diese Handlungen konstitutiv sind und in ihren Hervorbringungsprozess synchron eingebunden sein müssen (vgl. auch Ehlich 1984: 18). Transkribieren sieht also die Ablösung eines Gesprächs von seiner Sprechsituation und eine Neuschöpfung in einem anders beschaffenen Medium vor, was eine zeitlich und situativ losgelöste Verarbeitung (Lektüre, Analyse, Auswertung, Nachnutzung etc.) erlaubt. Wie nähert man sich nun dem fixierten Original (Primärobjekt)?

Bei Transkriptionsverfahren ist grundsätzlich zu unterscheiden,

- wie sie die *Zeitlichkeit* eines Gesprächs in die *Räumlichkeit* eines Transkripts überführen,
- wie sie *gesprochene Sprache* in ein von Schrift geprägtes Medium umsetzen,
- inwieweit sie die *Nachhaltigkeit* aufbereiteter linguistischer Daten (Transkripte) und empirischer Ressourcen (Korpora) sichern oder zumindest berücksichtigen.

Somit bestehen die Grundprobleme der gesprächsanalytischen Transkription darin, der Auffassung, dass ein Gespräch ein zeitlich strukturierter Prozess (Kap. 3.4.1) und gesprochene Sprache ein Handlungssystem mit einem momentanen und vergänglichen Charakter ist (Kap. 3.4.2), methodisch und technologisch gerecht zu werden und ergonomisch[186] zu entsprechen sowie mit den aktuellen Digitalisierungstrends beim Forschungsdatenmanagement, vornehmlich zur Datenkuration (Kap. 3.6.2), Schritt zu halten. Nun stellt sich

---

186 Gülich/Mondada (2008: 33–34) fassen verschiedene Gütekriterien zur Praktikabilität und Rezipierbarkeit von Transkriptionsverfahren und Transkripten unter dem Begriff „Ergonomie" zusammen.

vielleicht die Frage, weshalb genau diese drei Problemstellungen (und nicht andere) diskutiert werden sollen. Die Begründung lautet, dass *Zeitlichkeit* ein wesentliches inhärentes Merkmal von Gesprächen ist, dass *gesprochene Sprache* sich von geschriebener Sprache unterscheidet und dass die *Nachhaltigkeit* dem Ziel der wissenschaftlichen Transkription dient, eine Tradierung wissenschaftlicher Daten zu ermöglichen. Denn es sind ebendiese Aspekte, die bei der Transkription von Tonaufzeichnungen mit arabischsprachigen Inhalten zu gesprächsanalytischen Zwecken die größten Probleme verursachen (Kap. 4.1 und 5).

Um diese Probleme und die Bandbreite der verschiedenen Lösungsansätze besser erfassen zu können, war es notwendig, einen Schritt zurückzugehen und in Kapitel 3.3 einen Exkurs zu den Hauptmerkmalen des zu transkribierenden Gegenstands *Gespräch* einzuschieben, zumal sich aus diesen Merkmalen methodische Konsequenzen für die Transkription ergeben, die fortan bei Fragen der Darstellbarkeit zeitlicher Verhältnisse und Verschriftbarkeit gesprochener Sprache auftreten. Im Folgenden sollen die problematischen Aspekte erläutert werden. Ziel ist, zunächst die Bedeutsamkeit dieser Grundfragen zu zeigen, ehe die verschiedenen Lösungsansätze in Kapitel 3.5 vorgestellt werden.

3.4.1 Zeitlichkeit im Transkript

Eine konstitutive Eigenschaft von Gesprächen besteht darin, dass sie sich *in* der Zeit erstrecken und sich durch kooperatives Mitwirken *mit* der Zeit entfalten. Das Prinzip der Zeitlichkeit, so Auer (2000: 44), gehe auf die flüchtige Natur gesprochener Sprache und Gespräche ebenso wie auf ihren irreversiblen Verlauf und die synchronisierten Leistungen der Beteiligten zurück. Während Transkriptionen aus methodologischer Sicht oft mit der Flüchtigkeit und sonst nicht erfassbaren Komplexität mündlicher Daten begründet werden, geht die Rekonstruktion von Synchronizität mit darstellungsbezogenen Schwierigkeiten für die Transkriptionspraxis einher. Wenn man sich einige Ausdrücke, die zur Beschreibung interaktionalen Handelns verwendet werden, näher anschaut, dann erkennt man oft einen unmittelbaren Zeitbezug, zum Beispiel durch die Adjektive *linear*, *sukzessiv*, *progressiv*, *prozesshaft*, *zugweise*, *sequenziell*, *aufeinander folgend* und *simultan* und die Verben *sich entfalten*, *sich entwickeln*, *verlaufen* und Ähnliches mehr (insbes. Kap. 3.3). Nicht die schlichte Tatsache, dass Sprechen, Zuhören und aktionales Handeln Zeit beanspruchen und verbrauchen oder dass die Kommunikation in Echtzeit stattfindet, ist von Interesse, vielmehr die Art und Weise, wie Sprache und Kommunikation in Echtzeit prozessiert wird, genauer, wie interaktive Ordnungsstrukturen unter entsprechendem Zeit- und Handlungsdruck nacheinander, miteinander und gleichzeitig etabliert werden (Deppermann 2008: 49; Günthner/Hopper 2010: 2–5; Hausendorf 2015: 52–53). Wie man die sukzessive, kooperative und synchrone Herstellung dieser Strukturen bildlich vor sich sieht und sie dann für die Analyse konkret vergegenständlicht, schlägt sich im Transkript-Layout optisch nieder.

Zeitlichkeit lässt sich aus unterschiedlichen Blickwinkeln behandeln. Die zeitliche Prozessierung der gesprochenen Sprache zeigt sich beispielsweise in Herausstellungen, Nachträgen, Diskursmarkern[187], *false starts*, Abbrüchen, Reparaturen und weiteren Versprachlichungsphänomenen, welche die Konsequenzen der Unaufhaltsamkeit und Irreversibilität des Gesagten zum Vorschein bringen (Auer 2000: 44–47). Gesagtes kann zwar nicht rückgängig gemacht werden und bleibt auch nur begrenzt über das Kurzzeitgedächtnis abrufbar, es lässt sich jedoch meist nachträglich richtigstellen, indem fehlende Informationen ergänzt sowie Verbalisierungsprobleme, inhaltliche oder formale Fehler und potenzielle Rezeptionsprobleme vom jeweiligen Sprecher unmittelbar beseitigt oder gemeinsam ausgeräumt werden.[188] Für die Transkriptionspraxis dürften offenbar nur sinnlich wahrnehmbare Phänomene von Belang sein, solange sie vorerst bloß zeitlich präzise eingeordnet werden können. Zusätzliche hermeneutische Anstrengungen sind allerdings notwendig, um die Phänomene funktional deuten zu können, sodass realisierte Äußerungsmodi (z. B. deklarativ, interrogativ und direktiv) oder sprachlich-kommunikative Handlungen (z. B. Reparatur vs. Abbruch; Reparatur vs. Repetition; Turnbeanspruchung vs. nicht turnbeanspruchende Bekräftigung; turninterne vs. turnfinale *tag question* etc.) entsprechend markiert bzw. interpunktiert werden können.

Nun ist zu fragen, inwieweit Transkriptionsverfahren den zeitlichen Ablauf eines Gesprächs im Auge behalten müssen. Wie die Ausführungen in Kapitel 3.2 bestätigen, besteht eine enge Beziehung zwischen den Primär- und Sekundärdaten – Aufzeichnungen und Transkripten – sowie der durchzuführenden Analyse. Transkripte sollten daher theoretische Anforderungen, aber zugleich auch einen konkreten Zweck angemessen erfüllen, sie sollten den integralen Eigenschaften des zu transkribierenden Gegenstands gerecht werden und sie sollten zugleich praktisch leistbar sein.[189] Auch weisen sie modellhafte Züge auf,

187 Beiträge hierzu z. B. bei Auer/Günthner (2003), Blühdorn et al. (2017), K. Fischer (2006), Schiffrin (1987, 2003), Smith (2012).

188 Vgl. hierzu auch Stoltenburg (2016: 234–236), der die Ursachen und Folgen zeitlich bedingter Phänomene von Sprache-in-Interaktion, wie sie von Auer referiert worden sind, tabellarisch zusammenfasst.

189 Vgl. hierzu auch Dittmar (2009: 81–90).

insbesondere jene der Abbildung und der Verkürzung, der Authentizität und der Abstraktion (T. Schmidt 2005a: 69; Kap. 3.2.7). Diese Modellzüge bestimmen, mit welcher Grundauffassung man an Gesprächsdaten herangeht. Das bedeutet in der Praxis, dass sich ein und dasselbe Transkriptionsdatum unterschiedlich visualisieren lässt, wovon letztendlich abhängt, ob die Gesprächsbeiträge sowie andere relevante Ereignisse zeitlich präzise arrangiert werden sollen oder nicht. Ausgehend vom gesprächsanalytischen Postulat, ein Gespräch emisch – in den Augen der Beteiligten – schrittweise zu rekonstruieren, ist die Dimension der Zeitlichkeit weder aus dem Transkriptionsprozess noch aus dem Auswertungsprozess wegzudenken, und zwar aus zweierlei Gründen: Zum einen unterliegen Gespräche den Bedingungen der Zeit mit ihrem vergänglichen Charakter und unumkehrbaren bzw. unaufhaltsamen Fortlauf, wodurch wechselseitiges, reziprokes Handeln erst möglich wird, was in den Transkripten entsprechend rekonstruiert werden soll; zum anderen schreitet jede Lektüre ohnehin in der Zeit voran. Folgerichtig kommt jeder Schreib- und Leserichtung eine zeitliche Progression zu, unabhängig davon, in welchem Maße die zeitlichen Dimensionen der betreffenden Daten – die vorherigen/nachherigen/synchronen Bezüge einzelner Handlungen zueinander – bei der Transkription und später bei der weiteren Analyse differenziert werden sollen, also unabhängig davon, ob nur das lineare Nacheinander der Handlungen (Sukzessivität) oder ob auch ihr Nebeneinander und Mit- bzw. Übereinander (Polyphonie, Simultaneität, Parallelität) abgebildet werden. Doch eines gilt auf jeden Fall: Die zu verdauernden Daten dürfen keineswegs dergestalt in ein „entzeitlichtes" Format verwandelt werden, dass sie willkürlich angeordnet oder gar vorweggenommen bzw. vorgezogen oder (bei auszugsweiser Transkription ohne entsprechende Kennzeichnung) übersprungen und weggelassen werden. Bergmann (1981) warnt zu Recht vor einer eindimensionalen Perspektive, die durch Transkripte entsteht, in denen die fixierenden Handlungen wie in einem Fließtext en bloc dargelegt werden, als wären sie in eine Gußform gefüllt worden, ohne dass die zeitlichen Bezüge und Gleichläufe prozessgemäß fein säuberlich aufgearbeitet worden sind:

> [D]ie Planizität des Transkriptionstextes kann den Analytiker immer wieder dazu verleiten, die Sukzessivität des abgebildeten Geschehens aus den Augen zu verlieren. Das Transkript eines Gesprächs darf aber bei der Analyse nicht als ‚zeitloser Text' betrachtet werden, in dem der gleichsam allwissende Analytiker von einem Punkt zum andern springen kann und nichts anderes zu tun braucht, als fertige Objekte einzusammeln; das Transkript ist vielmehr bei jedem analytischen Schritt gleichsam aus der Perspektive der Gesprächsteilnehmer als zeitliches Abbild einer linear ablaufenden, sich aufschichtenden sprachlichen Interaktion zu behandeln. (1981: 20)

Methodologisch gesehen sind all diejenigen Darstellungsarten, die Gesprächsdaten ihrer Zeitlichkeit weitgehend berauben – sei es in sprachlicher (Kap. 3.4.2 und 3.5.2) oder in struktureller bzw. ablauftechnischer Hinsicht – der Erforschung von Interaktionsphänomenen nicht dienlich.

Die Entscheidung, welche Phänomene und Bezüge in ihren zeitlichen Eigenschaften exakt aligniert werden sollten, richtet sich im Grunde – wie bei sonstigen Selektionsfragen auch – danach, welche interaktionale Relevanz sie tatsächlich haben und welchen analytischen Stellenwert sie deshalb erlangen. Allgemein besteht jedoch Konsens dahingehend, dass Transkriptionen die formale Abwicklung zu analysierender Gespräche nachzeichnen sollen. Erwähnt seien gesprächsorganisatorische Handlungen auf der Turnebene, deren Untersuchung ohne eine genaue zeitliche Einordnung nicht realisierbar ist:

- Wer handelt wie zu welchem Zeitpunkt?
- Zu welchem Zeitpunkt wird welche Äußerung oder Teiläußerung aus der Sprecher- oder Hörerrolle heraus auf welche Art und Weise und mit welchen Mitteln getätigt?
- Wie wird der Sprecherwechsel geregelt? Wer setzt wann zum Sprechen an? Werden die Beteiligungsrollen größtenteils von Moment zu Moment je nach vorausgehender Handlung und antizipierter Anschlusshandlung lokal[190] ausgehandelt oder sind sie weitgehend von vornherein festgelegt? Wann und wie ergreift der Hörer das Rederecht, ohne explizit dazu eingeladen bzw. aufgefordert worden zu sein (Selbstzuweisung)? Unter welchen Umständen kann der Wechsel selbst bestimmt werden (offene Turnübergabe)? Wann wird das Rederecht an den Hörer direkt abgegeben (Fremdzuweisung)? Wann wird eine Turnbeendigung (syntaktisch und prosodisch) markiert? Wann ergibt sich eine Möglichkeit zur Turnübernahme? An welchen übernahmerelevanten Stellen[191] wird das Rederecht eingefordert? Wann wird es erzwungen?

190 Vgl. hierzu auch Sacks/Schegloff/Jefferson (1974: insbes. 725–726), die den Sprecherwechsel als „local management system" bezeichnen.

191 Die Bezeichnung *übernahmerelevante* Stelle, oder auch *übergabe-* und *übergangsrelevante Stelle*, hat sich im Deutschen statt der englischen Benennung *transition relevance place* (TRP) durchgesetzt. Der Terminus ist in der Konversationsanalyse verwurzelt (vgl. Sacks/Schegloff/Jefferson 1974: 703). Gemeint ist eine Stelle, an der ein Sprecher seine Äußerungseinheit abschließen oder an der sich ein zuhörender Beteiligter die Möglichkeit zur Reaktion auf eine vorausgehende Handlung verschaffen könnte. Rath (2001: 1215) spricht von einer

Findet die Turnübergabe glatt und reibungslos nach einer Mikropause statt? Kommt es zu Überlappungen oder Unterbrechungen?

- Wann meldet sich der Hörer zu Wort? Zu welchem Zeitpunkt fühlt er sich (explizit oder implizit) zu einer verbalen oder nonverbalen Reaktion veranlasst?
- Welche prosodischen Verfahren werden eingesetzt (z. B. schneller Anschluss und schwebend intonierte Äußerungsabschlüsse zur Beibehaltung des Rederechts)?
- Welche nonverbalen Verfahren fallen auf (z. B. zur Fortsetzung motivierendes Nicken des nicht turnbeanspruchenden Hörers, Blickzuwendung bei Turnübergabe usw.)?
- Wann erweisen sich Mikrophänomene (Pausen, bedeutsames Luftholen, Schmatzen usw.) für den weiteren Interaktionsverlauf als potenziell relevant (z. B. Stelle der Turnübernahme oder Mittel zur Turnbeanspruchung)?

Diese Liste ist keineswegs erschöpfend.[192] Sie soll lediglich exemplarisch aufzeigen, welche Rolle der Faktor *Zeit* bei der formalen Gestaltung eines geordneten Gesprächsablaufs spielt und warum Fragen zum *Timing* interaktionsbezogener bzw. -steuernder Handlungen bei der Transkription weder ausgeblendet noch vage beantwortet werden dürfen. Diese Fragen lassen nämlich auf eine emische Relevanz zeitgebundener Aspekte schließen, an denen sich die Beteiligten bei der Gesprächsführung orientieren und die Hinweise für die Interpretation artikulierter oder ausgeführter Handlungen seitens der Beteiligten geben. Doch unabhängig davon, welchen kommunikativen Wert diese Aspekte in der tatsächlichen Gesprächssituation erlangt haben oder hätten erlangen können, besitzen sie nun einmal eine zeitliche Position und eine zeitliche Ausdehnung, die erst gebührend rekonstruiert werden müssen, um die Auswertung der betreffenden Aspekte zu ermöglichen. Hervorgehoben seien beispielsweise übergaberelevante Stellen, die – rein formal betrachtet – einen Zeitpunkt darstellen, bevor das Ende vorausgehender Äußerungs- bzw. Handlungseinheiten überhaupt zu einem möglichen Abschlusspunkt (engl. *possible completion point*) aufgewertet wird. Die Frage, ob ein möglicher Abschlusspunkt seitens der/des Hörer/s als übernahmerelevanter Anschlusspunkt interpretiert und auch tatsächlich zur Turnübernahme genutzt wird, oder ob der Abschluss- bzw. Anschlusspunkt

---

„Stelle des möglichen Sprecherwechsels", Auer (2020: 113) verwendet den Begriff „mögliche Übergabepunkte" (MÜPs), wobei er sie aufgrund ihrer Ausdehnung und ihrer Antizipierbarkeit (Projizierbarkeit) nicht wörtlich als „Punkte", sondern als „Intervalle" begreift.

192 Vgl. hierzu auch Deppermann (2008: 61–62).

ungenutzt vorübergeht und dem Sprecher zur Turnfortsetzung überlassen wird, lässt sich eher im Nachhinein erkunden. Für darstellungstechnische Erwägungen sind der Zeitwert einer Konstruktionseinheit und der Zeitraum[193], in dem sich ein Gesprächsbeitrag oder eine vollzogene Handlung erstreckt, bedeutsamer als ihre offenbar erfüllten grammatischen und pragmatischen Kriterien (syntaktische, prosodische und semantische Abgeschlossenheit, funktionale Einheit), die erst auf der Ebene der Grafie zum Tragen kommen und die durch grafische Markierungen (Interpunktion) und annotatorische Anmerkungen an Bedeutung gewinnen. Es besteht die methodologische Notwendigkeit, verbale und nonverbale Äußerungen, artikulatorische Handlungen (z. B. Pausen, lautliche Dehnungen, Stottern, Zögern, Sprechgeschwindigkeit, Sprechrhythmus etc.) und sonstige zu transkribierende bzw. zu annotierende Phänomene (z. B. störende Hintergrundgeräusche oder andere akustische Phänomene ohne Autorenschaft) zeitlich korrekt zu platzieren und in ihrer Ausdehnung zu messen (z. B. numerische Pausenangabe) oder näherungsweise zu schätzen und entsprechend anzugeben (z. B. Pausenpunkte, Reduplikation gedehnter Laute) oder zu kommentieren. Mit dieser Notwendigkeit geht das Erfordernis einher, zweckdienliche Darstellungsarten zu wählen, die eine Kopplung von Transkript, O-Ton und gegebenenfalls Bild sowie den dazugehörigen Zeitabschnitten in der Audio- oder Videoaufzeichnung begünstigen (Text-Ton-Alignment). Oder zumindest das Erfordernis, Möglichkeiten zu schaffen, damit die Gliederung eines Transkripts nicht nur sprachlich anhand formaler, deskriptiver Eigenschaften (z. B. Tonhöhenbewegungen und syntaktische Abrundung) vonstatten geht oder anhand stärker interpretativer Kategorien (z. B. Prozeduren oder Handlungen), die auf theoretische Vorannahmen über Sprache (etwa handlungstheoretischer Art) zurückgreifen, sondern auch nach zeitlichen Kriterien (Anfangspunkt, Endpunkt, Dauer einzelner Einheiten).[194]

---

193 Vgl. hierzu auch Auer (2020: 112: Fn. 53), der die Übersetzung des englischen Terminus *turn* mit „Redebeitrag" problematisiert. Ein Turn beziehe sich definitionsgemäß auf zweierlei: (1) Äußerungen und Handlungen, die ein Sprecher produziere, solange er an der Reihe sei, (2) den Zeitraum, während dessen ein Beteiligter die Sprecherrolle innehabe. Der Begriff *Redebeitrag*, so Auer, blende hingegen den zweiten Gesichtspunkt aus. Zur Verwendung des Turnbegriffs s. (neben den bisher erwähnten Beiträgen zu den kontextübergreifenden Prinzipien der Sprecherwechselorganisation) z. B. Goffman (1971: insbes. 144–146).

194 Zur Einführung in die verschiedenen Verfahren sprachlich motivierter Grenzmarkierung beim Transkribieren s. z. B. Auer (2010), Imo (2013: 200–236), Redder (2001: 1046–1048), Rehbein (2001: 932–935), T. Schmidt (2005a: 105–177),

Maßgeblich für die Entwicklung eines Verfahrens zur gesprächsanalytischen Transkription arabischsprachiger Daten sind deshalb einzig und allein folgende Erkenntnisse:

- Die Gesprächsanalyse bietet verschiedene Verfahren zur Bildung kleinerer Gliederungseinheiten (Segmente) und zur Hervorhebung sogenannter Gestaltschlüsse bzw. potenzieller Grenzen und Abschlusspunkte (Zäsuren), die sich nicht zwangsläufig gegenseitig ausschließen müssen.[195]
- Der Faktor *Zeit* gehört zu den Strukturierungselementen.
- Gesetzte Grenzmarkierungen bestimmen, wie fremdsprachige Äußerungen übersetzt werden, also woraus sich Übersetzungseinheiten konstituieren und welchen Bezugspunkt jede Einheit hat (Kap. 4.2).

Es liegt auf der Hand, dass sich ein interaktiver Handlungsprozess, je nach Transkriptionsmethode, unterschiedlich zerlegen lässt, sei es in sprachliche Einheiten (Wörter, Äußerungen oder Äußerungsteile, Handlungen, Intonationsphrasen etc.) und/oder durch weitere Zäsuren (z. B. prosodische, syntaktische oder funktionale Gestaltgrenzen). Gleiches gilt für die zeitliche Verankerung festgelegter Einheiten und die grafische Kennzeichnung der Erstreckung einzelner Einheiten im Verhältnis zueinander und in Laufrichtung des Transkripts. Prozesse der Einheitenbildung und Grenzziehungen hängen letztendlich von theoretisch und analytisch motivierten Entscheidungen ab, die ohnehin laufenden Reflexionen und damit einhergehenden Revisionen unterliegen, wenngleich Entscheidungen anfangs intuitiv und zum Teil ungenau getroffen werden (Ehlich 2007c: 69; Rehbein 2001: 932). Wichtig bleibt gleichwohl, dass die enge Verschränkung von Linearität bzw. Sequenzialität und Synchronizität der sprecher- und hörerseitigen Handlungen bei der darstellungstechnischen Umsetzung keineswegs unbegründet aufgelöst wird, um die zeitliche Dynamik der Gesprächsentwicklung – zumindest annähernd – wiederherstellen zu können. Aus eben dieser Grundanforderung erwächst, insbesondere bei arabischsprachigen Gesprächsdaten, die wahre Herausforderung der Reproduktion zeitlicher Bezüge im Rahmen mehrschriftiger Transkripte, die vor allem die Schreibrichtung der Äußerungen innerhalb einzelner

T. Schmidt/Wörner (2005: 179–181), Selting (2001a: 1061, 1063–1064; 2001b) und Wörner (2009: 48–53).

195 Zu den unterschiedlichen Termini *Zäsur* und *Segment* und den Prozessen *Zäsurierung* und *Segmentierung* s. Auer (2010). Vgl. nunmehr auch Imo/Lanwer (2019: 151–154) zu Auers Terminologie.

Segmente, die Leserichtung der sich entfaltenden Handlung und das Gesamtlayout betrifft (Kap. 4.1).

Auf Interaktion ausgerichtete Gesprächstranskribenten sind also verpflichtet, ein Grundgerüst für multidimensionale Repräsentationsformen zu finden oder gegebenenfalls zu erstellen, das, wie Stukenbrock (2009: 151) es formuliert, die Rekonstruktion „interaktive[r] Architekturen“[196] von Anbeginn erleichtere. Dieses Grundgerüst sollte ein Modell zur Abbildung der zeitlichen Verhältnisse *Vor-*, *Gleich-* und *Nachzeitigkeit* bereithalten. Eine schärfere Herausarbeitung dieser unterschiedlichen Manifestationen von Zeitlichkeit, etwa anhand existierender Konzepte von Ko-Temporalität (Stukenbrock 2015: 28–35), ist zur Erläuterung transkriptionstechnischer Einzelheiten allerdings nicht unbedingt notwendig – zumindest bei einfachen Basistranskripten oder Verbaltranskripten ohne eine extensive Ergänzung durch nonverbale Beiträge. Die Frage, ob es sich bei Gleichzeitigkeiten um Abhängigkeitsverhältnisse handelt, die von den Beteiligten zweckhaft zur Entfaltung und Aufrechterhaltung des Gesprächs konstituiert wurden, oder ob es sich um kontingente Verhältnisse ohne Zusammenhang zum Gespräch handelt, denen keine eindeutige Funktion zuerkannt werden kann, etwa im Falle unerwartet eingetretener, im Hintergrund ablaufender oder streng genommen nicht gesprächskonstitutiver bzw. interaktionsrelevanter Ereignisse, ist aus analytischer Sicht zwar von Gewicht, aus methodischer Sicht und für die Transkriptionspraxis jedoch eher vernachlässigbar. Vom modellhaften Grundgerüst wird praktisch erwartet, dass es über die chronologisch-sukzessiven Handlungen hinaus ebenfalls die simultanen, quasi-simultanen oder anderweitig zeitgleichen, aber nicht zwangsläufig aufeinander bezogenen oder koordinierten (am Gesprächspartner ausgerichteten) Handlungen repräsentieren kann. Angaben zur Gleichzeitigkeit beziehen sich vornehmlich auf den Einsatz verschiedener Ausdrucksressourcen, die sich folgendermaßen unterscheiden lassen:

---

196 Der Terminus *Architektur* sollte hier nicht mit dem in der Interaktionslinguistik neu eingeführten Terminus *Interaktionsarchitektur* verwechselt werden, der in erster Linie mit Überlegungen zur interaktionischen Raumanalyse zusammenhängt. Vgl. hierzu z. B. Hausendorf/R. Schmitt/Kesselheim (2016) und Hausendorf (2015: 61–65). Stukenbrock (2009) weist in diesem Zusammenhang lediglich auf die formal-strukturellen Merkmale gesprochener Sprache und Gespräche hin. In ähnlicher Weise beschreibt Schütte (2019) mit dem Terminus *Architektur* die strukturellen Merkmale von Transkriptionssystemen in Bezug auf die grafische Wiedergabe zeitlicher Verhältnisse und gesprochensprachlicher Besonderheiten.

(a) Kookkurrenzen[197] seitens eines Beteiligten, die ohne explizite Wiedergabe im Transkript verständlich bleiben (z. B. Intonierung eines verbalen Ausdrucks);
(b) Kookkurrenzen seitens eines Beteiligten, die in einem Gesamtzusammenhang stehen und die erst nach ganzheitlicher Betrachtung sowie entsprechender Transkription und hinlänglicher Annotation interpretationsrelevanter Informationen Sinn ergeben (z. B. kinesische Instruktionen beim Sprechen, etwa in Form gestischer Demonstration des betreffenden Sachverhalts) oder verbalisierte Missverständnisse erkennen lassen;
(c) Kookkurrenzen seitens mehrerer Beteiligter als verschiedene Ressourcen des Ausdrucks, die aus der Hörerrolle heraus parallel zum laufenden Turn aktiviert werden (z. B. Kopfnicken zur Verstärkung verbaler Zustimmung).

Da sich Gespräche nur im gegenseitigen Miteinander ihrer Beteiligten entfalten können, sind die gemeinsamen Anstrengungen der Beteiligten gleichermaßen zu berücksichtigen; doch ein Hörer, der die Handlungen des Sprechers unmittelbar wahrnehmen kann, bleibt kein passiver Hörer, selbst wenn er nicht an der Reihe ist. Er ist vielmehr ein aktiver *Zu*hörer, ein gleichberechtigter *Inter*aktant, der in seinen verschiedenen Rollen[198] *mit*handelt und *mit*konstruiert, der durch seine verbalen und nonverbalen Reaktionen und Erwiderungen, welche der Sprecher optisch und/oder akustisch wahrnehmen kann, die Planung einer bevorstehenden Einheit beeinflusst und den Fortlauf des Gesprächs mitbestimmt (Ehlich 1983: 27–32; Imo/Lanwer 2019: 141; Rehbein 2001: 928). Hörerseitige Handlungen werden in der Gesprächsforschung deshalb gemeinhin für relevant erachtet (z. B. Brinker/Sager 2010: 58–60; Dittmann/Llewellyn 1968; Duncan 1973, 1974; Gardner 2001; Goodwin 1981; Henne/Rehbock 2001: insbes. 191–195; Imo 2013; Kendon 1967; Mroczynski 2014: 74–75 und Rath 2001: 1217–1218; Rehbein 1977: insbes. 190–194; Schiffrin 1987; Svennevig 2004). Da sie jede Interaktion in struktureller und funktionaler Hinsicht in Gang halten, gelten sie als konstitutiver Teil des aufzubereitenden Datenmaterials, unabhängig davon, ob sie turnbeanspruchend sind, unterbrechend

197 Der Terminus *Kookkurrenzen* wird hier ausschließlich zur Bezeichnung zeitlich übereinstimmender und auf mehreren Ausdrucksebenen gemeinsam ermittelbarer Handlungen verwendet. Vgl. z. B. Deppermann (2008: 97) und Imo/Lanwer (2019: 280–281).

198 Zu den verschiedenen Hörmodi bzw. -rollen s. Goffman (1981: 131–133) und Wadensjö (1992: 124), die Goffmans Überlegungen um weitere Rezeptionsmodi erweitert, womit sie eine Brücke zu der dolmetschvermittelten Interaktion schlägt.

wirken und den Sprecher zur Übergabe des Rederechts erzwingen oder nicht. Ihre Erfassung zählt mithin zu den Grundbedingungen authentischen Vorgehens, obgleich sie oftmals einen geringen propositionalen Gehalt aufweisen, wie zum Beispiel die kurzen Kontaktäußerungen oder *back-channels* in Form von einsilbigen Interjektionen und Partikeln (*ja*, *hm* etc.), die dem Sprecher angeblich nichts weiter als Interesse und Aufmerksamkeit zeigen, womöglich noch (Schein-)Verstehen vorführen, was ihn immerhin zum Weitersprechen ermutigt. Deshalb dürfen zumindest hörerseitige Handlungen auf verbal-akustischer Ebene beim Transkribieren weder einfach überhört noch unvollständig verschriftet oder schlichtweg nicht eingegliedert werden, wohingegen die visuellen nonverbalen Phänomene, je nach Untersuchungsschwerpunkt und Aufzeichnungsart (Audio- oder Videoaufzeichnung), durchaus nur nebensächlich oder bedarfsweise behandelt und punktuell aufgenommen oder von vornherein einfach gar nicht transkribiert werden. Das bedeutet wiederum, dass die zeitliche Bindung hörerseitiger Handlungen, ebenso wie die zeitliche Bindung der sprecherseitigen Handlungen, exakt zu rekonstruieren ist, umso mehr im Falle zeitlich überlappend verlaufender Einheiten, unabhängig davon, ob es sich um kompetitive (um das Rederecht kämpfende) oder kooperative (Rückmeldung gebende) Hörerbeiträge handelt.

Die Forderung der adäquaten Wiederherstellung von Zeitbezügen ist also allgemein für die rein verbale oder ausgiebigere multimodale Transkription zeitgleicher Sprecher- und Hörerbeiträge sowie für alle in unmittelbarer Nähe hervorgebrachten Phänomene erforderlich, die – wie in der mündlichen Interaktion allemal üblich – fließend ineinander übergehen und aufeinander aufbauen. Dadurch soll nicht nur die wissenschaftliche Integrität und Originalität des Datenmaterials durch authentisches Vorgehen bewahrt, oder analytische Präzision zum Zwecke des Erkenntnisgewinns angestrebt, sondern auch die intersubjektive Nachvollziehbarkeit[199] der empirischen Befunde erhöht werden, sodass Dritte den dargelegten Gesprächsverlauf weitgehend mitverfolgen, ja sogar noch ihre eigenen Schlüsse ziehen und die veröffentlichten Transkripte unter Umständen auch nachnutzen können. Die Beantwortung der Frage, ob eine Darstellungsart auch aufbauende Untersuchungen zulässt oder nicht, hängt unter anderem davon ab, inwieweit die Rekonstruktion der Zeitverhältnisse für die betreffenden Nutzungszwecke annehmbar ist. Gute wissenschaftliche Praxis verlangt letztendlich ein Gleichgewicht zwischen den verpflichtenden erkenntnistheoretischen Interessen (z. B. Kriterium der

199 Zur allgemeinen Forderung nach intersubjektiver Nachvollziehbarkeit qualitativer Forschung s. Steinke (1999: 207–215; 2017: 324–236).

Fragestellungs- und Gegenstandsadäquatheit) und den Erwartungen der Leser, die eine transparente und prüfbare Einsicht in die Daten als analytisches Fundament (z. B. Kriterium der Rezipierbarkeit) wünschen.[200] Analog zur weiten Auffassung von qualitativ Forschenden als *Autoren*, agieren auch Transkribenten in gewisser Hinsicht als Autoren, wenn sie mit ihren Daten, Transkripten und Erläuterungen zum „unsichtbaren" Herstellungsprozess (Metainformationen) an die Öffentlichkeit gehen. Mit einer nachvollziehbaren Darstellung der Gesprächsdaten und der darin verankerten Interpretationen leisten sie laut Schwarze/Grawunder (2019: 26) einen ersten Beitrag zur Erfüllung des Kriteriums der „textuellen Performanz" (Strübing et al. 2018: 93–95). Die Art und Weise, wie Transkribenten ihre anvisierten Leser durch die aufbereiteten Daten und damit Schritt für Schritt auf dem Analyseweg und durch ihre Gedankengänge (Forschungslogik) führen, zeigt sich also schon in der visuellen Gestaltung eines Transkripts (Darstellungslogik[201]), die den Lesern allein durch den Aufbau einen ersten Zugang verschafft.

Folgerichtig stellt sich die Frage, welche konkreten Herausforderungen Transkribenten bei der Rekonstruktion von Gesprächen in ihrem zeitlichen Ablauf vor allem bewältigen müssen. In diesem Zusammenhang muss vorab gefragt werden, warum die sequenziell und simultan vielfach ineinander verschlungenen Phänomene aus Audio- und (gegebenenfalls) Videoaufzeichnungen (Stukenbrock 2009: 147) nicht so leicht zu visualisieren sind, selbst nachdem die Breite der zu berücksichtigenden Phänomene vorab bereits eingegrenzt worden ist? Ein wesentlicher Grund für diese Schwierigkeit liegt darin, dass die Transkriptionsfläche mit Zeit gleichgesetzt wird (Kowal/O'Connell 1995: 133). Doch Transkripte – fasst man sie einfach als *Texte* auf – sind eigentlich primär räumliche und nicht zeitliche Gebilde (Fiehler 2016: 1188). Ziel ist also, *zeitliche* Organisationsformen aus den Daten mit *räumlichen* Organisationsformen der Transkriptionsfläche in Einklang zu bringen. Was in einem Gespräch zeitlich aufeinander folgt und simultan oder quasi-simultan hervortritt, folgt im Transkript räumlich auf-, unter- und/oder übereinander. Schrift und grafische Zeichen werden sozusagen zur „Verräumlichung" zeitlicher Strukturen verwendet. Zeitliche Sequenzialität lässt sich in eine räumliche Linearität überführen,

200 Vgl. etwa die disziplinübergreifenden DFG-Leitlinien zur Sicherung guter wissenschaftlicher Praxis: ‹https://www.dfg.de/foerderung/grundlagen_rahmenbedingungen/gwp/index.html› (07. Juli 2021).

201 Die Konzepte „Logik der Forschung" und „Logik der Darstellung" gehen eigentlich auf Überlegungen zu Darstellungsformen sozialwissenschaftlicher Erkenntnisse zurück; s. Bude (1989: 527).

indem Zeit so behandelt wird, als würde sie von einem Punkt zum anderen verlaufen. Die Laufrichtung der Schrift und die Leserichtung geben folgerichtig die Laufrichtung der Zeit vor.

Aus den obigen Ausführungen dürfte aber deutlich geworden sein, dass die Prozessualität eines Gesprächs nicht ausschließlich in einem linearen und sukzessiven Nacheinander besteht. Erste Probleme zeigen sich, sobald ein Transkript mit Annotationen (prosodische Informationen, Kommentare, Übersetzungen fremdsprachiger Äußerungen etc.) angereichert wird, spätestens aber dann, wenn einander überlappende Handlungen einer oder mehrerer Personen transkribiert werden müssen. Probleme bereiten in erster Linie folgende Aspekte:

- die präzise Wiedergabe zeitlicher Bezüge von Gesprächsbeiträgen (einschließlich nonverbaler Handlungen[202], etwa Bewegungsabläufe) in ihrer komplexen Form (Gleichzeitigkeiten, Koordination zwischen nonverbalen Handlungen und verbalen Beiträgen, Verständnisschwierigkeiten seitens der Transkribenten, zum Teil wegen simultanen Sprechens oder zu hoher Sprechgeschwindigkeit etc.);
- die räumliche Anordnung zeitlich verankerter Gesprächsbeiträge und weiterer relevanter Informationen und Interpretationen, also die grafische Strukturierung der Transkriptionsfläche;
- die überschaubare Anordnung von Gesprächsbeiträgen und Annotationen trotz inhärenter Komplexität (Lalouschek/Menz 2002: 55).

Es lässt sich festhalten, dass die Überführung von Zeit und darin verlaufender Interaktion als dynamisches Gefüge in einen begrenzten, physikalisch anders beschaffenen Rahmen (schriftlich und grafisch materialisiertes Format, reduzierte Dimensionalität) und damit in eine andere Wahrnehmungsdimension (Visualisierung der Akustik, Versprachlichung der Optik) problembehaftet ist, da ihre konstitutiven Eigenschaften, unter anderem ihre Zeitlichkeit, im Überführungsprozess nicht verloren gehen dürfen. Ein Transkript wird allerdings

202 Probleme der Anfertigung ausgebauter multimodaler Transkripte bleiben hier außen vor. Genannt seien aber beispielsweise die Versprachlichung nonverbaler Handlungen und die reduzierte Wiedergabe ihrer Informationsdichte – zum einen aufgrund der begrenzten Transkriptionsfläche, die kurze, aber prägnante Beschreibungen notwendig macht, zum anderen aufgrund der zeitlichen Erstreckung einzelner Handlungen, die im Verhältnis zur Erstreckung paralleler Handlungen korrekt eingeordnet werden müssen, wofür noch typografische Fragen (z. B. Ausdehnung der Schriftzeichen) zu klären wären.

umso unübersichtlicher, je mehr Phänomene transkribiert und annotiert werden, selbst wenn es sich letztendlich doch um analytisch relevante Nuancen und Schattierungen handelt. Die Frage, wie sich eine übersichtliche Detailfülle erreichen lässt, ist pauschal schwer zu beantworten; welche Darstellungsart welche grafischen Organisationsformen und welchen Detaillierungsgrad ermöglicht, hingegen schon, was weiter unten in Kapitel 3.5.1 ausgeführt wird.

3.4.2 Gesprochensprachlichkeit als Verschriftungsproblem

Wenn das Grundgerüst für die Visualisierung des Gesprächsverlaufs samt wechselseitiger und zeitgebundener Handlungsbezüge mit der Wahl eines zweckadäquaten Transkriptformats und der Einrichtung der Transkriptionsfläche geschaffen ist (Kap. 3.5.1), kann man die zu analysierenden Gesprächsdaten in ein von Schrift geprägtes Medium überführen. Befasst man sich zunächst mit den akustisch identifizierbaren Phänomenen, dann sieht man sich vor Herausforderungen gestellt, die über die im vorausgehenden Unterkapitel behandelten darstellungsbezogenen Fragen (Ausrichtung der Fläche, Schriftrichtungen, zeitliche Einordnung) und ihre Konsequenzen hinausgehen. Die zusätzlichen Herausforderungen entstehen vor allem dadurch, dass die Grafie bei der Transkription verbaler Äußerungen, insbesondere im Falle einer standardfernen Realisierung, an ihre Grenzen geführt wird (Redder 2002: 125). Gemeint sind Überlegungen zur Verschriftbarkeit der gesprochenen Sprache und zur systematischen Notation von Variation (z. B. phonetisch-phonologischer Art), nicht zuletzt zur Zugänglichmachung rekonstruierter Phänomene für verschiedene Nutzergruppen gleichermaßen (Analytiker, fachkundige Leser und/oder Nachnutzer, fachfremde Leser etc.). Demnach wäre zunächst zu klären, welche gesprochensprachlichen Phänomene berücksichtigt und welche eliminiert bzw. getilgt werden sollen und inwieweit sich erstere mithilfe der Schrift festhalten lassen.

Aus den vorstehend dargelegten Leitsätzen der gesprächsanalytischen Transkription (Kap. 3.2) ergibt sich das Gebot, nicht nur die diskursiven Qualitäten der Gesprächsdaten bzw. ihre interaktionale Struktur (Kap. 3.3), sondern auch ihre gesprochensprachlichen Eigenheiten – im erforderlichen Maße – bestmöglich miteinzubeziehen, obgleich die vielschichtigen Transferbewegungen ohnehin mit „Verlusten" lautsprachlicher Merkmale und kommunikativ relevanter Informationen bzw. Ausdrucksmöglichkeiten (Selektions-, Verkürzungs- und Praktikabilitätsmerkmal; z. B. T. Schmidt 2005a: 76) einhergehen (müssen). Die zu bewältigende Aufgabe besteht darin, Mündlichkeit und Gesprochensprachlichkeit in eine Schriftform umzusetzen, welche die Durchführung akribischer linguistischer Analysen ermöglicht und erleichtert, ohne dabei in eine „Textfalle" zu geraten. Es liegt jedoch auf der Hand, dass mündlich realisierte Daten bei ihrer grafisch-materiellen Fixierung zwangsläufig einige textuelle Merkmale der Schriftlichkeit annehmen: Dauerhaftigkeit, Archivierbarkeit und situationsentbundene wiederholbare Abrufbarkeit, Ausbaubarkeit und Revidierbarkeit, Strukturiertheit, zweidimensionale Anordnung, physisch-visuelles Präsentationsformat, mehr oder weniger monomodale Darstellung, Systematisierung sowie weitgehende Normierung und Tilgung irrelevanter Aspekte (z. B. im Falle nicht bedeutungsunterscheidender Aussprachevarianten). Auch die gesetzten Zeichen zur Markierung festgelegter sprachlicher Einheiten (Äußerungsendzeichen) und die Diakritika zur Kennzeichnung bedeutender tonaler Bewegungen als Kompensation für die fehlenden paraverbalen Ausdrucksressourcen der Schrift haben, ebenso wie die vorgenommenen Beschreibungen nicht phonologischer hörbarer Phänomene (Lachen, Husten, Räuspern, Seufzen etc.), schriftsprachliche Eigenschaften. Allerdings sollen die transkribierten Daten über die formellen Züge eines Textes hinaus keinerlei inhaltliche oder sprachliche Retuschen erfahren – zumindest nicht ohne entsprechenden Eintrag. Fiehler (2016: 1203) spricht deswegen in Zusammenhang mit den methodischen Anforderungen auch von einem „Transkriptionsparadox". Doch es dürfte sich weniger um ein Paradox handeln, sondern eher um eine zu minimierende Kluft zwischen der phänomenalen Breite der gesprochenen Sprache, die in ihrer Einmaligkeit möglichst authentisch rekonstruiert werden soll, und den einschränkenden Gesetzmäßigkeiten der Schrift, deren orthografisches Zeicheninventar begrenzt ist. Gleichwohl sind jegliche Veränderungen am Wortlaut und jegliche bereinigenden Ergänzungen oder Weglassungen von scheinbar trivialen, defizienten oder deplatzierten Wörtern (z. B. Abbrüche, Planungsindikatoren[203]) bzw. Äußerungen (z. B. hörerseitige Reaktionen) oder gar von längeren Sequenzen aus gesprächsanalytischer Sicht unzulässig, selbst wenn die Gründe dafür berechtigt sein mögen (z. B. bessere Lesbarkeit, größere Klarheit etc.). Denn gerade diese Elemente sollten als Ausdruck sprachlicher Prozessierung adäquat wiedergegeben werden (vgl. auch Furchner 2002: 309).

Mit Blick auf die latente Schriftzentriertheit von Transkriptionssystemen erscheint es sinnvoll, an dieser Stelle auf die verschiedenen definitorischen Überlegungen zum Transkriptionsbegriff und die schriftbezogenen Bezeichnungen (Kap. 3.2), speziell auf die Konzepte *Verschriftung* und *Verschriftlichung*,

203 Näheres zu Planungsindikatoren bei Hohenstein (1999) und Rehbein et al. (2004: 51).

zurückzublicken. Es stellt sich nämlich die Frage, ob Gesprächsdaten *verschriftet* oder *verschriftlicht* werden. Beruft man sich bei der Erfassung konstitutiver Gesprächsmerkmale eher auf die Ansätze der Gesprochene-Sprache-Forschung, wie die Mündlichkeits-/Schriftlichkeitsmodelle (Kap. 3.3), dann handelt es sich beim Transkribieren in erster Linie um *Verschriftungs*prozesse, genau genommen um eine „rein mediale Umsetzung vom phonischen ins grafische Medium" (Koch/Oesterreicher 1994: 587). Konzeptionelle Verschiebungen in eine normkonforme Geschriebensprachlichkeit (*Verschriftlichung*) oder in eine Textartigkeit (*Vertextung*[204]) sind im Wesentlichen nicht vorgesehen. Allerdings können diese Verschiebungen nicht rundweg abgelehnt werden,[205] denn sie erweisen sich bei der Erwähnung akustisch und visuell wahrnehmbarer, aber nicht phonologischer Ausdrucksformen (z. B. Luftholen bzw. Mimik, Gestik etc.) und bei der Notation kaum lexikalisierter Wörter (z. B. Interjektionen[206]) samt ihren verschiedenen intonatorischen Ausprägungen (z. B. steigendes *hḿ*, fallendes *hm̀*, steigend-fallendes *hm̂*, fallend-steigendes *hm̌* und schwebendes *hm̄*) als durchaus angebracht. Für ebendiese Phänomene steht wohl nach wie vor noch keine einheitliche bzw. konventionenübergreifende Beschreibungssprache zur Verfügung, was ihre Transkription im Sinne einer Verschriftung weiterhin erschwert. Zur Frage, wie das transkriptorische Handeln aufzufassen sei, spricht Redder (2001: 1039) dennoch lieber von einer „unbereinigten Verschriftung [...] jenseits der Schriftlichkeitserwartungen" im Sinne orthografischer Normvorstellungen.[207] Dabei unterstreicht sie die Bedeutung einer authentischen Rekonstruktion des mündlich geäußerten Handelns – des „wirklich Gesagte[n]" – für die Analyse. Doch *Authentizität* ist keine universale objektive Größe, die essentialistisch erfasst werden kann. Sie ist eine komplexe, schwer zu definierende Größe, die in gesprächsanalytischen Beiträgen stets thematisiert, aber kaum näher erläutert wird, vor allem, wenn es um die Rekonstruktion der Sprachproduktion und nicht um die Visualisierung turnbezogener Dynamiken geht. Es

---

204 Zum Begriff *Vertextung* aus handlungstheoretischer Sicht s. Ehlich (1994: insbes. 18–19).

205 Vgl. hierzu die von Kameyama (2004: 52) aufgestellte Definition des Transkriptionsbegriffs.

206 Näheres zu Interjektionen z. B. bei Ehlich (1986), Kowal/O'Connell (2004), Norrick (2011, 2014), Reber (2018), Reber/Couper-Kuhlen (2010).

207 Vgl. hierzu auch Lehnen/Gülich (1997: 108–112), die hingegen den Terminus *Verschriftlichung* vorziehen, weil „Spuren von Mündlichkeit" im Zuge der medialen Überführung nicht getilgt, sondern über die Schrift für die Analyse überhaupt erst zugänglich gemacht werden.

steht lediglich fest, dass *Authentizität*, genauso wie die restlichen Gütekriterien, in den Ermessensbereich des Transkribenten fällt. *Gebührende Natürlichkeit* oder *Originalität* sind mithin eine Frage der Qualität vorhandener Aufzeichnungen, der Sprachgewohnheit[208] und der subjektiven Wahrnehmung des Transkribenten, seines allgemeinen Sprachgefühls oder doch eher seines fundierten linguistischen Wissens über Sprache[209]. *Gebührende Natürlichkeit* oder *Originalität* sind zudem eine Frage der erkenntnistheoretischen Anforderungen sowie analytischer, aber auch praktischer Relevanzsetzungen bei der zu erreichenden Reichweite systematisch zu erfassender Phänomene, der disziplinären Orientierung und nicht zuletzt des integren und transparenten Umgangs mit den Daten, beispielsweise durch den Vermerk getroffener Entscheidungen im Transkriptkopf oder durch die Ergänzung lektüreerleichternder Informationen für den Leser. Das bedeutet, dass eine Gesprächstranskription letztendlich sowohl eine *Verschriftung* als auch eine *Verschriftlichung* der Daten vorsieht. Eine reine Verschriftlichung im Sinne einer rigorosen Tilgung aller gesprochensprachlichen Elemente wäre aber, je nach Forschungsvorhaben und Verwendungszweck der anzufertigenden Transkripte, durchaus zulässig.

3.5 Lösungen für ausgewählte Grundprobleme der Gesprächstranskription

In Kapitel 3.4 wurde die Bedeutung von Zeitlichkeit und Gesprochensprachlichkeit als konstitutive Merkmale jeden Transkriptionsgegenstands für die Transkriptionspraxis erläutert. Ferner wurden auf Grundlage dieser Merkmale Probleme formuliert, vor die sich im Grunde jeder Transkribent von Interaktionsdaten gestellt sehen würde.

In Kapitel 3.5 sollen nun entsprechende Lösungsansätze vorgestellt werden. Ziel war es also, zunächst die Bedeutsamkeit bestimmter Grundfragen zu zeigen und dann die Tragweite verschiedener Vorgehensweisen zu verdeutlichen. Dabei sollen Verfahren zur Transkription verbaler Anteile im Mittelpunkt stehen. Möglichkeiten der Erweiterung von Verbaltranskripten durch multimodale Informationen werden nur dann erwähnt, wenn darstellungsspezifische Fragen, etwa zur Wiedergabe zeitlicher Verhältnisse, zu erörtern sind.

---

208 Einen Überblick über einige Untersuchungen zum Einfluss der Sprachgewohnheiten auf das Transkribieren geben Dresing/Pehl (2020: 840–841).

209 s. in Bezug auf das Sprachwissen den Vorschlag von Redder (2002: 117) zur Gradierung authentischer Datenkonstitution („Stufen der Authentizität") mit ihrem Beitrag zur Untersuchung von Unterrichtskommunikation.

3.5.1 Darstellung von Zeitlichkeit

Verbaltranskripte sollten mindestens drei Aspekte erfassen:

(1) den Inhalt eines Gesprächs, also *was* genau geäußert wird (und *warum*), in allen Details;
(2) die Realisierungsform der sprachlichen Äußerungen, also *wie* etwas genau geäußert wird;
(3) den Zeitpunkt der sprachlichen Äußerungen, also *wann* genau etwas geäußert wird.[210]

Diese Aspekte müssen auch bei multimodalen Transkriptionsverfahren erfasst werden, die vor allem das mehrdimensionale Zusammenspiel verschiedener Ausdrucksmodalitäten festzuhalten versuchen. Eine komplette Erfassung aller drei Aspekte wird jedoch umso schwieriger, je mehr Phänomene und Feinheiten ins Spiel kommen. Zudem erhöht die Einbindung von multimedialen Elementen, zum Beispiel von Standbildern als Anschauungshilfe, die Komplexität, insbesondere bei der Organisation der begrenzten zweidimensionalen Transkriptfläche, die sowohl für Analyse- als auch für Anschauungszwecke stets übersichtlich, lesbar und zugänglich zu sein hat. Deshalb sollen im Folgenden zunächst verschiedene Organisationsformen der Fläche[211] (Layoutprinzipien) hinsichtlich ihrer zeitlichen Implikationen vorgestellt werden, ehe dann im nächsten Unterkapitel unterschiedliche Verschrift(lich)ungsmethoden zur Sprache kommen sollen.

Bei der Darstellung zeitlicher Verhältnisse interaktiver Handlungssequenzen unterscheidet man, wie in der folgenden Abbildung zu sehen, zwischen der Partiturdarstellung (engl. *partiture*), der Zeilendarstellung (engl. *vertical*) und der Spaltendarstellung (engl. *column*).[212]

---

210 Vgl. ferner Bergmann (1988b: 19) und Dittmar (2009: 81–82).

211 Der Ausdruck *Organisationsformen der Fläche* stammt von Ehlich (2012: 41) als Beitrag zur Erforschung von Schrifträumen und Schriftbildlichkeit. Zum Potenzial der Schrift zur Verknüpfung von Sprachlichem und Bildlichem, unter anderem zur Verräumlichung von Sprache, s. Krämer/Cancik-Kirschbaum/Totzke (2012).

212 Beispiele verschiedener Layoutprinzipien und damit arbeitender Transkriptionskonventionen aus dem deutsch- bzw. englischsprachigen Raum diskutieren unter anderem Dittmar (2009), Edwards (1992b, 2001, 2009), Edwards/Lampert (1993), Kowal/O'Connell (1995) und Redder (2001). Einen älteren Überblick über die methodische Entwicklung der Transkriptionsverfahren geben außerdem Ehlich/Switalla (1976). Eine Diskussion dieser Layoutprinzipien im Hinblick auf ihre texttechnologische Implementierung findet sich bei T. Schmidt (2005a: insbes. 75–177).

```
(5) VERTICAL:
    A: Did you just get [back]?
    B:                  [Yes], or rather 2 hours ago.  It was a great film.
    A: Really?

(6) COLUMN:
    Speaker A                      Speaker B
    Did you just get [back]?       [Yes], or rather 2 hours ago.
                                   It was a great film.
    Really?

(7) PARTITURE:
    A: Did you just get [back]?                                  Really?
    B:                  [Yes], or rather 2 hours ago. It was a great film.
```

Abb. 19: Möglichkeiten der Darstellung zeitlicher Verhältnisse interaktiver Handlungssequenzen aus Edwards (1993: 11)[213]

Die *Partiturdarstellung* zeichnet sich dadurch aus, dass sie die Zweidimensionalität der Fläche (auf Bildschirm oder auf Papier) zu Transkriptions- und Annotationszwecken erschöpfend nutzt. Die horizontale Dimension, die mit der Laufrichtung der Schrift zusammenfällt, dient der Abbildung sukzessiver Abfolgen von Gesprächsbeiträgen in der Form, wohingegen die vertikale Dimension der Zuordnung simultaner und quasi-simultaner Beiträge sowie der Ergänzung und Aufreihung zusätzlicher analytischer Informationen zu den transkribierten Beiträgen dient, die horizontal an exakten Zeitpunkten und markierten Zeitabschnitten verankert sind. Deshalb ist die Visualisierung von Gleichzeitigkeit in der Partiturdarstellung, wie in Abbildung 19 gut zu erkennen, wesentlich einfacher als in der Spalten- und in der Zeilendarstellung, sodass in der Partiturdarstellung die eckigen Klammern zur Markierung von Gleichzeitigkeit auch entfallen können. Transkriptpartituren erinnern im Grunde an Musikpartituren. Beide sehen eine Wiedergabe polyphoner Sequenzen vor. Das zeitliche Nacheinander wird also entlang einer fortlaufenden, zeitlich geordneten und unbegrenzt segmentierbaren Fläche in ein räumliches Nebeneinander umgesetzt und das Miteinander bzw. Parallele unter- und übereinander in eine räumliche Parallelität überführt. Aktanten werden wie Instrumente in ihrem Handlungsverlauf relativ zueinander arrangiert, was

---

213 Eckige Klammern markieren jeweils Simultansprechen.

sie in eine eindeutige zeitliche Ordnung bringt, die ihre Handlungslinien[214] durch die augenfällige grafische Trennung in den Vordergrund stellt und ihre fortlaufend gewechselten Beteiligungsrollen systematisch erfassbar macht. So erhalten alle Aktanten eigene Zeilen, sogenannte Spuren, die im benutzten Editor und am Bildschirm parallel zur rechtsläufigen Zeitachse endlos zu laufen scheinen, aber in Textdokumenten am Seitenende auf die nächste Zeile verschoben werden müssen. Jede Transkriptionsspur gilt als grafischer Ausdruck einer Handlungslinie (Ehlich/Rehbein 1982: 138; Rehbein 2001: 930). Insofern behandelt das Partiturkonzept aus methodologischer Sicht nicht die Frage nach der Anordnung einzelner Gesprächsbeiträge, sondern vielmehr die Frage, wie eine Handlungslinie eines Aktanten in Relation zur Handlungslinie eines anderen Aktanten steht. Aus methodischer Sicht lässt sich vor allem feststellen, dass Partiturformate die enge zeitliche Verschränkung aufeinander bezogener Handlungen aus einem interaktiven Setting mit mehreren Aktanten so darlegt, dass ihre Dynamik nachvollziehbar bleibt und dass wiederholt auftretende Simultanphasen sowie vielfach angelegte Annotationsebenen im Grunde übersichtlich bleiben. Dieses Format hat sich primär bei diskursanalytischen Untersuchungen durchgesetzt. Zu den im deutschsprachigen Raum altbewährten Transkriptionskonventionen, die eine Partiturdarstellung vorziehen, gehören die Konventionen der *Halbinterpretativen Arbeitstranskription* (kurz: HIAT; Ehlich/Rehbein 1976, 1979; 1981a, b; Rehbein et al. 2004; Ehlich 1993). Zu erwähnen seien hier auch die von Henne/Rehbock (2001) noch vor der Entwicklung moderner Transkriptionseditoren vorgeschlagenen Konventionen sowie die am IDS zum Aufbau und zur Pflege der Diskursdatenbank *DIDA*[215] ausgearbeiteten Richtlinien (Bodmer et al. 2002), die inzwischen nicht mehr eingesetzt werden.

Zur Transkription von Gesprächsdaten ist die *Zeilendarstellung* sowohl im deutsch- als auch im englischsprachigen Raum deutlich weiter verbreitet als die Partiturdarstellung, wie sich auch den in Kapitel 2.2.2.2 präsentierten Beispielen entnehmen lässt. Die Zeilendarstellung orientiert sich stärker an den etablierten Lesegewohnheiten. Zeilenformate sind in außerwissenschaftlichen Bereichen allseits bekannt. Man kennt sie unter anderem aus Wortprotokollen,

---

214 Der Terminus *Handlungslinie* ist der funktional-pragmatischen Diskursanalyse geschuldet. Rehbein (1977: 18) definiert eine Handlungslinie als einen Weg, der zwei oder mehr Sachverhalte über eine Zeitstrecke hinweg verbinde. Dabei können Sachverhalte durch die körperlichen, sprachlichen und mentalen Handlungen eines Aktanten entstehen oder verändert werden.

215 ‹http://agd.ids-mannheim.de/dida.shtml› (03. Juli 2021).

Theaterskripten, Drehbüchern und Dialogausschnitten in der fiktionalen Literatur. Sie sind ebenfalls in nicht gesprächsanalytischen Zusammenhängen zu finden, bei denen Gesprächsstrukturen und interaktionale Nuancen für irrelevant erachtet werden. Ihnen liegt die Annahme zugrunde, dass Gespräche schlichtweg aus Abfolgen von Sprechbeiträgen bestehen. Daher suggeriert die vertikale Anordnung der Beiträge einen geregelten Ablauf von *Ereignissen* (nicht etwa *Turns* oder *Handlungen*), die ungestört Zug um Zug nacheinander stattfinden (nicht *hervorgebracht werden*). Bei den zu gesprächsanalytischen Zwecken erstellten Zeilenformaten handelt es sich jedoch meist um „Mischformen", die vom „Prinzip der zweidimensionalen Ausweitung der Leserichtung", und vorher noch der Transkriptionsrichtung, Gebrauch machen (T. Schmidt 2005a: 101). Ähnlich wie bei der Partiturdarstellung, lassen auch sie, allerdings nur in Maßen, eine Visualisierung zeitlicher Verhältnisse zu. Zeitliche Parallelität wird nicht räumlich, sondern vornehmlich grafisch und semiotisch durch Einrückung und Klammerung (einfache oder doppelte eckige Klammer) gekennzeichnet. Zeitliche Bezüge werden in erster Linie vertikal, von oben nach unten, nicht horizontal, verankert. Anfang und Ende einer Zeile, die jeweils mit den Seitenrändern übereinstimmen, stehen für Anfang und Ende eines Beitrags. Sprecher beginnen ihre Beiträge immer zu Beginn einer Zeile. Möchte ein Transkribent mehrfache Überlappungen oder Kookkurrenzen auf verschiedenen Ausdrucksebenen wiedergeben oder sogar noch Annotationen vornehmen, dann droht ein Transkript in Zeilendarstellung optisch verzerrt zu wirken und unübersichtlich zu werden. Das Zeilenformat eignet sich deshalb besser zur Transkription von Gesprächen mit wenigen Beteiligten aus stark kontrollierten Settings, wobei Annotationen besser flach gehalten werden sollen (Dittmar 2009: 94). Trotzdem überwiegt das Zeilenformat bei konversationsanalytisch geprägten Untersuchungen. Aus dem deutschsprachigen Raum sei beispielhaft auf die Konventionen GAT (Selting et al. 1998) und ihre maschinengerecht überarbeitete Fassung GAT 2 (Selting et al. 2009) verwiesen[216], aus dem englischsprachigen Raum auf die Konventionen von Gail Jefferson (1984), die später revidiert wurden (Hepburn/Bolden 2013).

216 Nach den cGAT-Konventionen lassen sich computergestützt angefertigte Transkripte aber auch in Partituransicht erstellen; s. T. Schmidt/Schütte/Winterscheid (2015).

Eine dritte Art der Gestaltung von Transkriptflächen über die horizontalen und vertikalen Organisationsformen hinaus ist die Organisation in Form von Spalten. Diese *Spaltendarstellung* konnte sich in der Gesprächsforschung nicht durchsetzen. Die Spaltendarstellung sollte ursprünglich zur Untersuchung asymmetrisch organisierter Gespräche und nebenbei auch zur Bezeichnung der Gesprächsart (z. B. *Erwachsenen-Kind*-Interaktion vs. *Kind-Erwachsenen*-Interaktion bei frühkindlichem Spracherwerb; Ochs 1979) eingesetzt werden. Für jeden Sprecher wird eine Spalte bereitgehalten. Die Position eines Sprechers und die Spaltennummer reflektieren seine Dominanz und den Grad der Kontrolle, die er über das Gespräch hat. Zeitliche Parallelität wird vertikal durch räumliche Parallelität abgebildet. Die Ausdehnung einer Simultanphase wird semiotisch markiert. Doch im Gegensatz zur Partiturdarstellung lassen die begrenzten räumlichen Möglichkeiten nebeneinander geordneter Spalten weder genug Platz für die Transkription komplexer Interaktionsstrukturen mehrerer Interaktanten noch genug Platz für die exakte zeitliche Einordnung kookkurrenter nicht verbaler Phänomene, geschweige denn für annotierte Informationen, was bei einer Zeilendarstellung leichter zu gelingen scheint. T. Schmidt (2004b) äußert sich folgendermaßen dazu:

> Da die Analysen vornehmlich auf die Konstituentenstruktur einzelner Sätze zielen, werden Performanzphänomenen gesprochener Sprache (gefüllte Pausen etc.) und zeitlichen Abfolgen von Diskursereignissen (Überlappung von Äußerungen, redebegleitende Gesten etc.) bei der Transkription relativ wenig Beachtung geschenkt. (2004b: 204)

Heutzutage kommen Spaltenformate, wie die bislang gesichteten Arbeiten und veröffentlichten Gesprächskorpora zeigen, kaum zum Einsatz.

In diesem Unterkapitel wurde die praktische Relevanz der Ausführungen in Kapitel 3.4.1 zur Bedeutung von Zeitlichkeit als konstitutivem Gesprächsmerkmal für die visuelle und räumliche Gestaltung von Transkripten verdeutlicht. Dabei stellte sich heraus, dass in die Konzeption verschiedener Darstellungsarten jeweils theoretische Annahmen über Gespräche einfließen, die, je nach Untersuchungszweck und Transkriptionsgegenstand, gegeneinander abzuwägen sind, ebenso wie kulturelle Schreib- und Lesepraktiken und ihnen zugrunde liegende Voreingenommenheiten[217] bezüglich der Seitengestaltung (Anordnung und Ausrichtung der Beiträge, Laufrichtung der Zeit). Diese Aspekte kommen übrigens auch bei der Entwicklung moderner Transkriptionstools (Kap. 3.6.1) nach wie vor zum Tragen. Die Grenzen sämtlicher

217 s. hierzu die Ausführungen bei Ochs (1979: 45–61).

Schreib- und Lesepraktiken zeigen sich bei der Transkription mehrsprachig-mehrschriftiger Daten (z. B. arabisch-deutsch), die auch in Kapitel 5 der vorliegenden Arbeit im Mittelpunkt stehen werden. Im Folgenden sollen aber noch verschiedene Systeme zur Rekonstruktion gesprochensprachlicher Eigenheiten vorgestellt werden.

3.5.2 Grafische Umsetzung von Gesprochensprachlichkeit

Bei der grafischen Fixierung von Audiodaten gestaltet sich nicht nur die Wahl des Zeichensystems und der semiotischen Darstellungsmittel schwierig, sondern vor allem auch die Heranziehung eindeutiger Schriftzeichen aus alphabetischen Systemen sowie ihre Verbindung durch „Zuordnungen einer mindestens eingliedrigen Kette grafischer Symbole zu mindestens einer sprachlichen Repräsentation eines ‚Bündels' [...] lautlicher [...] Eigenschaften" (Richter 1982: 588). Zentrale Frage ist dabei, wie die verbalen Gesprächsbeiträge mit den Mitteln der Alphabetschrift repräsentiert werden können. In der Gesprächsforschung lassen sich allgemein zwei Tendenzen erkennen:

(a) Verfahren, die weitgehend konform mit den schriftsprachlichen Gewohnheiten gehen und – nicht ausschließlich zugunsten inhaltlicher Klarheit – in die Sprachdaten bereinigend eingreifen oder ihnen sogar ihre Eigenheiten entziehen (sprachliche Korrekturen, Weglassung von Pausen, Zögern, Stottern etc.), sowie
(b) Verfahren, die Sprachdaten – wenngleich in einem begrenzten und dafür überschaubaren Rahmen – in ihrer Natur zu belassen versuchen, um ihre konstitutiven Merkmale, unter anderem spontansprachliche Elemente, standardferne Aussprachevarianten und Phänomene sprachlicher Performanz allgemein, zu bewahren und (entsprechend der eigenen Wahrnehmung) nachzubilden.

Erstere bezeichnet Bucholtz (2000) als „naturalised transcription", letzere als „denaturalised transcription".[218] Gesprächsanalytische Vorhaben bewegen sich in einem Kontinuum zwischen beiden Extremen. Dieses Kontinuum öffnet verschiedene Möglichkeiten zur Transkription verbaler Kommunikation, die sich in puncto Normierung, Umgang mit den Phonem-Graphem-Beziehungen

218 Weitere Informationen zu diesen Ansätzen liefert darüber hinaus C. Davidson (2009: 38–39).

und lautgetreuer Notation unterscheiden. Zu den bewährten Systemen gehören unter anderem

(a) die Standardorthografie,
(b) die literarische Umschrift,
(c) der Augendialekt und
(d) die phonetische Umschrift.

Die Wiedergabe gesprochensprachlicher Phänomene gestaltet sich von (a) nach (d) leichter und präziser, zieht jedoch fortschreitend entsprechend Konsequenzen nach sich, deren Vor- und Nachteile, wie nachstehend ausgeführt, fallweise gegeneinander abzuwägen sind (z. B. Deppermann/Schütte 2008: 191–192; Dittmar 2009: 63–67; Kowal/O'Connell 1995: 120–122; Selting 2001a: 1062–1063).

Eine vergleichende Übersicht bietet Wagener (1981), der die Grundprinzipien und Unterschiede verschiedener Transkriptionssysteme aus dialektologischer Perspektive anhand der Transkription einer einzelnen Äußerung diskutiert:

1. Orthographische Transkription:
   Wo gehst du hin, sollen wir mit dir gehen?
2. Literarische Transkription:[18]
   wo gahst du hin / schüll wi mit di gahn
3. Phonologische Transkription:
   vo gae·st du hin / ʃi vi mit di ga:n
4. Phonetische Transkription:
4.1 API-System:
   vɔ̣ gaĕ·stɷhin / ʃï vɪ mitị g̊ɔ :n
4.2 Teuthonista-System:
   vϙ gaᵉstụ hin / š̆į vį miti gā̊n
4.3 System Schmitt/Wiesinger:
   vọ gα̂estụ hin / š̆y̨ vį mitį gᾱ̣n

Abb. 20: Transkriptionssysteme im Vergleich I (Wagener 1981: 155)

Das in Abbildung 20 verschriftete Beispiel stammt aus den Sprachatlanten von Georg Wenker (1852–1911), in denen eine Reihe regionaler Varietäten aus den Jahren 1876–1887 dokumentiert sind. Hier handelt sich um eine Sprecherin aus Hillerse, einer Gemeinde im Landkreis Gifhorn in Niedersachsen. Wagener hat ein und dieselbe Frage zur Veranschaulichung orthografisch, literarisch, phonologisch und phonetisch transkribiert. Je näher die

Transkription an die Lautung heranrückt, desto spezialisierter wird der Kreis der Transkribenten und Analytiker und damit auch der Leser und künftigen Nutzer der Transkripte.

Brinker/Sager (2010) ziehen einen ähnlichen Vergleich. Sie unterscheiden noch grober zwischen drei Präzisionsstufen zur Rekonstruktion sprachlicher Äußerungen in ihrer phonetischen Realisierung:

1) Phonetische Transkription
   [vɔln və nɪç ʔa̜en ʔandərəs bu:x kʊkən]

2) Modifizierte orthographische Transkription
   wolln we nich ein anderes bu:ch kucken

3) Orthographisch korrigierte Transkription
   woll(e)n we (wir) nich(t) ein anderes Buch kucken (angucken)

Abb. 21: Transkriptionssysteme im Vergleich II (Brinker/Sager 2010: 47)

Die Möglichkeiten und Grenzen, die die einzelnen Praktiken jeweils mitbringen, lassen sich jedoch erst anhand längerer Ausschnitte herausarbeiten. Einige Beispiele aus gesprächsanalytischen Beiträgen aus dem deutsch- bzw. englischsprachigen Raum zur vergleichenden Darlegung verschiedener Transkriptionssysteme und ihrer wissenschaftsgeschichtlichen Entwicklung finden sich unter anderem bei Edwards (2003), Ehlich/Switalla (1976) und Redder (2001) sowie auf dem Portal *Gesprächsanalytisches Informationssystem*[219] (GAIS) der Abteilung Pragmatik des Leibniz-Instituts für Deutsche Sprache. Auch T. Schmidt/Elenius (2010: 140–142) geben einen zusammenfassenden Überblick über bewährte phonetische und orthografische Systeme, allerdings ohne veranschaulichende Transkriptausschnitte. Weitere Beispiele zeigt Lenk (1999) aus einem stärker korpuslinguistischen Blickwinkel. Da jedoch die gesammelten Ausschnitte und die herangezogenen Systeme jeweils andere Daten repräsentieren, lässt sich in diesen Arbeiten ein Vergleich zwar ausführlicher als bei Wagener (Abb. 20) und Brinker/Sager (Abb. 21), aber dennoch weiterhin eher pauschal durchführen. Eine vergleichende Diskussion längerer Transkriptausschnitte, so wie sie über verfügbare Sprachkorpora abrufbar sind, bleibt an dieser Stelle außen vor.

---

219 ‹http://prowiki.ids-mannheim.de/bin/view/GAIS/TranskriptionKonventionen› (03. November 2021).

Standardorthografie. Eine *orthografische* bzw. *orthografisch korrigierte Transkription* befolgt die Regeln der Standardorthografie. Jegliche sprachlichen Variationen und Varianten werden als Abweichungen standardsprachlich angeglichen. Dadurch vermittelt sie dem Leser den Eindruck einer Standardlautung, die in Gesprächen oftmals nicht gegeben ist. Somit schaffe sie, so Schütte (2010: 80), „ein unzureichendes Bild der tatsächlichen Formulierungsverfahren". Ergänzte Metainformationen zur sprachlichen Zugehörigkeit der Sprecher können die geglätteten Elemente – ohne zusätzliche Annotationen, etwa in Form von Kommentaren, literarischen oder phonologischen – keineswegs ersetzen. Der Nivellierung lautsprachlicher Merkmale und normferner Realisierungen liegen prinzipiell weniger normative oder sprachpuristische Überlegungen im Sinne einer „verbalen Hygiene" (vgl. Cameron 1995) als vielmehr praktische Erwägungen zugrunde. Orthografische Transkripte sind am lesbarsten und am wenigsten zeitaufwendig zu produzieren, denn sie passen sich an die herrschenden Schreib- und Lesegewohnheiten (nicht fachkundiger Personen) an. Sie lassen sich auch mithilfe der Tastatur-Grundbelegung ohne Zuhilfenahme ungewöhnlicher Zeichen erstellen. Die Verwendung des Standardinventars gewährleistet bestmögliche Konsistenz und Maschinenlesbarkeit, wodurch sich Suchen in umfangreichen Korpora durch die Wiederauffindbarkeit lexikalischer Einheiten einfacher und präziser durchführen lassen. Eindeutig maschinenlesbare Daten lassen sich überdies leichter austauschen und vervielfältigen, ohne Informationsverluste. Trotzdem sind orthografische Verfahren im engeren Sinne, wenn ausschließlich rigoros angewandt, mehr für inhaltsanalytische als für gesprächsanalytische Vorhaben geeignet.

Literarische Umschrift. Regionalsprachliche Eigenheiten, gesprochensprachliche Elemente und kommunikativ-relevante Informationen lassen sich mithilfe einer sogenannten *literarischen Umschrift* adäquater rekonstruieren. In konversationsanalytischen Arbeiten aus dem angelsächsischen Raum sind Bezeichnungen wie *modified orthography* (z. B. Ochs 1979: 61) und *modified (English) spelling* (z. B. Sacks/Schegloff/Jefferson 1974: 734) anzutreffen. Sie haben sich gegen den lange Zeit verwendeten Terminus *literary dialect* (Ives 1950) durchgesetzt. Ein „literarischer Dialekt" erinnert zwar an gesprochene Sprache in literarischen Werken und an den Sprachgebrauch in volkskundlichen Texten, ist aber, anders als behauptet, nichtwissenschaftlichen Zwecken vorbehalten (vgl. z. B. Krapp 1960: insbes. 225–273 und die heftigen Diskussionen zwischen Fine 1983 und Preston 1982, 1983). Brinker/Sager (2010) knüpfen an das Konzept einer modifizierten Orthografie an (Abb. 21). Bergmann (1988b: 20) sieht darin die Möglichkeit einer „kontrollierten" Notation. Dabei geht es um den „Versuch [...], die bessere Lesbarkeit der Standardorthographie mit den Vorzügen der genaueren phonetischen Transkription zu verbinden" (Brinker/Sager

2010: 46), sodass grafisch Fixiertes in „eine vorgestellte Mündlichkeit“ zurückübertragen werden könnte (Redder 2002: 118). Nicht standardkonforme Realisierungen werden deshalb nicht als Abweichungen, sondern als „Normalität“ angesehen und konsequenterweise in das Schriftbild einbezogen. Klein/Schütte (2004: 3) sprechen weiter von einem „Versuch [...], die Einbußen [einer nicht phonetischen Umschrift] möglichst gering zu halten, indem sie [i. e. die literarische Umschrift] sich grundsätzlich auf das orthografische System stützt und dieses zur Präzisierung der Lautwiedergabe um eine Reihe von Sonderzeichen ergänzt, die aber bisher nicht einheitlich geregelt sind“. Ein literarischer Ansatz sei daher als eine Erweiterung standardorthografischer Verfahren aufzufassen, durch die, wie T. Schmidt (2005a: 75, 87) allerdings ausdrücklich einräumt, nicht bloß ein „Kompromiss zwischen Genauigkeit und Lesbarkeit“ erzielt werden könne bzw. solle, sondern im Grunde auch eine Genauigkeit auf phonologischer Ebene in bestimmten Fällen einer Genauigkeit auf morphologischer Ebene bewusst vorgezogen werde.

Die Wurzeln der literarischen Umschrift reichen bis in die 1950er Jahre zurück, als umfassende Tonbandaufzeichnungen phonologisch aufbereitet wurden, um eine phonometrische Grundlegung der Lautgeografie lebender deutscher Dialekte und Mundarten zusammenzustellen, für die zu jener Zeit kaum phonologische Beschreibungen existierten (Zwirner/Bethge 1958: insbes. 5–9; vgl. außerdem Kap. 3.1). Eberhard Zwirner und Wolfgang Bethge prägten diesen eher „denaturierten“ (Bucholtz 2000), phonetisch-orthografischen Ansatz wie folgt:

> Den Text, der das auf das Band Gesprochene bzw. vom Band Abgehörte in leichter lesbarer Form wiedergibt, nennen wir die literarische Umschrift. Es ist etwa die Form, in der die Mundarten in der populären Literatur wiedergegeben werden [...]. Diese Umschrift soll das Verständnis fördern, was der Sprecher meint. Deshalb sollen künftig in diesem Text phonologische Gesichtspunkte zur Geltung kommen [...]. Der Lesegewohnheit entsprechen Großschreibung, Zeichensetzung und Worttrennung [...]. Von der Orthographie soll in den Fällen abgewichen werden, wo der gesprochene Laut durch einen anderen Buchstaben oder eine Buchstabenverbindung besser wiedergegeben wird; so tritt an die Stelle von g gegebenenfalls j oder ch (janz, wenich).
> (Zwirner/Bethge 1958: 34–35)

Literarische Systeme verstehen sich somit als eine semi-standardisierte Herangehensweise an Sprachdaten, die von der Normierung schriftsprachlicher Praktiken Gebrauch macht. Eine Abweichung von den standardorthografischen Konventionen verleiht den bereits reduzierten Primärdaten eine gewisse Natürlichkeit, sodass sie nicht nur visuell, sondern, selbst bei fehlendem O-Ton, zum Teil auch akustisch für den Leser nacherlebbar werden. Allerdings legen literarische Verfahren großen Wert auf eine einerseits authentische, andererseits aber nicht mit phonetischen Details überfrachtete Transkription. Deshalb soll bei der literarischen Transkription – anders als bei einer akribischen phonetischen Transkription – kein genaues 1:1-Verhältnis zwischen Phonemen und Graphemen erreicht sowie keine umfassende Einbeziehung regionalsprachlicher und idiolektaler Variationsphänomene und Lautfärbungen angestrebt werden. Diese Phänomene und Färbungen seien lediglich in den Metainformationen als habitueller Gebrauch festzuhalten (Henne/Rehbock 2001: 60; Rehbein et al. 2004: 11; T. Schmidt/Schütte/Winterscheid 2015: 14). Erweisen sich diese Phänomene situationsbedingt jedoch im Zuge der Analyse als kommunikativ relevant, dann müssten sie eventuell, je nach Zwecksetzung, nachträglich grafisch sichtbar gemacht und beispielsweise als eine Quelle potenzieller oder tatsächlich entstandener Missverständnisse, als Manifestation sprachlicher Akkommodation, als sprecherseitiger Näherungs- oder Distanzierungsversuch etc. ausgewiesen werden. Coates/Thornborrow (1999: 595) räumen hingegen ein, dass bei einer partiellen Heranziehung literarischer Umschriften jede Abweichung von der Standardschreibung dem Leser suggerieren würde, dass die restlichen lexikalischen Einheiten einer standardnahen Artikulation nahekämen, auch wenn das nicht der Fall sei. Doch gesprochene Lautketten lassen sich oftmals ohnehin durch andere – wie Zwirner/Bethge (1958) sagen würden – „Buchstabenverbindungen" darstellen, die jedoch ausschließlich aus standardorthografischen Graphemen bestehen. Die Frage, in welchen Fällen eine divergierende „Buchstabenverbindung" erzeugt und damit von den orthografischen Regeln abgesehen werden soll, kann jedoch nur mit einem Verweis auf Ermessensentscheidungen und subjektive Kriterien, wie beispielsweise die *Analyserelevanz*, beantwortet werden.

Dennoch muss nach einer konkreten Antwort auf die Frage gesucht werden, welche groben Richtlinien für literarische Transkripte gelten sollen, deren Anfertigung den Transkribenten arbeitsökonomisch entlastet und die zudem elektronisch leicht verarbeitbar, für Analytiker unkompliziert zu handhaben sowie schnell am Computer aktualisierbar und ferner für ungeschulte Leser ebenfalls relativ einfach zugänglich sind. Es gibt de facto keine allgemein gültige Definition für den Begriff *literarische Umschrift* und damit keine einheitlichen Richtlinien bzw. keinen verbindlichen Kanon, der einen gewissen Standard und Orientierungsrahmen sicherstellt. Fest steht zumindest, dass verschiedene Transkriptionskonventionen (im deutschsprachigen Raum: z. B. HIAT, GAT/GAT 2, cGAT, DIDA) ihre eigenen Maximen und richtunggebenden Kriterien formulieren, die sich wiederum, je nach Forschungsinteresse, entsprechend umsetzen lassen. Die bei den jeweiligen Konventionen festgehaltenen Vorgaben und Spezifizierungen dienen allein der Veranschaulichung. Sie erheben in der Regel keinen Anspruch auf Vollständigkeit. Deswegen fallen bei den veröffentlichten Beiträgen unterschiedliche Tendenzen auf, selbst bei jenen, die sich auf ebendiese Konventionen stützen. Umstrittene Aspekte sind prinzipiell drei Ebenen zuzuordnen:

- der *lexikalisch-morphologischen Ebene*: Getrennt- und Zusammenschreibung, Groß- und Kleinschreibung (durchgängige Kleinschreibung etwa bei GAT vs. gewöhnliche Groß- und Kleinschreibung bei HIAT), grafische Hervorhebungen (Dehnungszeichen, Bindestriche, Unterstriche etc.), abweichende Transkription identischer lexikalischer Einheiten (orthografische Variation, z. B. „ich", „ikh" und „isch"; „sagt", „sacht" und „sackt") etc.;
- der *phonetisch-phonologischen Ebene*: zu berücksichtigende und zu nivellierende Feinheiten und Regionalismen, wie zum Beispiel Lautwandel (Konsonanten-, Vokalverschiebungen etc.), Assimilationen (z. B. „wir haben" vs. „wir ham"), Tilgungen (z. B. „ein" vs. „n",), Reduktionssilben und Kürzungen im Auslaut (z. B. „lassen" vs. „lassn"; „ich gehe mal" vs. „i geh ma"), Dehnungen (z. B. „äh" vs. „ähhh" bzw. „äh:::") etc.;
- der *interaktionalen Ebene*: darzustellende Phänomene sich entfaltender Sprache-in-Interaktion, unter anderem Interjektionen, Planungsindikatoren, Wortfindungsstörungen und weiterer kaum standardisierter Lexeme.

Eine literarische Umschrift ist also eher eine Praxis als ein Regelwerk. Es gibt nicht ein und dieselbe literarische Umschrift, sondern eine Reihe von Umschriftsystemen, die jeweils unterschiedlich aufgefasst werden. Da literarische Verfahren, wie bereits erwähnt, eine „relative große Abweichungstoleranz" zulassen, seien laut Ehlich/Rehbein (1976: 22–23) „genaue Regeln für den Grad der Bezeichnung" nicht standardsprachlicher Eigenheiten kaum aufstellbar. Eben darin besteht die Schwierigkeit einer literarischen Umsetzung in der Praxis, die mehrere nicht leicht vereinbare Bedürfnisse zu befriedigen hat. Hierzu gehören, neben den grundsätzlich maßgeblichen Maximen der Lesbarkeit, der Authentizität und der Praktikabilität, unter anderem auch ein einheitlicher Einsatz geläufiger Zeichen sowie eine weitgehende Konsistenz erzeugter Zeichenketten. Einheitlichkeit und Konsistenz sind nämlich für quantitative Analysen umfangreicherer Sammlungen, nicht zuletzt in puncto Wiederauffindbarkeit lexikalischer Einheiten in den Datenkorpora, zwingend erforderlich, was inzwischen auch für qualitative Analysen überschaubaren Datenmaterials gilt.

Augendialekt. Eine weitere Möglichkeit der Bewahrung gesprochensprachlicher Eigenheiten bietet der sogenannte „Augendialekt" (engl. *eye dialect*; auch *visual dialect*, Ives 1950: 162). Der Augendialekt wird, wie der literarische Dialekt, in erster Linie mit der Schreibung aus der Dialektliteratur assoziiert, hat sich jedoch ebenfalls in der ethnomethodologischen Konversationsanalyse, vor allem im angelsächsischen Raum, bewährt.[220] Wie Kowal/O'Connell (1995: 121) erläutern, orientiere sich die Bezeichnung *Augendialekt* wohl am grundsätzlichen Bestreben, Eigenheiten der Gesprochensprachlichkeit im Zuge ihrer medialen Überführung augenfällig und damit auch ohne O-Ton akustisch rekonstruierbar zu machen. Diese Zielsetzung findet sich beispielsweise bei Schenkein (1978), der die Motivation für die Heranziehung eines bestimmten Transkriptionssystems zur Untersuchung gesprächsorganisatorischer Verfahren, welches weitgehend an die Praktiken von Gail Jefferson angelehnt ist, wie folgt begründet:

> [O]ver the years, she [Jefferson] has developed a system of notation and transcript design intending to produce a reader's transcript – one that will look to the *eye* how it sounds to the *ear*. (1978: xi; Hervorhebungen durch die Verfasserin)

Ähnliche Zielsetzungen sind in frühen englischsprachigen Arbeiten zum Augendialekt festgehalten (z. B. Bowdre 1964: insbes. 1–13 und Krapp 1926: insbes. 523; 1960: insbes. 228). Dieses Ansinnen lässt sich ansatzweise im folgenden Transkript erkennen:

```
    (8)   [NB:52, p.266]

   1 P:   Don'tchu want me tuh come down'n getchu t'morrow
   2      en take yih down: duh the beauty parlor,
   3      (0.3)
   4 A:   What↓ for.=I jus' did my hair it looks like pruh
   5      uh pruhfessional.
   6      (0.4)
→  7 P:   Oh I mean uh: you wanna go t'the store er anything
→  8      over et the Market [Basket er anything?
                             [
```

Abb. 22: Transkript im *Augendialekt* (J. Davidson 1984: 107)

220 Zur historischen Entwicklung des Augendialekts im angelsächsischen Raum s. Bowdre (1964) und Krapp (1926).

Dieser Ausschnitt (Abb. 22) resultierte aus einer Untersuchung zur sprachlichen Konstruktion von Einladungen, Anfragen und Vorschlägen sowie von den jeweiligen Reaktionen darauf (Schwerpunkt: Ablehnungen und Nicht-Zustimmungen). Er dokumentiert ein alltägliches Gespräch, bei dem die Sprecherin P ihrer Gesprächspartnerin A anbietet, sie zum Friseur zu fahren, worauf diese abweisend bzw. zögerlich reagiert. Das Transkript entstammt dem Datenmaterial von Gail Jefferson und wurde zu analytischen Zwecken bearbeitet. Die im Beitrag zur Verfügung gestellten Ausschnitte bewegen sich im Kontinuum zwischen einer orthografisch konformen und einer orthografisch nonkonformen Notation. Nähere Informationen zum Transkriptionsverfahren sind nicht enthalten. Es handelt sich beim Augendialekt also um den Versuch einer möglichst lautgetreuen Abbildung orthografischer Art, aber in einer stärker phonologischen bzw. „pseudophonetischen Form" (Gumperz/Berenz 1993: 96; Kowal/O'Connell 1995: 121). Klein/Schütte (2004: 3) bezeichnen diese Verfahrensweise deshalb als eine „populäre phonetische Umschrift" und betonen somit den lautlichen Aspekt; Edwards (2003: 445) spricht von einer „impressionistic extension of English spelling" und stellt mit dem Erweiterungsgedanken den orthografischen Aspekt weiterhin in den Vordergrund. Im Deutschen könnte man sich diese Herangehensweise folgendermaßen vorstellen:

a. orthographische 'Umschrift', z.B.:	*Spitzbuben*
b. 'wissenschaftl.' phonetische Umschrift:	[ˈʃbɪds,buːvə]
c. 'populäre' phonetische Umschrift:	*Schbidsbuuwe*
d. literarische Umschrift:	*Spitzbuwe*

Abb. 23: Transkriptionssysteme im Vergleich III (Klein/Schütte 2004: 2–3)

Wie aus Abbildung 23 hervorgeht, bleibt der Augendialekt, der hier als „‚populäre' phonetische Umschrift" bezeichnet wird (Punkt c. in der Abbildung), für phonetisch nicht ausgebildete Leser lesbarer als die phonetische Umschrift, für einen Leser, der mit der betreffenden Varietät nicht vertraut oder in der jeweiligen Sprache nicht versiert ist, weniger zugänglich als die orthografische Umschrift (Punkt a. in der Abbildung). Die Gründe hierfür bestehen in der umfassenderen Einbeziehung lautsprachlicher Elemente und der damit einhergehenden abnehmenden Normierung und Systematisierung der Notation im Vergleich zur literarischen Umschrift. Inwieweit sich literarische Umschriften von Augendialekten unterscheiden, lässt sich pauschal nicht klären. Der

Unterschied sei eigentlich ein gradueller, so Selting (2001a: 1063). Man könne Augendialekte als eine übertriebene Form der Anwendung literarischer Praktiken ansehen, die lautliche Realisierungen in einem exzessiven Ausmaß visualisieren. Die jeweils mangelnden Anweisungen zur Handhabung einzelner Augendialekte und die kaum offengelegte Motivation für die jeweils verwendeten eigentümlichen Schreibungen erschweren nicht nur die Lesbarkeit und die intersubjektive Nachvollziehbarkeit der Daten, sondern auch die computergestützte Analyse, weil Korpus-Suchen durch die mangelnde Konsistenz und vergleichsweise geringe Vorhersagbarkeit zu suchender Elemente beeinträchtigt wird (Gumperz/Berenz 1993: 96–97; Kowal/O'Connell 1995: 120–121; Selting 2001a: 1062–1063). Unzulänglichkeiten dieser Art, die T. Schmidt (2005a) in ähnlicher Ausprägung bei literarischen Verfahren festgestellt hat (s. o.), fasst Edwards (2003; Abb. 24) für Augendialekte konkret unter den Rubriken Inkonsistenz (*inconsistency*), Mehrdeutigkeit (*ambiguity*), mangelnde Informativität (*uninformativeness*), phonetische Unzulänglichkeit (*false phonetics*) und schlechte Lesbarkeit (*poor readability*) tabellarisch zusammen:

TABLE 1. *Shortcomings of Eye-Dialect*

	Eye-Dialect	Standard English Spelling
Inconsistency	*of, uv*	*of*
	cuz, excuz	*'cause, excuse*
Ambiguity	*go::d*	*God* (rather than *goad* or *goed*)
Uninformativeness	*wuz, uv*	*was, of*
False Phonetics	*brou:ght*	*brought* (with lengthened vowel)
	askedche	*asked you* (rather than *asktche*)
	dz, wz, w'z, sm	*does, was, some*
	difference:	(entire last syllable lengthened)
Poor Readability	*tih, ahhndh, iht*	*to, and, it* (extra aspiration)
	bighta lunch, doo	*bite of lunch, to*

Abb. 24: Unzulänglichkeiten von auf Augendialekten aufbauenden Transkriptionsverfahren (Edwards 2003: 445; mit Beispielen aus Atkinson/Heritage 1984)

Eine weitere Unzulänglichkeit betrifft, zumindest aus einer eher soziolinguistischen und dialektologischen Perspektive, die Wahrnehmbarkeit des rekonstruierten Sprachgebrauchs seitens der Leser, die keinen Zugang zum O-Ton haben. So geben unter anderem Edwards (2003: 446) und Gumperz/Berenz (1993: 97) – in Anlehnung an Ausführungen zum literarischen Dialekt durch ausgewiesene Dialekt- und Volksliteraturforscher (z. B. Preston 1985, 2000) – zu bedenken, dass diese orthografischen Mischformen sowie die abwechselnden (Un-)Genauigkeiten und (In-)Konsistenzen auf der phonetischen Ebene einen unpräzisen und mitunter auch einen stereotypen Eindruck von den Sprechern erwecken würden oder durch die Fülle phonologischer Elemente sogar eine Scheinpräzision vortäuschen können. Da gesprächsanalytische Transkripte aber generell, mit Blick auf die im Vorfeld skizzierten Grundsätze (Kap. 3.2), schon allein wegen der Gefahr eines Gestaltzerfalls bei einer „Hyperkomplexität der Notation“[221] weder Vollumfänglichkeit noch grafische Perfektion geltend machen können, dürften Gesprächsanalytiker und gesprächsanalytisch interessierte Laien auch bei Augendialekt-basierten Transkriptionsverfahren mit einem entsprechenden Hinweis hinlänglich vorgewarnt sein.

Phonetische Umschrift. Den extremen Gegenpol zu einer strengen orthografischen Transkription stellt eine systematische phonetische Transkription dar. Auf der Ebene der Laute manifestieren sich gesprochensprachliche Merkmale am deutlichsten. Lautschriftzeichen gestatten es, lautliche Differenzierungen möglichst fein vorzunehmen, zum Beispiel wenn sich diese für eine Analyse als bedeutsam erweisen. Bei phonetischen Untersuchungen lassen sich ebenfalls unterschiedliche Praktiken einsetzen (z. B. Delais-Roussarie/Post 2014; Dittmar 2009: 68–79; Ehlich/Switalla 1976: 81–84; Kalusky 2017). Man unterscheidet allgemein zwischen einer breiten und einer engen phonetischen Transkription, die jeweils verschiedene Möglichkeiten einer detaillierten Erfassung der phonetischen Realisierung bieten (Almeida/A. Braun 1982: 600; Schiefer/ Pompino-Marschall 1996: 1583). Die existierenden Normen sorgen des Weiteren für eine Systematisierung des Transkriptionsprozesses. Ihre konsequente Anwendung bedarf jedoch geschulter Transkribenten, ihre Nachvollziehbarkeit eines geübten Leserkreises. Maas (1986: 248) stellt demnach die These auf, dass phonetische Transkriptionen „keine Texte fürs Lesen“ herstellen, sondern eigentlich „Anweisungen zum Lautieren bzw. lauten *Vorlesen*“ geben (Hervorhebung im Original).

221 So Deppermanns Beitrag anlässlich einer Podiumsdiskussion in Breuer et al. (2014: 274).

Eine weitere Einschränkung besteht aus gesprächsanalytischer Sicht darin, dass Lautschriften eher die Unterschiede auf der lautlichen Ebene als die Gemeinsamkeiten auf der morphologischen Ebene hervorheben. Diese Unterschiede und Differenzierungen auf lautlicher Ebene scheinen zwar für spezielle Fragestellungen phonetischer und dialektologischer Art mit Recht unentbehrlich. Für gesprächsanalytische Zwecke erweisen sie sich jedoch, wenn durchgehend vorgenommen, nicht nur in transkriptionspraktischer, sondern auch in analytischer Hinsicht offenbar als hinderlich.

Die Vielzahl der vorhandenen Praktiken, angefangen bei den streng orthografischen Ansätzen über die hybriden Methoden bis hin zu den rein phonetischen Ansätzen, die jeweils das relativ begrenzte Potenzial etablierter Schriftzeichen- und/oder Lautzeicheninventare für ihre Zwecke ausschöpfen, verdeutlicht die Schwierigkeit des Unterfangens, Gesprochensprachlichkeit und Mündlichkeit schriftlich wiederzugeben. Deshalb sollte man sich von der Idee einer überlegenen oder einer einzig wahren bzw. objektiven Darstellungsart verabschieden (so auch Bucholtz 2000: 1461). Die gängige gesprächsanalytische Transkriptionspraxis greift im Allgemeinen zu Methoden, mit denen sich Gesprächsdaten so natürlich wie möglich und so detailliert wie nötig schriftlich rekonstruieren lassen. Dabei kommen meist literarische, sprich orthografisch modifizierte bzw. orthografisch-phonologische Umschriften zum Einsatz, deren Grapheminventar – zumindest im jeweiligen Sprachraum – als allseits bekannt vorausgesetzt werden kann und die weitere (ungewöhnliche) Zeichen nicht exzessiv aufnehmen (vgl. z. B. Brinker/Sager 2010: 46–47). Es bleibt also letztlich dem Transkribenten überlassen, wo er sich in diesem „Spannungsfeld" (Rehbein et al. 2004: 11) einordnet und welche gegenstandsadäquaten Lösungswege er bei der Lösung spezieller Verschrift(lich)ungsprobleme beschreitet. Literarische Verfahren erlauben ihm immerhin eine gewisse orthografische Flexibilität und geben ihm jeden erdenklichen Spielraum für reflektierte normferne Notationen. Die Kehrseite mangelnder Vorgaben offenbart sich für den Leser jedoch spätestens dann, wenn das methodische Vorgehen nicht ausreichend offengelegt wird und selbst die Analyse keinerlei Aufschluss über getroffene Entscheidungen gibt.

Die Motivation hinter der Entwicklung teilstandardisierter Verfahren entspringt nicht nur analytischen Relevanzsetzungen (Fragestellungs- und Gegenstandsadäquatheit, Systematisierung, Einsatz computergestützter Transkriptions- und Analysemethoden etc.) und praktischen Interessen (Arbeitsökonomie, schnelle Erlernbarkeit, Rezipierbarkeit, Datenkuration etc.). Eine weitere Motivation ist nicht nur die Notwendigkeit, Transkripte und Analysen mit der wissenschaftlichen Gemeinschaft auf einer einheitlichen Grundlage zu diskutieren, etwa im Rahmen veröffentlichter Beiträge und organisierter Datensitzungen

(Schwarze 2014) oder in Vorträgen, sondern vor allem auch das Bedürfnis, Forschungskenntnisse mit dem überdisziplinären und/oder außerakademischen Umfeld zu teilen. Eines der Ziele der angewandten Gesprächsforschung[222] ist es, Transkripte als Lehr- und Lernmittel in Fortbildungen oder anderen didaktischen Settings[223] einzusetzen, um Teilnehmergruppen eine „Einsicht in ihr kommunikatives Handeln zu ermöglichen" (Becker-Mrotzek/ Brünner 1999: 183), sodass man die Erkenntnisse der Gesprächsforschung in den Dienst eines ganz bestimmten Anliegens stellt, anstatt sie auf weniger überzeugende Weise nur als schlichte Analyseergebnisse vorzustellen (Becker-Mrotzek/ Meier 2002: 18). Wenn die Daten jedoch nicht ausreichend zugänglich wirken und an die jeweiligen Rezipienten angepasst werden, dann können Adressaten ohne Fachkenntnisse möglicherweise weder eigenständig kommunikative Praktiken und Handlungsroutinen bewerten noch Problemquellen ermitteln, geschweige denn Lösungen für Problemfälle entwickeln und gemeinsam erproben.[224] Aus diesen Gründen rieten Gesprächsforscher schon in früheren Jahren – lange vor den heutzutage stetig lauter werdenden Forderungen nach effizienteren und nachhaltigeren Datenaufbereitungs- und -verwaltungsverfahren (Kap. 3.6.2) – davon ab, von Anbeginn eine „Überspezialisierung" der Transkripte bei vielfältig anzugehenden Arbeitszielen erreichen zu wollen. Aus praktischer Sicht sei es sinnvoller, Transkripte anzufertigen, die weniger anspruchsvoll sind, sich stattdessen aber laufend erweitern und schneller an verschiedene Anwendungsziele anpassen lassen (Ehlich/Rehbein 1976: 22; Ehlich/ Switalla 1976: 103–104).[225] Mit dem zunehmenden Bedarf an Standardisierung,

---

222 Zu Anwendungsperspektiven der Gesprächsforschung s. z. B. Becker-Mrotzek/ Brünner (1999), Birkner/Stukenbrock (2009), Brünner/Fiehler/Kindt (2002), Knapp et al. (2011), Meer/Pick (2019). Einen ersten Einblick über aktuelle Forschungsthemen liefert z. B. die *European Journal of Applied Linguistics.*

223 Zu gesprächsanalytischen Fortbildungen s. z. B. Becker-Mrotzek/Brünner (2002), Brünner/Weber (2009), Fiehler/R. Schmitt (2009, 2011), Fiehler/Sucharowski (1992), Liedke/Redder/Scheiter (2002), Meer (2007, 2009), Meer/Spiegel (2009), Spiegel (2009).

224 Vgl. in diesem Zusammenhang auch die methodischen Prinzipien und Postulate, die Becker-Mrotzek/Brünner (1999: 184–187) für angewandte Vorhaben formulieren: „Prinzipien der Komplexität, der Problemorientierung, der Aktantenorientierung und der normativen Orientierung". Aktuellere Überlegungen dazu bei Meer/ Pick (2019: 45–48).

225 Vgl. hierzu z. B. das sogenannte „Zwiebelprinzip" bei den GAT-Konventionen (Selting et al. 1998: 92; 2009: 356) und das Konzept der „Arbeitstranskription" bei den HIAT-Konventionen (Ehlich/Rehbein 1979: 51; Rehbein et al. 2004: 3)

nicht zuletzt zur Durchführung teilautomatisierter Analysen, neigt man dazu, teilstandardisierte Verfahren mit standardisierenden Ansätzen zu kombinieren. Transkriptionssysteme werden also weniger exklusiv begriffen. Vielmehr treten sie in ein und demselben Transkript parallel auf. So schließt die Entwicklung einer literarischen Umschrift den Einsatz der Standardorthografie oder der phonetischen Notation nicht aus, und handelt es sich dabei auch bloß um einen punktuellen Einsatz an einzelnen signifikanten Stellen oder um einen mit der in literarischer Form dargestellten Handlungslinie gleichzeitig stattfindenden Einsatz. Es sei beispielsweise auf die sogenannte „Normalisierung" als Annotationsvorgang hingewiesen:

> Normalisieren bezeichnet einen Annotationsvorgang, bei dem variierende Formen mit derselben Bedeutung vereinheitlicht werden, um sie später *einheitlich* finden zu können. Die Normalisierung im Kontext transkribierter Sprachdaten meint die *Anpassung* dieser Transkriptionsdaten an die Standardorthographie.
> (Hirschmann 2019: 93; Hervorhebungen durch die Verfasserin)

Eine *orthografische Normalisierung* bedeutet demnach, dass literarisch transkribierte Formen in ein standardorthografisches Pendant übertragen werden. So werden zum Beispiel aus den regionalsprachlichen Wörtern „zwohunnert" und „runnergugge" die normkonformen Wörter „zweihundert" und „runtergucken" (T. Schmidt 2018a: 22). Durch dieses nivellierende Eingreifen lassen sich korpuslinguistische Analysen adäquat durchführen und umfassende Korpora sowohl verwaltbar als auch langfristig nutzbar machen, ohne dass gesprochensprachliche Merkmale aus dem Transkript weggelassen werden müssen. Welchen Grad der Anpassung an die schriftsprachliche Norm man wählt, lässt sich folgerichtig nur fallweise entscheiden. Für ein hybrides Konzept wird lediglich eine ausbaufähige, mehrlagig einrichtbare Transkriptionsfläche benötigt (z. B. ein Partiturformat bei multiplen Annotationsebenen oder ein Zeilenformat bei vergleichsweise überschaubaren Annotationsebenen). Erst dann lässt sich eine Annotationszeile relativ einfach ergänzen. Gleiches gilt auch für phonetische und morphologische Transliterationsannotationen, die sich ebenfalls parallel zur Transkriptionslinie anordnen lassen (vgl. z. B. Rehbein et al. 2004: 61–69).

Zusammenfassend kann festgehalten werden, dass sich *Gesprochensprachlichkeit*, ebenso wie *Zeitlichkeit*, auf unterschiedliche Weise in einem von Schrift geprägten Medium rekonstruieren lässt. Entscheidend ist dabei, in welchem Ausmaß man sprachliche Varianten, standardferne Variationen und phonetische Realisierungen verbaler Äußerungen berücksichtigen will und/oder soll, um ein Mindestmaß an Authentizität zu erreichen. Was als Mindestmaß gelten kann, lässt sich freilich nur subjektiv bestimmen. Auch die Frage, ob das angewandte Umschriftsystem gegenstands- und fragestellungsadäquat ist, muss wiederum, genau wie bei der Auswahl des Transkriptformats zur Visualisierung zeitlicher Verhältnisse (Kap. 3.5.1), von Fall zu Fall geprüft werden. Doch mit zunehmender Bedeutung der Computertechnologie und mit fortschreitender Digitalisierung in den Geisteswissenschaften kommen in der Gesprächsforschung zusätzliche Kriterien bzw. Gesichtspunkte zur Beurteilung zweckdienlichen Vorgehens in Betracht. Immer neue Entwicklungen bei den Reproduktions-, Kurations- und Disseminationstechniken stellen immer neue Anforderungen an die Gesprächstranskription – mehr noch: Sie verlangen die Erfüllung bereits gestellter Anforderungen und sie intensivieren diesbezüglich bereits initiierte Bemühungen. Allein dieser Umgang mit den neuen und den bereits bekannten Anforderungen deutet schon auf Veränderungen in der Forschungs- und Publikationskultur datengetriebener (Teil-)Disziplinen hin (Buddenbohm/Engelhardt/Wuttke 2016). Welche Auswirkungen der Einsatz des Computers auf die Transkription jeglicher Form von natürlichen Gesprächsdaten und auf deren Verwaltung bzw. Kuration hat, soll im Weiteren präzisiert werden.

3.6 Transkriptionstools und Datenkuration

Wie in Kapitel 3.1 festgehalten wurde, kann die Bedeutung technischer Werkzeuge für empirische linguistische Forschungsvorhaben als unbestritten angesehen werden. Erst durch das mehrfache Fixieren flüchtiger kommunikativer Prozesse – zuerst in rein akustischer oder gegebenenfalls audiovisueller Form (Aufzeichnungen) und dann in grafischer, schriftbasierter Form (Transkripte) – lässt sich nämlich ein Datenbestand konstituieren, der differenzierten Analysen unterzogen werden kann.

3.6.1 Transkriptionstools

In der zweiten Hälfte des 20. Jahrhunderts begann der Computer bislang angewandte Transkriptionswerkzeuge (z. B. Stift und Papier, Schreibmaschine und Papier) abzulösen. Immer öfter kamen digitale Lösungen bei der Verarbeitung und Verwaltung erhobener Sprachdaten zum Einsatz. Die Gründe dafür waren in erster Linie wohl eher praktischer Natur, zumindest was das reine Transkribieren betrifft, schon allein wegen der besseren Bearbeitbarkeit, Recherchierbarkeit und Austauschbarkeit angefertigter Transkripte. Technische Hilfsmittel erleichtern de facto sämtliche Korrektur- und Revisionsarbeiten, die beim Transkribieren und/oder im Nachgang anfallen. Zudem vereinfachen sie das Auffinden zu untersuchender Phänomene in den Transkriptdateien mit Hilfe automatischer Suchfunktionen. Die Heranziehung technischer Hilfsmittel hat

sich ferner als vorteilhaft erwiesen, weil diese Hilfsmittel die elektronische Distribution transkribierter Daten begünstigen. Transkripte in digitaler Form lassen sich nämlich schneller und kostengünstiger reproduzieren, vervielfältigen und überregional weiterleiten als ihre analogen Träger (T. Schmidt 2002: 3–4). Weitergehende methodische Auswirkungen auf Transkription und Analyse zeigten sich jedoch erst mit der Abwendung von herkömmlichen Textverarbeitungsprogrammen (Texteditoren) und von neu entwickelten Softwaretools für die qualitative Datenanalyse hin zu spezialisierten Werkzeugen der Datenaufbereitung. Die Ausrichtung auf bestimmte Zwecke und die daraus abgeleiteten Anforderungen an Transkription und Annotation natürlicher mündlicher Daten, insbesondere Gespräche, fand verstärkt ab dem Ende des 20. Jahrhunderts statt (Bodmer/R. Schmidt 2004: 168). Zu den derzeit weit verbreiteten, frei zugänglichen Tools gehören unter anderem ANVIL, CLAN, ELAN, EXMARaLDA, FOLKER, Praat und Transcriber.[226]
Gängige Funktionen umfassen zum Beispiel:

- Zeitachsenbezug zur exakten zeitlichen Einordnung einzelner Handlungen;
- Text-Ton- und gegebenenfalls -Bild-Alignment, also eine durchgängige Verknüpfung zwischen Transkripten und zugrunde liegenden Audio- und/oder Videoaufzeichnungen, was ein zeitaligniertes Transkribieren und nicht zuletzt eine präzisere Notation zeitlicher Bezüge ermöglicht;
- Einpflege mehrerer Ton- und/oder Videodateien und einfacher Wechsel zwischen ihnen während der Arbeit an einem Transkript;
- Visualisierung der Tonspur mithilfe eines Oszillogramms;[227]
- Messung zeitgebundener Phänomene der Äußerungsprozessierung, zum Beispiel Länge von Pausen (Mikro- vs. Makropausen), auffälliges Luftholen, Schweigen, Dehnungen, Hesitationen, Stottern etc.;

---

226 Derzeit existiert nach wie vor noch kein umfassender Vergleich zwischen Transkriptionstools und ihren Merkmalen. Einen einführenden Einblick in die einzelnen Tools geben beispielsweise Dittmar (2009: 193–204), Durand/Gut/Kristoffersen (2014: insbes. in Teil 3), Rohlfing et al. (2006) und Schütte (2012). Anregungen für Auswahlkriterien finden sich auch im *GAIS*, dem „Gesprächsanalytischen Informationssystem" (GAIS 2019), sowie auf *LinguTools*, dem „Paderborner Blog rund um die linguistische Korpusanalyse" (Wille et al. 2020).

227 Möchte man mehrere Tonspuren ein und desselben Gesprächs gleichzeitig transkribieren, so wäre es sinnvoll, zu prüfen, mit welchem Editor sich die Oszillogramme mehrerer Audiodaten parallel (auf derselben Programmoberfläche) anzeigen lassen, damit man nicht zwischen den eingepflegten Audiodateien und ihren Tonspuren hin und her springen muss.

- Erweiterte Wiedergabetechniken, zum Beispiel wiederholtes Abspielen, flexibles Vorspulen, Rückspulen und Anhalten, verlangsamtes oder beschleunigtes Abhören des O-Tons etc., was die Transkription schwer verständlicher Ausschnitte oder komplizierter Stellen (z. B. Überlappungen) vereinfacht und schließlich auch die Überprüfung und Steuerung der eigenen Wahrnehmung ermöglicht;[228]
- Verarbeitung nach verschiedenen Transkriptionskonventionen;
- verschiedene Möglichkeiten manueller und/oder teilautomatisierter synchronisierter (Mehrebenen-)Annotationen;
- verschiedene Möglichkeiten manueller und/oder teilautomatisierter Segmentation;
- integrierte Werkzeuge zur prozessbegleitenden Analyse prosodischer und nonverbaler Handlungen (z. B. Oszillogramm, Spektrogramm, Video-Panel);
- uneingeschränkte Bearbeitung;
- bequeme Erweiterung, etwa zur multimodalen Transkription, zur Ergänzung fehlender Informationen, zur Verfeinerung analyserelevanter Stellen etc.;
- teilautomatisierte Qualitätskontrollen (z. B. Überprüfung von Struktur- und Segmentierungsfehlern);
- Maskierung (z. B. Verrauschen) von Audiodateien zwecks Anonymisierung bzw. De-Identifizierung personenbezogener und vertraulicher Angaben;
- Suchoberflächen (*query engines*), die verschiedene Möglichkeiten zur Anzeige einzelner Treffer bieten (z. B. *keyword-in-context*-Konkordanzen) und zum Teil auch quantitative korpuslinguistische Auswertungen erlauben;
- multimediale Möglichkeiten zur Speicherung und Ausgabe fertiger Transkripte;
- angepasste Möglichkeiten zur Datenvisualisierung (Layoutprinzipien) sowie zur Datenspeicherung und -ausgabe (HTML- oder Textdateien), unter anderem mithilfe von Hypertext- und Multimediafunktionen;
- Datenaustausch mit anderen Editoren und Korpusverwaltungstools.

---

228 Schlieben-Lange (1993: 18) zufolge, tragen die „Techniken der Verlangsamung und Wiederholung“ zu einer Entautomatisierung von Sehen und Hören bei.

Die angeführten Funktionen erheben keinen Anspruch auf Vollständigkeit. Sie werden im Grunde den Mindestanforderungen der computergestützten Transkription mündlicher Daten weitgehend gerecht, wie etwa der Rekonstruierbarkeit von Sequenzialität, Synchronizität und Multimodalität sprachlichen Handelns. Auch tragen sie zur arbeitsökonomischen Gestaltung und damit zur Effektivität des Arbeitsprozesses bei.[229] Allerdings unterscheiden sie sich offenbar von Tool zu Tool, da die einzelnen Tools jeweils ein eigenes Leistungsspektrum und -niveau bieten. Welche Funktionen in welchem Ausmaß bzw. Umfang unbedingt gebraucht werden und welche Programmoberflächen einstweilen optimal sind, bestimmen im Einzelfall die Bedürfnisse des Nutzers (z. B. forschungsspezifische Zwecke) und der Anwendungskontext.

Die Transkription im digitalen Medium eröffnet demnach vielfältige Möglichkeiten zur Aufbereitung erhobener Primärdaten. Sie geht jedoch mit technischen Einschränkungen einher, die sich unter anderem bei schriftbasierten Tätigkeiten manifestieren. Stellt man die Zeitlichkeit als Darstellungsproblem (Kap. 3.4.1) und die Mündlichkeit als Verschrift(lich)ungsproblem (Kap. 3.4.2) in den Vordergrund, so seien vornehmlich Direktionalität und Schriftzeichen betroffen. Wie bereits in Kapitel 3.4.1 erläutert wurde, drückt sich die zeitliche Progression einer Handlungslinie in der Schreib- und Leserichtung aus. Transkriptionseditoren stellen eine Zeitachse zur Verfügung, entlang der sich die zu rekonstruierenden Handlungen zu entfalten haben, sowie Spuren bzw. Zeilen zur Notation der jeweiligen akustischen und visuellen Eindrücke, die sich auf die Zeitachse beziehen, und zur Ergänzung zusätzlicher Informationen, die ebenfalls entsprechend einzuordnen sind. Probleme treten auf, sobald die Ausrichtung der Programmoberfläche und die Laufrichtung der Schrift auseinandergehen, also bei einer rechtsläufigen Transkriptionsfläche und einer linksläufigen Schrift. Betroffen seien einsprachige Daten und mehrsprachig-mehrschriftige Daten gleichermaßen. Bei einsprachigen Daten fehlen einem als Nutzer oft die Ressourcen für eine Umprogrammierung und Umstrukturierung einer Programmoberfläche. Bei mehrsprachig-mehrschriftigen Daten steht angesichts der abzubildenden Linearität und zeitlichen Progression eine geeignete Lösung (noch) aus (Kap. 4.1.2). Die Einschränkungen, die sich aus

229 Vgl. erste Empfehlungen zur Arbeit mit spezialisierten Transkriptions- und Annotationseditoren bei der Handreichung der Deutschen Forschungsgemeinschaft zu datentechnischen Standards und Tools bei der Erhebung mündlicher Korpora (DFG-Fachkollegium 104 „Sprachwissenschaften" 2019: insbes. 7–8), auf die sich einige Fachwissenschaftler der Korpuslinguistik und korpuslinguistisch arbeitender Einzeldisziplinen geeinigt haben.

dem visuellen Fixieren und medialen Überführen mittels Schrift ergeben, dürften wohl durch die Anwendung eines herkömmlichen Textverarbeitungsprogramms, wenn auch nicht vollständig, so doch zumindest für bestimmte Forschungszwecke hinlänglich zu beheben sein (Kap. 4.1.1). Eine weitere Problemquelle der Arbeit mit digitalen Tools bildet das Zeicheninventar. Zu klären wäre also, welche Schriftsätze und welche Zeichensysteme das jeweilige Transkriptionstool unterstützt. Zudem stellt sich die Frage, wie notwendige Zeichen, die über die (lateinische) Standardtastaturen nicht verfügbar sind (z. B. Grapheme, Lautschriftzeichen, Diakritika, Symbole), abgerufen werden können und inwieweit sie kodierbar bleiben. Selbst wenn die verfügbare Zeichenkodierung alle Zeichen der betreffenden Sprachen abdeckt und integrierte Bildschirmtastaturen die Notation möglich machen, müsste immer noch geprüft werden, inwieweit solche Tastaturen wirklich eine tragfähige Lösung für die Aufbereitung umfangreicher Daten darstellen, vor allem hinsichtlich der Auswirkungen auf den Transkriptionsfluss und hinsichtlich konkret veränderter Schreibgewohnheiten samt Zeitaufwand, den das Drücken jeder Taste auf der virtuellen Fläche beansprucht (Kriterium der Bequemlichkeit und Praktikabilität).

3.6.2 Datenkuration

Erweitert man als forschender Transkribent den Blickwinkel, um die Phasen nach dem reinen Transkribieren (inklusive aller damit verbundenen technischen und analytischen Erwägungen) und somit konsequenterweise den gesamten Lebenszyklus aufzubereitender Daten[230] mit in Betracht zu ziehen, dann wird man sich bewusst, dass es eine übergeordnete Aufgabe bei der Arbeit mit empirisch gewonnenen Sprachdaten gibt, nämlich ihre Kuratierung. Im Zuge einer zunehmenden Beschäftigung mit dem Forschungsdatenmanagement in den zunehmend digital arbeitenden Geistes- und Sozialwissenschaften (z. B. Borgman 2010, 2015; Hartig/Soßna 2016; J. Ludwig/Enke 2013; Putnings/Neuroth/Neumann 2021; Harvey 2012; Mauer/Recker 2019) hat sich im letzten Jahrzehnt in deutschsprachigen Diskussionen um die Verwaltung linguistischer

230 Einführung in die Stationen des Datenlebenszyklus allgemein unter: ‹https://www.forschungsdaten.info/themen/informieren-und-planen/datenlebenszyklus/› (03. Juli 2021).
Ausführliche Informationen bei J. Ludwig/Enke (2013: 14–46).

Ressourcen immer stärker der Terminus *Datenkuration* als Übersetzung des englischen Terminus *data curation* durchgesetzt.

Die Etymologie des Begriffs *Kuration* hat ihren Ursprung im lateinischen Verb *curare*, das weitgehend auf heilende Tätigkeiten zurückgeht: „jemanden/etwas pflegen", „für jemanden/etwas sorgen", „jemanden/etwas behandeln", „etwas verwalten" und Ähnliches (Langenscheidt 2021; Niederau 2021). *Datenkuration* umfasst also im Prinzip eine Reihe von Vorkehrungen und Maßnahmen, die auf eine langfristige Vorhaltung und Pflege von Forschungsdaten abzielen, damit diese Daten für Dritte möglichst auf Dauer zugänglich und bei Bedarf auch nachnutzbar werden:

> Datenkuration dient der *Findbarkeit*, *Verständlichkeit* und *Nutzbarkeit* von Datensätzen, die in Infrastrukturen aufbewahrt werden. Es handelt sich im Rahmen des Datenmanagements um eine *langfristige* Service-Aufgabe, die zusätzlich zur ‚Basisdienstleistung' der bloßen Speicherung anfällt (*Langzeitarchivierung*). Diese Service-Aufgabe beinhaltet die kontinuierliche *Pflege* der Metadaten sowie das *Sicherstellen* der inhaltlichen und fachlichen Nachnutzbarkeit von Daten [...]. Die bloße Ablage unkuratierter Daten durch Forschende leistet dies nicht und reduziert das *Wertschöpfungspotenzial* im Datenlebenszyklus.
>
> (Rat für Informationsinfrastrukturen 2016: 6; Hervorhebungen durch die Verfasserin)

Aus der angeführten Begriffsbestimmung geht hervor, dass Kurationsmaßnahmen nicht allein auf den Erhalt von Daten im Sinne ihrer „bloßen Speicherung" auf einem Datenträger und Aufbewahrung in einem geschützten Repositorium abzielen. Die Wichtigkeit ihrer Speicherung, sei es aus Gründen der Dokumentationspflicht[231] oder zum Zwecke einer späteren Einsicht, bleibt freilich unbestritten. Wichtiger als die Langzeit*archivierung* der Daten ist allerdings ihre Lanzeit*verfügbarkeit*, mehr noch ihre langlebige Zugänglichmachung. „Langzeit", so Liegmann/Neuroth (2010: 3), „bedeutet für die Bestandserhaltung digitaler Ressourcen nicht die Abgabe einer Garantieerklärung über fünf oder fünfzig Jahre, sondern die verantwortliche Entwicklung von Strategien, die den beständigen [...] Wandel bewältigen können." Wandel können technologische Erneuerungen und veränderte soziokulturelle Rahmenbedingungen

---

231 Vgl. hierzu die Vorgaben von forschungsfördernden Organisationen. Erwähnt sei beispielsweise die Deutsche Forschungsgemeinschaft, die geförderte Einrichtungen und Wissenschaftler dazu verpflichtet, Forschungsdaten (samt zur Auswertung führenden Ressourcen) mindestens zehn Jahre intern oder extern – „in der eigenen Einrichtung oder in einer fachlich einschlägigen, überregionalen Infrastruktur" – sicher zu archivieren (Deutsche Forschungsgemeinschaft 2015: 1).

ebenso hervorrufen, wie neue Forschungsschwerpunkte, -methoden und -umgebungen, modifizierte fachspezifische Standards oder auch neue Bedürfnisse von Nutzern bereits existierender digitaler Ressourcen. Um Langlebigkeit zu sichern, reicht deshalb nicht die Qualitätssicherung des Aufbereitungsprozesses. Entscheidend sind Maßnahmen, die eine transparente Vermittlung von verarbeiteten Daten gewährleisten und die den Weg hin zur Konstitution dieser Daten (z. B. anhand von Metainformationen und Dokumentationen) intersubjektiv nachvollziehbar und überprüfbar (i. e. validierbar) machen. Eine effektive Kuration würde somit einen geregelten, aber einfachen *Zugriff* auf bereitgestellte Daten sowie ihre *gegenwärtige Verständlichkeit* und *Analyse* ermöglichen, ja sogar ihre *Reproduktion* und *Anschlussmöglichkeiten* für spätere, eventuell auch interdisziplinäre Vorhaben, sprich *Sekundäranalysen* oder *Nachnutzung* zur *Neuauswertung* samt der dafür erforderlichen *Bearbeitung* und *Zitierung* dieser Daten (Oßwald/Scheffel/Neuroth 2012: 16–17; Weber/Piesche 2021: 328). Man spricht in diesem Zusammenhang auch von der konsequenten Umsetzung der sogenannten FAIR-Prinzipien: Auffindbarkeit (*to be findable*), Zugänglichkeit (*to be accessible*), Interoperabilität (*to be interoperable*) und Wiederverwendbarkeit (*to be reusable*).[232] Die genannten Teilaufgaben erfordern mithin bewusste aktive Schritte und eine laufende Infragestellung getroffener Entscheidungen, sowohl vor als auch nach der Veröffentlichung eigener Daten und Erkenntnisse.[233] Mit Blick auf den zeitlichen, fachlichen und personellen Aufwand, den akribische Kurationsarbeiten in Anspruch nehmen, werden derzeit zunehmend Forschungsverbünde und wissenschaftliche Dienstleistungseinrichtungen gefördert, die Forschern vor, während und nach ihren Projekten mit Rat und Tat zur Seite stehen.

An dieser Stelle sei ein kurzer Blick auf die computergestützte Transkription als Maßnahme zur Kuration mündlicher Daten erlaubt. Natürliche Gespräche sind schwer zu erheben, unter anderem aufgrund des herzustellenden Feldzugangs, der zu überwindenden bürokratischen Hürden beim Einholen fehlender Aufzeichnungsgenehmigung und der Durchbrechung der Intimität in gewissen Gesprächssituationen. Die systematische Aufbereitung von Aufzeichnungen ist an sich schon mühsam und wird noch viel mühsamer, wenn Daten in großem

232 Zur „FAIRness“ von Transkriptionsdaten s. Hedeland (2022).

233 Einen Einblick in zu bedenkende Aspekte beim Umgang mit Forschungsdaten und ihre Tragweite gewährt darüber hinaus auch die Informationsseite der DFG: ‹https://www.dfg.de/foerderung/grundlagen_rahmenbedingungen/forschungsdaten/index.html› (03. Juli 2021).

Umfang und nicht nur für eigene Zwecke, sondern weitgehend auch zu Zwecken nachhaltiger Nutzbarmachung aufbereitet werden. Unter diesen Umständen sollte man sich vorab fragen, ob Aufwand und Nutzen in einem adäquaten Verhältnis zueinander stehen. Und man sollte sich auch im Laufe der Arbeit immer wieder vergegenwärtigen, ob dieses Verhältnis weiterhin ausgewogen ist.[234]

Ein Grundproblem der gesprächsanalytischen Beschäftigung mit authentischem Datenmaterial besteht laut Glas/Ehlich (2000b) in ihrer „Projektgebundenheit“. Das heißt, dass aufbereitetes Material in Form von Transkripten über den befristeten Forschungsrahmen hinaus eigentlich kaum für andere Projekte genutzt werden könne, und wenn doch, dann stehe es der wissenschaftlichen Öffentlichkeit oft in nicht hinlänglich brauchbarer Form zur Verfügung, sondern beispielsweise nur als Auszüge oder als analoge Exemplare[235]. Kaum zugängliches Material in diesen Fällen stelle also keinerlei Mehrwert dar, wohl aber ein unausgeschöpftes Potenzial für aufbauende und/oder neue Untersuchungen. Deswegen werden die Forderungen nach zuverlässigen Standards für die digitale Verwaltung umfangreicher Forschungsdaten lauter. So plädieren T. Schmidt et al. (2006) dafür, das Potenzial entwickelter Sprachressourcen über die jeweiligen Projekte hinaus freizusetzen, um der Erweiterung bestehender „Datenfriedhöfe“[236] (*data graveyards*) und der Unzugänglichkeit aufbewahrter Datensammlungen für Dritte entgegenzuwirken (so auch Hedeland/Jettka/Lehmberg 2014; vgl. außerdem Dipper et al. 2006).[237]

Erste Aufrufe zur systematischen Einrichtung digital nachnutzbarer Transkriptarchive kursieren anscheinend seit den 1970er Jahren (z. B. Ehlich/Ramge/Switalla 1976; vgl. auch Kap. 3.1). Doch mit einem wachsenden Bewusstsein für den erheblichen Aufwand, der von der Konstitution bis hin zur Dissemination gesprochensprachlicher Daten betrieben werden muss, werden aktuell ernsthafte konzertierte Bemühungen unternommen, um gute Praktiken zur Sicherung der Nachhaltigkeit erzeugter Sprachressourcen zusammenzutragen. In letzter Zeit hat man sich in den gesprächsanalytischen

234 Vgl. hierzu Schubert (2018: insbes. 3) mit ihrem Beitrag zu den Herausforderungen der Digitalität in den Geisteswissenschaften.

235 Vgl. hierzu auch die Kritik von T. Schmidt (2005b: 105).

236 Zum Begriff *Datenfriedhof* zur Beschreibung ungenutzter aufbereiteter linguistischer Datenbestände als verschwendete Ressourcen s. auch Klein (1993: 49), der auf damals bestehende Sammlungen und Archive exemplarisch verweist.

237 Zum Thema *Best Practices* bei Aufbau und Dissemination von Gesprochene-Sprache-Korpora s. Drude et al. (2014), Ruhi et al. (2014) und P. Wittenburg/Trilsbeek/F. Wittenburg (2014).

Disziplinen auf projektübergreifende Transkriptions- und Kurationsstandards geeinigt. Verwiesen sei beispielhaft auf die ISO 24624 (Internationale Organisation für Normung 2016), auf die Handreichung des DFG-Fachkollegiums 104 „Sprachwissenschaften" (2019) und auf die seit 2019 laufende Arbeit des an der Universität Hamburg angesiedelten BMBF-Verbundprojekts *QUEST: Quality – Established: Erprobung und Anwendung von Kurationskriterien und Qualitätsstandards für audiovisuelle, annotierte Sprachdaten* (Arkhangelskiy/Hedeland/Riaposov 2021; Hedeland 2021)[238]. Das Hauptaugenmerk liegt dabei jedoch meist auf allgemeinen (informations-)technischen Aspekten. Andere bemerkenswerte Initiativen bemühen sich um eine Vereinfachung der gemeinsamen Nutzung veröffentlichter Datenbestände (nach Klärung ethischer und urheberrechtlicher Fragen[239]), aber auch um eine Begünstigung der interdisziplinären Forschung und um eine Verbindung von qualitativen und quantitativen Auswertungsverfahren. Erwähnt sei als Beispiel das Projekt *Zugänge zu multimodalen Korpora gesprochener Sprache: Vernetzung und zielgruppenspezifische Ausdifferenzierung* (ZuMult).[240] Gefördert wird dieses Projekt von der DFG im Bereich *Wissenschaftliche Literaturversorgungs- und Informationssysteme* (LIS) zur Unterstützung von Informationsinfrastrukturen für Forschungsdaten. Bei diesem Projekt haben sich seit 2018 verschiedene Partner – das Hamburger Zentrum für Sprachkorpora (HZSK), das Herder-Institut an der Universität Leipzig und der Programmbereich *Mündliche Korpora* des Leibniz-Instituts für Deutsche Sprache (IDS) – zusammengeschlossen, um „den Zugang zu Korpora gesprochener Sprache zunächst auf eine gemeinsame vernetzte Basis zu stellen und davon ausgehend Zugangswege zu entwickeln, die für die Bedarfe spezifischer Nutzergruppen optimiert sind" (T. Schmidt 2018b). Ziel sei also, eine Grundarchitektur für den Zugriff auf Sprachkorpora zu bilden, die Datenrepositorien und verschiedene Nutzergruppen miteinander vernetzt, indem sie

---

238 Weitere Informationen zum Projekt unter: ‹https://www.slm.uni-hamburg.de/ifuu/forschung/forschungsprojekte/quest/ueber-das-projekt.html› (03. Juli 2021).

239 Zu rechtlichen Aspekten bei der Handhabung von Sprachkorpora s. einführend z. B. die Handreichung der Deutschen Forschungsgemeinschaft (DFG-Fachkollegium 104 „Sprachwissenschaften" 2013). Dienstleistungseinrichtungen für die Verwaltung digitaler Sprachressourcen können hierzu auch allgemein beraten, wie der CLARIN-D Legal Helpdesk: ‹https://www.clarin-d.net/de/hilfe/rechtliche-fragestellungen› (03. Juli 2021).

240 Weitere Informationen zum Projekt unter: ‹https://zumult.org/› (03. Juli 2021).

ihnen bereits kuratierte Daten einfacher und effizienter zugänglich mache und diese (bis zu einem gewissen Grad) an ihren Anwendungsbedarf anpasse.

Zusammenfassend lässt sich somit sagen, dass die Bemühungen um eine adäquate Kuration von Forschungsdaten dazu beitragen sollen, das Nachnutzungspotenzial der Daten zu erhöhen und neue Zugriffsmöglichkeiten zu schaffen, um ihre Reichweite zu vergrößern. Damit wachsen nicht nur die Ansprüche der Rezipienten an die Qualität der Daten, sondern auch ihre Erwartungen an die Darlegung der zur Analyse führenden Gedankengänge (T. Schmidt 2015: 41). Eine Zugänglichmachung geht demnach mit einem gewissen Kritikrisiko einher und deshalb auch mit der Notwendigkeit, den Aufbereitungs- und Analyseprozess nicht nur zu dokumentieren, sondern auch möglichst transparent zu machen. Eine Dokumentation zur Sicherung des nachhaltigen Zugangs zu den Daten bringt darüber hinaus den Transkribenten dazu, die von ihm zugrunde gelegten Güte- und Kurationskriterien regelmäßig zu überdenken. Wie unter anderem bereits in den Vorüberlegungen zu Kapitel 3.4 erörtert wurde, zwingen sowohl Forschungsrahmen als auch technische Beschränkungen sowie Anforderungen der Praxis zu einer bewussten „Preisgabe" einiger wissenschaftlicher Ansprüche zugunsten anderer, also zum Beispiel zu einer Reduktion von Detailfülle zugunsten einer menschenlesbaren Darstellung durch die Gewichtung einzubeziehender Phänomene aus den Aufzeichnungen. Eine überschaubare Detailfülle wirkt sich nicht nur auf die Lesbarkeit, sondern auch auf die Recherchierbarkeit von Transkripten positiv aus. Ein effektiver Einsatz computergestützter Verfahren beim orthografischen Transkribieren bedarf nämlich, außer der Anwendung konventionalisierter Methoden bei der Visualisierung und Verschrift(lich)ung, auch einer gewissen Standardisierung beim Umgang mit gesprochensprachlichen Eigenheiten auf der phonetischen Ebene. Je mehr Variationen ein Text aufweist, desto schwieriger wird es, Wortformen vorherzusagen und Korpora auf bestimmte Phänomene hin zu durchsuchen. Quantitative Untersuchungen wären bei einer erschwerten Auffindbarkeit nur begrenzt durchführbar, ebenso wie Sekundäranalysen durch Dritte. Annotationsebenen stellen einen möglichen Lösungsweg dar, um maximale Konsistenz zu erreichen, ohne dass die Daten an Authentizität einbüßen. Transkribenten könnten sich für mehr Variationen in den verbalen Spuren entscheiden und dabei gleichzeitig eine orthografische Normalisierung, also eine Art Nivellierung phonetischer Variationen (Kap. 3.5.2), in den Annotationsspuren leisten, ja sogar (je nach Bedarf und Möglichkeit) eine Lemmatisierung durchführen, sprich eine „regelbasierte automatische Zuordnung aller Flexionsformen, umgangssprachlichen und dialektalen Varianten zu einer Grundform, einem

‚Lemma'" (Bodmer et al. 2002: 214). Eine Assimilation, wie zum Beispiel bei der Formulierung „haste", würde man dementsprechend standardsprachlich als „hast du" notieren und dann unter „haben" lemmatisieren. Die einzelnen Verfahren, die sich zum Teil automatisch ausführen lassen (s. dazu z. B. Hirschmann 2019: 21–73; T. Schmidt 2016: 134–138; Winterscheid et al. 2019), können in dieser Arbeit nicht weiter diskutiert werden. Festzuhalten ist jedoch, dass der Einsatz des Computers zur *nachhaltigen* Transkription natürlicher Gespräche in der Praxis methodischen Anforderungen zu unterliegen hat. Ebendiese Anforderungen (Mensch- und Maschinenlesbarkeit, Nachvollziehbarkeit, Konsistenz, Recherchierbarkeit, Bearbeitbarkeit, Anschlussfähigkeit etc.) liefern auch für die Aufbereitung arabischer Sprachdaten (Kap. 5) die wesentlichen handlungsleitenden Maximen.

3.7 Zusammenfassung

In Kapitel 2 wurden verschiedene Methoden zur Transkription arabischsprachiger Daten erfasst, verglichen und auf ihre Anschlussfähigkeit an die Gesprächsanalyse hin geprüft. In Kapitel 3 richtete sich das Augenmerk auf allgemein gültige Grundlagen der computergestützten gesprächsanalytischen Transkription. Ihre Prinzipien wurden so skizziert, dass die in Kapitel 2 formulierten Feststellungen aus sprachübergreifender Sicht nachvollziehbar werden. Auf dieser Grundlage lässt sich dann in Kapitel 4 der Gestaltungsspielraum bei einer mehrsprachig-mehrschriftigen Transkription, wie im Fall arabisch-deutscher Daten, ableiten und infolgedessen auch die Motivation bei der Weiterentwicklung einer literarischen Umschrift für Arabisch methodologisch untermauern.

Kapitel 3.1 skizzierte den Weg bis zum Punkt, an dem sich die allgemeine Sprachwissenschaft den Themen Mündlichkeit und Gesprächsdaten zuwandte, was zur Entwicklung einer interaktionsorientierten Transkription führte. Kapitel 3.2 widmete sich dem grundlegenden Verständnis gesprächsanalytischer Transkription. Die einzelnen Annahmen machten deutlich, warum Gesprächstranskripte nicht auf eine Stufe mit Niederschriften oder ähnlichen protokollierenden *Text*arten gestellt werden sollten, auch wenn die Gespräche auf verbaler Ebene in einem weitgehend unveränderten Wortlaut und auf prosodischer sowie auf nonverbaler Ebene anhand relativ nüchterner und plastischer metasprachlicher Beschreibungen wiedergegeben werden. *Transkription* bedeutet im Wesentlichen, dass die einzelnen Gesprächskonstituenten und -phänomene im Moment ihrer Hervorbringung erfasst werden, um den graduellen Prozess im Vorfeld dieser Hervorbringung aufzuzeigen, wobei der rekonstruktive Prozess immer mit einem hinzunehmenden „Verlust“ einiger Informationen und kommunikativer Dimensionen einhergeht. Dennoch gilt, dass den Gesprächsdaten in diesem Prozess nicht nach und nach ihre diskursiven und situationsspezifischen Eigenheiten entzogen werden dürfen (vgl. Redder 2001: 1038; Rehbein/Mazeland 1991: 218). Kapitel 3.3 diente dazu, diese Gesprächskonstituenten einzeln aufzuführen, sodass klar wird, wie eine intrinsische Transkription der Gesprächsdaten aufgefasst werden soll. Denn die zentralen Herausforderungen erwachsen, wie in Kapitel 3.4 erklärt, aus der Anforderung, Gespräche nach Möglichkeit sogar mit ihrem Tempo und ihrem Timing, mit ihren Originaläußerungen und ihren sprechsprachlichen Eigenschaften, aus der Perspektive der Beteiligten zu rekonstruieren, und zwar ohne verfälschende bzw. trügerische Retuschen oder eingreifende Änderungen und Korrekturen inhaltlicher und sprachlicher Art, die beispielsweise infolge von Überlegungen zur thematisch-inhaltlichen und sprachlich-kommunikativen Relevanz der jeweiligen Äußerungseinheiten etc. durchgeführt werden. Zu klären war in Kapitel 3.5 demnach, mit welchen Methoden die Postulate *Authentizität des Transkribierten* und *Teilnehmerrelevanz* in der Praxis erfüllen lassen, um Zeitlichkeit, Ereignishaftigkeit und Gesprochensprachlichkeit möglichst adäquat zu reproduzieren, und wie sich ein Kompromiss zwischen den Anforderungen der Methodologie und den angebotenen Möglichkeiten der Praxis prinzipiell erreichen lässt. Inwiefern sich die einzelnen Lösungsansätze mit computergestützten Verfahren (z. B. speziellen Transkriptionseditoren) verwirklichen lassen und was bei ihrer Umsetzung im Sinne nachhaltiger wissenschaftlicher Praxis zu beachten wäre, wurde abschließend in Kapitel 3.6 thematisiert.

4 Mehrsprachigkeit und Mehrschriftigkeit im Transkript: Grundlegende Herausforderungen bei der gesprächsanalytischen Aufbereitung von Dolmetschdaten mit arabischsprachigen Anteilen

In den vorangehenden Kapiteln richtete sich das Hauptaugenmerk auf die Transkription einsprachiger Sprachdaten. Die Bezeichnung *Einsprachigkeit* bezieht sich hier auf Gespräche, bei denen die Verständigung in einer *gemeinsamen* Sprache, möglicherweise auch in einer oder in mehreren Regionalvarietät(en) stattfindet. Die Bezeichnung *Einsprachigkeit* bezieht sich hier nicht auf *einzelne* Gesprächsteilnehmer, darf also in diesem Kontext nicht als Gegenteil von Mehrsprachigkeit im Sinne einer Multilingualität verstanden werden.

In Kapitel 2 wurden wesentliche Schwierigkeiten besprochen, die bei der Transkription arabischer Daten zu bewältigen sind. Ausgangspunkt waren, neben der mangelnden Normierung bei der Verschriftung der gesprochenen Sprache (im Vergleich zur geschriebenen Sprache), die schlechte Eignung der arabischen Schrift und ihres Grapheminventars zur orthografischen Erfassung der Lautinventare gesprochener Varietäten. Das betrifft unter anderem lautliche Abweichungen zwischen Standardsprache und Regionalvarietäten, insbesondere bei den Kurzvokalen, die erstens ohnehin in der Schrift üblicherweise unterdrückt werden und zweitens mit den optional verfügbaren (über oder unter den zu vokalisierenden Konsonanten setzbaren) Diakritika im gewöhnlichen Zeichensatz (ar. *ḥarakāt*) nicht präzise genug wiedergegeben werden können (s. dazu auch Kap. 5). Gesucht werden also Praktiken zur authentischen Transkription und Dissemination arabischer Gesprochensprachlichkeit, die sich mit lateinischer Schrift nicht ohne Weiteres uneingeschränkt reproduzieren lässt. So ist unter anderem zu klären, wie phonologische Besonderheiten zu verschriftender lexikalischer Einheiten auf Arabisch mit bedeutungskonstituierender und -unterscheidender Funktion im Schriftbild entsprechend sichtbar gemacht werden können, damit sie für Mensch und Maschine besser lesbar und leichter analysierbar werden. Deswegen widmete sich Kapitel 2.2 unter anderem auch der Dokumentation verschiedener Ansätze und Verfahren zur romanisierten Verschriftung des Arabischen, mit dem Ziel, Anwendungsmöglichkeiten für die Gesprächsforschung zu ermitteln. In Kapitel 3 wurde anschließend näher bestimmt, welche methodischen Anforderungen gesprächsanalytische Vorhaben an die Verarbeitung natürlicher Daten grundsätzlich stellen. Weitere Ausführungen befassten sich mit sprachübergreifenden Annahmen in Bezug auf die Gesprächstranskription und mit einigen dringlichen Problemen einer rekonstruktiven Vorgehensweise, besonders bei der Aufbereitung arabischer Gesprächsbeiträge, sowie mit möglichen Lösungen für diese Probleme.

Das Thema *Mehrsprachigkeit im Transkript* wurde hingegen bislang nur oberflächlich angesprochen. In Kapitel 4 sollen deshalb nun folgende Fragen in den Blickpunkt gerückt werden:

(a) Welche zusätzlichen Schwierigkeiten bereitet die Transkription und Zugänglichmachung von Gesprächsaufzeichnungen, in denen mehr als eine Sprache, darunter Arabisch, vorkommt?
(b) Welche Praktiken wurden bislang zur Transkription und Zugänglichmachung arabischsprachiger Aufzeichnungen aus mehrsprachigen Kontexten angewandt?
(c) Welche Lösungswege hat die Verfasserin zur Kuratierung des erhobenen Datenbestands aus arabisch-deutschen Gesprächen beschritten?

Die Kuration von Gesprächsaufzeichnungen aus mehrsprachigen Settings bringt etliche Herausforderungen mit sich, die, je nach Untersuchungsrahmen, einen unterschiedlichen Stellenwert erhalten können (vgl. Egbert/Yufu/Hirataka 2016, Kuzu 2019: 104–105, Niemants 2012, Rehbein et al. 2004: 57–69). Gleiches gilt auch und in besonderem Maße für Daten, in denen Sprachen vorkommen, deren Schriftbild stark von der Lateinschrift abweicht und deren Transkripte für viele Leser und Nutzer (z. B. aufgrund fehlender Sprachkenntnisse) nicht verständlich sind. Die mehrsprachige Beschaffenheit der Daten wird bei Untersuchung arabisch-deutscher Gespräche in diesem konkreten Forschungsrahmen vor allem in dreierlei Hinsicht methodisch relevant, und zwar (1) für Transkribenten, die sich vor schwierige Entscheidungen gestellt sehen, (2) für Analytiker, die intensiv mit den Transkripten arbeiten, und (3) für nicht oder nur wenig sprach- oder varietätenkundige Dritte, die die untersuchten Transkriptausschnitte – soweit veröffentlicht – mitlesen und fremdsprachige Anteile verstehen wollen, um die Gedankengänge der Analytiker selbstständig zu rekonstruieren, anstatt sich mit einer kurzen Darlegung der Ergebnisse und des Analysewegs zu begnügen. Deshalb sollen im Weiteren zwei grundlegende Herausforderungen erörtert werden: (1) die Gegenläufigkeit der Schreibrichtung im Transkript (Kap. 4.1) und (2) die Übersetzung fremdsprachiger Äußerungen (Kap. 4.2). Mehrschriftigkeit und Gegenläufigkeit tangieren eigentlich primär die grafische Gestaltung beim Transkribieren, sie wirken sich aber auch auf die Analysierbarkeit angefertigter Transkripte aus. Die Zugänglichmachung fremdsprachiger Äußerungen durch Übersetzung beeinflusst die Rezipierbarkeit rekonstruierter Interaktion und die Nachvollziehbarkeit der Analyseergebnisse sogar noch stärker, wobei der Übersetzung gegebenenfalls eine weitere Funktion zugewiesen werden kann, wenn sie beispielsweise zusätzlich einen analytischen Zugriff auf die Daten ermöglichen soll. Zur Veranschaulichung dieser Herausforderungen werden Beispiele transkribierter Dolmetschdaten herangezogen. Der Stand der Praxis wird hauptsächlich anhand englischsprachiger Beispiele diskutiert, da die interaktionsorientierten Ansätze der Dolmetschforschung nach wie vor keine empirisch fundierten Beiträge zu arabisch-deutschen Gesprächen enthalten. Zur Dokumentation bisheriger Vorgehensweisen im betreffenden Forschungsprojekt werden hingegen Auszüge aus den arabisch-deutschen Transkripten angeführt.

4.1 Linksläufigkeit arabischer Schrift vs. Rechtsläufigkeit deutscher Schrift: Herausforderungen divergierender Schreibrichtungen für Transkriptionseditoren und Textverarbeitungsprogramme

Ein Grundproblem jeder computergestützten Transkription und jeder medialen Umsetzung mündlicher Daten in einem schriftbasierten Medium besteht darin, dass sie den Eigenheiten der Schrift und den Gesetzlichkeiten ihres Systems nachkommen sollen. Auch Schriften sind wiederum den Computertechnologien und den Funktionen der Transkriptionseditoren unterworfen, deren Beschränkungen sich, über die Zeichenkodierung hinaus, in der Organisierbarkeit der Transkriptfläche niederschlagen. In diesem Unterkapitel soll die Frage behandelt werden, welche Auswirkungen die Zusammenführung oder Nicht-Zusammenführung der jeweils entgegengesetzten Schreibrichtungen des Arabischen und des Deutschen auf die Analyse haben. Hierfür werden Auszüge aus Zeilen- und Partiturtranskripten herangezogen. Dabei soll stets zwischen bidirektionalen Darstellungen, die die inhärente Gegenläufigkeit der Schriften beibehalten, und unidirektionalen Darstellungen, die – aus analytischen, transkriptionspraktischen oder publikationstechnischen Gründen – diese Gegenläufigkeit auflösen und nur mit der rechtsläufigen Ausrichtung operieren, differenziert werden.

4.1.1 Praktiken bei der Transkription von Dolmetsch-Interaktionen

Wie bereits erwähnt, liegen derzeit wenige Arbeiten zu dolmetschvermittelten Gesprächen mit arabischer Beteiligung vor und damit nur eine Handvoll transkribierter Auszüge, die in wenigen Fällen mitveröffentlicht wurden. Dabei handelt es sich fast ausschließlich um Beispielsequenzen von begrenztem Umfang, die im Fließtext diskutiert werden. Umfangreiche Transkripte sind kaum zu finden, zum einen weil die bislang aufgebauten und zugänglichen Gesprächsdolmetschkorpora (z. B. ComInDat und DiK)[241], die im deutsch- und englischsprachigen Raum bekannt sind, keine Daten in arabischer Sprache enthalten, zum anderen weil die Korpora mit Anteilen in arabischer Sprache (z. B. AIM-Corpus[242]) der Öffentlichkeit nur auszugsweise im Rahmen der jeweiligen Projektpublikationen und meist ohne Korpusreferenz zur Verfügung stehen. An dieser Stelle sei darüber hinaus auf ein arabischsprachiges Korpus verwiesen, das noch im Aufbau ist, und zwar das offenbar von Mitgliedern des italienischsprachigen AIM-Netzwerks verwaltete *Telephone Interpreting Corpus* medizinischer Gespräche (Castagnoli/Niemants 2018), sowie auf ein Projekt, bei dem die geplante Transkription der arabischsprachigen Aufzeichnungen aus Ressourcengründen (noch) nicht realisiert werden konnte, nämlich das an der Universitat Autònoma de Barcelona angesiedelte Projekt *TIPp: Translation and Interpreting in Criminal Proceedings* (Orozco-Jutorán 2018).

Um ein solides Urteil fällen zu können, wurde nach Transkriptausschnitten gesucht, die über einen Turn oder eine adjazente Handlung hinausgehen. In Arbeiten, die diese Voraussetzung erfüllen, wird die angewandte Methodik

241 Die Korpora DiK und ComInDat dokumentieren Dolmetsch-Interaktionen aus gerichtlichen und medizinischen Settings. Nähere Informationen bei Angermeyer/Meyer (2021), Angermeyer/Meyer/T. Schmidt (2012) und Bührig et al. (2012). Der Zugang ist unter Angabe einer entsprechenden Begründung (Nutzung zu nicht kommerziellen Zwecken) und nach Passwortanforderung beim Hamburger Zentrum für Sprachkorpora problemlos möglich.

242 Es handelt sich bei AIM um ein interdisziplinäres Netzwerk italienischsprachiger Forschungseinrichtungen, die an der Untersuchung von Dolmetsch-Interaktionen und anderen institutionellen Gesprächen in mehrsprachigen, multikulturellen Settings interessiert sind; s. ‹http://www.aim.unimore.it/site/home.html› (19. September 2021). Englischsprachige Informationen zum Korpus geben Castagnoli/Niemants (2018). Näheres zu den zwischen 2004 und 2018 erhobenen Daten (darunter 163 arabisch-italienische Gesprächsaufzeichnungen in einer Länge von ca. 38 Stunden) finden sich außerdem unter:
‹https://www.aisv.it/aisv2019/abstracts/6NR.pdf› (19. September 2021).

in der Regel – soweit ermittelt werden konnte – nicht oder nur unzureichend aufgedeckt, ebenso wie die bewältigten und/oder ungelösten Transkriptionsschwierigkeiten, insbesondere bei der Aufbereitung arabischer Anteile. Unbeantwortet bleiben zudem Fragen nach dem Umfang des tatsächlich transkribierten (oder noch zu transkribierenden) Materials aus den erhobenen, aber nicht veröffentlichten Daten und nach dem dafür erbrachten Aufwand – ähnlich wie in vielen gesprächsanalytischen Arbeiten aus dem Bereich der Soziolinguistik, in denen einsprachige Daten herangezogen werden (Kap. 2.2.2.2). Auch in den Arbeiten, die mehrsprachige Sequenzen mit arabischen Anteilen enthalten, ist an den veröffentlichen Auszügen aus den Dolmetsch-Interaktionen oftmals keine stringente Systematik zu erkennen, vor allem was die Verschriftung arabischer Einheiten anbelangt. Die Verschriftung arabischer Einheiten deutet stattdessen auf ein intuitives Vorgehen hin, das offensichtlich nicht auf wissenschaftlichen Konventionen beruht, aber für die Verfolgung der analytischen Ziele in den betreffenden Fällen möglicherweise durchaus ausreichend sein kann. Konzentriert man sich auf die visuelle Darstellung der Interaktionsverläufe, dann erkennt man eine Dominanz der vertikalen Anordnung von Handlungssequenzen. Vorliegende Zeilendarstellungen lassen sich folgendermaßen charakterisieren:

(1) Darstellungen, die die zeitlichen Bezüge der Gesprächsbeiträge nicht umfassend kennzeichnen und ausschließlich ihre sequenzielle Entfaltung visualisieren, und
(2) Darstellungen, die zeitliche Bezüge der Gesprächsbeiträge präzisieren und auftretende Simultaneitäten entsprechend kennzeichnen.

Offenbar wird die Wahl der Darstellungsart jeweils von erkenntnistheoretischen Interessen bestimmt, mitunter aber auch von den Anforderungen durch die schriftliche und grafische Umsetzung, das heißt konkret von den Eigenheiten des eingesetzten Schriftsystems, also der arabischen Schrift oder ihrer Umschrift.

Sieht man sich nun zwei Beispiele für die erste Darstellungsart an, so zeichnet sich das erste durch eine bidirektionale Ausrichtung der Einträge aus. Die Interaktionsdynamik ist, wie nachstehend in Abbildung 25 zu sehen, als bloßes Nacheinander in arabischer und lateinischer Schrift abgebildet:

Excerpt CS5: Exclusion

Turn	Speaker	Content
1	D:	Allora signora (.) possiamo provare a dare (..) del Fastum gel in pomata (.) che però se lo deve comprare perché non ce l'abbiamo (.) due volte al giorno *So madam (.) we can try (..) Fastum gel ointment (.) but she has to buy it herself because we don't have it (.) twice a day*
2	IM:	بتعطيك (.) "بوماتا" تعمليها, لما تشتريها من "الفارماجيا" فهمتي *She is giving you (.) ointment you put it (.) buy it at the pharmacy*
3	P:	بتعطينيها؟ *Is she giving it to me?*
4	IM:	فهمتي خاطر مش موجودة عندهم هنا *They do not have it*
5	P:	ما بدها تعطينيها؟ *Doesn't she want to give it to me?*
6	IM:	معندهمش, معندهمش مش مشكل ايه..(تبتسم) كيف لو عندهم بيعطوك همة بنفسهم يعني (.) هو مفيهوش حاجة غالية فهمتي مش غالي *That's not the issue ((smiling voice)) they don't have it (.) really don't have it*

Abb. 25: Sequenzialität in einem bidirektional transkribierten Ausschnitt aus einem dolmetschgestützten Gespräch Arabisch-Italienisch (Farini 2012: 187; „Excerpt CS5")[243]

Der angeführte Ausschnitt stammt aus einem medizinischen Gespräch zwischen einer Arabisch sprechenden Patientin (P) und einer Italienisch sprechenden Ärztin (D), bei dem eine dolmetschende Person als *intercultural mediator* (IM) die Verständigung ermöglichen und damit die Behandlung der Beinverletzung erleichtern soll. Das Transkriptionsverfahren orientiere sich, so Farini (2012: 182), an den bewährten Konventionen von Jefferson (1984). Gesprächsbeiträge sind in einem Zeilenformat, in senkrechter Aufreihung untereinander eingetragen und nach Turns nummeriert, jeweils gefolgt von ihren englischen Übersetzungen in kursiver Hervorhebung. Einträge sind linksbündig gesetzt, selbst die arabischen – trotz entgegengesetzter Schreibrichtung. Unklar ist des Weiteren, warum in Turn 5 und in Turn 6 größere Leerräume zwischen einzelnen arabischen Wörtern eingefügt wurden. Das Augenmerk der Analyse liegt vornehmlich auf die Beziehungsarbeit in der Dolmetschtriade und auf der Verwendung gefühlsbetonter Ausdrücke in der Verdolmetschung. Abbildung 25 dokumentiert ab Turn 2

243 Arabische und italienische Beiträge werden hier zusätzlich auf Englisch wiedergegeben.

eine dyadische Klärungssequenz[244] zwischen Patientin und dolmetschender Person, bei der die Ärztin außen vor gelassen wird. Die dolmetschende Person fordert die Patientin zu einer Ratifizierung des Verstandenen auf, indem sie ihr in Turn 2 das Rederecht mit der Vergewisserungsfrage فهمتني (dt. „Hast du mich verstanden?") übergibt. Doch diese Nachfrage können Arabischunkundige, die sich zum Verständnis auf die englischen Informationen verlassen müssen, aus der Übersetzung nicht herauslesen, denn diese wurde nur assertiv und direktiv formuliert. Dass es sich um eine interrogative Äußerung handelt, ist nur für arabischkundige Leser erkennbar, zumal sie im arabischen Schriftbild nicht als solche (mit einem Fragezeichen) gekennzeichnet ist. Aspekte der Transkriptübersetzung und ihre Bedeutung für die Analyse sollen jedoch erst in Kapitel 4.2 näher erläutert werden. Hier soll es zunächst nur um die Tatsache gehen, dass Gegenläufigkeit durch die Verwendung der arabischen Schrift mit ihrer entgegengesetzten Schreibrichtung bei einer Zeilendarstellung – zumindest in diesem Fall – allein vom Visuellen her (ohne nähere Betrachtung des arabischen Schriftbilds) den inhaltlichen Vergleich zwischen Ausgansäußerungen und Verdolmetschungen (*non-renditions*, *reduced renditions* etc.)[245] nicht zu behindern scheint. Gleiches gilt aber auch für die später veröffentlichte Fassung desselben Ausschnitts (Farini 2013: 170), in dem die arabischen Beiträge nicht mit arabischen, sondern lateinischen Schriftzeichen und mit gleichlaufender englischer Übersetzung festgehalten wurden.[246] Mit der Entscheidung, die für jede Sprache bekannten Zeichensätze zu nutzen (wie in Abb. 25), passt man sich wohl gewissermaßen den Schreibgewohnheiten nicht sprachwissenschaftlich ausgebildeter Transkribenten an. Und mit der Entscheidung, die ursprüngliche Direktionalität der Schrift aufrechtzuerhalten, passt man sich dann letztendlich wohl auch den Lesegewohnheiten fachfremder Rezipienten an (vgl. Kap. 3.5.1).

Eine vergleichbare Praxis dokumentiert der nachstehende Transkriptausschnitt (Abb. 26). Dieser entstammt einem Forschungsprojekt zur Untersuchung der koordinierenden Handlungen gesprächsdolmetschender Personen in mehrsprachigen Krankenhäusern im Norden Italiens. Das erhobene Datenmaterial besteht aus insgesamt 150 Aufzeichnungen mit englischen, arabischen

244 Zu *clarification-turn*-Wechsel als integraler Bestandteil von Gesprächen mit Dolmetschbeteiligung s. einführend z. B. Apfelbaum (2004, 2008), Baraldi/Gavioli (2013), Bolden (2000), Knapp/Knapp-Potthoff (1985).

245 Zu den verschiedenen Wiedergabeverfahren (*renditions*) und ihrer Klassifikation vgl. Wadensjö (1992: 70–72; 1998: 106–108).

246 Die umschriftete Fassung wird bei der Besprechung der Übersetzungsmethode in Kap. 4.2.2 gezeigt; s. Abbildung 29.

und chinesischen Anteilen in teilweise verschiedenen Varietäten. Baraldi/Gavioli (2015: 55) zufolge haben Sprachkundige (u. a. „expert collaborators") die aufgezeichneten Gespräche transkribiert, und zwar gemäß den konversationsanalytischen Konventionen von Jefferson (1984) und Psathas/Anderson (1990). Die vorliegende Sequenz findet während einer Ultraschalluntersuchung statt, der sich eine Arabisch sprechende schwangere Patientin (P) unterzieht. Dabei ist sie zur Verständigung mit der Italienisch sprechenden Ärztin (D) auf die Hilfe der dolmetschenden Person (M) angewiesen. Der gewählte Ausschnitt weist eine zeilenartige Anordnung auf. Auch hier stehen die arabischen Beiträge in arabischer Schrift, darunter ihre kursiv hervorgehobene Übersetzung in englischer Sprache. Im Unterschied zu der von Farini (2012) gewährten Art der Darstellung (vgl. Abb. 25) sind die arabischen Verschriftungen, ebenso wie die lateinschriftigen Beiträge, zwar im Flattersatz formatiert, aber nicht linksbündig, sondern, wie im Arabisch eigentlich üblich, rechtsbündig. Zu beachten ist hier in erster Linie die Kennzeichnung zeitlicher Bezüge, speziell bei sich überlappenden Äußerungen.

53 D	Si gira (.) sì. Le altre volte ha partorito tutte spontaneamente? *It turns (.) yes. Previous deliveries were all spontaneous?*
54 M	Sì. *Yes.*
55 M	[ان شاء الله خير يا *[if God wants that will be good.*
56 D	[Speriamo bene – *[Hopefully -*
57 M	بتقلك حاليا هلئ موش مدور بعدو الراس *She tells you that for the moment he hasn't turned his head down*
58 P	اه اه *Mmh mmh.*
59 M	ولكن من هلئ لاول شهر واحد *But from now onto the first days of January*
60 P	اه *Mmh.*
61 M	عندك موعد التلفزة *When you have your appointment for the ultrasound test*
62 P	اه اه *Mmh mmh*
63 M	احتمال وربك كريم يدور *It is likely that it turns (.) god is generous.*

Abb. 26: Zeitliche Parallelität in einem bidirektional transkribierten Ausschnitt („Extract 4a") aus einem dolmetschgestützten Gespräch Arabisch-Italienisch (Baraldi/Gavioli 2015: 63–64)[247]

247 Pfeile wurden nachträglich hinzugefügt, um die Problematik zu veranschaulichen.

Die Sequenz dokumentiert einen geregelten Gesprächsverlauf mit weitgehend glatten Turnübergängen. Ab Turn 57 sind keine „Störungen" beim Sprecherwechsel zu verzeichnen, sodass sich das Transkript ab Turn 57 in seinem bidirektionalen Format problemlos analysieren lassen dürfte, wie bereits beim vorherigen Transkript (Abb. 25) der Fall. Schwierigkeiten bei der Lektüre treten im ersten Teil auf. Bei näherer Betrachtung von Turn 55 und Turn 56 sticht eine Gleichzeitigkeit ins Auge. Öffnende eckige Klammern markieren den Beginn simultanen Sprechens von Ärztin und dolmetschender Person. Beide untereinander stehenden Beiträge sind also parallel zu lesen. Sobald man jedoch das arabische Schriftbild in Betracht zieht, fragt man sich, wo genau das Simultansprechen ansetzt, ganz gleich ob man den arabischen Text versteht oder nicht, da die rechtsbündige Anordnung der arabischen Schrift die Erkennbarkeit des genauen zeitlichen Verhältnisses stark beeinträchtigt, obwohl die italienische Äußerung (Turn 56) und deren englische Übersetzung an dieser Stelle ausnahmsweise ebenfalls eingerückt wurde – wie immer, wenn Gleichzeitigkeit markiert werden soll. Die nachträglich von der Verfasserin der vorliegenden Arbeit eingefügten Pfeile sollen hier die negativen Auswirkungen entgegengesetzter Schreib- und Leserichtungen verdeutlichen. Simultaneität mag nämlich in der englischen Übersetzung des Arabischen und in der italienischen Verschriftung korrekt gekennzeichnet worden sein, in der arabischschriftigen Zeile jedoch offensichtlich nicht. Die eckige Klammer in Turn 55 kennzeichnet, wie anhand der Übersetzung gut zu erkennen, den Beginn der Überlappung in der Äußerung, die im Arabischen mit der Bedingungspartikel ان (an sich إن; englische Übersetzung hier: „if"), im Italienischen mit der Verbaleinheit „speriamo" (englische Übersetzung hier: „hopefully"; an sich jedoch „let's hope") beginnt. Im arabischen Schriftbild steht die Klammer allerdings erst bei der Partikel يا am Ende der Äußerung. Demnach stimmen der tatsächliche Zeitpunkt des Ereignisses und dessen Kennzeichnung im arabischen Schriftbild nicht überein. Beim erneuten Blick auf die Übersetzung in Turn 55, stellt sich nun heraus, dass die Partikel يا gar nicht ins Englische übertragen worden ist, vermutlich, weil sie meist als Vokativpartikel dient, im vorliegenden Gespräch jedoch, wie in der gesprochenen Sprache bisweilen zu Beginn einer Äußerung der Fall, von der dolmetschenden Person als Bestätigungspartikel eingesetzt worden sein könnte. Die konditional formulierte Übersetzung bildet jedenfalls weder die Verwendung als Vokativpartikel noch die Verwendung als Bestätigungspartikel ab und dürfte bei arabischkundigen Lesern Verwirrung bezüglich des Modus der Äußerung stiften, zumal die arabische Äußerung in Turn 55 nicht durch Ellipsenpunkte als abgebrochene Äußerung markiert ist. Wenn es sich tatsächlich um eine Vokativpartikel handelt, dann würde die in

Turn 55 verschriftete Äußerung angesichts des fehlenden Vokativs keine syntaktisch abgeschlossene Einheit bilden. In solch einem Fall läge eine (offensichtlich harmlose) Unterbrechung (an einer semantisch peripheren Stelle) vor, die die Ärztin in Turn 56 mit ihrem Nachtrag veranlasst hätte. Wenn es sich jedoch nicht um eine Vokativpartikel handeln sollte, dann stellen sich Fragen zur eigentlichen Bedeutung und richtigen Platzierung. Möglich wäre ja, dass die Eingabe der eckigen Klammer als fremdes Symbol in der arabischen Zeile die Reihenfolge der arabischen Wörter verdreht hat. Solch ein technisches Problem taucht nämlich in anderen Auszügen (Baraldi/Gavioli 2015: 64–65) und bei anderen Autoren auf (z. B. Garcés 2005: 198; s. Diskussion in Farag 2019a: 228). Dieses Problem lässt sich, allem Anschein nach, auf den Einsatz verschiedener Transkriptionszeichen und -symbole zurückführen, womöglich bei einer falschen Einstellung der Laufrichtung im Textverarbeitungsprogramm (rechtsbündige, aber linksläufige Einstellung). Derlei Annahmen sollen das Analyseverfahren keineswegs infrage stellen. Vielmehr sollen sie auf die Beschränkungen einer bidirektionalen Darstellung aufmerksam machen. Unklar ist, wie viele Gespräche mit Arabisch sprechenden Patienten im Rahmen des Forschungsprojekts von Baraldi/Gavioli (2015) aufgezeichnet wurden und wie viele davon in welchem Umfang nach dieser Methode transkribiert wurde. Andere Projektveröffentlichungen zu denselben Daten bedienen sich unidirektionaler Transkripte, die nur in lateinischer bzw. romanisierter Schrift angefertigt wurden, um Überlappungssequenzen korrekt wiederzugeben (z. B. Baraldi/Gaviloi 2018: 153; zur Erläuterung der Methodik s. außerdem 2007: 160 und 2013: 358).

Die beiden diskutierten Fälle unterliegen jeweils anderen Analyserahmen. Bei Abbildung 25 stehen inhaltsbezogene Aspekte im Mittelpunkt, deren Erforschung die Gegenläufigkeit der Schriften nicht im Weg steht. Eine mangelnde Erfassung zeitlicher Strukturen im Zeilentranskript kann dabei wohl in Kauf genommen werden. Bei Abbildung 26 geht es indes eher um interaktionsbezogene Aspekte. Die Beibehaltung der gewöhnlichen Schriftrichtungen und der damit einhergehenden bidirektionalen Anordnung hat sich aber in beiden Fällen als problematisch erwiesen, und zwar sowohl für die zeitliche Alignierung der Beiträge als auch für ihre Lesbarkeit und letztendlich auch für die Nachvollziehbarkeit des Interaktionsverlaufs insgesamt. Entscheidet man sich in anderen Forschungszusammenhängen nicht für eine Zeilen-, sondern für eine Partiturdarstellung, so müsste man vorab prüfen, inwieweit eine solche Darstellung bei der Arbeit mit gegenläufigen Schriften den genannten Herausforderungen standhalten kann. Lassen sich, trotz Bidirektionalität, Überlappungen und Kookkurrenzen in einem Partiturformat ansprechend und adäquat visualisieren? Können Simultansequenzen, trotz Bidirektionalität, auch bei komplexeren multiaktantiellen Interaktionen (z. B. beim Gesprächsdolmetschen) und bei verschiedensprachiger Zusammensetzung einzelner Gesprächsbeiträge (z. B. im Falle turninterner Sprachwechsel) lesbar und ohne technisch bedingte Schwierigkeiten (insbesondere ohne eine verdrehte Reihenfolge der Wörter) wiedergegeben werden? Wäre, trotz Bidirektionalität, eine intensive Aufnahme anderer Ausdrucksmodalitäten (über die verbalen hinaus) in das Transkript möglich, ohne dass die Übersichtlichkeit darunter leidet? Lassen sich, trotz Bidirektionalität, verschiedene Annotationen auf parallelen Ebenen einrichten? Diese und andere Fragen müssten im jeweiligen Forschungszusammenhang vorab geklärt werden. Konkrete, regelbasierte Praktiken einer partiturförmigen Umsetzung arabischsprachiger Dolmetschdaten aus Gesprächssettings lassen sich, nach jetzigem Stand, allerdings nicht ermitteln. Aus diesem Grund soll im nächsten Unterkapitel die Integration gegenläufiger Schriften in einem Partiturtranskript anhand eigener Daten exemplarisch getestet werden.

4.1.2 Bidirektionalität in Partiturtranskripten: Fallbeispiel aus eigener Forschungspraxis

Die Erwägungen in Kapitel 4.1.1 haben ergeben, dass die Gegenläufigkeit der Transkriptionsrichtungen in zeilenartigen Verbaltranskripten eine interaktionsbezogene Analyse nur eingeschränkt ermöglicht. Bei den beiden besprochenen Fallbeispielen (Abb. 25 und 26) enthalten die jeweils mitveröffentlichten kurzen Erläuterungen zum Transkriptionsverfahren keine Angaben zum verwendeten Transkriptionstool. Selbst wenn man zur Transkription einen speziellen Editor (nicht ein gängiges Textverarbeitungsprogramm) heranzieht, gelangt man beim Versuch, eine zweckdienliche bidirektionale Anordnung zu schaffen, schnell an Grenzen. Spezielle Transkriptionseditoren haben nämlich eine klar definierte Struktur, um das Transkribieren und nicht zuletzt die Austauschbarkeit erstellter Transkripte durch die Interoperabilität der Editoren und die entsprechende Einhaltung einheitlicher (datentechnischer) Standards zu erleichtern (vgl. Kap. 3.6.1). Auch bei Editoren, die – unabhängig von den Transkriptionskonventionen – verschiedene Formate zur Präsentation und Weiterverarbeitung der Transkripte anbieten, würde die Problematik gegenläufiger Schreibrichtung weiterhin bestehen, denn die verfügbaren Editoren, darunter ELAN und EXMARaLDA, wurden für rechtsläufige Schriftsysteme entwickelt. Bereitgestellte Transkriptionsoberflächen lassen sich im Grunde nicht beliebig ausrichten. Die Transkribenten haben sich also an der vorgegebenen Struktur zu orientieren, wie etwa der Links-Rechts-Abfolge der Segmente auf horizontaler Ebene entlang der rechts freilaufenden Zeitachse und der Oben-Unten-Anordnung der Spuren, die jeweils eine Handlungslinie und gegebenenfalls ihre Annotationen abbilden. Das Prinzip einer fortlaufenden Zeit- und Handlungslinie sieht eine gleichgerichtete Anordnung der Ereignisse vor, die mit der sukzessiven Entfaltung interaktionaler Prozesse parallel laufen soll. Ungeachtet dessen lassen sich die feststehenden Grundeinheiten (Spuren, Segmente) prinzipiell frei in beide Richtungen transkribieren, was nun im folgenden Fallbeispiel an eigenen Daten aus dem Telefondolmetschprojekt erprobt werden soll (Abb. 27).

K3 ist ein syrischer Klient mit subsidiärem Schutz. Er lebt in einer süddeutschen Kleinstadt und versucht vergeblich, seine Familie nach Deutschland nachzuholen. Beim analog vor Ort stattfindenden Beratungsgespräch mit einer Deutsch sprechenden Sozialberaterin (B1), die allerdings im folgenden Ausschnitt nicht spricht, ist K3 auf die nur akustisch wahrnehmbare Verdolmetschung des nicht physisch präsenten Telefondolmetschers (TD2) angewiesen. Im folgenden Auszug schildert der Klient, welche Probleme er im Asylverfahren erlebt hat und wie sie die Wiedervereinigung mit seiner Familie behindern. Auf Schwierigkeiten bei der Verschriftung arabischer Gesprochensprachlichkeit (regionalsprachliche und sprechsprachliche Elemente) wird in diesem Zusammenhang vorerst noch nicht eingegangen werden. Um das Augenmerk zunächst einmal auf die Transkription verbaler Handlungen, also speziell auf ihre Darstellungsweise, und auf die Bidirektionalität des Transkripts zu richten, wurden außerdem die deutschen Übersetzungen bewusst ausgeblendet, ebenso wie die Beschreibungen redebegleitender nonverbaler Handlungen. Die Problematik lässt sich nämlich möglicherweise an einem strukturell weniger komplexen Transkript leichter verdeutlichen, auch ohne ein Verständnis der arabischen Beiträge. Einbezogen wurden dennoch Angaben zur Lautstärke und Wahrnehmbarkeit, deren Notation, selbst bei einer ausschließlichen Konzentration auf Verbalität, für die Analyse der Sprecherwechselorganisation bei Telefongesprächen unabdingbar ist. Diese Notationen befinden sich im folgenden Beispiel in der Annotationsspur für audiovisuelle Phänomene ([av]).

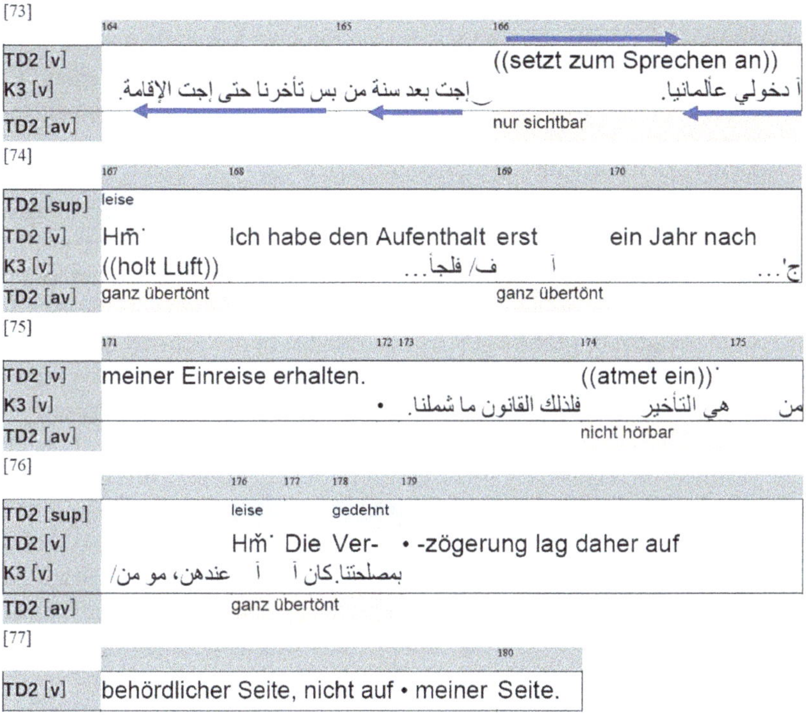

Abb. 27: Transkriptbeispiel eines TeDo-Gesprächs (TeDo3; s. Anhang I) gemäß den HIAT-Konventionen in bidirektionaler Partiturdarstellung[248]

Wie aus Abbildung 27 erkennbar wird, ermöglicht der Partitur-Editor eine horizontal linksläufige Schreibrichtung und somit eine bidirektionale Textrichtung sowie eine tridirektionale Leserichtung bei sich überlappenden Einheiten und parallelen Annotationen (links-rechts, rechts-links, oben-unten). Das Arbeitstranskript und seine Endfassung wurde in einem Ausgabeformat gespeichert, das die arabischen Zeichen weiterhin in einem gängigen Schriftformat und vor allem mit den korrekten Graphemverbindungen (Ligaturen) abbildet. Probleme der Darstellung zeigen sich in Abbildung 27 auf den ersten Blick an ständig auftretenden Unterbrechungen des Leseflusses, die einzelne

248 Blaue Pfeile wurden nachträglich hinzugefügt, um die Problematik zu veranschaulichen.

Handlungsabfolgen, interaktive Bezüge und schließlich den gesamten Interaktionsprozesses schwer nachvollziehbar machen. In der fortlaufenden Fläche ist jedes arabischschriftige Segment stets linksläufig zu lesen. Die blauen Pfeile geben die Leserichtung vor. Man setzt also beim Lesen am rechten Segmentrand an, hört am linken Segmentrand auf und blickt wieder nach rechts, um die Lektüre am nächsten rechten Rand fortzusetzen usw. usf., ganz gleich, ob das Ende eines Segments auch ein Äußerungsende markiert oder nicht. Weitere Layout-Aspekte erschweren unter Umständen die Lesbarkeit arabischer Äußerungen zusätzlich. So kann eine Komprimierung in ein DIN-A4-Seitenformat und ein entsprechender Seitenumbruch nicht nur eine versetzte Anordnung der Beiträge, sondern auch optische Verzerrungen (selbst in der Schrift) hervorrufen. Bei der zweiten, etwas sorgfältigeren Betrachtung von Abbildung 27 wird man wohl auch verstärkt auf einzelne Defizite in der zeitlichen Strukturierung des Transkripts aufmerksam werden. Dadurch, dass jedes arabischsprachige Segment nämlich von rechts nach links, entgegen der anders gerichteten Zeitachse geschrieben wird, erfolgt (zumindest mit Blick auf die steigenden Segmentzahlen) nicht nur eine versetzte Wiedergabe der einzelnen Segmente, sondern auch eine verdrehte Wiedergabe der Entwicklungsrichtung der Interaktion und der einzelnen Handlungslinien jedes Aktanten. Der Zeitpunkt, an dem ein Segmentende markiert wird, korrespondiert nicht mit dem eingetragenen Text. Somit sind turnübergaberelevante Stellen, an denen sich der Sprecher- und Hörerstatus ändert oder ändern könnte, zum falschen Zeitpunkt aligniert – zumindest aus der Perspektive eines Arabisch verstehenden Lesers. An einem späteren Zeitpunkt verzeichnete Phänomene (Pausen, Äußerungsabschlüsse, Unterbrechungen etc.) stehen nach der Logik des Editors bereits am Anfang einer Äußerung bzw. eines Segments. So beginnt Segment 164 mit einem Punkt, der den Abschluss der Äußerung markiert. Segment 165 endet mit einem Ligaturbogen, der, zeitlich gesehen, den Beginn einer neuen Äußerung im Arabischen darstellt, welche erst im nächsten Segment zu Ende transkribiert wird, um die simultane turnbeanspruchende Handlung des Dolmetschers (Ansetzen zum Sprechen) zeitlich korrekt einzutragen. Der Lesefluss stockt stärker, wenn ein Beteiligter dem Sprecher ins Wort fällt und es ihm gar abschneidet, um eine Turnübergabe zu erzwingen. Im vorliegenden Fall versucht der Dolmetscher, den Klienten zu unterbrechen, um die Dolmetscheinheiten möglichst kurz zu halten, wogegen sich der Klient jedoch wehrt. Er würde offenbar gerne sein Rederecht zurückerobern und seine Schilderungen zu Ende führen. Jede Teilung eines Segments – sei es zur Transkription gleichzeitiger Gesprächsbeiträge oder zur Ergänzung und korrekten Zuordnung annotierter Elemente, wie die im Beratungszimmer technisch bedingt übertönten und daher nicht hörbaren

Handlungen des Dolmetschers – reißt aber die Äußerungen im arabischen Schriftbild auseinander. Die daraus resultierenden Verzerrungen fallen in den Segmenten 168, 169–170 und 174–178 besonders stark auf. Die bidirektionale Darlegung in der angeführten Form kann also nicht als Arbeitsgrundlage dienen, weil die interaktionalen, zeitlich eingebetteten Phänomene für die vorliegende Analyse ernst genommen werden sollten. Eine derart defizitäre zeitliche Alignierung des Interaktionsverlaufs kann deshalb nicht in Kauf genommen werden. Gleiches gilt für Ungenauigkeiten bei der zeitlichen Gliederung bzw. Strukturierung der Daten, die beispielsweise durch minimierte Wiedergabe multimodaler oder anderweitig synchroner Aspekte oder durch Vereinfachung paralleler Strukturen im Transkript entstehen können, wenn versucht wird, Verzerrungen in der Darstellung zu vermeiden.

4.1.3 Unidirektionalität in Partiturtranskripten: Fallbeispiel aus eigener Forschungspraxis

Wie in Kapitel 4.1.2 aufgezeigt wurde, würde die Verwendung der arabischen Schrift zu Unstimmigkeiten in der Darlegung des Zeitverlaufs von Interaktion und beisteuernden Entfaltungsprozessen (z. B. auf lexikalisch-semantischer, syntaktischer oder pragmatischer Ebene) führen, sprich insgesamt zur einer versetzten und verdrehten Umsetzung der Handlungslinien von Arabisch sprechenden Gesprächsteilnehmern, was wiederum die Analysemöglichkeiten, sowohl bei einer zeilenartigen als auch bei einer partiturförmigen Transkription, erheblich einschränken würde. Nun gilt es zu prüfen, inwieweit eine lateinschriftige Transkription der arabischen Anteile die besagten Defizite beheben kann. Die in Abbildung 27 visualisierten Daten wurden so bearbeitet, dass sich die Fläche, wie in Abbildung 28 zu sehen, unidirektional mit einer von links nach rechts laufenden Schrift einrichten ließ. Dabei wurde eine (eigenständig für gesprächsanalytische Zwecke optimierte) lateinische Umschrift (s. Kap. 5) der arabischen Schrift vorgezogen. Um das Potenzial eines romanisierten Vorgehens für darstellungslogische und analytische Zwecke zu verdeutlichen, wurden analyserelevante nonverbale Aspekte in das Transkriptbeispiel aufgenommen und aus Verständnisgründen auch die Übersetzungen eingeblendet.

[73]

	164	165
K3 [v]	bass tᵓaḫḫarna ḥatta ᵓəžet əl-ᵓiqāme.	‿ᵓəžet baᶜd səne mən
K3 [TS-de]	Aber der Aufenthalt kam sehr spät.	Er kam ein Jahr äh nach

[74]

	166	167	168
TD2 [sup]		leise	
TD2 [v]	((setzt zum Sprechen an))	Hm̌˙	Ich habe den Aufenthalt
K3 [v]	eh duḫūli ᶜa-ᵓAlmānya.	((holt Luft))	fa-/ fa-lažaᵓ...
K3 [TS-de]	meiner Einreise in Deutschland.		Und so/ Und so =...
K3 [nv]			*((gestikuliert mit RH in*
TD2 [av]	nur sichtbar	ganz übertönt	

[75]

	169	170	171	172	173
TD2 [v]	erst	ein Jahr nach	meiner Einreise erhalten.		
K3 [v]	eh	zə'...		•	fa-
K3 [TS-de]	Äh =...				Und
K3 [nv]	*Richtung T))*		*((zieht RH zurück))*	*((blickt nach*	
TD2 [av]	ganz übertönt				

[76]

		174	175
TD2 [v]		((atmet ein))˙	
K3 [v]	lizālek əl-qānūn mā šamalna.	hayy ət-taᵓḫīr mən ᶜandon, mū	
K3 [TS-de]	deshalb betraf das Gesetz uns nicht.	Diese Verspätung kam von ihnen, nicht von/	
K3 [nv]	*unten, schiebt Lesebrille vor sich hin))*		
TD2 [av]		nicht hörbar	

[77]

		176	177	178	179	180
TD2 [sup]		leise		gedehnt		
TD2 [v]		Hm̌˙	Die	Ver-	•	-zögerung lag daher auf
K3 [v]	mən/	eh	kān eh	b-maṣlaḥətna.		
K3 [TS-de]	äh war nicht äh in unserem Interesse.					
TD2 [av]		ganz übertönt				

[78]

TD2 [v]	behördlicher Seite, nicht auf • meiner Seite.

Abb. 28: Transkriptbeispiel eines TeDo-Gesprächs (TeDo3; s. Anhang I) gemäß den HIAT-Konventionen in unidirektionaler Partiturdarstellung[249]

249 Die durch Bindestriche unterbrochene Darstellung des Wortes „Verzögerung" in der Partiturfläche [77] ist der präzisen Alignierung simultanen Sprechens in Segment 178 und der verzeichneten Mikropause des Dolmetschers nach der ersten Silbe („Ver-") geschuldet.

Wie in Abbildung 28 zu sehen, lässt sich eine Gegenläufigkeit, die eine Analyse teilweise behindern würde (s. Kap. 4.1.2), im mehrschriftigen (Partitur-)Transkript durch eine romanisierte Notation des Arabischen verhindern. Die Gleichläufigkeit der Transkriptionslinien erlaubt eine korrekte Alignierung, die für die Gesprächsanalyse weiterstgehend unerlässlich ist. Anhand einer romanisierten Notation lassen sich die synchronen hörerseitigen Handlungen sowie der Kampf um das Rederecht und die Turnbeanspruchungen auf eine besser nachvollziehbare und analysierbare Weise rekonstruieren. Der mittels Ligaturbogen gekennzeichnete schnelle Anschluss, aber auch die durch entsprechende Zeichen bzw. explizite Hinweise vermerkten Pausen, Äußerungsabschlüsse und Unterbrechungen stehen jeweils in einer räumlichen Beziehung zueinander, die immer den zeitlichen Beziehungen in etwa entspricht. Arabische Beiträge und ihre Übersetzungen werden nicht mehr versetzt dargestellt und auch nicht mehr in verdrehter Reihenfolge.

Die Verwendung der Umschrift hat demnach folgende Konsequenzen für die Darstellungslogik:

- eine stimmige Umsetzung zeitlicher Beziehungen in die Transkriptfläche;
- eine korrekte räumliche Zuordnung einzelner Segmente zueinander durch die vereinheitlichte Ausrichtung der Schriftzeichen in den einzelnen Spuren;
- eine lineare Transkriptionsrichtung und damit eine Minimierung der Unterbrechungen im Lesefluss, was insbesondere der Rezipierbarkeit der arabischen Einträge zugutekommt, sobald man sich als Leser an die Umschrift gewöhnt hat.

Diese Aspekte dürften nicht nur für die anvisierte Analyse im Rahmen des hier geschilderten konkreten Projekts oder für ähnliche interaktionsbezogene Untersuchungen und sonstige Auswertungs- und Quantifizierungsaufgaben von Vorteil sein. Sie machen zudem Transkripte, deren Anfertigung ohnehin mit erheblichem Aufwand einhergeht, für andere Forschungszwecke bearbeitbar und nachnutzbar, was zur Nachhaltigkeit des Transkriptionsprozesses beiträgt.

Entscheidet man sich unter dem Zwang der Darstellungslogik des Gesamttranskripts für eine lateinbasierte Schreibung, dann wird man als Transkribent nach und nach feststellen, dass die Überführung arabischsprachiger Daten in eine Lateinschrift kein leichtes Unterfangen ist. Die Änderung des Schriftsystems führt zu neuen Herausforderungen, die weniger die Visualisierung arabischsprachiger Handlungen im Gesamtkontext der Gesprächsdynamik, sondern vor allem ihre schriftliche Erfassung (Gesprochensprachlichkeit, phonologische Spezifika arabischer Lexik, nicht lexikalisierte Performanzphänomene etc.) betreffen. Vor der Behandlung einiger speziell bei der Verschriftung arabischer Daten auftauchenden Fragen soll aber eine andere methodische Herausforderung beleuchtet werden, die häufig nach dem ersten Transkriptionsgang ansteht, nämlich die Übersetzung der fremdsprachigen Beiträge. Somit wird zunächst das Augenmerk von der Mehrschriftigkeit auf die Mehrsprachigkeit im Transkript verlagert, also von der visuellen Gestaltung auf die schriftbasierte Zugänglichmachung arabischsprachiger Äußerungen durch Übersetzung. Das Problem der Verschriftung arabischsprachiger Anteile in der Originalsprache soll dann erst in Kapitel 5 im Detail erörtert werden.

Übersetzen ist eine weitere rekonstruktive Aufgabe, die zwar im Grunde schon entlang des Forschungsprozesses in einem mehrsprachigen, multikulturellen Umfeld (z. B. bei der Intersubjektivierung des Transkriptionsverfahrens oder bei der Datenanalyse während interner Besprechungen der am Transkriptionsprozess und/oder am Forschungsprojekt beteiligten Personen) angegangen wird, die aber mit der Veröffentlichung der Transkripte und der Dissemination der Analyseergebnisse eine andere Tragweite erhält. Da diese Thematik für die Kuration mehrsprachiger und mehrschriftiger Gesprächsdaten (einschließlich ihrer Transkription) gleichermaßen relevant sein dürfte und nicht auf ein bestimmtes Transkriptionsverfahren beschränkt werden soll, werden sich die folgenden Darlegungen mitunter auf sprachübergreifende Probleme beziehen.

4.2 Übersetzung arabischsprachiger Äußerungen im Transkript

4.2.1 Problemaufriss

Gesprächsanalytische Transkripte müssen, wie bereits ausgeführt wurde, verschiedene Zwecke erfüllen und möglichst den Bedürfnissen der unterschiedlichen Parteien gerecht werden (Kap. 3). Sie sollen einerseits eine zweckdienliche Analyse erleichtern, andererseits aber auch der anvisierten Leserschaft zugänglich bleiben und gegebenenfalls weiterführende Untersuchungen oder anderweitige Nachnutzungsszenarien ermöglichen. Wenn man sich mit Daten beschäftigt, in denen mehrere Sprachen präsent sind, dann wird man früher oder später den Blick von den Schwierigkeiten der Transkriptionspraxis (Kap. 3.4 und 4.1) auf die Schwierigkeiten einer verständlichen Erfassung der Mehrsprachigkeit im Transkript richten müssen. Dabei geht es vor allem um das Problem, dass die transkribierten Äußerungen in der Originalsprache (in diesem Fall: Arabisch) nicht für jedermann uneingeschränkt verständlich sind. Die Notwendigkeit einer Transkriptübersetzung erwächst demnach aus der Tatsache, dass eine heterogene Leser- bzw. Adressatenschaft in der Regel auch

Personen umfasst, die nicht oder nur teilweise mehrsprachig sind, weshalb, je nach Anlass, ein anderer Zugang zu den fremdsprachigen Anteilen geschaffen werden muss. Übersetzungsentscheidungen sind dabei oft ebenso subjektiv und zweckorientiert wie Entscheidungen, die das Transkribieren an sich betreffen. Ein Problem entsteht erst dann, wenn der komplexe Prozess der jeweiligen Entscheidungsfindung „unsichtbar" bleibt, weil er bei der Veröffentlichung nur verkürzt erläutert oder sogar vollends ausgeklammert wird.

Im Gegensatz zu den Transkriptionsverfahren, die, wie bereits festgestellt, in manchen Fällen ohnehin intransparent sind, werden Verfahren der Transkriptübersetzung in der Fachliteratur kaum thematisiert. Die geringe Auseinandersetzung mit den verschiedenen Übersetzungsverfahren[250] in der Öffentlichkeit und im interdisziplinären Bereich schlägt sich in der relativ dünnen Quellenlage zur Transkriptübersetzung nieder. Derzeit mangelt es an allgemeinen Richtlinien, die beim gesprächsanalytisch orientierten Übersetzen – trotz der erkenntnistheoretischen Gebundenheit der einzelnen Forschungsvorhaben und ihren individuellen Anforderungen – eine Orientierungshilfe bieten. Und es mangelt an Beiträgen, die das Potenzial bzw. die Auswirkungen konkreter Lösungswege, und sei es auch nur exemplarisch, ergründen (vgl. Egbert/Yufu/Hirataka 2016: 99; Nikander 2008: 226; Rehbein et al. 2004: 61). „Unsichtbarkeit" von Übersetzungsprozessen (vgl. Enzenhofer/Resch 2013: 205) stellt ein methodisches Problem der linguistischen Gesprächsforschung dar, von dem letztlich auch Teilbereiche der qualitativen Sozialforschung und insbesondere die empirisch arbeitenden Forschungsdisziplinen (z. B. Anthropologie, Ethnologie) betroffen sind, unabhängig davon, welchen Status die Translate[251] jeweils

250 Aus übersetzungswissenschaftlicher Perspektive müssten *Übersetzungsmethoden* von *Übersetzungsverfahren* unterschieden werden (s. Schreiber 1998: 151; 2017: 50). Der Terminus *Übersetzungsmethode* bezeichne eine *Herangehensweise* an einen zu übersetzenden Text bzw. eine übergeordnete Strategie, die sich an dem produzierten Text in seiner Ganzheit erkennen lässt, wohingegen der Terminus *Übersetzungsverfahren* sich auf kleinere Übersetzungseinheiten und nicht auf den Gesamttext bezieht und einzelne „Techniken" zur Lösung bestimmter Probleme beschreibt. Eine solche Differenzierung wird in dieser Arbeit nicht vorgenommen. Der Begriff *Übersetzungsverfahren* wird hier analog zum Begriff *Transkriptionsverfahren* im weiten Sinne aufgefasst.

251 Der vom deutschen Übersetzungswissenschaftler Otto Kade geprägte Terminus *Translat* bezeichnet jedes Produkt translatorischen (i. e. übersetzerischen und dolmetscherischen) Handelns (vgl. Kade 1963: 91). Solange sich die Ausführungen nur auf Übersetzungsprozesse (i. e. schriftliche Translation) und ihre Produkte beziehen, wird weiterhin der Terminus *Übersetzung* verwendet.

haben. Kritische Stimmen ertönen vor allem von Forschern, für die Übersetzungen des mehrsprachig aufbereiteten Datenmaterials (z. B. in Form von Transkripten oder Niederschriften) eine untergeordnete Rolle im Forschungsprozess spielen, sodass die Datenanalyse bereits ohne die Übersetzung erfolgen kann. Aber auch in Forschungsbereichen, in denen die Konstitution der Daten von vornherein nur mitsamt der Translate vonstattengeht, wächst die Kritik. Das bedeutet konkret, dass schriftliche Translate (z. B. übersetzte Fragebögen oder übersetzte Transkripte einsprachiger Interviews) und/oder mündliche Translate (z. B. bei Verdolmetschungen oder mehrsprachigen Interviews) herangezogen werden, um (etwa bei fehlender Mittlersprache als Verständigungsbasis) überhaupt Zugang zu den Inhalten der Beiträge anderssprachiger Interaktanten zu erhalten, sodass die Analyse anhand der konstituierten Daten (in Originalsprache und/oder übersetzter Fassung) durchgeführt und das Forschungsvorhaben letztendlich realisiert werden kann (z. B. Enzenhofer/Resch 2011, 2013; Lauterbach 2014; Regmi/Naidoo/Pilkington 2010; Schittenhelm 2017; Wettemann 2012; K. Wild 2019).

Die nächsten Darlegungen widmen sich ausschließlich dem Thema der gesprächsanalytisch fundierten Transkriptübersetzung. Ausgehend von dem hier vorliegenden Datenbestand (Aufzeichnungen arabisch-deutscher Dolmetsch-Interaktionen) wird zuerst in Kapitel 4.2.2 der Frage nachgegangen, welche Methoden in der interaktionsorientierten Dolmetschforschung zur Übersetzung arabischsprachiger Transkriptteile angewandt werden, um verschiedene Verfahrensweisen zu ermitteln und dadurch eine Vergleichsgrundlage zu schaffen. Diese Darlegungen zielen darauf ab, eigene Beobachtungen nicht bloß zu dokumentieren, sondern auch die Praxis der Transkriptübersetzung allgemein zu hinterfragen, um eine kritische methodisch-methodologische Diskussion (mit anderen Transkribenten, Übersetzern, Analytikern) anzustoßen, die innerfachlich weitergeführt, aber auch an bereits existierende Diskussionen in ähnlich empirisch arbeitenden Forschungsrichtungen (wie im Fall von Enzenhofer/Resch 2011 etc.) angeknüpft oder interdisziplinär ausgeweitet werden könnte. Deswegen sind die Ausführungen bewusst allgemeinverständlich gehalten. Nach der Besprechung ausgewählter Transkriptbeispiele sollen in Kapitel 4.2.3 einige Grundfragen (z. T. aus eigener Übersetzungspraxis) genannt werden, die man sich als Transkriptübersetzer stellen könnte/müsste und die in der Gesprächsforschung ansatzweise erörtert wurden. Zwar können die formulierten Grundfragen und Herausforderungen in dieser Arbeit keineswegs umfassend behandelt werden, auch nicht in Kapitel 4.2.4 bei der abschließenden Erläuterung des eigenen Übersetzungsverfahrens, aber sie können eventuell dazu beitragen, den Blick für übersetzerische Problemfelder und für Möglichkeiten ihrer weiteren Erforschung zu schärfen.

4.2.2 Praktiken bei der zweisprachigen Wiedergabe arabischsprachiger Sequenzen aus Dolmetsch-Interaktionen

In diesem Unterkapitel geht es in erster Linie um die Rezipierbarkeit der arabischsprachigen Sequenzen im Transkript, insbesondere für eine sprachunkundige Leserschaft. Vorab folgender Hinweis in „eigener Sache“: Einer arabischkundigen Rezipientin – gemeint ist hier die Verfasserin der vorliegenden Arbeit – dürfte es während der Lektüre eines Transkripts prinzipiell schwerfallen, über die ausgangssprachige Fassung der transkribierten arabischen Äußerungseinheiten, also über das sogenannte Original (sofern mit angeführt), hinwegzusehen und keinen Vergleich mit den beigefügten Übersetzungen zu wagen, auch wenn ihre Kenntnisse die erfasste(n) arabische(n) Regionalvarietät(en) im jeweiligen Transkript nicht allumfassend abdecken. Auch und vor allem wegen dieses Vorwissens kann sie die jeweiligen Konstrukte in ihren verschiedenen Formen (als transkribierte Einheiten und deren Übersetzungen) im Gesamtzusammenhang betrachten, um ihre Rezipierbarkeit sowohl für arabischkundige als auch für arabischunkundige Leser zu ermitteln. Der differenzierte Blick auf die einzelnen Beispiele ermöglicht zudem entsprechende Schlüsse auf die Rolle des Ausgangstranskripts und der Übersetzung im jeweiligen Forschungsprozess.

Aufschlussreiche arabischsprachige Transkriptausschnitte präsentiert unter anderem die sprach- und sozialwissenschaftlich orientierte Forschung aus dem italientisch- und spanischsprachigen Raum. Wie bereits in Kapitel 4.1.1 beschrieben, dokumentieren die entsprechenden Untersuchungen Dolmetsch-Interaktionen aus Einsatzbereichen, in denen Zugewanderte sich jeweils auf eine dolmetschende Person verlassen, die ihnen dabei helfen soll, diverse Kommunikationsbarrieren (z. B. sprachlicher Art) zu überwinden und somit den Zugang zu bestimmten Diensten (z. B. soziale Beratung, medizinische Beratung etc.) zu erhalten. Die Frage, inwieweit die ad hoc herangezogene oder vorab eigens bestellte Person (Sprach- und Kulturmittler) über entsprechende Qualifikationen verfügt, ist für die reine Transkriptionspraxis (unabhängig von der Annotation als weiterführendem analytischem Schritt) eigentlich ohne jeden Belang. Da dolmetschende Personen jedoch bei einigen Untersuchungen aktiv an der Datenkonstitution – über das aufgezeichnete Gespräch als kommunikativen Akt hinaus – mitwirken, indem sie (aus pragmatischen Gründen) in den Transkriptionsprozess einbezogen werden, muss die Frage nach der Qualifikation der Sprachmittler bei der Diskussion der Beispielfälle mitunter durchaus gestellt werden.

Eine Möglichkeit zur Repräsentation mehrsprachiger Sequenzen besteht im sogenannten Drei-Zeilen-Format. Bei diesem Format steht an oberster Stelle die ausgangssprachige Äußerungseinheit, gefolgt von einer eher formgetreuen Übersetzung und dann von einer eher sinngemäßen Übersetzung. Mehr oder weniger leserfreundliche Beispiele hierfür liefert Farini (2013). Im Folgenden wird eines dieser Beispiele aufgegriffen, das bereits in Kapitel 4.1.1 bezüglich seiner Darstellungsart diskutiert worden ist. Es handelt sich um die später veröffentlichte bearbeitete Fassung von Abbildung 25 (s. Kap. 4.1.1). Dieselbe Interaktionssituation (Farini 2012: 187; „Excerpt CS5") wird nunmehr mit umschrifteten arabischen Äußerungen (Turn 4–11) dargestellt, die, ebenso wie die italienischen Äußerungen, anschließend durch zwei verschiedene Übersetzungsmethoden auf Englisch wiedergegeben sind. Im Folgenden soll nun aber nicht mehr die Anwendbarkeit der Darstellungsart zur Wiedergabe zeitlicher Gesprächsmerkmale, sondern die Verständlichkeit der arabischen Äußerungen zur Debatte stehen, denn die Eignung einer Zeilendarstellung für die betreffende Untersuchung wurde ja bereits in Kapitel 4.1.1 geklärt. Der nachstehende Ausschnitt (Abb. 29) entstammt einer medizinischen Dolmetsch-Interaktion zwischen einer Arabisch sprechenden Patientin (P) und einem Italienisch sprechenden Arzt (D), welche im Norden Italiens in einer Notfallambulanz stattgefunden hat. Dieser Ausschnitt enthält ab Turn 5 eine Klärungssequenz zwischen der Patientin und einer Mittlerin (M). Die Patientin kommt, laut Farini, aus dem maghrebinischen Raum, die Mittlerin kommt, laut Farini, entweder aus Jordanien oder aus Tunesien, wobei die transkribierten Äußerungen eher eine tunesische oder zumindest maghrebinische Herkunft der Mittlerin vermuten lässt. Genauere Angaben zur Mittlerin sind nicht vorhanden. Die Patientin wurde mit einer Beinverletzung in die Notaufnahme eingeliefert. Zur ambulanten Behandlung wendet sich der Arzt an den Sprachendienst des Krankenhauses, der ihm ad hoc eine Mittlerin zur Verfügung stellt.

(1)
1D: *Allora signora (.) possiamo provare a dare (.) del*
So madame (.) can try to give (.) of

2 *Fastum gel in pomata (.) che però se lo deve comprare*
Fastum gel of ointment (.) that but it must buy

3 *perché non ce l'abbiamo(.) due volte al giorno*
because not it have (.) two times to day
"So madam (.) we can try (.) Fastum gel ointment(.) but she has to buy it herself because we don't have it (.) twice a day"

4M: *pomata Fastum gel, lma tshtriha mn alvarmajia*
ointment Fastum gel, what buy in pharmacy

5 *fhmtni*
she gives
"She gives you (.)the ointment you put it (.) buy it at the pharmacy"

6P: *fhl iatiha li?*
she give me it?
"does she give it to me?"

7M: *msh mojoda andhm lma fhmtni*
not here do not she gives
"It is not available here she's not giving it to you"

8P: *bdha tatiniha ma?*
not want give me?
"Doesn't she wants to give it to me?"

9M: *andhmsh, mandhmsh msh mshkl aih. kif lo andhm*
that that's not the problem. they it in them

10 *£ biatok lma bnfshm iani (.) msh ghali*
means don't have (.) not really

11 *homfihosh haja ghalia fhmti*
need you understand don't give
"£ That's not the problem they don't have it (.) really don't have it"

Abb. 29: Transkriptübersetzung I – Ausschnitt aus einem dolmetschgestützten Gespräch Arabisch-Italienisch (Farini 2013: 170)[252]

252 Arabische und italienische Beiträge werden hier zusätzlich auf Englisch wiedergegeben.

Das Augenmerk von Farinis Untersuchung richtet sich nach wie vor auf Dolmetschstrategien, vor allem beim Umgang mit den gefühlsbetonten Äußerungen der Patienten, und auf dabei angewandte Wiedergabeverfahren (*rendition types*). Der analytische Ansatz stütze sich, so Farini (2013: 167–169), größtenteils auf die Konversationsanalyse und die interkulturelle Pragmatik, wobei auch soziolinguistische Erkenntnisse zum Gesprächsdolmetschen integriert werden. Das analysierte Korpus umfasst insgesamt 300 arabisch-italienische und chinesisch-italienische Gesprächsaufzeichnungen. Das Transkriptionsverfahren baut auf den Konventionen von Jefferson auf. Der Gesprächsverlauf wird in diesem Beitrag unidirektional abgebildet. Dafür werden, anders als bei Abbildung 25, lateinische statt arabische Schriftzeichen verwendet. Die Umschrift bedient sich des lateinischen Grapheminventars und ähnelt der Schreibung beim Chatten, allerdings ohne Nutzung von arabischen Ziffern zur Notation der fehlenden Phoneme. Da die Regionalvarietäten der Arabisch sprechenden Beteiligten zum Teil schwer zu verschriften waren, wurden manche Einheiten als nicht verschriftbar („untranscribable") gekennzeichnet, doch immerhin „approximativ" übersetzt. Die arabischsprachigen Anteile wurden von sprachmittelnden Personen transkribiert und übersetzt, die an der Datenerhebung nicht beteiligt waren (Farini 2013: 166). In einem späteren Beitrag spricht Farini (2015: 125) von nicht forschenden Dolmetschern („non-researching interpreters"). Wie aus dem obigen Transkriptbeispiel hervorgeht, orientiert sich die Umschrift weniger am Schriftbild des Arabischen als an der phonologischen Realisierung der Äußerungen, was sich unter anderem an den Vokalkürzungen und/oder an den Konsonantenclustern erkennen lässt, die durch Vokalschwund entstehen. Die Wahl einer nicht wissenschaftlichen, Chat-ähnlichen Umschrift, die sich intuitiv nachbilden lässt, dürfte den Transkriptionsprozess (trotz der schwer erfassbaren regionalsprachigen Stellen) einigermaßen beschleunigt haben. Auch dürfte sie, durch den Einsatz der gewöhnlichen Schriftzeichen aus dem lateinischen Grapheminventar, den Leserkreis erweitern. Doch die Mehrdeutigkeit einiger Grapheme und dadurch entstandene Homographien, welche einerseits auf die Begrenztheit des lateinischen Grapheminventars und andererseits auf eine fehlende Systematik zurückzuführen ist, erschwert die Lesbarkeit des Transkripts, selbst für einen Arabisch verstehenden Leser. Zu den Problemquellen gehören – abgesehen von der Vokalwiedergabe und der generell schwierigen typografischen Gestaltung lexikalischer Einheiten – unter anderem die mangelnde Differenzierung zwischen konsonantischen Phonemen sowie der Einsatz von Digraphen zum Ausdruck eines Phonems, die, vor allem bei den häufig im Transkript auftretenden Konsonantenclustern, schwer als eine phonologische Einheit (und nicht als zwei phonologische Einheiten) erkennbar sind, zumal mehrgliedrige Konsonantencluster für maghrebinische Varietäten charakteristisch sind. Da diese Problemquellen bereits in Kapitel 2.2.2.2 anhand einiger Transkriptbeispiele ausgiebig erklärt wurden (vgl. z. B. Abb. 11), wird im Weiteren auf eine Beispielnennung verzichtet.

Es ist unvermeidbar, die Auswirkungen einer nicht konventionalisierten Umschrift auf die semantische Deutlichkeit der lexikalischen Einheiten an dieser Stelle erneut zu erwähnen, damit klar wird, dass eine verständliche Übersetzung auch für die arabischkundigen Leser eine wichtige Rolle spielt. Das lateinische Schriftbild kann, sogar nach wiederholter Lektüre, nicht immer leicht entschlüsselt werden, zumindest nicht für die Leser, die sich mit den maghrebinischen Varietäten nicht gut genug auskennen, um Bedeutungsinhalte lückenlos aus dem Zusammenhang zu erschließen, insbesondere wenn sie den regionalsprachlich geprägten medizinischen Jargon nicht beherrschen, welcher in diesem Erhebungssetting auch unter dem Einfluss des Italienischen als Behandlungssprache steht (z. B. bei „pomata" und „alvarmajia" in Turn 4)[253]. Die erschwerte Lesbarkeit der Umschrift ist zudem nicht nur auf bereits angedeutete Unzulänglichkeiten zurückzuführen, sondern auch auf die Einschränkungen durch die veränderten Lesegewohnheiten, die für romanisierte Notationen in Lateinschrift – selbst bei der versuchten Anpassung an alltagskommunikative Schreibgewohnheiten, wie im Falle einer informellen arabischsprachigen, aber lateinschriftigen Chat-Kommunikation – üblich sind. Das bedeutet, dass durchaus auch Arabischkundige eine Übersetzung der Gesprächsbeiträge in arabischer Sprache benötigen, diese nicht in arabischer Schrift, sondern in latinisierter Umschrift wiedergegeben werden. Eine begleitende Übersetzung würde ihnen als Lesestütze dienen, indem sie ihnen die Rekonstruktion der romanisierten Anteile erleichtert und dadurch die analytischen Ausführungen nachvollziehbar macht. Zum Vergleich würde sich (zusätzlich zu den in Kapitel 2.2.2 präsentierten Beispielen) ein weiterer Blick auf einschlägige in Lateinschrift erstellte Transkripte von Dolmetsch-Interaktionen lohnen, wie etwa bei Baraldi (2012: 302–305, 307, 308–309, 310–313, 315–316), Baraldi/Gavioli (2007: 163–170; 2013: 360, 363–364; 2014: 342–344, 347–348; 2016: 41–43, 48–50), Farini (2015: 131, 133) und Gavioli (2012: 214). Die Übersetzung wäre in diesen Fällen, wegen der starken regionalsprachlichen Einflüsse, selbst bei

253 Die Bezeichnung *Turn*, die von Farini als Segmentierungskategorie für *einzelne* Äußerungseinheiten verwendet wurde, genau genommen aber, wie an der Bezifferung in Abbildung 28 zu sehen, jeweils nur eine Zeile umfasst, wird im Folgenden, der Einfachheit halber, übernommen, obwohl der Begriff *Turn* in der Regel *alle* unmittelbar aufeinander folgenden Äußerungseinheiten eines Sprechers beschreibt.

einer arabischschriftigen Notation nicht zu entbehren (s. Kap. 2.1: „Kriterium der kommunikativen Reichweite arabischer Varietäten“). Beispiele für arabischschriftige Sequenzen aus Dolmetsch-Interaktionen bieten, neben den in Kapitel 4.1.1 zitierten Beiträgen (Abb. 25, 26), unter anderem noch Garcés (2005: 197–200), Gil-Bardají (2020: 138–144), Vargas-Urpi (2019: 346–347, 349) und Valero-Garcés (2008: 173).[254]

Wendet man sich nun den Übersetzungen in diesem konkreten Beispiel (Abb. 29) zu, so findet man die englische Übersetzung unmittelbar unter den jeweiligen Äußerungen. Sechs von elf Turns sind mit zwei Übersetzungsvarianten auf Englisch versehen, nämlich mit einer eher wörtlichen und mit einer eher sinngemäßen (= idiomatischen) Übersetzung, die mit der ausgangssprachigen Äußerung ein dreizeiliges Gefüge ergeben. Die restlichen Turns (1, 2, 4, 9, 10) erhalten jeweils nur eine einzige englische Übersetzung, die mal eher wortgetreu (Turn 1, 2 und 4), mal eher wort- und sinngetreu in ein und derselben Äußerung (Turn 9 und 10) formuliert ist. Das Übersetzungsverfahren wird in dieser Veröffentlichung nicht offengelegt, in einer späteren Veröffentlichung (Farini 2015) zu anderen Ausschnitten aus demselben Korpus allerdings schon. Farini (2015: 125) zufolge seien die Gesprächsdaten in einem sogenannten Drei-Zeilen-Format dargestellt. In der ersten Zeile stehe die ausgangssprachige Einheit, in der zweiten Zeile ihre Wort-für-Wort-Übersetzung und in der dritten Zeile die funktional äquivalente idiomatische Übersetzung. Wie in Abbildung 29 zu sehen, werden nicht alle Äußerungen konsequent mit zwei Übersetzungen versehen, was auch in anderen Transkriptausschnitten der Fall ist. Der Grund dafür wird jedoch nicht offensichtlich. Die Zwei-Zeilen-Formate (jeweils aus einer Äußerungseinheit und nur einer Übersetzung) weisen gemischte (teils „wörtliche“, teils „idiomatische“) Übersetzungsverfahren auf, sodass manchmal sogar in ein und demselben Fall sowohl „wörtliche“ als auch „idiomatische“ Strukturen feststellbar sind. Wie die kategoriale Unterscheidung (*wörtlich* versus *idiomatisch*) genau zu verstehen ist, bleibt indes offen. Grammatisch-semantische Korrektheit scheint jedenfalls nicht das wesentliche Unterscheidungskriterium zu sein, zumindest nicht immer. Gleichwohl liegt auf der Hand, dass die „idiomatischen“ Übersetzungen teilweise zusätzliche Informationen als Verständnishilfe enthalten, die ursprünglich nicht in der entsprechenden ausgangssprachigen Äußerung enthalten sind. Zu Erläuterungszwecken enthalten diese ergänzenden Informationen mitunter auch

254 s. auch die Besprechung von arabischschriftigen Beispielsequenzen in Farag (2019a: 288–289).

Aspekte aus den vorherigen Äußerungen. Dabei werden bereits gedolmetschte Beiträge in der Übersetzung an anderer Stelle wiederholt oder es werden Informationen nachträglich ergänzt, die die dolmetschende Person im ersten Dolmetschbeitrag (Turn 4–5) ausgelassen hat. Beispiele hierfür finden sich in Turn 7, 10 und 11. In der freieren idiomatischen Fassung der jeweiligen Übersetzungen wird die Tatsache betont, dass die Ärztin der Patientin keine Salbe mitgeben könne, weil sie keine mehr vorrätig habe, was von Anfang an in Turn 4–5 nicht mit gedolmetscht wurde. Also wird diese Information (Nichtvorhandensein der Salbe) ab Turn 7 in der Transkriptübersetzung explizit erwähnt, obwohl die ausgangssprachigen Beiträge nicht dermaßen elaboriert formuliert waren. Worauf sich aber die zweite Übersetzung in Turn 11 bezieht, bleibt unklar. Die dolmetschende Person sagt eigentlich, dass die Salbe nicht teuer sei, und gibt den Turn mit der Frage ab, ob die Patientin sie verstanden habe. Die „idiomatische" oder eher freie Übersetzung suggeriert hier zwei kommunikative Akte, von denen nur einer *tatsächlich* stattfindet. Zum einen erhält der Leser des Transkripts zum Schluss *tatsächlich* eine Zusammenfassung der dyadischen Sequenz, zum anderen suggeriert diese Elaboration aber auch, dass die Patientin nach den langen *clarification turns* ihr Verstehensproblem soweit bearbeitet haben sollte und die Klärungssequenz folgerichtig zu einem guten Ende kommen dürfte, was jedoch an diesem Punkt der Interaktion tatsächlich noch gar nicht klar ist. Man könnte sogar noch einen Schritt weitergehen und die ermittelten Handlungen des Transkriptübersetzers mit einigen typischen Handlungen einer mittelnden bzw. gesprächsdolmetschenden Person vergleichen. Eine Art der Rekonstruktion (*relaying*) und der Koordination (*coordinating*), ähnlich wie bei der Mittlerin (*mediator*), die hier die verbalen Beiträge der primären Gesprächsbeteiligten (Ärztin und Patientin) nicht nur in der jeweils anderen Sprache anhand verschiedener Wiedergabeverfahren (*renditions*) rekonstruiert, sondern auch als *involvierte* Aktantin[255] das Gespräch mit ihren eigenmächtigen Beiträgen (*non-renditions*) koordiniert, lässt sich anhand der angefertigten Transkriptübersetzungen auch in der Verfahrensweise des Transkriptübersetzers erkennen, der zum Teil eng am Ausgangstext bleibt bzw. zu bleiben scheint, zum Teil aber eine koordinierende Rolle übernimmt, um Lesern des Transkripts entgegenzukommen, indem er mit seinen Ergänzungen die Verständlichkeit der arabischsprachigen Äußerungen verbessert, dabei aber wohl propositionale Elemente der diskursiven Handlungen in der Übersetzung weiter ausbaut.

255 Zu Aspekten der Dolmetschbeteiligung (engl. *involvement*) s. z. B. Wadensjö (1992).

Ein Zweck des im beschriebenen Fall angewandten Übersetzungsverfahrens besteht demnach darin, fremdsprachliche Beiträge (in Form und Inhalt) möglichst zugänglich zu machen. Verstehensprobleme, die arabischunkundige Leser bei der Lektüre entwickeln und die sie, im Gegensatz zu den arabischkundigen Lesern, nicht direkt anhand der ausgangssprachigen Verschriftung bearbeiten können, lassen sich mithilfe der analytischen Darlegungen (größtenteils) beheben. Liest man aber als Arabischkundiger die Übersetzungen mit und vergleicht sie mit der ursprünglichen Ausgangsäußerung, so ergeben sich manchmal mehr Fragen als Antworten, auch wenn man bei einer lesbar transkribierten Ausgangsäußerung in ihrer umschrifteten Form die Übersetzung(en) überspringen könnte. Die Abweichungen, die man als arabischkundiger Leser feststellt, führen zu anderen Verstehensproblemen als bei einem arabischunkundigen Leser, der immerhin einen schnellen und (vermeintlich) aufschlussreichen Zugang zu den präsentierten Daten erhält. Dabei handelt es sich aus der Perspektive des Arabischkundigen weniger um ein Lesbarkeitsproblem im engeren Sinne, sondern vielmehr um ein Problem der Nachvollziehbarkeit der sprachlichen Handlungen und des gesamten Interaktionsgeschehens, mehr noch um ein Problem der Glaubwürdigkeit und der Validität der Analyseergebnisse. Lässt man hier die bereits besprochenen Ergänzungen in den Übersetzungen außen vor, dann stößt man bereits beim ersten arabischen Dolmetschturn (4–5) auf die erste Unzulänglichkeit, denn die Ausgangsäußerung und die jeweiligen Übersetzungen weichen inhaltlich stark voneinander ab. Die Äußerung „fhmtni" (فهمتني) in Turn 5 wird – schon allein auf semantischer Ebene – weder durch die „wörtliche" Übersetzung („she gives") noch durch die elaborierte „idiomatische" Fassung („She gives you (.)the ointment you put it (.) buy it at the pharmacy") inhaltlich korrekt wiedergegeben. Denn „fhmtni" kann keinen Akt der Gabe ausdrücken, da die Wurzelkonsonanten f-h-m die Bedeutung „verstehen" oder „erfassen" implizieren. Die Homographie, die durch die in der schriftlichen Wiedergabe übernommene typisch gesprochensprachliche Auslassung der Vokale in „fhmtni" entsteht, lässt zunächst zwei standardsprachliche Deutungen zu: „fahamatnī" (dt. „Sie hat mich verstanden.") oder „fahimtinī" (dt. „Hast du mich verstanden?"). Mit Blick auf den Ko-Text und die turnabschließende Position der Äußerung liegt eine steigende Intonation und somit eine Frage, also die zweite Option („fahimtinī" – „Hast du mich verstanden?") nahe. „fhmtni" ist in diesem Fall also ein interrogativer Akt, mit dem die dolmetschende Person durch eine Vergewisserungsfrage den Turn an die Patientin abgibt, was jedoch ein Arabischunkundiger aus der Übersetzung in Turn 5 nicht herauslesen kann. Eine ähnliche Veränderung des Äußerungsmodus tritt ebenfalls in Turn 7 auf, denn dort endet der Turn eigentlich auch mit derselben Vergewisserungsfrage, aber auch hier kann ein Arabischunkundiger an der Übersetzung in Turn 7 die Absicht der Turnübergabe nicht erkennen. Das gleiche Problem wurde beim arabischschriftigen Ausschnitt in Abbildung 25 festgestellt (Farini 2012: 187; Kap. 4.1.1), wobei der in Abbildung 25 (Turn 2) transkribierte Dolmetschbeitrag weitere (vermutlich nicht bewusst vorgenommene) Weglassungen im romanisierten Turn (Abb. 29, Turn 4) zum Vorschein bringt. Die Auswirkungen solcher Veränderungen in der Handlungsqualität einer übersetzten Äußerung (z. B. von einer Frage zu einer Assertion oder einer Direktive) zeigen sich spätestens bei der Auseinandersetzung mit den analytischen Ausführungen. So könnte man sich als Arabischkundiger fragen, wer die Klärungssequenz eigentlich initiiert, aus welchem Grund und an welcher Stelle. Ist es die dolmetschende Person bereits in Turn 5 mit ihrer Vergewisserungsfrage (ausgehend von der ursprünglichen Ausgangsäußerung auf Arabisch) oder ist es eher die Patientin in Turn 6 (ausgehend von der Übersetzung und von Farinis Beschreibung in der darauf basierenden Analyse), als sie infolge des nicht redewiedergebenden Beitrags „she gives you the ointment" der dolmetschenden Person (*non-rendition*) bzw. infolge der lückenhaften Verdolmetschung (*lack of rendition*) aufgrund der fehlenden Information zur Nichtverfügbarkeit der Salbe die Rückfrage „does she give it to me?" (dt. wörtl. „wird sie sie mir geben?") stellt. Unstimmigkeiten zwischen Ausgangsäußerung und Übersetzung, die durch mangelnde Präzision bei der Wiedergabe von Proposition und Illokution entstehen, können in einzelnen Fällen den Leser verwirren. Diese Verwirrung wird noch größer, wenn die Bezüge zur Ausgangsäußerung nicht deutlich zu erkennen sind. Es ist zum Beispiel unklar, auf welche Einheit sich die angeführte Übersetzung „she gives" bezieht. Der letzte Teil in der idiomatischen Übersetzung („buy it at the pharmacy") greift Aspekte auf, die jedoch in der Ausgangsäußerung in Turn 5 eigentlich gar nicht vorkommen, und zwar die arabische Einheit „lma tshtriha mn alvarmajia" aus Turn 4, was dort in der Übersetzung auf Englisch bereits mehr oder weniger wörtlich mit „what buy in pharmacy" wiedergegeben wurde. Da gerade bei dieser von Farini durchgeführten Untersuchung die verbalen Handlungen der dolmetschenden Personen und die von ihnen eingesetzten Wiedergabeverfahren (Reduktionen, Expansionen, koordinierende Beiträge etc.) im Mittelpunkt stehen, wären präzise und adäquate Übersetzungen (ohne große inhaltliche Abweichungen zu den Ausgangsäußerungen oder zumindest mit einer Kennzeichnung und eventuell sogar einer Begründung der jeweiligen Abweichung) zwingend notwendig, besonders dann, wenn die Analyse allein auf Grundlage der Übersetzungen vorgenommen wird, was den Gang der Untersuchung zwangsläufig von der Qualität der Übersetzungen abhängig macht. Vergleichbare Praktiken, wie die Heranziehung einer Transkriptübersetzung zur Datenanalyse, ließen sich bei anderen Untersuchungen von mehrsprachigen Gesprächen ermitteln. Bringt man dann als Analytiker nicht die erforderlichen Sprachkenntnisse mit, so liefe das entweder auf eine Analyse und eine Auswertung ohne die Übersetzungen oder auf eine Zusammenarbeit mit wissenschaftlichen (u. a. gesprächsanalytisch ausgebildeten) Sprach- bzw. Varietätenkundigen hinaus, doch beides erscheint in der Praxis eher nicht bzw. nur schwer umsetzbar.

Je nachdem, welchem/welchen Zweck(en) die Transkriptübersetzung(en) dienen soll(en), wird in der Regel die Verständlichkeit der übersetzten Sequenzen und die Deutlichkeit der Äußerungen (im gesamten Handlungskontext) der semantischen Genauigkeit einzelner lexikalischer Einheiten vorgezogen. Die Loslösung von ausgangssprachlichen Strukturen lässt sich generell in Transkriptübersetzungen mit einer idiomatischen, zielsprachlichen Orientierung feststellen, wobei diese Loslösung bisweilen so weit geht, dass einige Aspekte mit stilistischen und/oder inhaltlichen Nachbesserungen wiedergegeben werden. Beispiele hierfür finden sich bei Baraldi (2012). Die in Abbildung 30 dargestellte Sequenz fand in einem ähnlichen Erhebungssetting wie in Abbildung 29 statt. Ob sie auch zum selben Korpus gehört, ist unklar. Beteiligt sind in diesem Ausschnitt eine Tunesisch-Arabisch sprechende Patientin (P) mit geringen Italienischkenntnissen, die wegen einer Nierenerkrankung eine Ärztin aufgesucht hat, und eine Marokkanisch-Arabisch sprechende Mittlerin (M3), die zur Begleitung der Untersuchung vor Ort ad hoc hinzugezogen wurde. Die Patientin soll hier unter anderem darüber informiert werden, dass die Ärztin eine Vorsorgeuntersuchung nach den Feiertagen empfiehlt. Was die Aufbereitung der Daten betrifft, so beschränken sich die Angaben zum Transkriptions- und Übersetzungsverfahren auf Darstellungsart und sprachübergreifend angewandte Transkriptionskonventionen (s. Baraldi/Gavioli 2012: 18–19). Die arabischen Äußerungen sind in nicht regelbasierter Umschrift abgebildet. Darunter wird jeweils eine eher zielsprachlich orientierte, sinngemäße Übersetzung in kursiver Hervorhebung gesetzt. Die Frage, wer die Transkription und die Übersetzung der arabischen Einheiten erstellt hat, kann nicht mit Sicherheit beantwortet werden. Anderen Publikationen zufolge wirkten die Mittler selbst und/oder sprachkundige Mitarbeiter („collaborators") an der Erstellung der Transkripte mit (Baraldi/Gavioli 2010: 147; 2015: 55). Nähere Angaben zur Umschrift, zur Übersetzung und zu den Transkribenten bzw. Transkriptübersetzern werden jedoch nirgends gemacht. Bemerkenswert an der folgenden Transkriptübersetzung ist vor allem, wie die retuschierenden Eingriffe des

Übersetzers (z. B. in Turn 13 und 15) zu einer Perspektiv- und Schwerpunktverlagerung in den übersetzten Äußerungen der Mittlerin führt. Diese Retuschen stellen die Handlungen der Mittlerin in ein neues Licht, das zwar von den festgehaltenen Beobachtungen nicht stark abweicht, sie aber bereits vor der eigentlichen Analyse bestätigt und untermauert.

10	M3	bit 'ullik, halla' haliyan in sha' Allah ha tab'i daiman 'ndha *Then the doctor was saying that, inshalla, she will be in charge of treating you -*
11	P	Ah *Mmh*
12	P	[??]
13	M3	wa law 'indik mushkila sihiya (.) mshan shaghlat elkilwa fa mshan hik daiman lazim tab'i ma'a 'tabiba *any problem you have (.) about your kidney, the doctor will be the one who takes care of you*
14	P	ey. *Yes*
15	M3	rah ''tiki maw'id taqriban ba'd shahr(.) ba'd el a'yad in sha' Allah *I shall now give you an appointment in a month (.) after the holidays inshallah*
16	P	barsha shahr *One month is too long*
17	M3	la (..) knti habba akthar ya'ni? *No (..) did you think longer than that?*
18	P	aqal (.) ana dayman bilbit lwahdi w khayfa (.) w l'ecografia *Shorter than that (.) I am alone at home and I do not feel safe (.) and the ultrasound*
19	M3	in sha' Allah (.) in sha' Allah tatim 'ala khir (.) ana ghult lik ya'ni, hatta bi'i 'ndha li'annu *Inshallah (.)Inshallah everything will be fine (.) I suggested you stay with her because*
20	P	Ah Mmh
21	M3	'amalti kul el'amaliyat You underwent the whole operation

Abb. 30: Transkriptübersetzung II – Ausschnitt aus einem dolmetschgestützten Gespräch Arabisch-Italienisch (Baraldi 2012: 309)[256]

256 Arabische Beiträge werden hier zusätzlich auf Englisch wiedergegeben.

Analysiert wird in diesem Fall, wie die Mittlerin durch ihre aktive Beteiligung am Gespräch, über die sachliche Vermittlung der Sachverhalte (z. B. ärztliche Instruktionen, Terminbuchung) hinaus, das Vertrauen der Patientin zur Ärztin stärkt. Das längere dyadische Gespräch, in dem die Verstehensprobleme der Patientin (Turn 12) zunächst bearbeitet werden (Turn 13–15), lässt erkennen, wie die Mittlerin *mögliche* Ängste, die die Patientin in so einer Situation haben und/oder entwickeln *könnte*, noch vor der verbalen Manifestation dieser Ängste mit verbalen Mitteln (z. B. Wortwahl, Gesprächsführungsstil, Eigenbeantwortung der Rückfragen) selbst abzubauen versucht, indem sie auf die Rückmeldungen und Rückfragen der Patientin selbst reagiert (ab Turn 16), anstatt diese Rückmeldungen und Rückfragen durch Verdolmetschung an die Ärztin weiterzuleiten. Interessant an der Übersetzung scheint vor allem zweierlei, ohne sich mit der Analyse tiefer auseinandersetzen zu müssen. Einerseits wird die beschwichtigende religiöse Floskel „in sha' Allah" (dt. wörtl.: „So Gott will!") eins zu eins verfremdend als „inshallah" wiedergegeben bzw. in ihrer ausgangssprachigen Form beibehalten und dabei entsprechend ihrer ausgangssprachlichen Aussprache (durch die Zusammenführung der drei Wörter zu einer lexikalischen Einheit) orthografisch angepasst. Zum anderen werden einige Elemente beim Übersetzen geglättet, die offensichtlich nicht von analytischem Belang sind, darunter Phänomene der Äußerungsprozessierung, zum Beispiel Diskurspartikel („ya'ni", „halla'" etc.; wörtl. dt. „das heißt"/„also"), sowie Äußerungsabbrüche, Selbstkorrekturen und andere Verstöße gegen die Sprachregeln bzw. die Regeln des Sprachgebrauchs. Ihre Nivellierung oder komplette Auslassung in der Transkriptübersetzung suggeriert eine verzögerungsfreie Äußerungsprozessierung durch die Mittlerin sowie eine unbeschwerte Verdolmetschung, wobei beides im Einzelfall als Folge einer gewissen sprachlichen Sicherheit oder gar einer Redegewandtheit der Mittlerin interpretiert werden könnte. Bedenklich für die Analyse sind in diesem Fall aber Änderungen an den ausgangssprachigen Äußerungen, bei denen Bedeutungsnuancen verloren gehen, wie zum Beispiel durch die Änderung des Genus verbi. So besagt die Übersetzung in Turn 10, dass die *Ärztin* den Fall der Patientin übernommen hat und von nun an ihre behandelnde Ärztin sein wird, und nicht, dass die *Patientin* sich von nun an diese Ärztin wenden wird, um von ihr betreut zu werden. Die veränderte Zuordnung der aktiven Stimme in der Übersetzung stellt die Ärztin als fürsorglich Handelnde in den Mittelpunkt, was dadurch verstärkt wird, dass sie durch eine mittlerperformative Formel („the doctor was saying"), also durch eine einleitende Wendung zur Kennzeichnung der indirekten Rede, ausdrücklich genannt wird.[257] In Turn 15 greift die Änderung sogar noch tiefer in die Ausgangshandlung und in den Bezugspunkt der Deixis ein, denn sie bewirkt in der Äußerung der Mittlerin einen Wechsel vom deiktischen „she“ (dt. „sie“, 3. Person Singular) zu „I“ (dt. „ich“, 1. Person Singular), sprich einen Wechsel vom Dolmetschen in der dritten Person („She will give you an appointment“) zum Dolmetschen in der ersten Person, so wie es den Erwartungen an eine professionelle Dolmetschleistung eigentlich entspräche („I shall now give you an appointment“). Dieser Perspektivwechsel deutet zum einen irrtümlicherweise auf Inkonsistenzen in der Dolmetschstrategie hin, zum anderen macht dieser Wechsel die im folgenden Turn (Turn 16) geäußerte Unzufriedenheit der Patientin mit dem fernen Termin missverständlich. Man könnte als Arabischunkundiger denken, die Mittlerin, und nicht die Ärztin, ließe für sie einen Termin in einem Monat buchen, zumal bislang jegliche ausgangssprachige Verweise auf die Ärztin in der Übersetzung auch entsprechend rekonstruiert oder, wie in Turn 13, zusätzlich explizit gemacht wurden.

Die diskutierten Fälle dürften deutlich gemacht haben, welche Auswirkungen die Übersetzung von fremdsprachigen Sequenzen (am Beispiel des Arabischen) auf die Rekonstruktion der präsentierten Daten haben kann. Dieser Einfluss schlägt sich einerseits in der Lesbarkeit mehrsprachiger Transkripte und der Nachvollziehbarkeit vorgelegter Untersuchungsergebnisse nieder. Andererseits reicht er – in offenbar weniger spürbarem, jedoch umso schwerwiegenderem und manipulativerem Maße – bis in die Analyse hinein, sofern die Übersetzung für sprachunkundige Analytiker den einzigen Zugang zu den fremdsprachigen Inhalten darstellt. Das gilt vor allem dann, wenn Dritte (hauptsächlich wegen ihrer Sprachkenntnisse) in den Aufbereitungsprozess einbezogen werden, obwohl sie (z. B. infolge ihrer Involviertheit in die Erhebungen oder infolge ihrer Tätigkeit im unmittelbaren Umfeld des Erhebungssettings) eine gewisse persönliche und oftmals sehr enge Beziehung zu den Daten haben. Trotzdem wird/werden die Rolle(n) der übersetzenden Person(en) in den jeweiligen Untersuchungen genauso wenig offenbart oder offen reflektiert wie ihr methodisches Vorgehen und die ihnen (als Entscheidungsträger über die „unzugänglichen“ fremdsprachigen Inhalte) eingeräumte Macht (vgl. Kap. 3.2.3).[258] Gerade in den

257 Zum Begriff *mittlerperformative Formel* vgl. Meyer (2002: 53).

258 Vgl. auch Meyer (2019: 77–78; 2021: 120) zur Problematik der mangelnden Reflexion über den Einfluss von (mündlichen und schriftlichen) Translationen und Translatoren auf mehrsprachige Untersuchungen und auf die Authentizität der Daten.

Übersetzungen von Transkripten gedolmetschter Daten sind (weitreichende) Eingriffe und (bewusste oder unbewusste) Manipulationen durchaus zu vermuten und/oder leicht nachzuweisen, jedoch meistens nur schwer aufgrund bestimmter Prinzipien, wie etwa der übersetzerischen Freiheit oder der hermeneutischen Relativität, zu begründen bzw. zu vertreten – jedenfalls nicht bei den (Rück-)Übersetzungen gedolmetschter Äußerungen, die zum Teil ohnehin vertextet, in einer anderen ausgangssprachig präformulierten Form vorliegen.

4.2.3 Grundsätzliche Fragen bei der Anfertigung einer gesprächsanalytischen Transkriptübersetzung

Beobachtungen aus der Übersetzungspraxis und Hinweise auf bedenkliche Aspekte gehen sehr wohl auf Ansprüche und Anforderungen an gesprächsanalytisch fundierte Vorgehensweisen zurück, welche sich stets um das Primat methodischer Transparenz und weitgehender Authentizität aufbereiteter Daten drehen. Diese Beobachtungen evozieren unweigerlich grundlegende Fragen zum Prozess und zum Produkt der Transkriptübersetzung, die im Folgenden in den Raum gestellt werden:

- Was ist der Zweck einer Transkriptübersetzung?
- Welche Funktion(en) können die schriftlichen Translate erfüllen?
- Welchen Status haben sie?
- An wen sind sie gerichtet?
- Wie sollen fremdsprachige Daten übersetzt werden?
- Wer soll sie übersetzen und wer nicht? Reicht das Kriterium der mutter-/erstsprachlichen Vertrautheit bzw. Kompetenz?
- Was soll übersetzt werden? Welche Aspekte sollen in der Übersetzung erhalten bleiben? Welche Details können eliminiert werden?
- Inwieweit kann die Übersetzung die Ausgangsäußerungen (das „Original“) erfassen?
- Was macht die Qualität einer Transkriptübersetzung aus?
- Sollten die Ausgangsäußerungen in ihrer originalsprachig transkribierten Form mit angeführt werden oder machen ihre Übersetzungen ihre Anführung entbehrlich?
- Wie können die übersetzten Einheiten dargestellt werden? Wo lassen sie sich im Transkript integrieren?

Diese Liste aus vorab zu klärenden Fragen ist keineswegs erschöpfend. Ihre Erweiterung und Bearbeitung bleiben dem jeweilig Forschenden überlassen. Dennoch lässt sich fragen, nach welchen Maximen man sich als gesprächsanalytisch arbeitender Transkriptübersetzer prinzipiell richten könnte. Zunächst sollte aber der handlungsleitende Übersetzungszweck bestimmt werden.

Es besteht Einigkeit darüber, dass eine Transkriptübersetzung ein Hilfsmittel zum besseren Verständnis fremdsprachiger Handlungen bereitstellt (Belczyk-Kohl 2016: 142; Martini 2008: 58). Sieht man sich die diskutierten Beispiele (z. B. in Kap. 4.2.2) genau an, so stellt man fest, dass dieses Hilfsmittel zur Erfüllung mehrerer Zwecksetzungen eingesetzt wird. Oberster Zweck ist es, sprachunkundigen Dritten überhaupt die Lektüre zu ermöglichen sowie unzureichend sprachkundigen Dritten die Lektüre zu erleichtern, sodass sie die jeweiligen Handlungssequenzen anhand der verstehbar gemachten Daten eigenständig rekonstruieren können. In anderen Fällen besteht der oberste Zweck zuvorderst darin, diese Sequenzen für die involvierten sprachkundigen Forscher nicht bloß verstehbar, sondern auch erforschbar zu machen. Entscheidend wäre also nicht allein die adäquate Dissemination der Daten, sondern auch ihre Analysierbarkeit. Um mehrsprachige Diskurse oder einsprachige varietätenreiche Diskurse untersuchen zu können, ohne dabei weder die Sprecher bestimmter Sprachgruppen (Regional- und Minderheitensprachen, Migrantensprachen, standardferne Varietäten etc.) von der Beteiligung an den Erhebungssettings per se auszuschließen noch die bereits aufgezeichneten Sequenzen beim Transkribieren ungekennzeichnet zu überspringen oder im Transkript eine entsprechende Kennzeichnung („untranskribierbar", „unverständlich" o. Ä.) zu unterschlagen, lässt sich die Arbeit mit Übersetzungen fremdsprachiger Sequenzen, zu denen man als Analytiker sonst gar keinen Zugang hätte, nicht immer vermeiden. Doch mit Blick auf die graduelle Phänomenreduktion im Verlauf der Datenkonstitution (Interaktion als Datenquelle → Aufzeichnung → Transkription → Übersetzung; Kap. 3.2.3), ist es fraglich, inwieweit eine Untersuchung anhand von Übersetzungen durchgeführt werden kann/darf, vor allem, wenn der fremdsprachige Anteil für die Interaktionsdaten, sowohl vom Umfang als auch vom Stellenwert im Gesamtkontext her, konstitutiv war. Geht man vom (weithin anerkannten) gesprächsanalytischen Grundsatz aus, dass ein Transkript (als Sekundärdatum) stets in Relation zu seiner Aufzeichnung (als Primärdatum) betrachtet werden soll und dass sich eine gründliche (qualitative) Analyse in Wechselwirkung mit dem bearbeitbaren Transkript entfaltet, was wiederum einen Rückgriff auf die Aufzeichnung erfordert (Kap. 3.2.6; vgl. z. B. auch Deppermann 2008: 46), so könnte man Gleiches für die Übersetzung formulieren: Eine gesprächsanalytische

Übersetzung soll stets unter dem Gesichtspunkt ihrer Abhängigkeit vom ausgangssprachigen Transkript betrachtet werden. Das bedeutet einerseits, dass sich die analytische Verwertbarkeit einer Transkriptübersetzung nur ermitteln ließe, wenn dieses Bindungsverhältnis vorab präzise definiert, auf seine Zweckdienlichkeit hin geprüft und hinsichtlich seiner analytischen Tragweite (Potenzial und Grenzen) reflektiert wird. Andererseits herrscht eine gegenläufige Tendenz, bestimmte (analytische) Nutzungsszenarien von vornherein auszuschließen und die Zwecksetzungen auf repräsentierende Praktiken (z. B. zur breiten und internationalen Dissemination der Ergebnisse im Rahmen von Publikationen, Datensitzungen, Vorträgen, Schulungen etc.) zu begrenzen:

> [A] transcript translation is the transfer of the transcript (back bound to the recording) of a piece of interaction into another language for the purpose of *enabling* a target group, that does not understand the source language, to *follow* a piece of Conversation Analysis with regard to its *content* [...]. It should be noted that the *analysis* of the transcripted interaction is based on the *transcript* and the *recording*, not on the "translation" [...]. Unlike other kinds of translation, transcript translation accompanies the superior text, the transcript; it does *not* pretend it could replace it.
> (Belczyk-Kohl 2016: 142–143; Hervorhebungen durch die Verfasserin)

Belczyk-Kohl geht von einer sinngemäßen, inhaltsorientierten Übersetzungsmethode aus. Sie spricht sich dafür aus, Analysen an ausgangssprachigen, nicht an übersetzten Beiträgen durchzuführen, denn das Übersetzen sei in diesem Fall als weiterer Annotationsschritt ohnehin ein stärker hermeneutischer und analytischer bzw. von der Analyse selbst abhängiger Prozess (2016: 151). Transkriptübersetzungen wären somit lediglich als Begleittexte mit einer verständnisstützenden Funktion zu begreifen, die zwar aus verschiedenen Gründen (Nachprüfbarkeit, Transparentmachung, Zirkulierbarkeit etc.) mit angeführt werden müssen, die aber keinen analysetauglichen Ersatz für die ausgangssprachigen Beiträge im Transkript darstellen können.[259] Übersetzungen können also keinesfalls die Anführung der ausgangssprachigen Beiträge verzichtbar machen, selbst dann nicht, wenn die Präsentation von analytischen Ergebnissen anhand der Übersetzungen nachvollziehbar gestaltet wird, und erst recht nicht, wenn die unbegründete Weglassung der ausgangssprachigen Beiträge suggerieren könnte, dass sich die Analyse einzig und allein auf die Übersetzung

---

259 Ähnliche Forderungen nach einem reflektierten Umgang mit fremdsprachigen, übersetzten Daten, bei dem eine Heranziehung qualifizierter Sprachkundiger zur Analyse und Auswertung vorgesehen sein sollte, findet man in der qualitativen Sozialforschung (z. B. Przyborski/Wohlrab-Sahr 2014: 314–315; Schittenhelm 2017: 103–105).

stützt (vgl. die einsprachige Darstellung in Abb. 13 in Kap.2.2.2.2). Nikander (2008: 226) zufolge verletze die Ausblendung des Ausgangstranskripts nämlich das Prinzip der Sicherstellung einer Validität durch Transparenzschaffung und Zugänglichmachung. Dem könnte man allerdings entgegenhalten, dass eine Bereitstellung der ausgangssprachigen Beiträge in einer schlecht lesbaren und/ oder in einer anderweitig defizitären Fassung (in Originalschrift oder in romanisierter Form) natürlich die Frage aufwirft, welche Funktion die ausgangssprachige Darstellung tatsächlich erfüllen soll und kann.

Die Hypothese, Transkriptübersetzungen allein reichen nicht als Analysegrundlage aus, trifft jedenfalls auf interaktionsanalytische Untersuchungen zu. Aspekte der Sprecherwechselorganisation, wie Verlauf und Zustandekommen, unterliegen komplexen sprachlichen Handlungszusammenhängen und regelhaften Mechanismen, die sich zwar auch allgemein argumentativ bzw. inhaltlich erklären lassen (z. B. Turnabgabe nach dem Abschluss einer semantisch-thematischen Sinneinheit), die aber gleichzeitig im jeweiligen Sprachsystem genauer betrachtet werden müssen. Der Grund für eine glatte Turnübernahme ließe sich beispielsweise auf der semantisch-thematischen Ebene finden, aber nicht die sprachstrukturellen Gründe (z. B. der sprecherseitige pragmatische und syntaktisch-grammatische Abschluss einer Turnkonstruktionseinheit und ihre prosodische Markierung, die hörerseitige Projektion des Abschlusses oder Erzwingung eines Abschlusses etc.). Analog dazu lässt sich bei der Untersuchung von Verständigungssicherungsverfahren ein Verstehensproblem anhand einer Übersetzung relativ leicht, die Problemquelle (*trouble source*) und die Problembehebung jedoch nur schwierig ermitteln (z. B. bei einem ungebräuchlichen Ausdruck als *trouble source* und der Verwendung eines Synonyms zur Behebung des Problems; s. Kap. 4.2.4). Anhand einer sinngemäßen Übersetzung wäre es nur eingeschränkt möglich, ebendiese sprachstrukturellen oder lexikalischen Gründe und andere Parameter zu ermitteln, die zeitgleich oder zeitnah wirksam werden, weshalb sie bei der Analyse ebenso als „ein Bündel" und in ihrer zeitlich gebundenen, progressiven Hervorbringung betrachtet werden müssten.[260] Die Binnenstruktur von Äußerungen ließe sich dagegen mithilfe einer interlinearen Morphemglossierung rekonstruieren, was unter anderem in didaktischen oder Präsentationskontexten mit kürzeren Transkriptausschnitten oder in kleineren Korpora bei ausgewählten Phänomenen praktiziert wird (Department of Linguistics 2015; Rehbein et al. 2004: 61–80). Bei umfangreichen Daten und/oder Erhebungen für ein gesamtes Korpus verursacht eine Glossierung allerdings einen erheblichen

---

260 Vgl. herzu auch Kohl (2010: 194).

Arbeitsaufwand, zumal der Kreis potenzieller Transkribenten mit entsprechender Eignung aufgrund der zusätzlich benötigten Fachexpertise (solides linguistisches Wissen) weiter eingeengt wird. Zu bewältigen sind im Falle einer Morphemglossierung darüber hinaus Schwierigkeiten grafischer Art, wie etwa optische Unregelmäßigkeiten oder auffällige Zwischenräume in der ausgangssprachigen Spur bzw. Zeile (vor allem bei einer Partiturdarstellung), je nach Sprachtyp, Ausmaß der aufzuschlüsselnden Informationen und sich ergebender grafischer Ausdehnung. Bei der Kuration größerer Korpora lohnt es sich wohl nicht, derartige Erschwernisse in Kauf zu nehmen – zumindest nicht bei einer flächendeckenden Umsetzung im Rahmen von Interaktionsanalysen.

Ausgehend von der Tatsache, dass eine Übersetzung kein (streng) originalgetreues Abbild herstellen kann und/oder soll, lässt sich nun fragen, welche sprachlichen Eigenheiten und Handlungen, abgesehen von den untersuchungsspezifischen Anforderungen, bei einer Transkriptübersetzung mitberücksichtigt werden sollten. Hier lassen sich verschiedene Praktiken finden:

(a) Praktiken, die Sprechphänomene (z. B. Pausen, Luftholen, Husten etc.) und äußerungsprozessierende Handlungen (z. B. Äußerungsabbrüche, Reparaturen, Planungsindikatoren, lautliche Dehnungen etc.) weitgehend in die Übersetzung integrieren, solange die zielsprachlichen Strukturen eine Umsetzung ermöglichen;
(b) Praktiken, die sich auf den Bedeutungsinhalt der zu übersetzenden Einheiten konzentrieren und eine „Nachahmung" der mündlichen Realisierung prinzipiell ablehnen.

Erstere versuchen, die ausgangssprachigen Beiträge so authentisch wie möglich bzw. nötig wiederzugeben. Letztere sehen in der Wiedergabe solcher sprachspezifischen Sprechphänomene eine Vortäuschung von Authentizität bzw. Originalität, obwohl es sich dabei eigentlich eher um eine Neuschöpfung zielsprachlicher Äquivalente und Markierungselemente handelt, durch die sich die Übersetzungen trotzdem nicht so weit aufwerten lassen, dass sie als autonome Texte ohne Rückbezug zum Ausgangstext behandelt und eigene Gesprächsanalysen darauf beschränkt werden können (Belczyk-Kohl 2016: 159–160). Klare Empfehlungen geben die einzelnen Transkriptionskonventionen nicht her. Rehbein et al. (2004: 60) sprechen sich immerhin für bestmögliche Integration dieser Phänomene aus. Die Umsetzung liegt freilich weiterhin im Ermessen des Übersetzers. Entscheidet man sich für die Praxis (a) oder die Praxis (b), so bleibt gleichwohl wichtig, die ausgangssprachliche Gesprochensprachlichkeit in eine zielsprachliche Geschriebensprachlichkeit umzusetzen, in der nicht bloß Sprechphänomene getilgt, sondern andere sprachliche „Deformitäten" berichtigt oder

„Trivialitäten" eliminiert werden. Gleiches gilt auch für stilistische Anpassungen, unter anderem bei Sprachvarietäten im Transkript, was in der Fachliteratur vergleichsweise selten thematisiert wird. Dennoch ist man sich durchaus dahingehend einig, dass Aspekte des Sprachgebrauchs (Sprachvarietät, phonetische Varianz, individuelle Eigentümlichkeiten etc.) metasprachlich (in den Informationen zum sprachlichen Hintergrund der Sprecher) anzugeben und, wenn analytisch relevant, punktuell oder gegebenenfalls umfangreich zu annotieren, aber keineswegs mit zielsprachspezifischen Elementen nachzubilden seien. Demnach soll sich beispielsweise eine ägyptisch-arabische Varietät im Extremfall nicht wie eine bayerische Varietät lesen oder vereinzelt fälschlicherweise den Eindruck hinterlassen, es spreche ein regionalsprachlich geprägter deutscher Sprecher.

Bei der Auseinandersetzung mit den verschiedenen Transkriptbeispielen (Kap. 4.2.2) und den teilweise gegensätzlichen methodischen Vorgehensweisen haben sich vor allem zwei allgemeine Fragen herauskristallisiert:

(1) Wie lässt sich das Bindungsverhältnis zwischen den ausgangssprachigen und den zielsprachigen Beiträgen konzeptionell zuordnen und terminologisch bezeichnen?
(2) Welchen Freiraum hat man als Transkriptübersetzer wirklich?

Die zentrale Herausforderung besteht nämlich darin, die Übersetzung für die zielsprachigen Leser so aufschlussreich wie möglich zu gestalten, dabei aber so nah an den ausgangssprachigen Beiträgen wie nötig und möglich zu bleiben (vgl. auch ten Have 2007: 110). Wie man sich als Transkriptübersetzer innerhalb dieses Spannungsfelds zurechtfinden könnte, lässt sich, ähnlich wie bei der grafischen Umsetzung ausgangssprachiger Gesprochensprachlichkeit (vgl. Kap. 3.4.2 und 3.5.2), ohnehin nur in der Praxis erschließen. Es bleibt einem grundsätzlich freigestellt, ob man ein Zwei-Ebenen-Verfahren mit einer Morphemglossierung, ein Drei-Ebenen-Verfahren mit einer Morphemglossierung und einer stark äußerungsbezogenen/freien (= idiomatischen) Übersetzung, oder aber ein Mehr-Ebenen-Verfahren mit einer Morphemglossierung und mehreren Übersetzungsebenen anwendet (vgl. z. B. Kameyama 2004: 55–56; Rehbein et al. 2004: 58–66). Zu bedenken ist allerdings, dass das übersetzerische Handeln, abgesehen von den methodologischen Postulaten (z. B. Nähe und Natürlichkeit, Informativität bei bestmöglicher Verständlichkeit etc.), auch von technischen Einschränkungen bestimmt wird, ganz gleich, für welche Übersetzungsmethode(n) man sich entscheidet – für eine wörtliche und/oder eine freie, eine formgetreue und/oder eine sinngemäße, eine sprachlich/kulturell verfremdende oder eine sprachlich/kulturell einbürgernde, eine denaturierende oder eine naturierende Methode. Sowohl die vorab definierte Darstellungsart als auch die mit dem gewählten Transkriptionstool erstellte Vorlage, die beim Transkribieren kleinteiliger gegliedert wird, führt, aufgrund der grafischen Interlinearität, zu räumlichen Beschränkungen beim Übersetzen. Die Möglichkeiten zur Einbringung erläuternder Zusätze und extensiver Kommentare sind also von vornherein beschränkt, zum einen aus Gründen der Lesbarkeit und Übersichtlichkeit des Transkripts[261] (ähnlich wie bei der Morphemglossierung), zum anderen aus strukturellen Gründen. Der Begriff *Struktur* umfasst hier, abgesehen vom Layout, die Gliederungseinheiten im Transkript, denen die einzelnen Übersetzungen zugeordnet werden. Eine Übersetzung ist letztendlich eine Einheit abgeleiteter Phänomene, die sich auf eine oder auf mehrere andere Einheiten im ausgangssprachigen Transkript bezieht. Sie orientiert sich an bereits vorgegebenen Strukturen. Mit anderen Worten: Die Art der Einheitenbildung im Ausgangstranskript setzt in der Regel die zu produzierende Einheit fest, es sei denn, man definiert für die Übersetzungen eine andere Gliederungsweise und erweitert dabei die Handlungsspielräume oder verengt sie noch zusätzlich (z. B. durch mehr bzw. weniger Platz für Umschreibungen).

Aus den Überlegungen zur gesprächsanalytischen Übersetzungspraxis geht hervor, dass die Transkriptübersetzung, genauso wie die Transkription, so komplex ist, dass sie sich nicht in ein Regelwerk zwängen lässt. Wie sich die hier gestellten Fragen translationswissenschaftlich genau bearbeiten lassen, muss vorerst noch offen bleiben. Unbestreitbar ist jedenfalls, dass die genannten Fragen, die in gesprächsanalytischen Arbeiten erst seit jüngster Zeit diskutiert werden, schon länger zum Gegenstand translationswissenschaftlicher Forschung gehören. Erwähnt seien beispielsweise Reflexionen zu Übersetzungsmethoden, zu Übersetzungstypen und zu fließenden Übergängen zwischen Wörtlichkeit und Freiheit oder zwischen ähnlich umstrittenen Dichotomien (überblickgebend z. B. Prunč 2007; Reiß 1985; Schreiber 1998; Snell-Hornby et al. 1998), Forderungen nach einer Spezifizierung der Relation zwischen Ausgangstext und Zieltext (Äquivalenzrelationen) in der äquivalenzorientierten Übersetzungswissenschaft (z. B. Koller 2011: 159–277; Nord 1998: 141–144; Prunč 2007: bes. 31–89) und dazu erhobene kritische Stimmen (einführend z. B. Schreiber 2017: 55–57), oder, aus handlungstheoretischer

261 Eine Übersicht über verschiedene Möglichkeiten zur Anordnung der einzelnen Ebenen innerhalb des Transkripts geben Egbert/Yufu/Hirataka (2016: 106), Nikander (2008: 227–229), ten Have (2007: 209–110). Der Schwerpunkt liegt allerdings auf der Transkription und Übersetzung verbaler Äußerungen, also auf relativ übersichtlichen Darstellungsstrukturen ohne mehrfach eingerichtete Annotationsebenen (über die Übersetzung hinaus).

Perspektive, prozessbezogene Maximen der Zweckorientierung bei der Erstellung von Zieltexten (Adäquatheit), die letztendlich auch in die Beurteilung der produzierten Translate einfließt (einführend z. B. Siever 2015: 83–110; Stolze 2008: 169–174), ebenso wie die Verpflichtung zur Richtigkeit und Vollständigkeit beim Urkundenübersetzen sowie zur Unterlassung eigenmächtiger Eingriffe (z. B. Bundesverband der Dolmetscher und Übersetzer 2012), aber auch Aspekte der translatorischen Kompetenz (z. B. Cnyrim/Hagemann/Neu 2013) und Qualitätssicherung (z. B. Schnierer 2019). Gleiches gilt für die Beiträge der Literaturübersetzungs- und Filmuntertitelungsforschung zum Umgang mit Gesprochensprachlichkeit, Regionalsprachlichkeit und Varianzen, aber auch mit formalen Herausforderungen (wie Platzbeschränkungen). Eine Anschlussforschung zur Ermittlung möglicher Schnittstellen, die dann auch entsprechend einzeln vertieft und sprachspezifisch untersucht werden, wäre sinnvoll.

4.2.4 Übersetzung der arabischen Gesprächsbeiträge im TeDo-Korpus

Die arabischen Gesprächsbeiträge des TeDo-Korpus aus telefonisch gedolmetschten arabisch-deutschen Beratungsgesprächen wurden weitgehend relativ idiomatisch ins Deutsche übersetzt, um Personen ohne Arabischkenntnisse einen inhaltlichen Zugang zu den Daten zu eröffnen. Die Übersetzungen sind insofern idiomatisch, als sie die idiomatischen Spezifika im Arabischen durch entsprechende Elemente im Deutschen rekonstruieren. Sie sind indes nicht *idiomatisierend*. Das heißt, dass sie, wie methodologisch postuliert, die mangelnde Idiomatik arabischer Formulierungen an bestimmten Stellen mit den sprachlichen Mitteln des Deutschen sichtbar machen. Die aus Gründen der besseren Verständlichkeit angestrebte Idiomatik der Übersetzung und die damit einhergehende übersetzerische Freiheit müssen jedoch, aufgrund der teilweise äußerungsbezogenen Verfahrensweise, stets relativiert werden. Der von Rehbein et al. (2004: 58) eingeführte Begriff *äußerungsbezogene Übersetzung* deutet in erster Linie auf den Bezugspunkt der Übersetzung hin, nämlich die Äußerungseinheit. Die Gliederung des Ausgangstranskripts nach Äußerungen bzw. Äußerungseinheiten[262] gibt also die Gliederung der übersetzten Teile vor. Eine arabische Äußerung wurde im vorliegenden TeDo-Korpus daher stets mit genau einer deutschen Äußerung übersetzt. Mehrere zu übersetzende Äußerungseinheiten wurden im Deutschen nie zu einer Einheit zusammengeführt, auch dann nicht, wenn dadurch eine zusammenfassende, idiomatischere, stilistisch ansprechendere und flüssiger lesbare Übersetzung entstehen würde,

262 Kameyama (2004: 55) spricht vom „Prinzip der Äußerungssegmentierung".

indem Äußerungen ohne propositionalen Gehalt, wie bei Interjektionen, oder kaum erkennbare Änderungen in den jeweiligen propositionalen Akten, wie bei Wiederholungen und Paraphrasen, weggelassen und ästhetische Einbußen, wie leere Zwischenräume zwischen den einzelnen arabischen Äußerungen bei platzbeanspruchender, silbenreicher deutscher Übersetzung, vermieden werden. Ebenso wenig wurden einzelne zu übersetzende Äußerungseinheiten in jeweils zwei oder mehrere kürzere Einheiten aufgeteilt, auch dann nicht, wenn dadurch eine Auflösung längerer, komplexer syntaktischer Strukturen möglich gewesen wäre.[263] Folgerichtig wurden abgebrochene Äußerungen im Arabischen, sofern die fehlenden Teile der Äußerung klar erschließbar waren, auch im Deutschen als unvollendete sprachliche Handlungen wiedergegeben und entsprechend mit dem Ellipsenzeichen (…) gekennzeichnet, wobei sich der genaue Ort des Abbruchs, wegen der unterschiedlichen Syntax im Deutschen, nicht immer präzise kennzeichnen ließ. Zur Kennzeichnung unerschließbarer und daher unübersetzter Teile wurde ein Gleichheitszeichen (=) verwendet. Die Aufrechterhaltung der ausgangssprachlichen Gliederungsweise (Segmentierung nach Äußerungen) im zielsprachlichen Text erleichtert die Zuordnung der arabischen Ausgangsäußerung und ihrer deutschen Übersetzung, denn ausgangs- und zielsprachliche Äußerungen werden nicht bloß in einer parallel laufenden Unterspur angebracht und somit interlinear innerhalb der Partiturfläche grafisch erkennbar gemacht, sondern auch (über die Zeitachse im Partitur-Editor) jeweils am Beginn des Segments miteinander synchronisiert und somit zusätzlich verankert, was eine versetzte Anordnung oder unvorhersehbare (z. B. speichertechnische oder drucktechnische) Verschiebungen und somit Probleme bei der Zuordnung gleich von vornherein verhindern soll. Das Segmentieren nach Äußerungen hat, über die praktische Umsetzung hinaus, auch eine analytische Dimension. Praktisch gesehen ist eine arabische Äußerungseinheit eine Gliederungseinheit, analytisch gesehen ist sie eine Handlungseinheit. Die Äußerungsbezogenheit der Übersetzung soll vor allem auch die „Handlungsqualität" bzw. den „handlungsspezifischen Zweck" der

263 Es sei darauf hingewiesen, dass eine Äußerungseinheit nicht zwangsläufig mit einer Segmenteinheit bzw. einem Ereignis (engl. *event*) im Partitureditor übereinstimmen muss. So darf eine Äußerungseinheit beispielsweise zwecks Annotation oder korrekter Alignierung von Gleichzeitigkeit mehrfach geteilt werden. Ihre übersetzte Einheit sollte hingegen nicht in mehrere Segmente geteilt werden. Die Segmente sollten nachträglich zu einem Segment zusammengeführt werden. Mit anderen Worten: Eine Äußerungseinheit ist nicht an der Anzahl zugehöriger Segmente, sondern am entsprechenden Äußerungsendzeichen zu erkennen.

ausgangssprachigen Einheit in der Übersetzung aufrechterhalten (Rehbein et al. 2004: 58; vgl. außerdem Kameyama 2004: 55). Ausschlaggebend war also bei der Erstellung des vorliegenden TeDo-Korpus die phonetisch-phonologisch umgesetzte illokutive Dimension des Äußerungsakts, so wie sie beim ausgangssprachigen Transkribieren interpretiert wurde. Dementsprechend wurden die im arabischen Transkript verwendeten Äußerungsendzeichen zur Markierung des jeweiligen Äußerungsmodus im Deutschen größtenteils übernommen. Abweichungen von den in der Ausgangsspur gesetzten Endzeichen sind auf die Tatsache zurückzuführen, dass sich die (auch im HIAT-Handbuch empfohlenen) Interpunktionsregeln der deutschen Sprache nicht immer mit den Interpunktionsregeln der arabischen Schriftsprache decken, wobei die abweichenden Endzeichen in der deutschen Übersetzung immer so gewählt wurden, dass die Illokution der Äußerung erkennbar wird.[264]

Mit der Aufrechterhaltung der einzelnen Äußerungsmodi geht letztendlich auch eine adäquate Rekonstruktion der Binnenstruktur der Turns einher. Die sequenzielle Entfaltung des Sprecherwechsels sowie der Hervorbringungskontext turnbeanspruchender bzw. zu Turnübernahmen führender Handlungen dürfte für den deutschen Leser so weit sichtbar bleiben, dass er die Gesprächsentwicklung mitverfolgen und die Analyse nachvollziehen kann, was für die vorliegende Untersuchung von Gesprächsdolmetschhandlungen vonnöten ist, die zum Teil an der Struktur der ausgangssprachigen Gesprächsbeiträge orientiert sind (z. B. Eingriffe der dolmetschenden Person zum Zwecke der „Portionierung" des zu dolmetschenden Turns), aber auch für die Untersuchung sukzessiv sich zeigender und bearbeiteter Verstehensprobleme.[265] Allerdings kann die Übersetzung, wie bereits in Kapitel 4.2.3 erklärt, keine umfassenden Informationen über die Äußerungsprozessierung und über den Handlungsprozess geben. Prosodische Informationen und andere sprechperformative Phänomene, die dem Realisierungsmedium der Mündlichkeit innewohnen, können nur anhand der originalsprachigen (arabischen) Fassung entschlüsselt werden. Sprechpausen wurden nicht in die deutsche Übersetzung aufgenommen, da sie erstens als rein performative Einheiten gelten und zweitens bei Bedarf von deutschsprachigen Lesern problemlos in der arabischen Verbalspur erkannt werden können. Andere analyserelevante Sprechphänomene bzw. nicht phonologische Handlungen, wie turnbeanspruchendes oder

264 Zur Interpunktion in den arabischen Beiträgen s. Kap. 5.4.4

265 Zur Wichtigkeit der äußerungsbezogenen Segmentierung bei der Untersuchung von Gesprächsdolmetschdaten s. außerdem Meyer (2004: 13).

turnbehaltendes Luftholen, Husten, Schmatzen etc., die in der arabischen Spur ohnehin in deutscher Sprache notiert sind, wurden in der Übersetzungsspur wiederum weitestmöglich richtig platziert. Gleiches gilt für Phänomene der Äußerungsprozessierung, wie Planungsindikatoren und Zögerungen, die entsprechend auch übersetzt wurden (z. B. ar. *eh* → dt. „äh"), sowie für Selbstkorrekturen, die, aufgrund ihrer Relevanz für Aspekte des Sprecherwechsels und der Verständnissicherung, so angemessen wie (syntaktisch) möglich und nötig nachgebildet wurden (s. Kap. 5.4.3).

Der Wunsch nach einer idiomatischen Übersetzung und die Prämisse „Handlungsqualität vor [...] Worttreue" (Rehbein et al. 2004: 58; Fn. 30) laufen nicht auf eine (durchgehend) einbürgernde Übersetzungsmethode hinaus, die die Normen der deutschen Sprache und Kultur für maßgeblich hält und denjenigen Eigenheiten des Arabischen vorzieht, welche, nach Auffassung eines deutschen „Durchschnittslesers", wohl eher ungewöhnlich erscheinen mögen. Als Beispiel seien der blumige bzw. expressive Stil, die Höflichkeitsfloskeln und die religiösen Formeln im Arabischen genannt, die allesamt auch im folgenden Transkriptausschnitt (Abb. 31) aus dem eröffnenden Teil eines telefonisch gedolmetschten Beratungsgesprächs auftauchen. Der standardnah Jemenitisch-Arabisch sprechende Telefondolmetscher (TD1) nimmt Kontakt mit dem Syrisch-Arabisch sprechenden Klienten (K10) am anderen Ende der Leitung auf. Da dieser sich nicht mit der Beraterin (B3) sprachlich verständigen kann, ist er auf die Hilfe des Telefondolmetschers angewiesen und möchte schnell sein Anliegen formulieren.

[34]

	78	79	80	81	82
TD1 [v]			tamam.	((holt Luft))	əsmak al-karīm?
TD1 [TS-de]			Alles klar.		Dein werter Name?
K10 [v]	tamām, ᵓəstāz.	okay.		nədḫol	bəl-mauḍūᶜ
K10 [TS-de]	Alles klar, mein Herr.	Okay.		Kommen wir direkt zur Sache?	
TD1 [av]			nicht hörbar	ganz übertönt	

[35]

		83	84	85	86	87	88
TD1 [v]		((3s))	əsmak al-karīm?				ḥayyāk
TD1 [TS-de]			Dein werter Name?				Grüß dich Gott.
K10 [v]	mubāšaratan?			•	əsmi Bilal.		
K10 [TS-de]					Ich heiße Bilal.		
TD1 [av]							

[36]

		89	90	91	92	93
TD1 [v]	allāh, ᵓaḫ	Bilal.	•	tamām.	ᵓin šāᵓ allāh karīm.	
TD1 [TS-de]	lieber Bilal!			Alles klar.	Wird schon gutgehen, so Gott will.	
K10 [v]			•	šukran.		
K10 [TS-de]				Danke!		
K10 [av]				ganz übertönt		

[37]

		94	95	96	97
TD1 [v]	(ᵓəᶜṭəha əs-sammāᶜa).				
TD1 [TS-de]	(Gib ihr den Hörer)!				
K10 [sup]			leise		
K10 [v]		•	yā ᵓahla w-sahla.	((1s))	eh mnəḥki l-
K10 [TS-de]			Aber gerne!		Äh besprechen wir
K10 [av]			nicht hörbar		

[38]

		98	99	100
TD1 [v]		• • •	eh ḫallīni ᵓatkallam maᶜāha ᵓawwalan.	
TD1 [TS-de]			Äh lass mich zuerst mit ihr sprechen!	
K10 [sup]				leise
K10 [v]	mauḍūᶜ?			tfaḍall.
K10 [TS-de]	die Sache?			Bitte schön!
K10 [av]				nicht hörbar

Abb. 31: Transkriptübersetzung III – Ausschnitt aus Transkript *TeDo10*[266]

266 Zu anonymisierende Stellen, wie Personennamen, wurden zwecks Maskierung der Aufzeichnung in einem Segment vom Rest der Äußerung abgetrennt.

Der teils gehobene, teils weniger formelle, jedoch weiterhin respektvolle Stil des Dolmetschers lässt sich in der deutschen Übersetzung wiedererkennen. Die Anrede in der zweiten Person Singular ist im Arabischen üblich und sollte nicht als Unhöflichkeit verstanden werden. Deshalb wurde die du-Form bei der Anrede im Deutschen übernommen, obwohl ein Siezen im Einzelfall eine adäquate, einbürgernde Ausdrucksweise liefern könnte, wie etwa im Fall der in den Segmenten 82 und 84 (Partiturflächen [34]–[35]) gestellten Frage „əsmak al-karīm?" (dt. „Dein werter Name?"). Die Sie-Form hätte bei einem einbürgernden Verfahren (z. B. dt. „Ihr Name?") die Übersetzung des (aus deutscher Sicht archaischen bzw. literarischen) Adjektivs „karīm" verzichtbar gemacht. Es wurde aber bewusst wörtlich und verfremdend übersetzt, um die Gesprochensprachlichkeit des Arabischen bei den kontaktaufnehmenden Handlungen und beim interaktiven Beziehungsaufbau nicht zu unterschlagen. Die Gefahr bei einem solchen Verfahren besteht darin, dass diese „archaische" Stilfärbung im Deutschen als spöttischer Unterton missinterpretiert werden könnte. Ein solches Missverständnis dürfte aber mit Blick auf den sprachlich-situativen Kontext schnell behebbar sein.[267] Dies trifft auch auf die religiösen Formeln „ḥayyāk allāh" und „ᵓin šāᵓ allāh" zu, deren mehr oder weniger wörtliche deutsche Übersetzung („Grüß dich Gott!" bzw. „So Gott will!") im deutschen Volksmund heutzutage bisweilen als Segenswunsch, Begrüßungs- und Abschiedsformel etc. verwendet wird. Der Umgang mit Vokativ-Formulierungen im Arabischen gestaltet sich schwierig, wie etwa bei der kulturspezifischen Anrede „ᵓaḫ" (wörtlich „Bruder") in Segment 88 (Partiturfläche [36]). Eine wörtliche Übertragung wurde bereits von vornherein ausgeschlossen, um Assoziationen mit dem Soziolekt und der Jugendsprache und entsprechende Missinterpretationen (z. B. Unterstellung einer kumpelhaften Beziehung) zu vermeiden. Die förmliche Anrede „Herr" kommt jedoch in diesem konkreten Fall auch nicht infrage, denn diese Anrede ist für die Übersetzung der arabischen Substantive „ᵓəstāz" und „sayyed" reserviert. In Verbindung mit der Grußfloskel und dem freundlicher werdenden, weniger formellen Stil ab der Vorstellung des Klienten in den Segmenten 86 und 87 (Partiturfläche [35]) scheint die persönliche Anrede „lieber Bilal" für „ᵓaḫ" (wörtlich „Bruder") in Segment 88 angemessen. In anderen Kontexten wird für „ᵓaḫ" im Deutschen „werter Freund" vorgeschlagen. Es muss aber stets geprüft werden, ob die deutsche Fassung den Telefondolmetscher nicht so darstellt, als gehe er eher locker, fast kumpelhaft, auf den Klienten zu, während der Klient eher zurückhaltend und sehr höflich

267 Vgl. hierzu Stock (2018: 73–77) in ihrem Beitrag zum Übersetzen literarischer Dialoge aus dem Arabischen.

wirkt. Bei direkter Anrede bot sich eine Anrede mit „Sie“ an, zum Beispiel bei der Frage „**əl-ᵓaḫ** mən Sūriya?“ (dt. „**Sie** kommen aus Syrien?“). Eine eingehende, kontextbezogene Diskussion der männlichen Anrede „ᵓaḫ“, aber auch der weiblichen Anrede „ᵓoḫt“ bzw. „ᵓuḫt“, würde den Rahmen der vorliegenden Arbeit sprengen. Anhand eines weiteren Beispiels soll aber zumindest einmal gezeigt werden, dass die illokutive Seite eines Beitrags bei einer verfremdenden oder einer wörtlichen Übersetzung nicht immer eindeutig erkennbar ist. Bei der Übertragung der arabischen Formulierung „ᵓin šāᵓ allāh karīm“ (Partiturfläche [36], Segment 92) ins Deutsche wurde die sinngemäße Übersetzung „Wird schon gutgehen, so Gott will.“ der wörtlichen Übersetzung „Gott ist großzügig.“ vorgezogen. Ein noch einprägsameres Beispiel liefert der nachstehende Transkriptausschnitt (Abb. 32).

Der aus Marokko stammende Telefondolmetscher (TD3) erklärt der aus Syrien stammenden, nicht deutschkundigen Klientin (K5), dass die Beraterin sie ermutigt, wieder regelmäßig am Deutschkurs teilzunehmen, damit sie unter anderem ihren Kindern später beim Lernen helfen kann.

[455]

	1090
TD3 [v]	fa-huwwa mən əl-ᵓaḥsan bətkūn əl-ᵓomm kaḏālek eh ᶜandha
TD3 [TS-de]	Deshalb wäre es besser, auch die Mutter äh hat Sprachkenntnisse, falls es mal was

[456]

TD3 [sup]	
TD3 [v]	ᵓilmām bəl-loġa, ᶜalašān ᵓiḏa kān • fī ᵓašyāᵓ yəḥtāžūha
TD3 [TS-de]	gibt, wo sie ihre Hilfe brauchen.

[457]

	1091	1092 1093	1094
TD3 [sup]	schwebend		
TD3 [v]	təsāᶜdīhom.		fa-huwwa bykūn ᵓaḥsan līk
TD3 [TS-de]			Es wäre also besser für dich, die/ äh Kurse in
K5 [v]		• nšāllah˙	
K5 [TS-de]		Hoffen wirs Beste˙	

[458]

		1095 1096
TD3 [v]	təᶜməli əl-/ eh • dawarāt bəl-ᵓalmāni.	
TD3 [TS-de]	Deutsch zu machen.	
K5 [v]		• nšāllah.
K5 [TS-de]		Hoffen wirs Beste.

Abb. 32: Transkriptübersetzung IV – Ausschnitt aus Transkript *TeDo5*

Die in den Segmenten 1093 und 1096 (Partiturflächen [457] und [458]) von der Klientin produzierte Routineformel „nšallah" (wörtl. „So Gott will!") wurde durch ein entsprechendes Pendant („Hoffen wirs Beste.")[268] frei übersetzt. Die deutsche Übersetzung bildet mithilfe des reduzierten Artikels („das") und dessen anaphorischer Assimilation an das Pronomen („wir") eine gesprochensprachliche Form („wirs") nach, auf die man eigentlich verzichten könnte. Eine freie Übersetzung der Äußerung in schriftsprachlicher Form („Hoffen wir das Beste.") wäre hier vielleicht besser, um nicht den falschen Eindruck zu vermitteln, die Klientin spreche deutsche Umgangssprache. Wichtig ist jedenfalls, dass sowohl die gesprochensprachliche als auch die schriftsprachliche Form einer freien Übersetzung die vielfältigen Interpretationsmöglichkeiten einer wörtlichen Übersetzung („So Gott will!") präzise auf eine einzige Bedeutung („Hoffen wir das Beste.") und auf einen einzigen illokutiven Aspekt (vorsichtiger Optimismus) reduziert. Es geht nämlich nicht um ein religiöses Bekenntnis und auch nicht um eine fatalistische, passive Grundhaltung oder um eine vorgetäuschte Zustimmung ohne echte Ambitionen. Im Laufe des Gesprächs bekräftigt die Klientin nämlich ihren Entschluss, ihr Sprachniveau zu verbessern. Deswegen erscheint in diesem Kontext die Übersetzung „Hoffen wir das Beste." logisch, da die Klientin dem gedolmetschten Beitrag der Beraterin hier offenbar aus der Hörerrolle heraus zustimmt, dabei aber, zumindest floskelhaft, zum Ausdruck bringen möchte, dass es sich um einen Wunsch handelt, dessen Erfüllung nur teilweise in der Macht der anwesenden Personen liegt.

Die exemplarischen Ausführungen zu Abbildung 31 und 32 zielten darauf ab, kurz zu demonstrieren, wann eine ausgangssprachlich orientierte Übersetzung und wann eine zielsprachlich orientierte Übersetzung sinnvoll sein könnte, und wie bei ersterer versucht wurde, die mündliche Stimme in der Übersetzung „heraushörbar"[269] zu machen, die arabischen Spezifika „durchscheinen"[270] zu lassen und den deutschen Leser hin zum Ausgangstranskript zu bewegen[271], und zwar ohne Einbußen bei der übersetzerischen Rekonstruktion des Handlungscharakters der jeweiligen Äußerung.

---

268 Die Reduktion der Anapher „es" zu „s" und ihre phonetische Anlehnung an das vorangehende Lexem wird gemäß den HIAT-Konventionen nicht durch ein Apostroph gekennzeichnet (vgl. Rehbein et al. 2004: 12).

269 Ähnliches formuliert Kohlmayer (2018: 22) zum Umgang mit mündlichen Stimmen im schriftlichen Text.

270 Dieser Begriff stammt vom Schriftsteller und Übersetzer Walter Benjamin. Vgl. seine Annahmen über eine „wahre Übersetzung" (1963: 192).

271 Vgl. hierzu auch F. Schleiermacher (2009: 65–66).

Die erstellten Übersetzungen sollten als Arbeitsübersetzungen betrachtet werden, also im Bewusstsein, dass sie keineswegs abgeschlossen sind, sondern möglichst offen bleiben sollten, um die weiterführende Forschung zu erleichtern.[272] Denn solange die Datenanalyse nicht abschließend beendet wurde, können die Übersetzungen der Äußerungen nur als vorläufige Produkte behandelt werden. Wie bereits erwähnt, ist die Übersetzung ein analytischer Schritt. Deshalb ist davon auszugehen, dass bei der Analyse die Übersetzungen naturgemäß weiter bearbeitet werden. Dennoch werden die Übersetzungen, die nach dem Vier- und teilweise sogar nach dem Sechs-Augen-Prinzip (Kap. 1.4) angefertigt wurden, relativ hohen Übersetzungsstandards gerecht. Durch die weitgehend idiomatischen Übersetzungen in Verbindung mit der Darstellung der Ausgangsäußerungen in lateinschriftiger Umschrift dürften auch deutsche Leser ohne Arabischkenntnisse also einen, wenn auch eingeschränkten, Zugang zu den Daten erhalten.

4.3 Zusammenfassung

Ziel von Kapitel 4 war es, zu ermitteln, wie die in Kapitel 3 herausgearbeiteten Anforderungen der Gesprächsanalyse an die Transkription als datenkuratierenden Schritt bei der Beschäftigung mit arabischen Dolmetschdaten erfüllt werden können. Eine zentrale Schwierigkeit bereitet die Mehrschriftigkeit im Transkript. Wird die Mehrschriftigkeit im Transkript beibehalten, dann können die zeitlichen Verhältnisse im Gespräch nicht präzise wiedergegeben und nicht adäquat visualisiert werden, was interaktionsbezogene Analysen erschwert bzw. nur begrenzt ermöglicht. Inhaltsbezogene Analysen lassen sich dagegen durchaus anhand eines bidirektionalen (Zeilen-)Transkripts durchführen. Man müsste sich jedoch vorab für eine Weglassung zeitlicher Markierungen entscheiden, vor allem im Falle von Überlappungen, also für einen Eingriff in die Darstellung der interaktionalen Verhältnisse, damit es nicht, wie in Kapitel 4.1.1 erläutert, zu grafischen Versetzungen oder Verdrehungen in der Reihenfolge der arabischen Wörter kommt. Diese Probleme lassen sich mit einem einschriftigen, unidirektionalen Transkript (in Zeilen- oder Partiturdarstellung) beheben, in dem die arabischen Äußerungen in Lateinschrift dargestellt werden (Kap. 4.1.2 und 4.1.3).

272 Zur Unabschließbarkeit der Übersetzung allgemein s. Babel (2015: 46–47).

Ein anderes Problem tritt aber selbst bei einer unidirektionalen Darstellung mit lateinischen Graphemen auf, nämlich die Lesbarkeit der umschrifteten Äußerungen, die im Falle einer mangelnden oder nicht offengelegten Systematik stark beeinträchtigt ist (Kap. 4.1.2). Insbesondere deswegen kommt der Übersetzung der arabischen Transkriptteile eine wichtige Bedeutung zu. Die Übersetzungen richten sich in der Regel an arabischunkundige Leser. Doch wie in Kapitel 4.2.2 festgestellt wurde, benötigen auch arabischkundige, jedoch nicht varietätenkundige sowie nicht mit der Umschrift vertraute Leser eine sinngemäße Übersetzung als Lesestütze. Die Übersetzung fremdsprachiger Anteile im Transkript ist gemeinhin für Veröffentlichungszwecke wichtig, und, wie zur Untersuchung von Dolmetschdaten oftmals praktiziert (Kap. 4.2.2), für Analysezwecke unentbehrlich, was zwangsläufig Fragen nach Möglichkeiten und Grenzen einer Transkriptübersetzung aufwirft (Kap. 4.2.3). Eine entsprechend kritische Diskussion und Reflexion erwies sich immer wieder als unumgänglich, weil sowohl die Qualität der Übersetzung als auch die Offenlegung der angewandten Übersetzungsmethode (über die Grenzen der jeweiligen Untersuchungen hinaus) zur nachhaltigen Zugänglichmachung der Daten und zur eventuellen Aufdeckung von manipulativen Einflüssen auf die Analyseergebnisse beitragen dürfte. Durch die kritische Aufbereitung bisheriger Vorgehensweisen bei Transkriptübersetzungen wurden wesentliche Faktoren für die zweckdienliche und praktikable Ausgestaltung einer geeigneten Übersetzungsmethode identifiziert, die als integraler Bestandteil der angestrebten Systematik gelten kann. Zu diesen Faktoren zählen nicht nur Zweck, Funktion und Status der Übersetzungen im Transkript, sondern auch die jeweiligen Vorgaben durch den Ausgangstext. Weitere Faktoren wären die Adressatengruppe, die Übersetzungsmethode sowie eventuelle Qualitätsansprüche an die Transkriptübersetzung, aber auch die Art der Darstellung von Ausgangstext und Übersetzung im Transkript sowie die Frage nach der Auswahl des Transkriptübersetzers. Letztere sollte als besonders wichtiges Kriterium betrachtet werden. Wenn die Transkriptübersetzung nämlich nicht von Experten (i. e. qualifizierten und entsprechend geschulten Transkribenten bzw. Übersetzern) übernommen wird und/oder die Übersetzer zuweilen selbst als sprachkundige Mittler an den zu übersetzenden Gesprächen beteiligt sind, kann sich möglicherweise eine fehlende Distanz in der Wahrnehmung der Situation negativ auf Übersetzung und Analyse auswirken sowie die Überprüfung von Schlussfolgerungen erschweren.

Deshalb widmete sich der zweite Teil des Kapitels einigen Überlegungen zur Transkriptübersetzung. Die Ausführungen wurden bewusst integrativ und gemeinsprachlich gehalten, um essenzielle methodisch-methodologische

Herausforderungen (von potenziell allgemein gültiger, disziplinübergreifender Relevanz) zur Sprache zu bringen, bevor dann die eigene Übersetzungsmethode in Grundzügen umrissen wurde, mit dem Ziel, handlungsleitende Entscheidungen transparent zu machen und plausible Lösungsentwürfe vorzulegen. Bei der Übersetzung von konkreten Äußerungen im Rahmen der Untersuchung zum Telefondolmetschen stellten sich nämlich zahlreiche Fragen, unter anderem zur Übersetzbarkeit arabischer Gesprochensprachlichkeit. Diese Fragen konnten freilich nicht abschließend beantwortet werden und sollen eventuell in einem anderen Rahmen erneut aufgegriffen werden.

5 Entwurf einer gesprächsanalytisch motivierten Systematik zur computergestützten Transkription arabischsprachiger Gesprächsdaten

Aus dem Problemaufriss lässt sich ableiten, dass es der gesprächsanalytisch inspirierten Konzeption eines Transkriptionssystems für gesprochenes Arabisch bedarf (s. insbes. Kap. 2 und Kap. 4). Dieses soll nicht nur mit den HIAT-Konventionen, sondern auch mit anderen Verfahren, die Interaktionsprozesse veranschaulichen, vereinbar sein.

In diesem Kapitel wird ein System zur computergestützten, interaktionsgerechten und möglichst authentischen Transkription arabisch-deutscher Gespräche vorgestellt. Im Mittelpunkt steht die Methode zur Verschriftung von Redebeiträgen in arabischer Sprache. Zunächst erfolgt eine Darlegung des erarbeiteten Konzepts (Kap. 5.1) und eine Definition der Maximen, die diesem System zugrunde liegen (Kap. 5.2). Abschließend werden das für die Verschriftung relevante arabische Graphem-/Phoneminventar und die jeweiligen lateinschriftigen Entsprechungen in einer tabellarischen Übersicht aufgelistet (Kap. 5.3) sowie elementare Festlegungen dokumentiert (Kap. 5.4), ehe abschließend ein Transkriptausschnitt im Hinblick auf seine Darstellungslogik und Analysierbarkeit diskutiert wird, um sowohl das Potenzial der erarbeiteten Transkriptionssystematik aufzuzeigen als auch auf ihre Grenzen hinzuweisen (Kap. 5.5).

5.1 Konzept

Die arabischen Äußerungen werden phonologisch-orthografisch transkribiert und in lateinischer Umschrift wiedergegeben. Die arabische Schrift scheidet in mehrsprachigen Analysetranskripten technologisch bedingt aus, und zwar wegen der (weithin) unvereinbaren Laufrichtungen (s. Kap. 4.1). Es sei erneut betont, dass zeitliche Parallelität – selbst wenn nur die verbale Ebene betrachtet wird und weitere Ausdrucksebenen mit entsprechend vielfältigen Ausdrucksressourcen unbeachtet bleiben – in Telefonaten und anderen natürlichen Gesprächen allgegenwärtig ist. Zugunsten einer (multimodalen) Abbildung der Simultaneität und Reziprozität von sprachlichen Handlungen muss mit lateinischer, teils phonologischer Schrift operiert werden. Die Rechtsläufigkeit dieser Schrift ermöglicht ein genaues zeitliches Alignment von turnübergabe-relevanten Stellen als gesprächsstrukturierenden Schritten sowie begleitenden Interaktionsphänomenen (z. B. Überlappungen und Unterbrechungen) und Artikulationshandlungen bzw. -defiziten (schneller Anschluss, Abbruch im Wort, Selbstreparatur, Dehnung, Repetition etc.).

Eine unidirektionale Gestaltung der Transkriptionsfläche hat zwar ihre Vorzüge für die Analyse, doch die Wahl einer lateinbasierten Umschrift stellt Transkribenten bei der romanisierten Wiedergabe arabischer Äußerungen vor mannigfaltige Herausforderungen, die, wie in Kapitel 2 verdeutlicht, aus den Besonderheiten der arabischen Schrift erwachsen. Hierzu zählen:

(a) *Zeicheninventar*:
28 Grapheme (ausschließlich *hamza* und *tāʾ marbūṭa*);
5 Fakultativgrapheme in Form diakritischer Zeichen (ar. *taškīl*) zur Bezeichnung von Kurzvokalismus, Vokallosigkeit und Gemination;
(b) *Orthografie*:
starke Phonem-Graphem-Beziehungen (keine zwei-/dreibuchstabigen Verbindungen);
gemeinhin fehlende (durchgehende) Schreibung von Kurzvokalen, also eingeschränkte Mittel zur Verschriftung soziolinguistischer Variationen;
Nicht-Segmentierbarkeit komplexer morphologischer Strukturen (Zusammenschreibung untrennbarer Zusammensetzungen);
(c) *Interpunktion*:
Darstellung bestimmter Interpunktionszeichen (z. B. Anführungszeichen, Klammern und drei Punkte) in anderer Form und somit auch durch andere Unicode-Symbole als im Deutschen;
keine Binde- und Trennstriche.

Die Beantwortung der Frage nach dem einzusetzenden Zeicheninventar, die sich vor dem Transkribieren stellt, gestaltet sich einfacher als die Anwendung dieses Inventars in der Praxis. Die Kunst besteht also darin, eine (nachprüfbare) Systematik zur Anwendung des Inventars bei der Erstellung von Graphemfolgen zu finden oder zu erarbeiten (z. B. bezüglich orthografischer und typografischer Gestaltung). Da das deutsche Grapheminventar allein nicht ausreicht, um das arabische Phoneminventar zu verschriften, ist die Verwendung einer (im Idealfall) eineindeutigen, die verschiedenen Varietäten berücksichtigenden Umschrift unter Zuhilfenahme diakritischer und phonologischer Zeichen unumgänglich (s. Kap. 5.3). Diese Darstellung lässt die zugrunde liegende Wortstruktur erkennen und somit die Verschriftung im Original weitgehend rekonstruieren, was den sprach- bzw. varietätenkundigen Lesern den Zugang zu den (in einer ungewohnten äußerlichen Form präsentierten) Daten erleichtert.[273] Eine Verwendung der arabischen Schrift, beispielsweise zur Anfertigung von Anschauungstranskripten, wird dennoch keineswegs für spätere Darstellungszwecke ausgeschlossen.

Das entwickelte System baut in weiten Teilen auf dem im deutschsprachigen Raum altbewährten Regelwerk der Deutschen Morgenländischen Gesellschaft (DMG) aus dem Jahr 1935 (Brockelmann et al.) und, je nach sprachlichem Hintergrund aufgezeichneter Personen, auf daran angelehnten dialektologischen Arbeiten auf. Dieses Regelwerk behandelt ausschließlich Schriftsprachen (Hoch- bzw. Modernes Standardarabisch) und nicht die gesprochenen Varietäten bzw. deren Anwendung in Interaktionssituationen (Brockelmann et al. 1935: 3; s. auch Kap. 2.2.1). Aus diesem Grund folgten an das DMG-System angelehnte dialektologische Arbeiten, wie die Bemühungen von Aldoukhi/Procházka/Telič (2014, 2016), Bloch (1965), Bloch/Grotzfeld (1964), Kuhnt (1958), Grotzfeld (1965, 1980) und Sabuni (1980) zur Erfassung der syrisch-arabischen Stadtvarietäten.

Dementsprechend orientiert sich das für die vorliegende Untersuchung entworfene System zwar weitestgehend an der Standardorthografie, es beachtet jedoch gleichzeitig auch diverse Sprechmerkmale, die für den Datentyp *gesprochenes Arabisch* eigentümlich sind und im Falle einer strengen Umsetzung der DMG-Umschrift aus den Transkripten nicht mehr ablesbar wären (s. Kap. 5.4). Genannt seien beispielgebend die Kürzung langer Vokale im Auslaut, von der Standardlautung abweichende Formen der Aussprache konsonantischer Phoneme sowie Kontraktionen (lautliche Zusammenziehungen) und Tilgungen (Phonemschwund), deren Wegfall die Daten verfremden würde. Eine Erfassung solcher Phänomene mag zwar für das allgemeine Verstehen nicht immer unabdingbar erscheinen. Für die schnelle analyserelevante Erkennung der regionalsprachlichen Zugehörigkeiten der Beteiligten und des (bewusst oder unbewusst) gewählten kommunikativen Mediums kann aber eine Erfassung durchaus relevant sein, ebenso für die Erkennung sprachlicher Wechselphänomene bzw. adressatenangepasster Zwischenformen entlang des Varietätenkontinuums. Handlungen, mit denen eine gewisse Nähe hergestellt oder Verständlichkeit gewährleistet werden, zum Beispiel mittels Paraphrasen,

273 Die Rekonstruktion eines Redebeitrags (in arabischer Schrift) unter Zuhilfenahme der romanisierten Fassung (in Lateinschrift) ist nur möglich, wenn die einzelnen Wörter, seien sie standardnah oder standardfern, bereits lexikalisiert sind.

Elaborationen, lexikalischer Anpassungen (in einer mehr oder weniger standard- oder regionalsprachlichen Form), kann ein gewöhnliches orthografisches, überwiegend graphemgetreues System nicht wiedergeben. Mit der initiierten Modifikation bzw. Erweiterung des DMG-Systems wird also eine phonologisch orientierte Transkription nicht standardkonformer Merkmale angestrebt. Sie stellt den Versuch dar, eine *literarische Umschrift* für arabische Gesprächsdaten zu erarbeiten. Ähnlich wie im Deutschen sollen die tatsächliche Lautung und regelhafte lautliche Veränderungen (Allophone) nicht erhalten bleiben. Etwaige Ungenauigkeiten dürften bzw. sollten allerdings für die interaktionsinteressierten Fragestellungen in Kauf genommen werden. Die hier postulierte Abweichungstoleranz bewegt sich im Spannungsfeld zwischen einer exakten Erfassung der phonetischen Realisierung (etwa aus einer Selbstverpflichtung zur wissenschaftlichen Präzision) und einer lesbaren sowie arbeitsökonomisch sinnvollen, aber zugleich auch zielführenden Gestaltung der Transkripte, um sie auch für die (wissenschaftliche) Kommunikationsgemeinschaft öffnen zu können. Die entwickelte Umschrift kann, in Anlehnung an Biere (1994: 170), als ein „System mittleren Differenzierungsgrades" aufgefasst werden, jedoch nicht im Sinne eines vertretbaren Kompromisses, sondern im Sinne einer bewussten Bevorzugung einer phonologischen vor einer maschinenfreundlichen morphologischen Genauigkeit[274]. Der Grund hierfür liegt wiederum darin, dass phonologische Phänomene mit potenziell relevanter kommunikativer Wirkung auf die gesprächskoordinierenden oder verständnissichernden Handlungen beim Telefondolmetschen möglichst gesprächsanalytisch adäquat dargestellt werden sollen. Ein Beispiel wäre die Unterscheidung zwischen dem gesprochensprachlichen *ma**s**alan* oder *ma**t**alan* und dem standardsprachlichen *maṯalan* (dt. „zum Beispiel"), also die Markierung des lautlichen Wandels des Konsonanten ‹ث› (DMG: *ṯ*), der im gegenwärtigen Sprachgebrauch meist als stimmloses [s], in einigen Regionen manchmal auch als stimmloses [t], artikuliert wird. Eine Bewegung hin zur Standardlautung wäre nicht nur interaktional relevant, sondern auch in soziolinguistischer Hinsicht interessant und müsste deshalb entsprechend erfasst werden. Hier wird also eine im strukturell-semantischen Sinne nicht bedeutungsunterscheidende Aussprachevariante bei der Transkription in Abweichung von der Maxime der Einheitlichkeit (Kap. 5.2.2) berücksichtigt, weil solch ein Lautwandel in diesem spezifischen Fall nicht bloß ein für Gesprochensprachlichkeit und Regionalsprachlichkeit kennzeichnendes Merkmal darstellt, sondern auf Sprachgebrauch, Sprachstil, Sprechweise

274 Vgl. hierzu T. Schmidt (2005a: 85–87).

und nicht zuletzt auf Spuren von Akkommodationsprozessen schließen lässt. So weist die standardkonforme Realisierung *maṯalan* durch die Verwendung des stimmlosen dentalen Frikativs [θ] in der Regel auf gehobene Sprache und hohen Bildungsstand hin. Gerade bei der Transkription von Gesprächen, bei denen die Beteiligten über unterschiedliche Sprachbiografien verfügen, ist die Rekonstruktion der für jeden Sprecher charakteristischen Realisierungsweise sinnvoll, um sowohl wechselseitige Angleichungen und Anpassungen (z. B. als Ausdruck kommunikativer Nähe) als auch bewusst abweichende Realisierungen (z. B. zur Abgrenzung aus Prestigegründen) erfassen zu können.

Aus der fehlenden Systematik zur untersuchungsgerechten Rekonstruktion der tatsächlichen Sprachverwendung erwächst die Notwendigkeit, die Anforderungen an das Arbeitstranskript sowie an die bisher aufgetretenen Schwierigkeiten und eingeschlagenen Lösungswege auszuformulieren. Vorab sei allerdings das vertretene Transkriptionsverständnis, analog zu T. Schmidt (2004a: 2–3), unter dem (oben wiederholten) Schlagwort „Visualisierung“ zusammenzufassen. Damit soll der „Stellvertretungscharakter einer Transkription“ sowie seine „Selektivität“ und „Zweckgebundenheit“ in den Vordergrund gestellt werden (vgl. Kap. 3.2). Ein Transkript soll dementsprechend als zeitliches und räumliches Abbild von (bewusst) ausgewählten Interaktionsphänomenen aufgefasst werden, sodass die entworfene lateinische Umschrift lediglich als analytisches Darstellungsmittel neben anderen konstitutiven Elementen, wie der multidimensionalen Oberfläche des Transkriptionstools, gelten kann. Deshalb sei an dieser Stelle vor einem Vergleich mit den hier einbezogenen dialektologischen Umschriftsystemen oder mit anderweitig vorhandenen, jedoch nicht einbezogenen Umschriftsystemen (z. B. Kap. 2.2) gewarnt, die anderen Zwecken und Kontexten unterstehen, sowie latenten normativen Erwartungen an die sprachliche Performanz der Sprecher, beispielsweise einem Ausspracheideal oder Ähnlichem, unterliegen.

5.2 Maximen

Die Transkription des gesprochenen Arabisch in Lateinschrift ist äußerst aufwendig. Es kommen nämlich nicht bloß geläufige graphemische Zeichen und gesellschaftlich verallgemeinerte Regeln des herkömmlichen Schriftsystems zum Einsatz, die den gesprächsanalytischen Postulaten (z. B. Ehlich/Rehbein 1979: 52) entsprechen, sondern auch etliche Sonderzeichen. Daher stellt sich die Frage, wie sich nicht nur der Verschriftungsprozess möglichst leicht handhabbar und effizient einsetzbar, sondern auch das Umschriftsystem sowohl schulungsfreundlich als auch für Dritte möglichst gut nachvollziehbar gestalten lässt. Zu klären wäre zudem, wie dieses Umschriftsystem in HIAT-artige Formate integriert werden könnte. Hierfür liefern die Hauptkennzeichen der HIAT-Konventionen – (1) Einfachheit und (2) leichte Verwendbarkeit der Transkripte, trotz des Anspruchs auf Genauigkeit, sowie (3) schnelle Erlernbarkeit (Ehlich/Rehbein 1979: 52) – allgemeine Orientierungspunkte. Auf handlungsleitende Maximen und konkrete Entscheidungen soll im Folgenden detailliert eingegangen werden.

5.2.1 Lesbarkeit und Verständlichkeit

Das rechtsläufige Umschriftsystem für gesprochenes Arabisch ermöglicht eine für sprachkundige Wissenschaftler les- und analysierbare Partiturdarstellung. Das lateinische Abbild widerspricht nicht zwangsläufig der Lesegewohnheit von (im arabischsprachigen Raum lebenden) arabischsprachigen, lateinisch alphabetisierten und digital gebildeten Lesern, denn die lateinischen Schriftzeichen sind in ihrem Alltag allgegenwärtig, wenn auch in einem weit geringeren Maße, sei es in virtuellen, privaten Kontexten (z. B. beim Chatten) oder im öffentlichen Raum (z. B. auf Schildern). Der Leserkreis wird erst durch die Erweiterung des lateinischen bzw. deutschen Alphabets durch zusätzliche Transkriptionszeichen eingeschränkt. Daraus ergibt sich die Anforderung an das System, die Lesbarkeit, die ohnehin im Zuge der Rekonstruktion der tatsächlichen, standardfernen Sprachverwendung erschwert wird, nicht noch stärker durch Erfassung sämtlicher (phonetischer) Eigenheiten zu beeinträchtigen und das Transkript mit entbehrlichen Informationen zu überladen, sondern getreu den herausfordernden Grundsätzen zu handeln: „So viel wie nötig, so wenig wie möglich.“, „So phonologisch wie nötig, so orthografisch wie möglich.“. Für eine verständliche und weniger komplexe Gestaltung sollten so wenig spezielle Zeichen wie möglich eingebaut werden, nicht nur um jene Leser, die mit dem DMG-System vertraut sind, zu entlasten, sondern auch andere, nicht in der Regionalvarietät versierte Leser. Die Zeichen sollten deswegen so gewählt werden, dass sie eine lexikalische Klarheit schaffen, sich aber mit dem Inventar der HIAT-Konventionen nicht verwechseln lassen.

Eine weitere Herausforderung besteht darin, Rezipienten ohne Arabischkenntnissen Zugang zu den Daten zu verschaffen. Grundsätzlich gilt, dass eine tiefergehende Analyse von Gesprächsphänomenen nur möglich ist, wenn alle im Transkript vorkommenden Sprachen von den Analysierenden beherrscht werden. Dies setzt jedoch enge Grenzen für die Nutzbarkeit der Daten. Auch die Vermittlung von Analyseergebnissen in Veröffentlichungen ist eingeschränkt, wenn nicht zusätzliche Rückübersetzungen der fremdsprachlichen (hier: arabischsprachigen) Äußerungen im Transkript angebracht werden. Mit welchen Verfahren sich die auftretenden Schwierigkeiten jedoch bewältigen lassen, kann in diesem Rahmen nicht behandelt werden (s. Kap. 4.2.4).

Des Weiteren ist es empfehlenswert, die anonymisierten Aufzeichnungen – sofern erlaubt – zusammen mit den Analyseergebnissen zu veröffentlichen und nach dem Prinzip des Text-Ton-Alignments[275] mit den Transkripten so zu verknüpfen, dass Rezipienten die Sprecher bei der Lektüre im O-Ton reden hören, was den varietätenunkundigen Rezipienten die Lektüre erleichtert und den sowohl arabisch- als auch varietätenkundigen Rezipienten einen weiteren analytischen Zugang zu den Daten eröffnet, und zwar im Hinblick auf die in der Transkription ausgelassenen und reduzierten Aspekte, die anhand der Aufzeichnungen gegebenenfalls ergänzt werden können.

Ein relativ gut lesbares Transkript dürfte sich erreichen lassen, wenn bei der Erstellung sowohl das Prinzip der einfachen maschinellen Verarbeitbarkeit als auch das Prinzip der benutzerfreundlichen Handhabung berücksichtigt wird. Spezifische Gesprächsphänomene (z. B. technisch bedingte bzw. auf die nicht gegebene Präsenz der dolmetschenden Person rückführbare Ratifizierungsaufforderungen sowie verständnissichernde *tag questions* bzw. Vergewisserungspartikel und -äußerungen) sollten auch bei einem qualitativ-mikroanalytischen Vorgehen quantifiziert und teilautomatisch ausgewertet werden können. Für eine effiziente Auswertung ist daher ein hohes Maß an Einheitlichkeit bei der Transkription unerlässlich.

---

275 Vgl. hierzu die Empfehlungen des DFG-Fachkollegiums 104 „Sprachwissenschaften" (2019: 6).

5.2.2 Einheitlichkeit

Die Anwendung von Regionalvarietäten oder regional unüblichen standardsprachlichen Ausdrücken stellt eine potenzielle Quelle für Verständnisprobleme unter den Gesprächsbeteiligten dar und könnte unter anderem zu Erschwernissen in der Kommunikation führen, ja sogar Spannungen auf der Inhalts- oder Beziehungsebene (aufgrund erwartbarer und z. T. feststellbarer Frustration und Ressentiments) erzeugen. Solche Schlüsselstellen bzw. Auslöser sollen in den Transkripten erkennbar sein. Deswegen wird eine präzise Dokumentation sprachlicher Phänomene angestrebt.

Zugleich sollten die sprachlichen Einheiten, trotz varietätenreichen sprachlichen Handelns, möglichst vorhersagbar bleiben, um die kontextsensitive Suche im Gesprächskorpus und die computergestützte Datenauswertung (einschließlich Quantifizierung) zu erleichtern. Deshalb sollte die Umschrift ein maschinelles Erkennen der Wortformen und eine intuitiv-automatische Suche (potenziell) relevanter Einheiten erlauben. Hierfür ist eine weitgehend einheitliche Schreibung vonnöten. Das Ziel dabei ist, Inkonsistenzen und Fehlerquoten gewissermaßen zu verringern. Darum gilt es, möglichst wenige Varianten eines Wortes bzw. einer Zeichenkette zu erzeugen. Alle nicht bedeutungsunterscheidenden Variationen von Ausdrücken sollten außer Acht gelassen werden, solange sie nicht interaktional relevant sind. Individuelle Schwankungen werden also nivelliert. Variationen morphologisch-lexikalischer Art müssten dagegen weiterhin berücksichtigt werden. Aus diesem Grund dient das (vor allem unter Arabisten und Orientalisten) weithin bekannte DMG-System als Bezugsgröße bei Transkriptionsentscheidungen. Es soll nur so weit erweitert bzw. ignoriert werden, wie es für die Untersuchung nötig ist. Diese Bestrebung soll wiederum auch den Maximen *Lesbarkeit* und *Verständlichkeit* gerecht werden. Gemäß den Prinzipien der gesprächsanalytischen Transkription wird eine Anpassung bzw. Annäherung an das Schriftbild angestrebt. Der gemeinsame Standard darf nur insofern betont werden, als er in den tatsächlichen Sprachgebrauch bzw. in das authentische verbale Handeln nicht zu tief eingreift und entsprechende Eigenheiten „ausbügelt", was sowohl in ethischer als auch in analytischer Hinsicht problematisch wäre.

Darüber hinaus wird nicht nur eine Vereinheitlichung, sondern auch eine Eindeutigkeit der Transkriptionszeichen anvisiert. Die HIAT-Konventionen decken sich nämlich nicht mit den Interpunktionsregeln der arabischen Schriftsprache, insbesondere in Bezug auf die Markierung von Äußerungsgrenzen und auf die Übernahme einiger Zeichen für intrasegmentale Phänomene, wie den Ligaturbogen, oder die Diakritika für die tonalen Bewegungen (s. Kap. 5.4).

5.2.3 Authentizität

Obige Ausführungen legen dar, warum eine möglichst authentische Rekonstruktion des Gesprächsgeschehens sowohl für die zu untersuchenden Phänomene des Telefondolmetschens als auch für andere interaktionsbezogene Forschungsvorhaben unabdingbar ist. Doch was bedeutet Authentizität und wie lässt sie sich in der Praxis erzielen? *Authentizität* bedeutet hier vor allem, dass distinktive Eigenschaften sprachlicher Äußerungen im lateinischen Schriftbild erkennbar sind. Dem könnte man prinzipiell entgegensetzen, dass jede mediale Überführung von Ton- und gegebenenfalls Videoaufzeichnungen in ein schriftbasiertes Medium ohnehin immer mit einem Phänomenverlust einhergeht und dass die Komplexität im Transkript nur mit einem weiteren Abbau an Authentizität reduzierbar wäre. Insofern steht die Maxime der Authentizität offensichtlich in einem Spannungsverhältnis zu den in Kapitel 3.2 formulierten grundlegenden Überlegungen zum Modellcharakter von Transkripten, die eben nicht absolut authentisch, also mit dem tatsächlichen Gesprächsereignis übereinstimmend sind bzw. sein können, sondern, entsprechend dem jeweiligen Untersuchungsinteresse, jeweils spezifische Dimensionen von Gesprächen selektiv erfassen und abbilden. Für die Entscheidungsfindung innerhalb dieses Spannungsfelds gibt es kein Patentrezept. Wichtig ist dennoch, sprachliches Handeln in seiner prozessualen Entwicklung möglichst prägnant festzuhalten, und zwar so, dass Sprachverwendung in ihrer Gesprochensprachlichkeit, Spontaneität, Individualität, Dialekthaftigkeit, Markantheit etc. dokumentiert wird und dass Sprechweisen differenzierbar bleiben – zum einen aus ethischen Gründen, zum anderen aus pragmatischen Gründen, die zum Beispiel mit der Erkennbarkeit von Problemquellen oder der Öffnung der Transkripte für andere Analysen zu tun haben. Unter *Authentizität* verstünde man demnach den Versuch einer bestmöglichen und zugleich zweckgerechten Annäherung an ausgangssprachliche Handlungen – ein bei jeder Entscheidung erneut zu bedenkendes Konstrukt, das keinerlei Anspruch auf Deckungsgleichheit erheben will. Korrekturen (z. B. von ungewöhnlichen, auffälligen Sprechweisen) bis hin zur schriftsprachlichen Glättung der Äußerungen müssten demnach, selbst wenn sie aus Gründen der Handhabbarkeit des Transkripts gerechtfertigt erscheinen, für verfälschende Eingriffe und somit für unzulässige Retuschen am Wortlaut gehalten werden. Entscheidungen zugunsten der Detailliertheit sollten jedoch nicht zu Lasten der Lesbarkeit sowie der späteren Nutzbarkeit (durch Dritte) gehen. Denn eine allzu differenzierte phonologische Gestaltung des Transkripts dient oftmals gar nicht unbedingt dem Zweck der Untersuchung und wäre somit durchaus verzichtbar. Die endgültige Entscheidung, welche individuellen Variationen in welchem Ausmaß berücksichtigt werden können oder müssen, hängt letztlich vom Einzelfall ab.

Wie sich diese Maximen konkret umsetzen lassen, soll in Kapitel 5.4 präzisiert und in Kapitel 5.5 anhand eines konkreten Transkriptbeispiels verdeutlicht werden. Zuerst soll aber ein Überblick über die verwendeten Umschriftzeichen erfolgen.

5.3 Phonetisch-orthografisches Transkriptionssystem für gesprochenes Arabisch

Die folgende Tabelle umfasst alle zur romanisierten Darstellung der erhobenen arabischsprachigen Daten bislang herangezogenen Schriftzeichen. Diese Zeichen sind in Konsonanten, kurze Vokale, lange Vokale und Diphthonge unterteilt. Die Konsonanten sind in alphabetischer Reihenfolge (gemäß arabischem Alphabet) aufgeführt. In der ersten Spalte findet sich das standardarabische Graphem bzw. Diakritikum in isolierter Form[276], in der zweiten Spalte das/die entsprechende(n) Umschriftzeichen (auch im Falle einer standardfernen Realisierung), in der dritten Spalte das/die (jeweils) zugrunde liegende(n) IPA-Lautschriftzeichen für Leser ohne Arabischkenntnisse, in der vierten Spalte das standardnahe DMG-Umschriftzeichen zur Kenntlichmachung der übernommenen Zeichen sowie der im DMG-Inventar fehlenden Zeichen, die zur Verschriftung von gesprochenen (regionalsprachlichen) Varietäten des Arabischen ergänzt wurden, in der fünften Spalte das IPA-Lautschriftzeichen für die Standardlautung. Dieses phonetisch-orthografische Transkriptionssystem basiert auf dem Umschriftsystem der Dialektologen Kuhnt (1958) und Grotzfeld (1965), das wiederum an das DMG-System angelehnt ist. Zwar wurde das DMG-Inventar um Zeichen erweitert, um syrisch-arabische Formen der Aussprache zu rekonstruieren, die angeführte Umschrift hat sich jedoch auch für die Transkription verschiedener anderer Varietäten als geeignet erwiesen, insbesondere städtischer Varietäten mit einer überregionalen kommunikativen Reichweite, wie Ägyptisch-Arabisch, Jemenitisch-Arabisch, Marokkanisch-Arabisch und interaktiv konstruierter Mischsprachen (z. B. Ägyptisch-Libysch-Palästinensisch, Marokkanisch-Ägyptisch etc.). Die aufgezeichneten Sprecher bemühten sich um eine möglichst verständliche Sprachverwendung (s. die im Anhang präsentierten Transkripte). Die Transkription kann also theoretisch ausschließlich mit dem Inventar der DMG-Umschrift

276 Die Form des Graphems ändert sich je nach Position im Wort. Man unterscheidet zwischen initialer, medialer, finaler und isolierter Position.

erfolgen, wenn ein Sprecher Hoch- bzw. Standardarabisch spricht. Das in der Tabelle aufgeführte Inventar ließe sich natürlich bei Bedarf erweitern, um gegebenenfalls eigentümliche Formen der Aussprache zu erfassen. Gemäß der DMG-Umschrift und daran angelehnter Systeme soll zumindest in den Analysetranskripten auf Digraphe (zwei Grapheme für ein Phonem) verzichtet werden, trotz Verbreitung im Alltagsgebrauch (bei im Chat-Alphabet verfassten Texten) und in manchen gesprächsanalytischen Arbeiten (s. Kap. 2.2, Kap. 4), um keine Verwirrung zu stiften, eine einfache Lesbarkeit zu gewährleisten und das Transkript weitgehend von Sonderzeichen „rein" zu halten. Zur Diskussion steht noch, ob die Verwendung von Digraphen eventuell unter der Bedingung akzeptabel wäre, dass die beiden zusammengehörenden Grapheme, analog zu den angelsächsischen Systemen, unterstrichen werden.

Das Konzept *Transkription* darf in diesem Kontext nicht mit dem Konzept *Transliteration* verwechselt werden (s. Kap. 2.2). Es geht nicht um eine graphemgetreue Übertragung von Wörtern aus der arabischen in die deutsche Schrift, denn eine solche orthografisch-orthografische Verfahrensweise würde die ausgangssprachige Lautung (einschließlich Kurzvokale) analog zum arabischen Schriftbild auch im romanisierten Schriftbild komplett außer Acht lassen. Es geht vielmehr um eine direkte Überführung der arabischen Beiträge aus dem mündlichen in ein schriftbasiertes Medium, also aus der arabischen Lautung in die deutsche (romanisierte) Schreibung, die durch Diakritika, Sonderzeichen und im Einzelfall auch durch phonetische Zeichen ergänzt wird. Zur Bezeichnung des letzteren Konzepts wird, in Anlehnung an M. Mangold (1965: 9), der Terminus *phonetisch-orthografische Transkription* verwendet. Das Attribut *phonetisch* bezieht sich ausschließlich auf das Ausgangsmedium (Lautung) und auf die Beschaffenheit der zu transkribierenden Daten (i. e. Audioaufzeichnungen). Es bezieht sich nicht auf die Transkriptionsmethode und auf den Grad der Berücksichtigung der arabischen Lautung als Ausgangsmedium (s. Kap. 5.1).

Die vorgeschlagenen Zeichen zur Erweiterung der DMG-Umschrift wurden bereits durch Dr. Thomas Schmidt in die Preview-Versionen des Transkriptionstools *EXMARaLDA Partitur-Editor* implementiert (T. Schmidt 2017). Die ergänzte Belegung für die virtuelle Tastatur ist als *DMG+* bezeichnet. Computertechnisch lassen sich die Zeichen in Unicode-basierten Transkriptionseditoren und Textverarbeitungsprogrammen eingeben. Deckt der ausgewählte Schriftsatz die relevanten Unicode-Bereiche ab, dann können Transkriptdateien ohne Weiteres ausgetauscht und weiter verarbeitet werden. Eine Interoperabilitat mit derzeit weit verbreiteten Transkriptionstools (z. B. ELAN, FOLKER und weitere Tools des EXMARaLDA-Systems) ist also gegeben.

Tab. 3: Phonetisch-orthografisches Transkriptionssystem für gesprochenes Arabisch

Graphem (in isolierter Form)	Vorgeschlagene Umschrift für gesprochen-sprachliche Varietäten	IPA (Gesprochene Sprache, u. a. Syrisch-Arabisch)[277]	DMG (Standard-varietäten)	IPA (Standard-lautung)[277]
Konsonanten				
أ / إ / ؤ / ئ / ء [278]	ᵓ [279]	[ʔ]	ʾ	[ʔ]
ب	b	[b]	b	[b]
ت	t	[t]	t	[t]
ث	t, s	[t], [s]	ṯ	[θ]
ج	ž g, k [280]	[ʒ], [g], [k]	ǧ	[dʒ]
ح	ḥ	[ħ]	ḥ	[ħ]
خ	ḫ	[x]	ḫ	[x]
د	d	[d]	d	[d]
ذ	d, z	[d], [z]	ḏ	[ð]
ر	r	[r]	r	[d]
ز	z	[z]	z	[z]
س	s	[s]	s	[s]
ش	š	[ʃ]	š	[ʃ]
ص	ṣ	[sˤ]	ṣ	[sˤ]
ض	ḍ, ẓ	[dˤ], [zˤ]	ḍ	[dˤ]
ط	ṭ	[tˤ]	ṭ	[tˤ]
ظ	ẓ, ḍ	[zˤ], [dˤ]	ẓ	[zˤ]

277 Angeführt werden nur prototypische Formen der Aussprache.

278 Der Laut *Hamza* ᵓ (IPA: [ʔ]) tritt im Arabischen in fünf Positionen auf.

279 Um die Grapheme ء / ئ / ؤ / إ / أ darzustellen, wird, anders als bei der DMG-Umschrift, zur eindeutigeren Lesbarkeit kein hochgestellter Halbring ʾ (U+02BE) verwendet, weil er mit dem Apostroph ' (U+0027) verwechselt werden könnte, der einer anderen Funktion dient. Im Rahmen dieser Arbeit dient der Apostroph, entsprechend den HIAT-Konventionen (Rehbein et al. 2004: 77), nur zur Transkription von Interjektionen. Das zu verwendende Zeichen ᵓ ist nicht mit dem IPA-Zeichen [ɔ] (U+0254) zu verwechseln, das zur Darstellung des gerundeten halboffenen Hinterzungenvokals [ɔ] („offenes o") verwendet wird.

280 In Fremdwörtern.

Tab. 3: Fortsetzung

Graphem (in isolierter Form)	Vorgeschlagene Umschrift für gesprochensprachliche Varietäten	IPA (Gesprochene Sprache, u. a. Syrisch-Arabisch)[277]	DMG (Standardvarietäten)	IPA (Standardlautung)[277]
ع	ᶜ [281]	[ʕ]	ʿ	[ʕ]
غ	ġ	[ɣ]	ġ	[ɣ]
ف	f	[f] [v] [282]	f	[f]
ق	ɔ	[ʔ]	q	[q]
ك	k	[k]	k	[k]
ل	l	[l]	l	[l]
م	m	[m]	m	[m]
ن	n	[n]	n	[n]
ه	h	[h]	h	[h]
و	w	[w], [uː]	w	[w], [uː]
ي	y	[j], [iː]	y	[j], [iː]
ة	a, e [283]	[a], [e]	a [284]	[a]
Kurzvokale[285]				
ـَ	a, ə	[a], [ə]	a	[a]
ـِ	e, i, ə	[e], [i], [ə]	i	[i]
ـُ	o, u	[u], [o]	u	[u]

(*wird auf nächster Seite fortgeführt*)

281 Zur eindeutigeren Lesbarkeit ist zur orthografischen Abbildung des Graphems ‹ع› das Zeichen ᶜ (U+1D9C) zu verwenden, da das Zeichen ʿ (U+02BF), das in der DMG-Umschrift auftritt, leicht mit einem Apostroph verwechselt werden kann.

282 In Lehn- und Fremdwörtern.

283 In bestimmten Genitivverhältnissen mitunter auch *at* oder (bei vorheriger Vokallängung) *āt* bzw. *et* oder *ēt*.

284 In bestimmten Genitivverhältnissen mitunter auch *at* oder (bei vorheriger Vokallängung) *ā*. In Pausalform kann die Femininendung ة der Deutlichkeit halber durch ein zusätzliches *h* bezeichnet werden, wie mitunter in philologischen Abhandlungen oder englischsprachigen Texten üblich (z. B. *madras**ah*** statt *madras**a***; dt. „Schule“).

285 Der Lautwert der Kurzvokale wird durch die artikulatorischen Eigenschaften der benachbarten Konsonanten bestimmt. Die große Schwankungsbreite, in der die Vokallaute realisiert werden, kann jedoch nicht berücksichtigt werden (vgl. auch Grotzfeld 1965: 6; Versteegh 2014: xvii).

Tab. 3: Fortsetzung

Graphem (in isolierter Form)	Vorgeschlagene Umschrift für gesprochensprachliche Varietäten	IPA (Gesprochene Sprache, u. a. Syrisch-Arabisch)[277]	DMG (Standardvarietäten)	IPA (Standardlautung)[277]
		Langvokale		
ى / ا[286]	a, ā	[a], [aː]	ā	[aː]
ي	ē, ī	[eː], [iː]	ī	[iː]
و	u, ō, ū	[u], [o], [uː]	ū	[uː]
		Diphthonge		
ـَو	au	[aʊ̯]	au	[aʊ̯]
ـَي	ai	[aɪ̯]	ai	[aɪ̯]

5.4 Ausgewählte Festlegungen

Wie sich eine einheitliche, eindeutige und somit lesbare sowie möglichst authentische Rekonstruktion von arabischsprachigen Gesprächsdaten erzielen lässt und welche Festlegungen durchaus praktikabel und leserfreundlich sein dürften, wird anschließend anhand von ausgewählten Entscheidungen vorgetragen. Die einzelnen Entscheidungen werden auf drei Ebenen diskutiert: (1) der lexikalisch-morphologischen Ebene (Kap. 5.4.1), (2) der phonetisch-phonologischen Ebene (Kap. 5.4.2) und (3) der interaktionalen Ebene (Kap. 5.4.3). Abschließend folgen einige Anmerkungen zur Interpunktion (Kap. 5.4.4) und zum Umgang mit Namen (Kap. 5.4.5).

Die gewählten Beispiele stammen aus dem TeDo-Korpus. Sie gehen zwar größtenteils auf Gesprächsbeiträge in einer syrischen Varietät des Arabischen zurück, die beschriebenen Phänomene und die vorgeschlagenen Lösungen sind aber auch für die Transkription anderer gesprochensprachlicher Varietäten relevant. Die Tatsache, dass viele syrisch-arabische Beispiele herangezogen wurden, ist lediglich darauf zurückzuführen, dass die dokumentierten Festlegungen zuerst bei der Transkription syrisch-arabischer Äußerungssequenzen getroffen wurden. Diese Festlegungen wurden aber inzwischen zur Transkription aller erhobenen Daten erprobt und optimiert. Das Hauptaugenmerk richtet sich auf die Verschriftung gesprochener arabischer Sprache, weshalb sich die nachstehende Dokumentation typischen varietätenübergreifenden Problemquellen und handlungsleitenden Strategien widmet.

---

286 Die langen Vokale ى / ا treten im Arabischen in zwei Positionen auf.

5.4.1 Lexikalisch-morphologische Ebene

5.4.1.1 Abweichende Transkriptionen identischer lexikalischer Einheiten

Ein und dasselbe Wort kann, je nach Sprecher, sowohl regionalsprachlich als auch standardsprachlich artikuliert werden, wie das gehobene umgangssprachliche *liḏālik* und das regionalsprachliche *lizālek* (dt. „deshalb"). Die Transkription soll dem überwiegenden Sprachstil des jeweiligen Sprechers entsprechen. Variationen sollten in der verbalen Spur eines Sprechers vermieden werden. Eine Ausnahme von der Prämisse der einheitlichen Verschriftung bildet der bewusste Wechsel der ursprünglich ausgewählten Varietät, also etwa in eine Standardlautung, um Verständnisprobleme zu beheben.

Grund: Einheitlichkeit

5.4.1.2 Getrennt- und Zusammenschreibung

Zusammenschreibung mit grafischer Hervorhebung

Im Sinne einer besseren Lesbarkeit und Klarheit der Umschrift werden folgende Morphemklassen durch einen Bindestrich[287] vom nachfolgenden Morphem abgetrennt, wodurch die Wortformen leichter identifiziert werden können:

(a) der bestimmte Artikel *əl-*, *al-* oder in jeglicher assimilierter Form[288], wie *ə-* oder *a-* + Konsonant, *l-* im Anlaut oder nach einem Vokal im Auslaut eines vorausgegangenen Morphems oder *lə-* im Anlaut eines mit zwei Konsonanten beginnenden Morphems, z. B. *lə-wlād* (dt. „die Kinder");
(b) Präpositionen in Form präfigierter und/oder elidierter Partikel, z. B. *b-Bērūt* (dt. „in Beirut") und *ʿa-ʾaqall šī* (dt. „zumindest");
(c) Konjunktionen, wie *w-nəḥna* (dt. „und wir").

Substantive und Numeralia können mit präfigierten Konjunktionen bzw. Präpositionen und bestimmtem Artikel eine Wortgruppe bilden. Artikel und Vorsilbe werden als Präfixgruppe vom determinierten Substantiv abgetrennt, wie *wəl-mauḍūᶜ* (dt. „und das Thema") und *fəs-sābeᶜ* (dt. „im siebten"). Eine Aufspaltung der Präfixgruppe zur separaten Darstellung einzelner Morpheme ist nicht vorgesehen.

---

287 Der Bindestrich wird gemäß den HIAT-Konventionen auch zur Kennzeichnung von Teilwörtern verwendet, wenn es zu stillen oder gefüllten Pausen innerhalb eines Wortes kommt (Rehbein et al. 2004: 77). Die Pause bzw. Verzögerung wird in Leerzeichen eingeschlossen: *bəl- eh -koridōr* (dt. „im Flur").

288 s. *Assimilation* (Kap. 5.4.2.1).

Präfigierte Verbmodifikatoren, die den futurischen Zeitwert ausdrücken, werden vom Verb grafisch abgehoben, wie *ḥa-ḫalli* (dt. „ich werde“), ebenso wie das aus dem Standardarabischen übernommene Futurpräfix *sa-* (z. B. *sa-təḥki*; dt. „sie wird sagen“).

Gründe: Lesbarkeit, Verständlichkeit

Zusammenschreibung ohne grafische Hervorhebung

Präfigierte Konjunktionen und andere untrennbare Zusammensetzungen, die eine lexikalisch-semantische Einheit (ein Schriftwort) bilden, werden nicht mit einem Bindestrich grafisch abgesetzt:

> z. B. *walla* (nicht *wa-lla*; dt. „oder“)[289], *labēn* (nicht *la-bēn*; dt. „bis“), *māli*[290] (nicht *mā-li*; dt. „ich bin nicht“, „ich war nicht“).

Sobald eine Zusammenschreibung die Verständlichkeit zu beinträchtigen droht, soll zum Zwecke größerer Klarheit ein Bindestrich eingefügt werden, wie *la-ḥatta* (dt. „bis“, „damit“).

Getrenntschreibung

Mehrteilige Konjunktionen, die unter anderem adverbiale bzw. präpositionale Bestimmungen enthalten, werden getrennt geschrieben, zum Beispiel *mən šān* (nicht *mənšān*; dt. „wegen“, „für“, „damit“) und *yōm əlli* (nicht *yōməlli*, dt. „als“). Die grammatische Bestimmung und konjunktionale Einheit sind nämlich deutlich zu erkennen. Eine Zusammenschreibung kommt hingegen unter anderem bei lautlichen Zusammenziehungen (Kap. 5.4.2.8) durchaus infrage, so etwa bei *mšān* (dt. „wegen", „für", „damit").

Grund: Einheitlichkeit

---

289 In diesem Fall müssten, gemäß der DMG-Umschrift, die potenziell isolierbaren Morpheme eigentlich mit einem Bindestrich grafisch abgesetzt werden, auch wenn diese lexikalische Einheit nicht dem standardarabischen Wortschatz entstammt: *wa-llā*. Auf eine grafische Hervorhebung durch Bindestrich kann jedoch nach derzeitigem Stand verzichtet werden. Zum Verzicht auf die Notierung des auslautenden Langvokals s. *Kürzung der langen Vokale* (Kap. 5.4.2.6).

290 Um Verwechslungen mit dem Homofon *mālī* (dt. „mein Geld“) vorzubeugen, wird hier der kurz artikulierte auslautende Vokal, im Unterschied zum Schriftbild, kurz geschrieben (s. Kap. 5.4.2.6).

Konjunktionale Einheiten, die aus der Standardsprache entlehnt, regionalsprachlich jedoch als zwei oder mehrere Wörter, meist in Verbindung mit der Partikel *mā*[291], realisiert sind, werden getrennt geschrieben, wie *kəll mā* (dt. „immer wenn“, „wann immer“) und *mən waᵓt mā* (dt. „seit“, „seitdem“). Da die grammatische Bestimmung sowie die konjunktionale Einheit deutlich zu erkennen sind, ist keine Zusammenschreibung bzw. grafische Kennzeichnung erforderlich. Die Wörter werden in der Umschrift nur zusammengeschrieben, wenn sie in der dem schriftlichen Gebrauch entsprechenden Standardform auftreten, zum Beispiel *ṭālama* (syr. *ṭūl mā*; dt. „solange“).

Das *b*-Imperfekt (auch *b*-Präsens), das einen Eintritt künftiger Ereignisse ausdrückt, die unbestimmt, erwünscht oder selbstverständlich sind, wird vom dazugehörigen Verb nicht grafisch getrennt, wie *bḫabrak* (dt. „Ich gebe dir Bescheid“) und *bšūfak* (dt. „Man sieht sich“).

Vorsilben, die den futurischen Zeitwert unbestimmter oder erwünschter Handlungen ausdrücken, bilden mit dem nachfolgenden Verb eine lexikalisch-semantische Einheit. Deshalb werden sie nicht durch einen Bindestrich abgesetzt, wie bei *ᵊmniži*[292] (dt. „wir kommen“), *mənrūḥ* (dt. „wir gehen“).

Relativa, die in syndetischen Relativsätzen[293] (Sätze mit bestimmten Bezugswörtern) aus dem Artikel und einem rückweisenden Element gebildet sind, werden in ihrer grammatischen Größe als bezügliche Fürwörter betrachtet. Dementsprechend werden ihre konstitutiven Elemente nicht mittels Bindestrich voneinander getrennt: *əlli, ləlli, lalli, yalli* etc.

Relativa, die in syndetischen Relativsätzen in einsilbiger, verkürzter Form, wie *əll*[294] (Langform: *əlli*), auftreten, werden als ein Schriftwort verschriftet. Sie sind weder mit dem darauf folgenden Morphem zusammenzuschreiben noch grafisch davon mit einem Bindestrich abzutrennen:

z. B. *əl-ᵓalf šaḫṣ* ***əll*** *ḥa-yəḥsənu yaᶜməlu lamm šaml*
(dt. „die tausend Personen, die ihre Familien nachholen werden können“).

Gründe: lexikalisch-semantische Einheit, Lesbarkeit, Verständlichkeit

291 Das Funktionswort *mā*, das in der Standardsprache des Öfteren in suffigierter Form auftritt (z. B. in Temporalsätzen), soll nicht als Negationspartikel verstanden werden.

292 Zum Lautschriftzeichen [ᵊ], das für den anlautenden Sprossvokal steht, s. *Konsonantentrennung* (Kap. 5.4.2.5).

293 Zum Unterschied zwischen syndetischen und asyndetischen Relativsätzen im Arabischen s. Bloch (1965: 84–91) und Jansen-Winkeln (2005).

294 Die verkürzte Form *əll* wird meist mit einem Sprossvokal im Auslaut realisiert. Zur Eliminierung des Sprossvokals s. *Konsonantentrennung* (Kap. 5.4.2.5).

5.4.1.3 Groß- und Kleinschreibung

Arabische Äußerungen werden analog zum arabischen Schriftbild in Kleinschreibung transkribiert, mit Ausnahme von Eigennamen, die, gemäß der DMG-Umschrift, mit großem Anfangsbuchstaben wiedergegeben werden (z. B. *Sūriya*; dt. „Syrien"). Namen, die mit einem Artikel beginnen, werden groß, deren Artikel aber klein geschrieben, wie der Ortsname *al-Ḥasaka*. Nach einem Äußerungsendzeichen (Punkt, Frage- und Ausrufezeichen, Ellipsenpunkte und hochgestellter Punkt für Äußerungen ohne Modus) oder einem Doppelpunkt wird klein weitergeschrieben:

> z. B. *šlōn bəddak tətḥammal?* ***w****əl-mašākel wəḍ-ḍaġt ʿalēna ktīr.*
> (dt. „Wie kann man durchhalten? Und dann die Probleme, und der Druck auf uns ist groß.").

Die wörtliche Rede wird ebenso klein geschrieben eingeleitet.

Grund: Einheitlichkeit

5.4.1.4 Hamza

Der Laut *Hamza* ʾ (Glottisverschluss) wird, im Unterschied zur DMG-Umschrift und zu Farag (2019a: 314), nicht nur im In- und Auslaut, sondern auch als vollwertiges konsonantisches Phonem im Anlaut transkribiert. In soziolinguistischen, dialektologischen oder anderen an lautlichen Phänomenen interessierten sowie für didaktische Zwecke geleisteten Beiträgen, die sich nicht des IPA-Inventars bedienen, wird der Stimmeinsatz in allen Positionen rekonstruiert (z. B. Aldoukhi/Procházka/Telič 2014, 2016; Grotzfeld 1965; Kuhnt 1958; Wehr 1985; Woidich 2006). In Anlehnung an das arabische Schriftbild wird der feste Stimmeinsatz in absolutem Anlaut vor einem Vokal immer gekennzeichnet, unabhängig davon, ob er in der gesprochenen Sprache am Wort- bzw. Morphemanfang elidiert wird oder nicht:[295]

> *ʾana* (ar. أنا; dt. „ich"), *ʾau* (ar. أو; dt. „oder"),
> *ʾəštəġel* (ar. أشتغل; dt. „ich arbeite").

Gleiches gilt auch für den Konsonanten *q*, der vor allem in den Stadtvarietäten stimmlos glottal realisiert wird: *ʾāl* (ar. قال; dt. „er sagte"). Der Unterschied zwischen festem Einsatz (ar. *hamzat al-qaṭʿ*, dt. „Trennungshamza") und nicht

---

295 Die Ausführung der einzelnen Fälle des elidierten bzw. (obligatorisch oder fakultativ) erhalten gebliebenen Stimmeinsatzes ist belanglos.

festem, im Sandhi[296] mitsamt Vokal entfallendem Einsatz (ar. *hamzat al-waṣl*, dt. „Verbindungshamza") dürfte zwar bei der Lektüre für Sprachkundige erkennbar sein, seine grafische Markierung verringert jedoch die Ambiguität im Transkript und verbessert zudem die Vorhersagbarkeit der Lexeme, was die maschinelle Korpussuche erleichtert. Individuelle, die Kommunikation nicht beeinflussende artikulatorische Schwankungen werden nicht berücksichtigt.

Gründe: Deutlichkeit, Orientierung am Schriftbild, Suchbarkeit

Berücksichtigt werden des Weiteren veränderte Flexionsmerkmale in der gesprochenen Sprache, wie bei abgeleiteten Verben des VII.-X. Stamms mit entfallendem Verschluss, wie *stašart* (ar. استشرت, dt. „ich habe mich beraten lassen") und *nkatab* (ar. انكتب; dt. „es wurde geschrieben"). Gleiches gilt für im Sandhi entfallenden Vokal vor einem Verbindungshamza des bestimmten Artikels, wie *əl-ḥukūme* ***l***-*ʾalmāniyye* statt *əl-ḥukūme* ***al***-*ʾalmāniyye* (الحكومة الألمانية; dt. „die deutsche Regierung"), oder vor einem Verbindungshamza, das auf einen Langvokal im Auslaut folgt, wie *mū* ***l***-*mafrūḍ* statt *mū* ***əl***-*mafrūḍ* (dt. „sollte man nicht…?").[297] Doch die Möglichkeit der Ausschreibung existiert. Ob sich die Berücksichtigung entfallender Verschlüsse (samt anlautendem Vokal) auf die maschinelle Verarbeitbarkeit der Transkripte auswirken würde, wird noch geprüft.

Grund: Authentizität

296 *Sandhi* bezeichnet die lautlichen Veränderungen beim Zusammentreffen zweier Morpheme (Becker 2012: 15–16; Bußmann 2008: 598). Im Arabischen tritt dadurch in der Regel eine Variation auf, die sich von der ursprünglichen Form in Isolation unterscheidet. Der im mündlichen Sprachgebrauch entfallende Stimmeinsatz bzw. *Hamza* ist im arabischen Schriftbild erkennbar.

297 Vgl. Hildebrandt (o. J.: 13). Brockelmann et al. (1935: 14) zufolge könnte bei Bedarf ein Apostroph zur Bezeichnung in der Aussprache ausfallender Phoneme genutzt werden. Um eine Überschneidung mit anderen Verwendungsszenarien zu vermeiden, wird hier kein Apostroph eingesetzt (s. Kap. 5.4.3.4).

5.4.2 Phonetisch-phonologische Ebene

5.4.2.1 Assimilationen

Totale Assimilationen des Phonems /l/ des bestimmten Artikels (*əl-*, *al-*) an den nachstehenden Konsonanten werden gemäß der DMG-Umschrift berücksichtigt. Eine Assimilation findet statt, wenn das folgende Morphem mit dem Konsonanten *t*, *ṯ*, *g*[298], *ž*[299], *d*, *ḏ*[300], *r*, *z*, *s*, *š*, *ṣ*, *ḍ*, *ṭ*, *ẓ*, *l* oder *n* (sog. Sonnenbuchstaben, arab. *ḥurūf šamsiyya*) beginnt.[301]
Ein Beispiel hierfür wäre *əṭ-ṭalab* (dt. „der Antrag").

Dagegen findet bei allen anderen Konsonanten im Anlaut in der Regel keine Assimilation statt:

> *ʾ*, *b*, *ḥ*, *ḫ*, *ʿ*, *ġ*, *f*, *q*[302], *k*[303], *m*, *h*, *w* und *y* (sog. Mondbuchstaben, arab. *ḥurūf qamariyya*).

Genannt sei zum Beispiel ***əl****-yōm* (dt. „der Tag").

Grund: Authentizität

---

298 Im Ägyptisch-Arabischen kann sich der bestimmte Artikel dem Konsonanten *g* assimilieren, der folglich geminiert artikuliert wird:
z. B. ***əg****-gamāl*, nicht ***əl****-gamāl* (dt. „die Schönheit").

299 Anders als bei einer Standardlautung [dʒ] (DMG: *ǧ*) assimiliert sich der bestimmte Artikel in syrisch-arabischen Varietäten dem Konsonanten *ž*, der folglich geminiert artikuliert wird:
z. B. ***əž****-žawāb*, nicht ***əl****-žawāb* (dt. „die Antwort").

300 Der stimmhafte dentale Frikativ *ḏāl* (IPA: [ð]), der in gesprochensprachlichen Varietäten meist als /d/ oder /z/ realisiert wird, tritt in Entlehnungen aus der Standardvarietät auf.

301 Eine Dokumentation weiterer Fälle totaler Assimilationen und Transkriptionsvorgehen kann im Rahmen der Arbeit nicht geleistet werden. Postuliert wird eine relativ verständliche Rekonstruktion der Äußerungen durch die Beibehaltung ihrer Morphemstruktur.

302 Das Phonem /q/, das in gesprochensprachlichen Varietäten meist als /ʾ/ realisiert wird, tritt in Entlehnungen aus der Standardvarietät auf.

303 Im Ägyptisch-Arabischen kann sich der bestimmte Artikel dem Konsonanten *k* assimilieren, der folglich geminiert artikuliert wird:
z. B. ***ik****-kitāb*, nicht ***il****-kitāb* (dt. „das Buch").

Partielle, sprachökonomisch bedingte Assimilationen im Wortinneren werden nicht berücksichtigt:

z. B. *ʾaḥsa**n** **l**ak* statt *ʾaḥsa**ll**ak* (dt. „es wäre besser für dich"), *ga**n**b* statt *ga**m**b* (dt. „neben"), *mə**n**rūḥ* statt *mə**r**rūḥ* (dt. „wir gehen"), *sāʿa**dt**ni* statt *sāʿa**tt**ni* (dt. „du hast mir geholfen").

Gründe: Lesbarkeit, Verständlichkeit, Orientierung am Schriftbild, Erkennbarkeit der Morphemstruktur; Praktikabilität im Umgang mit verschiedenen arabischen Varietäten

5.4.2.2 Dehnung

Um eine Verwechslung mit geminierten Lauten (s. Kap. 5.4.2.4) auszuschließen, sollen gedehnte arabische Laute nicht durch eine Verdoppelung des entsprechenden Graphems wiedergegeben werden. Stattdessen werden sie in einer eigenen suprasegmentalen Spur[304], die dem jeweiligen Sprecher zugeordnet ist, annotiert. Sehr lange Dehnungen eines Lautes können hingegen in die verbale Spur aufgenommen werden. Sie lassen sich durch eine dreifache Wiederholung des dazugehörigen Graphems kenntlich machen. Zur Erleichterung der Korpussuche wird jedoch eine Annotation, sprich eine Ergänzung durch eine entsprechende Beschreibung in der suprasegmentalen Spur (z. B. „gedehnt"), bevorzugt.

Gründe: Deutlichkeit, Einheitlichkeit

5.4.2.3 Emphase und Velarisierung

Emphatische, nicht bedeutungsunterscheidende Aussprachevarianten der Konsonanten *b*, *r*, *l*, *m* und *n* werden nicht berücksichtigt:

z. B. ***r**ṣāṣ*, nicht *ṛṣāṣ* (dt. „Blei", „Schüsse").

Grund: Einheitlichkeit

Emphatische Aussprache von Vokalen in direkter Nachbarschaft von velarisierten Konsonanten (*ṣ*, *ḍ*, *ṭ*, *ẓ*, *ḷ*) wird nicht dargestellt:

z. B. *ṣ**a**b**ā**ḥ* statt *ṣɒbāḥ* (dt. „Morgen").

Grund: Einheitlichkeit

304 Eine suprasegmentale Spur ist eine Spur für prosodische Handlungen, wie Sprechgeschwindigkeit, Lautstärke und Sprechweise (s. Kap. 1.6; vgl. Rehbein et al. 2004).

5.4.2.4 *Gemination*

Geminata, die in der arabischen Schrift durch ein diakritisches Zeichen (*šadda*) bezeichnet werden würden, sind durch die Verdopplung des Graphems zu transkribieren, wie *sayyed* (dt. „Herr").

Verdoppelte Konsonanten, die in geschlossenen Silben einfach gesprochen werden, sind trotzdem verdoppelt wiederzugeben, wie *kə**ll***, nicht *kə**l*** (dt. „alle").

Gründe: Lesbarkeit, Verständlichkeit

5.4.2.5 *Konsonantentrennung*

Bei Konsonantenhäufungen (auch *Konsonantencluster*) im An-, In- bzw. Auslaut oder zwischen zwei Wörtern (Sandhi) wird ein (sehr) kurzer, unbetonter Vokal ᵊ[305] ohne phonemischen bzw. morphologischen Wert (Sprossvokal[306]) fakultativ eingeschoben, wie *šaḫᵊṣ* (dt. „Person") und *šukran ᵊktīr* (dt. „Danke sehr").[307] Er ist zwar akustisch wahrnehmbar, seine Erfassung wird jedoch nicht für die Lesbarkeit benötigt. Der Sprossvokal besitzt nämlich keinen bedeutungstragenden bzw. -unterscheidenden Wert und trägt auch nicht zur morphologischen Komplexität eines Wortes bei. Deswegen wird sein durchgängiges Auftreten in der Umschrift nicht erfasst, obwohl er für die Erkennung der Regionalvarietät von Belang sein kann. Der Hinweis auf verwendete Varietäten und sprachliche Besonderheiten der einzelnen Beteiligten in den Sprecherinformationen (im Transkriptkopf) macht eine Notation des Sprossvokals verzichtbar. Wenn ein Sprossvokal also beispielsweise bei einem Morphem, wie der Endung für die 1./2. Person Singular im Perfekt, wiederkehrend erscheint, die Morphemstruktur und Sinnkonstruktion jedoch in keiner Weise beeinflusst, ist seine Notation für die verfolgte Untersuchungsfrage ohne jede Relevanz:

> z. B. *ʾaddamt ṭalab*, nicht *ʾaddamᵊt ṭalab*
> (dt. „ich habe einen Antrag gestellt").

Grund: Einheitlichkeit

---

305 Für den Sprossvokal ᵊ existiert kein Graphem. Er ist deshalb auch nicht im Inventar der DMG-Umschrift enthalten. Der Sprossvokal als Phonem wird in dieser Arbeit, wie in anderen dialektologischen Arbeiten auch, in hochgestellter Form als ᵊ (U+1D4A) dargestellt, um Verwechslungen mit dem Kurzvokal ə (U+01DD) vorzubeugen.

306 Auch *Hilfsvokal*, s. etwa Aldoukhi/Procházka/Telič (2016: 10) und Grotzfeld (1980: 181–182).

307 Eine Erläuterung der Einsatzfälle, Funktionen und Klangfarben sowie Unterschiede zu Silbenstrukturen und Vokalisierung in der Hochsprache liefern z. B. Grotzfeld (1965: 14–16), Sabuni (1980: 61–64).

5.4.2.6 *Kürzung der langen Vokale*

Kennzeichnung von Vokalkürzung

Lange Vokale werden in unbetonter Position neutralisiert artikuliert. Die für die gesprochene Sprache typische Kürzung im Auslaut wird als varietätenübergreifendes Merkmal, in Abweichung vom arabischen Schriftbild und von der Darstellung gemäß DMG-System, wiedergegeben, solange dies nicht das Verständnis erschwert:

z. B. *ʿal*_**a**_ (dt. „auf"), *hād*_**a**_ (dt. „dieser"), *ḥaṣal*_**u**_ (dt. „sie erhielten").

Die Orientierung am (standard-)arabischen Schriftbild würde verfremdend wirken, nicht zuletzt bei Sandhi-Erscheinungen. Denn die letzte offene Silbe verschmilzt in der Regel mit der ersten Silbe des nachfolgenden Morphems und bildet damit eine geschlossene Silbe, es sei denn, der Sprecher legt beim Sprechen zum Beispiel eine kurze Pause ein. Der Wegfall des Dehnungsstrichs behindert nicht die semantische Klarheit der umschrifteten lexikalischen Einheit und ist somit leserfreundlich. Dafür spricht auch die Tatsache, dass *Arabizi* und ähnliche Sprachen der virtuellen Kommunikation keine Diakritika kennen.

Gründe: Authentizität, Arbeitsökonomie

Nichtkennzeichnung von Vokalkürzung

Etwaige Kürzungen der Aussprache im Auslaut einsilbiger Wörter werden nicht berücksichtigt:

z. B. *f*_**ī**_ statt *f*_**i**_ (dt. „es gibt"), *m*_**ā**_ statt *m*_**a**_ (dt. „nicht"), *š*_**ī**_ statt *š*_**i**_ (dt. „Sache").

Lange Vokale in der letzten Silbe, die durch Endungen und Suffixe ihre Betonung verlieren, behalten in der Umschrift trotz kurzer Artikulation ihren Dehnungsstrich bei, da die Dehnung in Form eines Langvokals im arabischen Schriftbild sichtbar bleibt:

z. B. *qar*_**ā**_*rāt* statt *qar*_**a**_*rāt* (dt. „Beschlüsse"), *qān*_**ū**_*niyye* statt *qān*_**u**_*niyye* (dt. „juristisch").

Gründe: Lesbarkeit, Eindeutigkeit, Einheitlichkeit, Orientierung am Schriftbild

5.4.2.7 Lautwandel der Konsonanten

In den Regionalvarietäten sind viele Konsonantenphoneme unverändert erhalten (vgl. Kap. 5.3). Phoneme, die (einigen) Alltagssprachen eher fremd sind, wie *ṯ*, *ǧ* und *ẓ*, werden, sogar bei Entlehnungen aus der Standardsprache, durch andere Phoneme (Substitute) ersetzt. Lautverschiebungen sollten als prominente Hauptzüge der jeweiligen Varietät gewissermaßen beachtet werden, solange dies nicht die Verständlichkeit beeinträchtigt. Genannt seien exemplarisch folgende Fälle:

- *ṯ* : *ḥadīṯ* statt *ḥadīs* (dt. „Gespräch"), *mən ḥēṯ* statt *mən ḥēs* (dt. „hinsichtlich"), aber *mətl* statt *məṯl* (dt. „wie");
- *ẓ*: *mwaẓẓafe* statt *mwazzafe* (dt. „Mitarbeiterin"), aber *ḍall* statt *ẓall* (dt. „er blieb").

Der Halbvokal *w* wird im Anlaut vor Konsonanz und im Auslaut nach Konsonanz in der konsonantischen Schreibung beibehalten und nicht, wie artikuliert, als langer Vokal *ū* transkribiert: ***w**lād* statt ***ū**lād* und *ʔ**ū**lād* (dt. „Kinder").

Der Halbvokal *y* wird im Anlaut bzw. Inlaut vor einfacher Konsonanz und im Auslaut nach Konsonanz, vor allem bei Verben mit Basisvokal *ā*, *ī* oder *ū* im Präsens, in der konsonantischen Schreibung beibehalten und nicht, auch wenn realisiert, als Vokal *i*[308] bzw. *ī*[309] transkribiert, wie etwa bei *b**y**ləmmu* statt *b**ī**ləmmu* (dt. „sie sammeln ein"), *b**y**rīd* statt *b**i**rīd* (dt. „er will") und *b**y**šūf* statt *b**i**šūf* (dt. „er sieht an"). Das *b*-Imperfekt gehört bei den angeführten Beispielen zum Flexionspräfix der Präsensform.

Gründe: besseres Verständnis bei größtmöglicher Authentizität, erleichterte Korpussuche

308 Der kurze Vokal wird z. B. von Bergsträsser (1915: 46–47), Dietrich (1956: 325) und Ferguson (1997: 102) verwendet.

309 Die Schreibweise ī für den Langvokal wurde erstmals von Cantineau/Helbaoui (1953) verwendet und dann von anderen Dialektologen übernommen (s. hierzu Grotzfeld 1964: 58).

5.4.2.8 Schmelzwörter (Kontraktion) und Tilgungen

Wörter, die im gesprochenen Arabisch lautlich, aber nicht inhaltlich zu einem neuen Wort zusammengezogen wurden, werden als ein Schriftwort wiedergegeben:

z. B. *əl-ḥamdəllah* statt *əl-ḥamd əllāh* oder *əl-ḥamd ləllāh* (dt. „Gott sei Dank!"), *nšāllah* statt *ən šāᵓ allāh* (dt. „So Gott will!").

Grund: Authentizität

Tilgungen und Veränderungen von Flexionsmerkmalen sollen weitgehend berücksichtigt werden, solange dies die Lesbarkeit und Erkennung von Wortwurzel bzw. -stamm nicht beeinträchtigt. Erwähnenswert sei etwa der Schwund des Phonems /h/ im Auslaut (z. B. nach langen Vokalen) oder in der auslautenden Silbe bzw. in Pronominalsuffixen:

z. B. *yədaḫlū**ha*** (nicht *yədaḫlūa*; dt. „einführen", „einbeziehen"), *māl**ha*** (dt. „was ist los mit ihr"; nicht *māla*, dt. „sie ist nicht"),
aber *btaržemla* (nicht *btaržem la**ha***; dt. „ich übersetze es ihr"), *qarāro* (nicht *qarāro**h***; dt. „seine Entscheidung").

Somit ergeben sich folgende Schreibweisen des suffigierten Personalpronomens an Substantiven (Possessivum) und Verben (Objektergänzung[310]):

310 Der verfügbare Rahmen verbietet eine Aufzählung anderer Fälle getilgter Phoneme infolge von Enklise oder Suffigierung. Tabelle 4 und die angeführten Beispiele dienen lediglich als erste Orientierungshilfe bei Transkriptionsentscheidungen.

Tab. 4: Pronominalsuffixe an Substantiv und Verb im Damaszenischen (eigene Darstellung, modifiziert nach Aldoukhi/Procháza/Telič 2014: 29, 142–143 und Grotzfeld 1965: 19, 41–42)

	Substantiv		Verb			
			Direktes Objekt		Indirektes Objekt	
	nach Konsonant	nach Vokal	nach Konsonant	nach Vokal	nach Konsonant	nach Vokal
Singular						
1. Pers.	-i	-yi	-ni		-li	
2. Pers. m.	-ak	-k	-ak	-k	-lak	
2. Pers. f.	-ek	-ki	-ek	-ki	-lek	
3. Pers. m.	-o(h)[311]	-**h***[312]	-o(h)[311]	-**h***[312]	-lo(h)[311]	
3. Pers. f.	-**h**a*	-ha	-ha		-la	
Plural[313]						
1. Pers.	-na		-na		-lna	
2. Pers.	-kon		-kon		-lkon	
3. Pers.	-**h**on*	-hon	-**h**on*	-hon	-l(h)on[311]	

* Nicht berücksichtigte Tilgungen sind fettgedruckt hervorgehoben.

Gründe: Lesbarkeit, Verständlichkeit

311 Nicht berücksichtigte Tilgungen sind in Klammern gesetzt. Der Schwund des Graphems ‹h› im lateinischen Schriftbild gehört zur bewährten Praxis, die die Verständlichkeit nicht beeinträchtigt. Im Falle einer Wiedergabe müssten die Silbenstruktur geändert sowie die mündliche Realisation wegen Akzentzusammenstoß und Konsonantenhäufung verstellt werden. Ein Beispiel hierfür wäre die Suffigierung des Pronominalobjekts *-lhon* an das Verb *katab* (*katabᵊlhon*; dt. „er schrieb ihnen"), die einen Lauteinschub (/ᵊ/) zur Trennung des mündlich nicht realisierbaren Konsonantenclusters zur Folge haben. Der eingeschobene Laut kann morphologisch aufgewertet werden, sodass sich die Verbaleinheit in ein Verb und ein selbstständiges Präpositionalobjekt mit suffigiertem Personalpronomen auflöst (*katab ᵊlhon*). Die Weglassung des Graphems ‹h› (*katablon*) ist hingegen noch leserfreundlicher und kommt der ursprünglichen sprachlichen Äußerung nahe. Zudem würde seine Abbildung nicht nur bei Substantiven und (Pseudo-)Verben, sondern auch Partikeln, Präpositionen und Konjunktionen für sprachkundige Leser verfremdend wirken:
z. B. *bədd**o*** (nicht *bədd**oh***; dt. „er will", „um"), *maᶜ**o*** (nicht *maᶜ**oh***; dt. „er hat"), *ᵓənn**o*** (nicht *ᵓənn**oh***; dt. „dass", „dass er"), *mənn**o*** (nicht *mənn**oh***; dt. „von ihm").

312 Zur Vermeidung von (Schein-)Homographie im lateinischen Schriftbild wird das Phonem /h/ der Suffixgruppe der 3. Person Singular bei vokalisch auslautenden Wörtern, entsprechend dem arabischen Schriftbild, ergänzt, auch wenn es durch die Längung des Vokals und die dadurch bedingte Betonung der letzten Silbe nicht hörbar ist:
*šāf**u*** (dt. „sie haben gesehen"; eher gesprochensprachlich) statt
*šāf**ū*** (eher schriftsprachlich); aber
*šāf**ūh*** (dt. „sie haben ihn gesehen"; eher schriftsprachlich) statt
*šāf**ū*** (eher gesprochensprachlich).

313 In der gesprochenen Sprache werden die Genera der suffigierten pronominalen Formen im Plural nicht genau bezeichnet. Die weibliche Pluralform kommt in der Alltagssprache wenig zum Einsatz.

5.4.2.9 *Töne*

Gemäß den HIAT-Konventionen sind die tonalen Bewegungen, entgegen der orthografischen Gewohnheit, auf dem Graphem mittels üblicher diakritischer Zeichen abzubilden, wie etwa bei „hm̌". Eine Ausnahme bildet der gleichbleibende Tonverlauf.[314] Er ist in der suprasegmentalen Spur explizit als *schwebend* zu annotieren, um Verwechslungen mit dem Diakritikum (Dehnungsstrich) zu vermeiden, das im Umschriftsystem schon für die Wiedergabe langer Vokale (*ā*, *ē*, *ī*, *ō*, *ū*) belegt ist.

Grund: Einheitlichkeit

5.4.3 Interaktionale Ebene

5.4.3.1 *Interjektionen*

Interjektionen, die nicht eineindeutig der arabischen Sprache zugeordnet sind, werden orthografisch gemäß den HIAT-Konventionen und nicht phonemisch transkribiert, zum Beispiel „hm̌". Interjektionen, die sich von den deutschen Interjektionen lautlich unterscheiden, werden, wenn lexikalisiert und rekonstruierbar, mittels arabischer Umschrift wiedergegeben (z. B. *ʾāh*, dt. „ach", „oh weh") und gegebenenfalls als Glosse kenntlich gemacht.[315]

Gründe: Einheitlichkeit, Transkribierbarkeit

314 Zur Relevanz von schwebend bzw. leicht steigend intonierten Äußerungsabschlüssen für die Untersuchung von Gesprächskoordination beim Telefondolmetschen s. Farag (2021).

315 Aufgrund der mangelnden gesprächsanalytischen Erforschung arabischer Daten existiert bisher keine Systematik zur Darstellung von Interjektionen, erst recht nicht von jenen, die zu vernachlässigten Rückmeldungen des Hörers gehören. Zum Problem der Übersetzung von Interjektionen in literarischen Texten und standardarabischen Diskursen s. z. B. Abdulla/Talib (2009), Farghal/Borini (1996), Thawabteh (2010). Einen kurzen Einblick in Interjektionen des Ägyptisch- und Syrisch-Arabischen geben etwa Fouad (2019), Woidich (2006: 110) und Sabuni (1980: 204).

5.4.3.2 Planungsindikatoren

Planungsindikatoren, die nicht eineindeutig der arabischen Sprache zugeordnet sind, werden, gemäß HIAT-Konventionen, orthografisch und nicht phonologisch transkribiert, um potenzielle orthografische Deckungsgleichheiten mit einsilbigen Wörtern (im Sinne einer Homographie) zu vermeiden:

> z. B. ***eh*** (dt. „äh“), nicht ***ᵊē****h* (wg. Deckungsgleichheit mit *ᵊēh* = äg. „Was?“) oder ***ᵊē*** (wg. Deckungsgleichheit mit *ᵊē* = syr. „ja“).

In den arabischen Äußerungen werden die Indikatoren mit dem Graphem ‹e› eingeleitet, in der deutschen Übersetzung mit dem Graphem ‹ä›. Lautliche Variationen werden erst wiedergegeben und gegebenenfalls als Glosse kenntlich gemacht, wenn sie bedeutungsunterscheidend sind.

Gründe: Eindeutigkeit, Einheitlichkeit

5.4.3.3 Reparatur

Selbstinitiierte Reparaturen (Korrekturen) werden nach den HIAT-Konventionen im Anschluss an die defizitäre Teiläußerung (Reparandum) ohne Leerzeichen mit einem Schrägstrich markiert, gefolgt von einem Leerzeichen zur Einleitung des reparierten Elements (Reparans).[316] Wenn ein Reparaturbedarf nach einem präfigierten Artikel oder einer Präfixgruppe entsteht, so werden diese grafisch nicht selbstständigen Einheiten des Einschnitts weiterhin mit einem Bindestrich gekennzeichnet, der lexikalisch-semantischen und grafischen Klarheit wegen:

> z. B. *wəl-/* (dt. „und“ + bestimmter Artikel/).

Gründe: Lesbarkeit, Verständlichkeit

5.4.3.4 Zögerungen

Phonologisch identifizierbare Stockungen im Redefluss treten unter anderem bei Irritationen, Überraschungen und Verzögerungen, die zuweilen mit einer Denk- bzw. Atempause einhergehen, sowie weiteren Problemen der verbalen Planung auf. Sie sind durch den Einsatz eines Glottisschlags (engl. *glottal stop*)

---

316 Die beschriebene Dreischrittigkeit stellt den einfachen Typ einer Reparatur dar, wenn die Problemquelle vom Sprecher erkannt und in derselben Äußerung behoben wird.

mit anschließender fallender Intonation charakterisiert, wie bei *è'* und *èh'* die nicht mit der syrisch-arabischen Partikel *ʾè* (dt. „ja“) oder dem ägyptisch-arabischen Interrogativpronomen *ʾēh* (dt. „was“) verwechselt werden sollen. Der Glottisschlag kann auch bei Abbrüchen und Beanspruchungen des Rede-rechts erscheinen. Dafür wird, in Anlehnung an die HIAT-Konventionen, ein Apostroph ' (U+0027) und nicht ein hochgestellter Halbring ʾ (U+02BE) verwendet. Das Zeichen ʾ drückt zwar den Glottisverschluss aus, aber es ist für die literarische Darstellung der Grapheme ‹ء›, ‹أ›, ‹إ›, ‹ؤ›, ‹ئ›, ‹ق› besetzt. Im Unterschied zur DMG-Umschrift ist der Apostroph nicht zur Kennzeichnung von Tilgungen oder Veränderungen von Flexionsmerkmalen vorgesehen. Diese werden, ähnlich wie bei der literarischen Umschrift, grafisch nicht abgehoben.

Gründe: Lesbarkeit, Verständlichkeit

5.4.4 Festlegungen zur Interpunktion

Die HIAT-Interpunktionsregeln sollten weitestgehend angewandt werden. Die *Zeichen für intrasegmentale Phänomene*, wie der Ligaturbogen bei schnellem Anschluss, sind ausnahmslos zu übernehmen. Gleiches würde im Prinzip für andere Transkriptionskonventionen gelten.

Das Regelwissen über die Interpunktion der arabischen Schriftsprache wird nur insofern bedient, als dass es sich für die Rekonstruktion kommunikativer Strukturen als ungeeignet erweist. So werden *Kommata* sparsam gesetzt. Äußerungen mit Konjunktion oder (präfigiertem) Kohäsionsmittel in Anfangsstellung werden als eigenständige sprachliche Handlungen betrachtet und in einem separaten Segment transkribiert. Die vorausgehende Handlung ist daher mit einem Endzeichen (Punkt) zu versehen.

Äußerungen, die Nachdruck, Missbilligung, Bewunderung, Staunen oder jegliche Art emotionaler Beteiligung ausdrücken oder Wünsche kommunizieren, enden im Arabischen mit einem *Ausrufezeichen*. Anders als im Deutschen wird dieses jedoch bei folgenden Illokutionen nicht gesetzt: Anrede, Gruß, Aufforderung, Befehl bzw. Verbot und Warnung.

5.4.5 Festlegungen zu Namen

Die Anwendung des (optimierten) DMG-Systems zur Transkription von Personen- und Eigennamen ist für gesprächsanalytische Zwecke ohne Belang. Außerdem gilt bei der Aufbereitung authentischer Daten ohnehin das Gebot der Anonymisierung. Deswegen werden die im jeweiligen Varietätenraum üblichen Namen als Pseudonyme ausgesucht und in Anlehnung an die

Aussprachegewohnheiten und das Phoneminventar der deutschen Sprache verschriftet. Hierfür können Mehrgraphe zur Notierung eines Phonems verwendet werden. Wie aus Kapitel 5.3 hervorgeht, ist der Einsatz von Mehrgraphen bei der Transkription von arabischen Äußerungen, vor allem der Eindeutigkeit halber, anderweitig nicht vorgesehen.

Auch Fremdwörter behalten ihre ursprüngliche Orthografie bei, außer bei stark abweichender Aussprache, die interaktional relevant wird:

z. B. Jobcenter (nicht *žobsəntar*), aber *kāfe* (dt. „Café").[317]

5.5 Nutzungspotenzial des Transkriptionsverfahrens: Exemplarische Analyse eines Fallbeispiels aus dem TeDo-Korpus

Nachdem der Prozess der Entscheidungsfindung bei der Klärung wesentlicher Herausforderungen beim Transkribieren anschaulich dokumentiert wurde, soll nun anhand eines längeren Transkriptausschnitts vorgeführt werden, wie die entworfene Transkriptionssystematik im Rahmen einer umfangreicheren Analyse zum Einsatz kommen kann. Der angeführte Ausschnitt zeigt, wie sich die fehlende räumliche Präsenz beim Telefondolmetschen auf die wechselseitige Verständigung auswirken kann (Abb. 33). Die Umrundungen wurden lediglich zu Illustrationszwecken hinzugefügt, um die sprachliche Manifestation der Verstehensprobleme und ihre Bearbeitung hervorzuheben.

Die Klientin (K6a) ist eine ältere syrisch-kurdische Hausfrau aus der Stadt Afrin in der Provinz Aleppo. Sie hat einen Aufenthaltsstatus als subsidiär geschützte Geflüchtete und lebt mit ihrem Mann, ihrer Schwiegertochter und ihrem Enkelsohn in einer süddeutschen Kreisstadt. Ihr Hauptanliegen ist die Familienzusammenführung mit ihrem Sohn, der sich im Libanon aufhält. Die Familienzusammenführung war zum Zeitpunkt des Gesprächs für subsidiär Geschützte ausgesetzt. Die Beraterin (B1) erklärt der Klientin die Lage, bittet sie weiterhin um Geduld und entschuldigt sich mehrmals bei ihr (Segmente 928–931). Die Klientin ist der Beraterin bereits von früheren Kontakten her gut bekannt. Den telefonisch zugeschalteten Dolmetscher (TD3) kennt sie hingegen nicht. Und er konnte, wie bei kurzfristig gebuchten Terminen oftmals der Fall, vorab nicht ausführlich über die Vorgeschichte aufgeklärt werden. Zu Beginn

317 Eine Klientin bezieht sich auf eine Begegnungsstätte für Einheimische und Geflüchtete, in deren Räumlichkeiten Deutschkurse stattfinden. Sie bezieht sich nicht auf ein Kaffeehaus. Den Namen dieser Begegnugsstätte spricht sie nicht aus. Der Dolmetscher hat zunächst Schwierigkeiten, ihre Ausführungen nachzuvollziehen.

des Gesprächs äußert die Klientin den Wunsch, (professionelle) Hilfe bei der sprachlichen Verständigung, vor allem bei ärztlichen Terminen, zu erhalten (s. Anhang II; Partiturflächen [21]–[23], Segment 81–82; Partiturflächen [54]–[55], Segmente 191–196). Sie hat bisher wenig Erfahrung mit organisierten Dolmetschdiensten und ist stets auf die Unterstützung von deutschkundigen Bekannten angewiesen. Da die Beraterin auf dieses Anliegen nicht eingegangen ist, weil der Telefondolmetscher es zu Beginn des Gesprächs nicht gedolmetscht hat (s. Anhang II; Partiturflächen [59]–[67]), bringt sie es in den Segmenten 934 bis 935 (Partiturflächen [383]–[384]) erneut zur Sprache. Saeed (K6b) ist der zweite Sohn der Klientin. Er kommt etwas später zum Gespräch, betritt leise das Beratungszimmer und schaltet sich gelegentlich ins Gespräch ein. Er nimmt dabei die Hilfe des Dolmetschers in Anspruch oder verständigt sich direkt auf Englisch mit der Beraterin, die auch ihn bereits gut kennt.

[382]

	928	929
TD3 [v]	fa-hiyya bətətᵓassef.	mā yəmken laha təᶜmel šēᵓ bən-nəsba
TD3 [TS-de]	Deshalb entschuldigt sie sich.	In dieser Sache kann sie halt gar nichts tun.

[383]

	930	931	932	933	934
B1 [v]				Ja?	
TD3 [sup]		leise			
TD3 [v]	l-hādi l-qaḍiyye	yaᶜni.			
TD3 [TS-de]					
K6a [v]	hm̀,	okay˙	tamām, tamām˙		w-bən-nəsbe əbni
K6a [TS-de]	Hm̀, okay˙		Klar, klar˙		Und, mein Sohn, was ist
TD3 [av]		ganz übertönt			

[384]

		935	936
TD3 [v]			((beugt sich nach vorn,
K6a [v]	lal-…	eh yaᶜni ᶜauzīn mtaržem nəḥne.	•
K6a [TS-de]	noch mit…	Äh also, wir möchten einen Übersetzer.	

[385]

		937	938	939
TD3 [v]	0,4s))	kīf?		
TD3 [TS-de]		Wie?		
TD3 [nv]		((senkt KO zum T,	neigt sich mit RO zum Lautsprecher))	((weiterhin mit
K6a [v]		yaᶜni	mā ḥada/ mā ḥada bēnatna…	žōzi mā
K6a [de]		Also, keiner/ keiner von uns…		Mein Mann kann
TD3 [av]		kaum verständlich		

[386]

	940	941	942
TD3 [nv]	dem OK zum T geneigt))		
K6a [v]	byəᶜref loġa. wala ᵓana.	wala kanti.	kanti
K6a [TS-de]	die Sprache nicht. Und ich auch nicht.	Und meine Schwiegertochter auch nicht	Meine

[387]

	943	944	945 946	947
TD3 [v]				mi/ mi/
TD3 [TS-de]				We/ we/ |
TD3 [nv]				((dreht KO,
K6a [v]	ṣārla	ᶜam bətrūḥ ᶜal-madrase,	ᶜal-Bildungswerk A.	nəḥne/
K6a [TS-de]	Schwiegertochter geht zur Schule, zum Bildungswerk A.			Wir/ w/ w…
[ano]			Name	
K6a [av]				ganz übertönt
K6a [k]	für: ṣār laha			

[388]

	948	949
TD3 [v]	mīn hādi? əsmaha ᵓē?	
TD3 [TS-de]	wer ist das? Wie heißt sie?	
TD3 [nv]	spricht in den Lautsprecher))	((neigt RO wieder dem Lautsprecher zu))
K6a [v]	n/ n…	nəḥ/ eh mart əbni mā btaᶜref loġa.
K6a [de]		Wi/ äh die Frau meines Sohnes kann die Sprache nicht.
K6a [av]		

[389]

	950	951	952	953	954	955
TD3 [v]	ᵓā˙			Okay˙		
TD3 [TS-de]	Ah˙					
TD3 [nv]	((dreht KO zum Lautsprecher, richtet sich ein wenig auf, nickt, neigt RO dem T wieder zu))					
K6a [v]	wala ᵓana.	wala žōzi.	•	yaᶜni	b-ḥāže la-	
K6a [TS-de]	Und ich auch nicht.	Und mein Mann auch nicht.		Also, wir brauchen ja		
TD3 [av]	ganz übertönt			ganz übertönt		

[390]

	956	957	958
TD3 [v]		((richtet sich auf, 0,4s)) Okay.	Sie meint also
TD3 [nv]			
K6a [v]	mtaržem nəḥne.		
K6a [TS-de]	einen Übersetzer.		

[391]

		959	960
B1 [sup]			leise
B1 [v]			Hm̄˙
TD3 [v]	das/ ähm das Problem der Sprache.	‿Also sie, ihr Mann,	äh die
B1 [k]			ganz

[392]

		961	962	963
B1 [sup]				
B1 [v]			Ja˙	
TD3 [v]	Schwiegertochter können kein Deutsch.		Und sie brauchen ähm	
B1 [k]	übertönt		ganz übertönt	

[393]

		964	965
B1 [v]		Ja.	
TD3 [v]	ja unbedingt einen Übersetzer oder Dolmetscher.		
K6a [sup]			leise
K6a [v]			hm̄˙
K6a [TS-de]			Hm̄˙
K6a [av]			nicht hörbar

[394]

	966
B1 [v]	Wir müssen halt dann immer versuchen, wenn sie Termine haben bei

[395]

		967	968
B1 [v]	einem Amt, entweder dann, dass	Saeed versucht, mitzukommen.	
B1 [nv]		((weist mit RH in Richtung K6b))	
[ano]		Name	

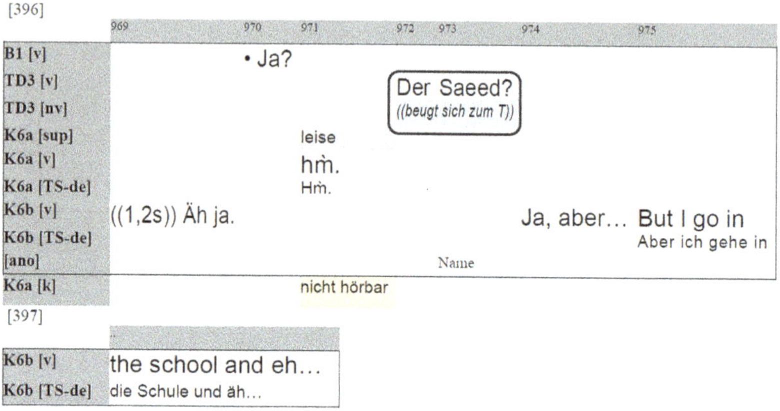

Abb. 33: Beispiel „mtaržem" – Transkriptausschnitt aus dem TeDo-Korpus (TeDo6; s. Anhang II)[318]

Im Ausschnitt manifestieren sich drei Verstehensprobleme. Das erste Problem löst offenbar das Wort „mtaržem" (dt. „Übersetzer") in Segment 935 aus. Der Dolmetscher zögert, beugt sich zum Telefon und reagiert mit einer Nachfrage (Segmente 936–937; Partiturflächen [384]–[385]). Unklar ist, ob das Verstehensproblem des Dolmetschers wirklich nur auf die Akustik zurückgeführt werden kann oder ob das Problem möglicherweise in den regionalsprachlich geprägten Aussprachegewohnheiten der Klientin liegt, die am Telefon durch das Fehlen von unterstützenden visuellen Eindrücken noch schwerer ins Gewicht fallen, obwohl in diesem speziellen Fall ihre Aussprache ([mtarʒem]) eigentlich nicht beträchtlich von der standardsprachlichen Lautung ([m**u**tar**dʒi**m]) abweicht und sich in der Lexik vom Synonym *turžmān*, das im maghrebinischen Raum geläufiger ist, nicht erheblich unterscheidet. Dass der Telefondolmetscher das Problem auf der inhaltlichen Ebene sucht, wäre ebenfalls nicht auszuschließen, denn die Klientin verwendet dieselbe *trouble source* „mtaržem" zu Beginn des Gesprächs, als sie ihr Anliegen zum ersten Mal formuliert, das der Dolmetscher jedoch in der Verdolmetschung nicht erwähnt. Relevant für die Bewertung des Transkriptionssystems ist hier jedenfalls bei allen drei genannten möglichen Erklärungen für die Reaktion des Telefondolmetschers, dass die Umschrift

318 In Anlehnung an Ehlich/Rehbein (1981a, b) werden folgende Abkürzungen zur Bezeichnung der Körperteile verwendet: KO = Kopf, OK = Oberkörper, RH = rechte Hand, RO = rechtes Ohr. Die Abkürzung T steht für Telefon.

artikulatorische Besonderheiten sichtbar macht, die sonst weder aus dem arabischen Schriftbild (مترجم) bzw. noch aus der unvokalisierten lateinschriftigen Wiedergabe der arabischen Grapheme als Konsonantenkette *m t r ǧ m* erkennbar wären. Das gilt vor allem für Besonderheiten in Bezug auf die vokalischen Abweichungen von der Standardlautung.

Gleiches gilt für das zweite Verstehensproblem, nämlich die Verwandtschaftsbezeichnung „kanti", die die Klientin für ihre Schwiegertochter verwendet. *kanti* ist eine regionalsprachliche Bezeichnung für „meine Schwiegertochter", die im levantinischen Sprachraum häufig als [k**ə**nti] gesprochen wird. Die Frage, ob die weniger geläufige Aussprache [k**a**nti] am Einfluss der ethnischen Zugehörigkeit der kurdischen Klientin auf ihren Sprachgebrauch liegen könnte, muss vorerst offen bleiben. Der marokkanische Dolmetscher hat jedenfalls Probleme, diesen Ausdruck zu verstehen. Dies manifestiert sich in seinen Nachfragen, aber auch in nonverbalen Handlungen (Änderung des Abstands zum Lautsprecher), die jedoch für die anderen Gesprächsbeteiligten nicht sichtbar sind. Die lautliche Realisierung [kanti] durch die Klientin kommt zwar einer standardsprachlichen Lautung ([kannati]) sehr nahe. Doch der Ausdruck ist, selbst bei standardlautlicher Realisierung, nicht überregional bekannt (s. Kap. 2.1: „Kriterium der kommunikativen Reichweite"). Auch in diesem Fall ließe sich die ungewöhnliche Aussprache der Klientin ohne eine entsprechend differenzierte Umschrift bzw. ohne eine Kenntlichmachung der vokalischen Realisierung nicht ohne Weiteres erkennen. In Segment 941 verwendet die Klientin den Ausdruck „kanti", den sie bereits zu Beginn des Gesprächs bei der Formulierung des ersten Anliegens zur Familienzusammenführung verwendet hat, worauf der Dolmetscher jedoch zunächst gar nicht und erst später ausdrücklich eingegangen ist, wobei ebenfalls ein Verstehensproblem zu erkennen war (s. Anhang II; Partiturflächen [24]–[67]). Das Problem ließ sich allerdings offenbar auch bei dieser zweiten von insgesamt drei Erwähnungen des Wortes „kanti" nicht komplett beheben, denn eine 1:1-Verdolmetschung blieb in der anschließenden Dolmetsch-Sequenz (s. Anhang II; Partiturflächen [59]–[67], Segmente 207–225) zunächst weiterhin aus. Die Beraterin, die die Klientin ohnehin kennt, weiß über die Schwiegertochter Bescheid. In diesem Ausschnitt (Abb. 33) unterstreicht die Klientin die Notwendigkeit der Heranziehung eines Übersetzers, also eigentlich eines Dolmetschers[319], mit dem Hinweis auf die fehlenden Sprachkenntnisse in der Familie. Sie setzt an, indem sie sagt, dass die

319 Im gemeinsprachlichen Arabisch wird in der Regel nicht zwischen Übersetzer und Dolmetscher differenziert.

Schwiegertochter einen Sprachkurs besuche (Segmente 942–946), kommt dann aber nicht mehr dazu, zu erklären, dass diese Schwiegertochter die deutsche Sprache aber noch nicht so gut beherrscht, um bei Beratungsgesprächen als Laiendolmetscherin fungieren zu können. Denn der Telefondolmetscher, der sich ohnehin sehr nah mit dem ganzen Oberkörper am Lautsprecher befindet, dreht den Kopf noch näher zum Lautsprecher, unterbricht die Klientin, als das Wort „kanti" (dt. „Schwiegertochter") erneut fällt, und fragt in den Segmenten 947 und 948 (Partiturflächen [387]–[388]) nach, wer mit „kanti" gemeint sei und wie die betreffende Person heiße, woraufhin die Klientin, die offenbar an der Nachfrage merkt, dass der Telefondolmetscher sie nicht verstanden hat, in Segment 949 zur gebräuchlicheren Bezeichnung „mart əbni" (dt. „die Frau meines Sohnes") wechselt und vor der Turnübergabe in Segment 955 (Partiturflächen [389]–[390]) ihren Wunsch nach Unterstützung durch einen Übersetzer (i. e. Dolmetscher) betont. Die Betonung ist in Abbildung 33 durch eine schwarze Unterstreichung des Wortes „mtaržem" markiert. Die *trouble source* „kanti" lässt sich somit mithilfe der Umschreibung beheben. In Segment 953 bestätigt der Telefondolmetscher sein Verstehen durch die Äußerung „Okay". Diese bestätigende Äußerung in Segment 957 belegt auch die Klärung des ersten Problems in Zusammenhang mit dem Wort „mtaržem". Dadurch, dass der Telefondolmetscher im dritten Anlauf versteht, wer mit „kanti" gemeint ist – nämlich die Schwiegertochter – und dadurch, dass er nun auch versteht, wie die Sprachkenntnisse der Schwiegertochter mit dem Wunsch der Familie, von einem Sprachmittler unterstützt zu werden, zusammenhängen, wird ihm klar, dass die Klientin auf der Suche nach einem Übersetzer für andere Termine ist. Die Zusammenhänge sind nun schlüssig, der zu dolmetschende Turn ergibt für den Telefondolmetscher Sinn, also richtet er sich in Segment 957 (Partiturfläche [390]), langsam auf und setzt zum Dolmetschen an.

Ausgangspunkt für das dritte Verstehensproblem ist die Tatsache, dass Saeed (K6b), der Sohn der Klientin, unangekündigt zum Termin erscheint und am Gespräch aktiv teilnimmt, wobei der physisch abwesende Telefondolmetscher weder über das spätere Betreten des Beratungszimmers durch eine weitere Person noch über die Beziehung dieser Person zu den anderen Gesprächsbeteiligten aufgeklärt wird. Die Beraterin erwähnt den Namen Saeed bereits vorher, gibt dem Dolmetscher aber nicht klar zu verstehen, dass sie sich dabei auf den anderen Klienten bezieht, der ihr gerade gegenübersitzt. Als der Name Saeed in diesem Abschnitt (Partiturfläche [395]) noch einmal fällt, fragt er explizit nach („Der Saeed?"). Die nonverbale Bezugnahme der Beraterin auf K6b durch eine Zeigegeste und eine Handbewegung mit geöffneter Handfläche kann der Telefondolmetscher am anderen Ende der Leitung natürlich nicht sehen. Deshalb beugt er sich zum Telefon und fragt in den Lautsprecher „Der Saeed?“. K6b beginnt dann ein längeres Zwiegespräch mit der Beraterin auf Englisch und führt zwischendurch Nebengespräche auf Kurdisch mit seiner Mutter K6a.

Der Ablauf im Beispiel „mtaržem“ zeigt, dass das Erkennen von Verstehensproblemen und die interaktive Herstellung von Verstehen beim Telefondolmetschen teilweise stark eingeschränkt sein kann. Denn nonverbale Handlungen sind für den/die Beteiligten, der/die sich im anderen Interaktionsraum befindet/ befinden, visuell nicht wahrnehmbar. Doch gerade die gestischen und mimischen Informationen können bei Face-to-Face-Gesprächen in physischer Kopräsenz mit der dolmetschenden Person zusätzliche Hinweise auf die Verarbeitung des Gesagten durch die Rezipienten geben. Bei Mehrparteiengesprächen, die über Telefon gedolmetscht werden, entsteht noch zusätzlich das Problem, dass Personalbezüge für den physisch abwesenden Dolmetscher nicht immer klar zuordenbar sind und dass unvorhergesehene Ereignisse im anderen Raum, wie zum Beispiel das spätere Erscheinen eines weiteren Gesprächsbeteiligten und die Erweiterung des Interaktionsrahmens von einem telefonisch hergestellten Dreiparteien- zu einem Vierparteiengespräch, ohne Absprache mit dem Dolmetscher die Verständigung beeinträchtigen und den Gesprächsfluss kurz stören kann, bis der Fluss wieder geregelt wird, was im angeführten Ausschnitt (Abb. 33) nicht mehr zu sehen ist.

Zugleich dokumentiert das Beispiel, dass Klärungssequenzen, wie in den Partiturflächen [384] bis [390] der Fall, trotz dieser Einschränkungen durchführbar sind.[320] Sie laufen im Prinzip ähnlich ab wie die von Bolden (2000, 2018) und Knapp/Knapp-Potthoff (1985) beschriebenen *clarification sequences*, in denen die Abklärung von bestimmten inhaltlichen Aspekten vor der Verdolmetschung stattfindet.

Wie im Transkriptausschnitt zu sehen, bietet die lateinschriftige Transkription des Arabischen eine tragfähige Lösung, um eine Gegenläufigkeit im (Partitur-)Transkript und entsprechende Konsequenzen für die Darstellungslogik des Interaktionsverlaufs und für die Analysierbarkeit der Daten von Anbeginn zu vermeiden. Die zeitlichen Bezüge (Vor-, Gleich- und Nachzeitigkeit) stimmen. Interpunktionszeichen und Sonderzeichen (z. B. fette Pausenpunkte, Ligaturen) sind korrekt platziert. Stellen, an denen eine Turnübergabe möglich wäre, sind ermittelbar, ebenso wie Handlungen, die ein (Nicht-)Verstehen signalisieren. Parallele Strukturen (Simultaneität beim Kampf um das

---

320 Eine quantitative Analyse zu den Ursachen der im TeDo-Korpus ermittelten Klärungssequenzen findet sich bei Farag/Meyer (2023).

Rederecht, Unterbrechungen, Handlungen des Hörers, Annotationen paraverbaler und redebegleitender nonverbaler Handlungen) sind adäquat visualisiert. Das Transkript und seine Übersetzung sind zu Beginn der einzelnen Segmente jeweils korrekt miteinander synchronisiert. Selbstkorrekturen, Äußerungsabbrüche, Verzögerungslaute und andere verbale Phänomene, die aus analytischen Gründen teilweise in die Übersetzungsspur aufgenommen wurden, lassen sich leicht und exakt in der ausgangssprachigen Spur wiederfinden.

Der Vorteil dieser Darstellungsart liegt nicht nur in der Erfüllung darstellungsbezogener Anforderungen der Interaktionsanalyse. Die literarische Umschrift des Arabischen macht zudem bestimmte Eigenheiten der arabischen Gesprochensprachlichkeit überhaupt erst verschriftbar. So ließe sich beispielsweise eine Interjektion wie „hm", unabhängig von den mit Diakritika zu kennzeichnenden Tonbewegungen und von der realisierten kommunikativen Funktion, nicht in arabischer Schrift wiedergeben, ohne dass die Gefahr einer Verwechslung mit dem standardsprachlichen Personalpronomen هم (3. Pers. Pl. m.; *hum*; dt. „sie") oder, bei einer Markierung des festen Stimmeinsatzes im Anlaut, mit dem standardarabischen Komparativ أهم (*ᵓahamm*; dt. „wichtiger") oder mit dem homographen ägyptischen Demonstrativpronomen أهم (gemäß angewandter Umschrift: *ᵓahom*; dt. „die da", „da sind sie") bestehen würde. Ferner lassen sich regionalsprachliche Eigenheiten, die nicht nur auf der lexikalisch-morphologischen, sondern auch auf der phonetisch-phonologischen Ebene liegen, mithilfe der Umschrift im erforderlichen Maße sichtbar machen und eindeutig markieren. Es sei in diesem Zusammenhang auf die bei der Besprechung von Abbildung 33 erwähnten *trouble sources* „mtaržem" und „kanti" hingewiesen.[321] Außerdem verdeutlicht das vorgeschlagene Umschriftsystem sprachliche Anpassungen des Marokkanisch-Arabisch sprechenden Telefondolmetschers an die Syrisch-Arabisch sprechende Klientin. So wird beispielsweise an der Umschrift sehr gut erkennbar, dass der Telefondolmetscher in den Segmenten 928 bis 930 (Partiturflächen [382]–[383]) um einen standardnahen Sprachgebrauch bemüht ist. In Segment 937 (Partiturflächen [385]) verlässt er die Standardsprache und fragt auf Marokkanisch nach („kīf?"; dt. „Wie?"). In Segment 948 (Partiturfläche [388]) bewegt er sich bei der Reformulierung der Frage „mīn hādi?" (dt. „Wer ist das?") mit den Worten „əsmaha ᵓē?" (dt. „Wie heißt sie?") im Varietätenkontinuum eher in Richtung des Ägyptisch-Arabischen, um sich verständlich zu machen. Derlei

321 Ein längerer Transkriptausschnitt mit konfliktträchtigen Unterschieden zwischen maghrebinischem und maschriqinischem Arabisch befindet sich in Anhang II.

diskursstrategische Änderungen lassen sich mithilfe der Umschrift, die sich bei Bedarf noch verfeinern lässt, und mithilfe zusätzlicher Annotationen, die sich in der unidirektionalen Darstellung problemlos ergänzen lassen, gründlicher und umfassender untersuchen.

Die Anwendung einer romanisierten Schriftdarstellung des Arabischen geht allerdings mit einem hohen Arbeitsaufwand einher, selbst nach der Systematisierung sowie Verinnerlichung des Vorgehens und der Formulierung genauerer Richtlinien, etwa zum Umgang mit der Kluft zwischen dem arabischen Schriftbild und dem gewöhnungsbedürftigen lateinischen Schriftbild, zur Wahl des Zeicheninventars und zur Bestimmung lektüreerleichternder Maßnahmen (z. B. Verwendung des Bindestrichs zur grafischen Hervorhebung komplexer morphologischer Konstruktionen), zum Umgang mit gesprochener Sprache, standardferner Artikulation, phonetischen Variationen und lautlichen Verschiebungen, zur Notation der im Schriftbild üblicherweise fehlenden Kurzvokale und Geminate, zum Grad der Berücksichtigung der Konsonantenhäufungen, durch die das Transkript für Nicht-Varietätenkundige eventuell schwer lesbar werden könnte, und dergleichen mehr (Kap. 5.4). Zudem setzt die Verwendung dieser Umschrift einen spezialisierten Leserkreis voraus, nämlich wissenschaftliche Leser, die sich entweder mit der DMG-Umschrift oder mit anderen wissenschaftlichen Umschriftsystemen auskennen und sich deswegen schnell in die optimierte Systematik einarbeiten können. Die weiterentwickelte Umschrift fördert aber darüber hinaus auch die authentischere und genauere sowie besser bearbeitbare Wiedergabe aufgezeichneter verbaler Kommunikation. Zudem begünstigt sie die computergestützte Analyse der angefertigten Transkripte, nicht zuletzt aufgrund der verbesserten Auffindbarkeit der Zeichenketten im Korpus, und zwar im korrekt dargestellten und zeitlich alignierten Interaktionskontext. Auch Leser ohne Arabischkenntnisse erhalten, mithilfe der an ihre Lesegewohnheiten angepassten (Um-)Schrift, einen gewissen Zugang zu den Transkripten, sodass sie selbst nach Schlüsselwörtern suchen und analyseleitende Phänomene (sog. *candidate phenomena*) identifizieren und quantifizieren können, zum Beispiel wenn sie als Nicht-Arabischkundige anhand der Übersetzung allein keine eingehende qualitative Analyse durchführen können oder wollen. Unzulänglichkeiten des vorgestellten Umschriftsystems auf der Ebene der Praktikabilität müssten zwar noch beseitigt werden, können aber, mit Blick auf die analytischen Vorteile, vorerst in Kauf genommen werden, denn das Verfahren macht, wie sich anhand der besprochenen Beispiele aus dem TeDo-Korpus gezeigt hat, die Analyseergebnisse letztendlich auch intersubjektivierbar und bei entsprechender Dokumentation, den Analyseprozess transparent.

Die Anführung weiterer Beispiele aus dem TeDo-Korpus zur Veranschaulichung weiterer Vorzüge dieser Umschrift für den Forschungskontext *Telefondolmetschen Arabisch-Deutsch*[322] oder für Fragestellungen aus dem Bereich des Gesprächsdolmetschens (z. B. Zwiegespräche zwischen Dolmetscher und Klient, explizit koordinierende Handlungen der Dolmetscher etc.) würde den Rahmen dieser Arbeit sprengen. Mit Blick auf die in den Kapiteln 2.2, 4.1.1 und 4.2.2 geäußerte Kritik an problembehafteten Transkriptionspraktiken, die sich in soziolinguistischen und dolmetschwissenschaftlichen Arbeiten öfters wiederholen, dürfte der Nutzen der dokumentierten Systematik (in ihrem Status als *work in progress*) evident sein.

322 Analysen zu Telefondolmetschdaten bieten Farag/Meyer (2022, 2023).

6 Schlussbetrachtung

6.1 Zusammenfassung

Gegenstand der vorliegenden Arbeit war die computergestützte gesprächsanalytische Transkription arabisch-deutscher Daten. Ausgangspunkt war die Analyse von sprachlich-kommunikativen Verfahren in telefonisch vermittelten Dolmetsch-Interaktionen. Dabei hatte sich unter anderem herausgestellt, dass die Zusammenführung der jeweils entgegengesetzten Schreibrichtungen des Arabischen und des Deutschen in Analysetranskripten die gesprächsanalytische Untersuchung von Interaktionsdynamiken und anderweitig zeitgebundenen Phänomenen be- oder sogar verhindert. Aufgrund dieser Erkenntnis stellte sich die Frage, wie eine Umschrift zur Transkription der arabischsprachigen Beiträge aussehen müsste, damit eine unidirektionale Rekonstruktion des Interaktionsgeschehens möglich wird. Die Beantwortung dieser Frage gestaltete sich schwieriger als erwartet. Das lag zum einen an dem Anspruch, das erkenntnistheoretische Gebot der Interaktionsanalyse zu erfüllen, wonach abstrakte Aspekte der Zeitlichkeit (Reziprozität, Simultaneität, Progressivität etc.) im flächigen Transkriptformat konkret sichtbar und auf analytisch adäquate Weise abzubilden seien, sodass sie auch später noch in einer darstellungslogischen Fassung präsentiert werden können. Zum anderen galt es, zahlreiche hochgradig komplexe Anforderungen des Transfer- und Transformationsprozesses zu berücksichtigen, und zwar

(1) die Überführung der phänomenreichen Primärdaten (Aufzeichnungen) in phänomenärmere Sekundärdaten (Transkripte);
(2) die Überführung des auditiven bzw. audiovisuellen, multimedialen Mediums in ein (oft ausschließlich) schriftliches bzw. schriftbasiertes, monomediales Medium;
(3) die Rekonstruktion von gesprochensprachlichen Eigenheiten, wobei aus praktischen Gründen mit Elementen schriftlicher Texte gearbeitet werden muss, angefangen vom Darstellungsformat, über die möglichst nüchterne und dennoch plastische metasprachliche Beschreibung prosodischer, nonverbaler Handlungen, bis hin zur Verschriftlichung nicht lexikalisierter Äußerungen und zur Nivellierung nicht relevanter Aspekte, ohne dabei retuschierend bzw. verfälschend in die Daten einzugreifen;

(4) die Notation mündlicher Äußerungen trotz Diskrepanz zwischen der gesprochenen und der geschriebenen Sprache im Varietätenkontinuum des Arabischen;
(5) das lateinische Zeichensystem, das zur Notation der arabischen Äußerungen gewählt wird und nicht nur menschen-, sondern möglichst auch maschinenlesbar sein sollte;
(6) die Verwendung von Sonderzeichen, die zur Notation von Äußerungen in Lateinschrift erforderlich wird, die Lesbarkeit jedoch zusätzlich einschränken kann;
(7) die Übersetzung der arabischen Äußerungen für arabisch- und varietätenunkundige Rezipienten.

All diese Aspekte bestimmen, wie Daten jeweils konstituiert und rezipiert werden. Dies betrifft sowohl reduzierende Handlungen bei der Selektion aus der Fülle der Phänomene als auch die Art ihrer Wiedergabe und Verständlichmachung sowie darüber hinaus die Visualisierung dieser Phänomene. Die Herausforderungen arabischsprachiger Transkription können demnach nicht auf das Problem der Schreibrichtung im Transkript beschränkt werden und lassen sich folglich auch nicht einfach mit der Entscheidung für eine romanisierte Schreibung zur Herstellung einer unidirektionalen Darstellung lösen. Bei der Suche nach einem geeigneten Umschriftsystem für gesprochenes Arabisch mussten vielmehr auch Praktiken zur Datenaufbereitung und -zugänglichmachung ergründet werden, um Potenziale und Grenzen unterschiedlicher Umschriftsysteme zu ermitteln und so den Anforderungen der Gesprächsforschung möglichst vollends gerecht zu werden.

Die vorliegende Arbeit könnte somit als Dokumentation eigener Beobachtungen beim Beschreiten unterschiedlicher Wege auf der Suche nach einer eigenverantwortlichen Entscheidung betrachtet werden. Diese Wege könnte man wiederum in einzelne Wegstrecken auf verschiedenen Ebenen teilen, zum Beispiel

- von den Anfängen der lateinschriftigen Transkription des Arabischen bis hin zum aktuellen Stand der Praxis (Kap. 2.2);
- von überwiegend einsprachigen Transkripten und Verschriftungen geringeren Umfangs (Kap. 2.2) bis hin zu mehrsprachigen Transkripten mit größeren arabischsprachigen Anteilen (Kap. 4, z. T. auch 2.2);

- von arabistischen Methoden bei der lateinschriftigen Wiedergabe schriftlich verfasster Wörter und Texte (Kap. 2.2.1) über computerlinguistische und soziolinguistische Methoden bei der lateinschriftigen Transkription mündlicher Daten (Kap. 2.2) bis hin zu Praktiken bei der Transkription und Zugänglichmachung mehrsprachiger Dolmetschdaten mit arabischsprachigen Anteilen (Kap. 4);
- vom Mangel gesprächsanalytischer Systeme für die Transkription arabischsprachiger Gesprächsdaten und von den Unzulänglichkeiten ermittelter Praktiken bei der systematischen Erfassung gesprochensprachlicher Eigenheiten des gesprochenen Arabisch (Kap. 2 und 4) über die Spezifizierung grundlegender Prinzipien gesprächsanalytischer Transkription, des Transkriptionsgegenstands *Gespräch* sowie aktueller Erfordernisse computergestützter Forschung und Kurationsarbeit (Kap. 3) bis hin zur Entwicklung einer gesprächsanalytisch motivierenden Systematik (Kap. 5).

Die wesentlichen Beobachtungen lassen sich vorerst folgendermaßen zusammenfassen:

(1) Arabische Daten lassen sich (a) in wissenschaftlicher Umschrift, (b) in nicht wissenschaftlicher, aber weithin konventionalisierter Umschrift und (c) in nicht wissenschaftlicher, nicht konventionalisierter Umschrift transkribieren.

(2) *Konventionalisierte* Systeme zur orthografischen Transkription des Arabischen in Lateinschrift entstammen häufig philologischen sowie historischen bzw. historisch-geografischen Arbeiten und setzten sich, über die wissenschaftlichen Schriften hinaus, besonders in den konventionalisierten Bereichen Bibliotheks- und Informationsmanagement, Lexikografie und Geografie (speziell Kartografie) durch. Grund ihrer Entwicklung war hauptsächlich, arabischschriftige Textdaten (Textauszüge, einzelne lexikalische Einheiten) in eine romanisierte Schreibung zu überführen. Sie orientieren sich in erster Linie an der Standardschreibung und -lautung, wobei sie nach Einheitlichkeit, Präzision und Stringenz streben, was die Anwendung entsprechend kompliziert macht.

(3) Aus Gründen der Praktikabilität und des geringeren Aufwands kommen *nicht (stringent) konventionalisierte*, eigentlich hauptsächlich in *nicht wissenschaftlichen* Zusammenhängen angewandte Umschriftsysteme bisweilen auch in dolmetschwissenschaftlichen und anderen wissenschaftlichen Beiträgen zum Einsatz. Sie können eine tragfähige Lösung für inhaltsbezogene Untersuchungen bieten. Für interaktionsbezogene (z. B. an Verständigungsprozessen interessierte, nach einer detaillierten Beschreibung

kommunikativer Praktiken strebende, Regelmäßigkeiten ermittelnde) Analysen und den Aufbau eines nachnutzbaren Korpus (Stichwort Eindeutigkeit, Lesbarkeit Nutzbarkeit, Konsistenz, Vorhersagbarkeit bei Suchen etc.) kommen sie allerdings nicht infrage, weil ihnen die erforderliche Systematik fehlt. Wissenschaftliche, stärker konventionalisierte Umschriften scheinen in Beiträgen zum Gesprächsdolmetschen kaum Eingang gefunden zu haben.

Nun stellt sich natürlich die Frage, weshalb sich die Suche nach einer gesprächsanalytisch motivierenden Systematik denn so schwierig gestaltet. Eine mögliche Antwort lautet, dass es offenbar im deutsch- und englischsprachigen Raum (mit Ausnahme der aus der Arabistik, der arabischen Dialektologie und Lexikografie, aber auch aus der Phonetik in die Soziolinguistik eingeführten Umschriften) derzeit keine gesprächsanalytischen, eher orthografischen Umschriftsysteme für das Arabische gibt, die (primär) der Erschließung und der Erforschung von Sprache-im-Alltag bzw. -in-Interaktion dienen. Das könnte wiederum daran liegen, dass die empirische Arbeit mit arabischen Gesprächsdaten (jenseits der Arabistik, Dialektologie, Soziolinguistik, Computerlinguistik, Spracherwerbsforschung) nicht auf eine lange Tradition zurückblickt. Es stehen nämlich so gut wie keine allgemein nutzbaren, leicht auffindbaren Gesprächskorpora zur Verfügung. Den veröffentlichten Forschungsdaten, die in der Regel lediglich als Transkriptbeispiele im Rahmen von Monografien und wissenschaftlichen Artikeln dienen, fehlt es bisweilen an der nötigen Transparenz. Die jeweils im Zuge der Datenerhebung und -aufbereitung angewandten Transkriptions- und Übersetzungsverfahren werden nicht in ausreichendem Maße offengelegt, geschweige denn tiefgründig methodisch reflektiert. Offenbar wird häufig auch nicht in ausreichendem Maße bedacht, welche Konsequenzen eine mangelnde Systematik, eine schwer lesbare Schrift, eine inadäquate Darstellung zeitlicher Strukturen, eine Diskrepanz zwischen Transkript und Übersetzung etc. für die eigene Analyse, für ihre Validität und Glaubwürdigkeit und für ihre Rezipierbarkeit und Verwertbarkeit durch Dritte haben kann. Vertretbare Lösungen, die zur Transkription und computergestützten Auswertung umfangreicher Daten übernommen werden könnten, ließen sich daher nur schwer finden.

Aufgrund dieser Erkenntnisse entschied sich die Verfasserin deshalb, ausgehend vom Umschriftsystem der Deutschen Morgenländischen Gesellschaft (DMG) selbst eine gesprächsanalytisch motivierte Systematik zur computergestützten Transkription mittels lateinischer Zeichen zu entwickeln, wobei Eigenheiten der gesprochenen Alltagssprache, die im ursprünglichen Konzept der DMG-Umschrift keinerlei Beachtung finden, erhalten bleiben. Zu diesem Zweck wurden auch einige dialektologische Arbeiten herangezogen. Die aufgestellten Maximen lauten: Lesbarkeit, Verständlichkeit und Einheitlichkeit trotz weitgehender Authentizität. Die Eignung des Umschriftsystems für die Partiturdarstellung und die Orientierung an den HIAT-Konventionen waren zwar maßgebend, das System sollte sich aber auch mit anderen Darstellungsformaten und Konventionen vereinbaren lassen. Die DMG-Umschrift stellte, im Grunde genommen, das notwendige maschinell verarbeitbare Inventar an Grundzeichen zur Verfügung, um eine gleichgerichtete Transkription zu ermöglichen. Zudem gelang es mit dem DMG-Zeicheninventar leichter, eindeutige Graphem-Phonem-Beziehungen im lateinischen Schriftbild herzustellen, um jene verständnishemmenden Ambiguitäten zu vermeiden, die ja oft bei nicht konventionalisierten Umschriften zu beklagen sind. Auf diese Weise kann, genau wie im arabischen Schriftbild, jedem Phonem immer das gleiche (diakritisierte) Graphem zugeordnet werden. Das DMG-Inventar musste allerdings optimiert und erweitert werden, um standardferne gesprochensprachliche Formen der konsonantischen und vokalischen Aussprache zu rekonstruieren. Lautliche Realisierungen sind nämlich ein wichtiges Unterscheidungsmerkmal von Regionalvarietäten, deren Gebrauch nicht immer als sprecherbezogene Eigenschaft in den Metainformationen vermerkt und komplett normalisiert werden, sondern im Transkript erkennbar sein soll, weil der Gebrauch von Regionalvarietäten den Verlauf einer Interaktion nachhaltig beeinflussen kann (wie im Beispielfall „kanti“ und „mtaržem“; Abb. 33, Kap. 5.5). Daher erfordert die Beschäftigung mit arabischsprachigen Gesprächsdaten eine Systematik zur Wiedergabe gesprochensprachlicher Aspekte, wobei diese Systematik, über die Verwendung der Zeichen an sich hinaus, der Anwendbarkeit, Handhabbarkeit und Rezipierbarkeit der Umschrift und der Vermittelbarkeit der Transkripte insgesamt Rechnung tragen sollte. Es muss sich also vor allem um eine Systematik handeln, die allgemein zu berücksichtigende Phänomene und ihre grafische Abbildung festlegt, bewusste Abweichungen von schriftsprachlichen Standards und DMG-Zeichen kodifiziert, die Typografie lesbar gestaltet, die Schreibung vereinheitlicht und Probleme löst, die in dialektologischen Arbeiten entweder nicht behandelt oder unterschiedlich bewältigt werden, oder deren Lösung sich nicht immer mit den definierten gesprächsanalytischen Anforderungen decken und die daher gewissermaßen harmonisiert wurden (z. B. bei der Wiedergabe der Vokale), und dergleichen mehr (Kap. 5.4 und 5.5). Ziel war es also, eine Art *literarische Umschrift* für das Arabische zu entwerfen, durch die mündliche regionalsprachliche Äußerungen authentisch wiedergegeben werden können. Doch auch der mündliche Gebrauch der Standardsprache kann für eine Interaktion konstitutiv sein (z. B. bei einer Stiländerung zur Schaffung von Nähe oder Distanz, bei Verständnisschwierigkeiten durch die Verwendung von

Fachterminologie etc.), was ebenso dafür spricht, beim Transkribieren zwischen Standardsprache und Regionalvarietät zu unterschieden. Die beschriebene Systematik ist nicht erschöpfend, sondern repräsentiert lediglich einen Stand der Dokumentation, der fortschreitet. Sie soll lediglich eine Handreichung für alle sein, die sich Gedanken darüber machen, wie man sich als gesprächsanalytisch arbeitender Transkribent im Spannungsfeld zwischen einer rein phonetischen, stärker gesprochensprachlichen und einer streng orthografischen, am Schriftbild orientierten Transkription zurecht finden könnte, wobei klar sein sollte, dass eine streng orthografische Vorgehensweise bei einer romanisierten Schreibung mit lateinischen Schriftzeichen ohnehin nicht vertretbar wäre, da das Konzept einer *Umschrift* bzw. einer phonetisch-orthografischen *Transkription* in Lateinschrift (anstelle einer graphemgetreuen *Transliteration*) naturgemäß eine Orientierung an der Lautung vorsieht (vgl. Deutsches Institut für Normung 2011: 4). Die Frage, wann die Umschrift den gemeinsamen Standard betonen soll, um für eine breite wissenschaftliche Leserschaft (ohne Varietätenkenntnisse) möglichst verständlich zu bleiben, und wann die Varietäten in den Vordergrund gerückt werden sollen, kann nicht ein für alle Mal beantwortet werden. Die jeweilige Handhabung sollte aber vom Transkribenten selbst transparent gemacht werden.

6.2 Ausblick

Das Hauptaugenmerk der vorliegenden Arbeit richtete sich zwar auf die Frage, wie eine (in lateinbasierter Umschrift angefertigte) Transkription gesprächsanalytisch effizient, zu weiteren Zwecken anschlussfähig und interpretatorisch ergiebig gestaltet werden kann, sodass das entstandene Produkt auch weitgehend lesbar und vermittelbar bleibt. Die Dokumentation bisheriger Beobachtungen, abgeleiteter Feststellungen und eingeschlagener Lösungswege ließen jedoch eine Reihe von Herausforderungen erkennen, die in diesem Rahmen aus technischen, aber auch aus methodologischen Gründen nicht durchweg geklärt werden konnten. Erwähnt seien bezüglich der Verschriftung des gesprochenen Arabisch, neben der Rekonstruktion regionalsprachlicher Eigenheiten, beispielsweise die Notation von Verzögerungslauten, Diskursmarkern und anderen nicht lexikalisierten lexikalischen Einheiten, die schwer in eine Umschrift überführbar und noch schwieriger in arabischer Schrift festzuhalten sind. Zur Bewältigung dieser Probleme scheint eine intensive Beschäftigung mit der gesprochenen Sprache und mit dem mündlichen Sprachgebrauch im Arabischen lohnenswert, um, ausgehend von der arabischen Schrift, auch Möglichkeiten für ihre lateinbasierte Wiedergabe auszuschöpfen. So wäre zu ergründen, inwieweit andere Zugänge zur Erforschung bzw. zur Transkription gesprochener Sprache (vor allem mit Blick auf die von der Standardsprache geprägte Schrift) tragfähige Ansätze bieten, sei es bei der Darstellung von (fiktiven) Gesprächen in der arabischsprachigen Dialekt- und Comicliteratur, in Theaterstücken oder in Übersetzungen fremdsprachiger Gespräche. Die Schwierigkeiten bei der lateinbasierten Transkription sind nicht so sehr auf der Ebene des Konsonantismus anzutreffen, sondern eher auf der Ebene des Vokalismus, speziell im Bereich Kurzvokalismus und bei diversen Formen der Aussprache, die im arabischen Schriftbild unterdrückt werden und die sich zwar mit herkömmlichen, diakritisierten oder aus der Lautschrift übernommenen lateinbasierten Zeichen abbilden lassen (wie im Fall *i*, *e*, und *ə*), deren differenzierte Berücksichtigung bei der orthografischen Aufbereitung umfangreicher, varietäten- und varianzreicher Daten aber noch eine bessere Systematik aufweisen und methodisch stringenter sein müsste, um korpusanalytischen Zwecken sowie einer Harmonisierung verschiedener Ansätze dienen zu können. Eine verbesserte *Systematik* ließe sich durch die Aufstellung handlungsleitender Maximen erreichen, eine größere *Stringenz* durch ihre Einhaltung und die Herstellung eines kontrollierten Workflows, eine *Harmonisierung* jedoch vor allem durch weiterführende Forschung und erst recht durch einen innerfachlichen Austausch mit anderen Transkribenten. Der Wunsch nach einer öffentlichen Fachdiskussion, der bereits an verschiedenen Stellen der vorliegenden Arbeit laut wurde, soll an dieser Stelle nochmals mit Nachdruck geäußert werden. In diesem Zusammenhang müsste auch weiterhin erforscht werden, wie die Daten, aus der Perspektive der angewandten Forschung, für eine nicht wissenschaftliche Gemeinschaft (z. B. im Rahmen von Fortbildungen zur Vermittlung gesprächsanalytischer Erkenntnisse mit beruflicher und gesellschaftlicher Relevanz) präsentiert werden könnten, und wie sich eine andere Form der Darstellung bei Anschauungstranskripten mit Anführung arabischschriftiger Notationen anfertigen ließe.

Alles in allem war und ist es der Verfasserin ein wichtiges Anliegen, auf eine Forschungslücke hinzuweisen und für eine größtmögliche Transparenz in einem Forschungsbereich einzutreten, der bislang eher von unzureichender methodologischer Reflexion geprägt zu sein scheint. Da sich jedoch jede Transkription letzten Endes einem jeweils andersartigen erkenntnistheoretischen Interesse und unterschiedlichen praktischen Erwägungen unterordnen muss, kann nicht kategorisch die Verwendung einer lateinbasierten Umschrift zur Transkription arabischsprachiger Daten gefordert werden. Die vorliegende Arbeit möchte sich vielmehr als Impuls zur detaillierten Explikation und zur genaueren Dokumentation von methodischen Vorgehensweisen bei zukünftigen Projekten dieser Art verstanden wissen. Sie benennt deshalb grundsätzliche Probleme, auf die arabischsprachige bzw. mit arabischsprachigen Daten arbeitende Gesprächsforscher und Soziolinguisten häufig stoßen können. Dies gilt insbesondere für die Arbeit in einer mehrsprachigen Forschungsumgebung, in der aufgrund einer sprachlichen Asymmetrie (durch ungleiche Sprachkenntnisse) und gegebenenfalls auch einer Wissensasymmetrie (z. B. bei unzureichend ausgebildeten Transkribenten) nicht nur verstärkt Inkonsistenzen auftauchen, je mehr Personen am Transkriptionsprozess beteiligt sind, sondern auch verstärkt (bewusste oder unbewusste) Datenmanipulationen stattfinden können, je unreflektierter bzw. engstirniger man an die Daten herangeht. Die kritische Beleuchtung ausgewählter Forschungspraktiken hat gezeigt, dass die Wahl der Transkribenten, ihre Kompetenzen und der Grad ihrer Beteiligung am Erhebungssetting bzw. am unmittelbaren Forschungsrahmen grundsätzlich den Lauf der Analyse bestimmt, umso mehr noch, wenn die Analyse dann später von Personen durchgeführt werden soll, die der Originalsprache im Transkript nicht mächtig sind. Insofern sollte diskutiert werden, wer bei der Analyse der jeweils ausgewählten Daten zum Einsatz kommt und auf welcher Grundlage. Dass es an sich auch an arabischkundigen gesprächsanalytisch ausgebildeten Forschern mangelt, weist auf einen problematischen Zustand hin und sollte erst recht als Ansporn betrachtet werden, bestehende Systeme an die aktuellen Anforderungen anzupassen, einen Austausch mit sprachkundigen (hier: arabischkundigen) Gesprächsanalytikern zu suchen und individuelle Forschungspraktiken offenlegen zu lassen, weil diese nämlich, wenn nicht ausdrücklich dokumentiert, gemeinsam mit den jeweiligen Forschungsarbeiten „in der Versenkung“ verschwinden. Damit wird im Grunde eine dringende Empfehlung ausgesprochen, die in den *Digital Humanities* im Zusammenhang mit der Kuration, Pflege und Verfügbarmachung von Forschungsdaten zwar schon seit längerer Zeit als Gebot für gute wissenschaftliche Praxis gilt, jedoch nicht konsequent umgesetzt wird – und die sogar eigentlich noch vor der rigorosen Einforderung von überdisziplinärer Transparenz und Nachhaltigkeit geäußert wurde, die an sich in der Natur der gesprächsanalytischen Transkription liegt:

> As a key purpose of transcription is to facilitate the researcher's "seeing", I believe that it makes sense to be *explicit* and *purposive* about transcription decisions from the start, and to *trace* the decisions that evolve.
>
> (Lapadat 2000: 214; Hervorhebungen durch die Verfasserin)

Dementsprechend war die Verfasserin bei dieser Dokumentation von Anfang an bestrebt, sich selbst zu immerwährender Reflexion und Optimierung zu motivieren, aber auch den (Transkript-)Leser mit auf diesen Weg zu nehmen, um ihn, sozusagen „mit geöffneten Augen“, die jeweiligen Entscheidungen nachvollziehen zu lassen und ihn zu weiteren Analysen und Untersuchungen anzuregen.

Anhang I Arbeitstranskript *TeDo3* (Ausschnitt)

Informationen zu Gespräch und Transkript

Transkriptionskonvention: HIAT
Transkriptionssystem: Literarische Umschrift
Zum Transkript: Die leeren Zwischenräume in Zusammenhang mit der präzisen Transkription von sprachlichen Handlungen, insbesondere ihrer zeitlichen Alignierung, sind technisch bedingt.
Zum Gespräch: Der vorliegende Transkriptausschnitt dokumentiert den Beginn eines dolmetschgestützten Beratungsgesprächs zwischen einem Arabisch sprechenden syrischen Klienten und einer Deutsch sprechenden Migrations- und Sozialberaterin, zu dem ein Dolmetscher via Telefon herangezogen wird. Das Gespräch erfolgt nach vorheriger Anmeldung. Die Beraterin ruft den Dolmetscher zum vereinbarten Termin an. Der Klient ist ein subsidiär geschützter syrischer Geflüchteter, der sich Hilfe beim Familiennachzug wünscht.

Benutzerdefinierte Attribute:

Kommunikationsform: Dolmetschgestützte Face-to-Face-Kommunikation
Dolmetschmodus: Konsekutives Dolmetschen via Telefon
Institution: Sozialverwaltung – Flüchtlinge und Asylwesen (kommunaler Träger)
Bekanntheitsgrad der primären Gesprächspartner: Sie kennen sich nicht.
Eingesetzte technische Ausrüstung der Beraterin: schnurgebundenes Festnetztelefon mit Lautsprecherfunktion
Eingesetzte technische Ausrüstung des Dolmetschers: schnurgebundenes Festnetztelefon mit Lautsprecherfunktion
Gesprächsdauer: 00:34:22 h
Audiovisuelle Dateien liegen vor: ja
Datum der Aufzeichnung: 31.01.2018

Informationen zu den Sprechern

PM

Geschlecht: weiblich
Benutzerdefinierte Attribute:
Status: Projektmitarbeiterin (i. e. Verfasserin)

B1

Geschlecht: weiblich
Eingesetzte Sprachen: Deutsch (Erstsprache) und Englisch (Zweitsprache)
Benutzerdefinierte Attribute:
Status: Beraterin
Pseudo-Vorname: Erika
Pseudo-Nachname: Frei
Geburtsjahr: 1964
Geburtsort: Landau
Beruf (derzeit): Sozialarbeiterin in den Bereichen Flüchtlinge, Asyl und Seniorenarbeit
Tätigkeitsfelder: Anlaufstelle Asyl, (Verweis-)Beratung und soziale Betreuung von Geflüchteten und Neuankömmlingen sowie Hausbesuch, Wohnungskontrolle und Vermittlung zwischen Geflüchteten und Leistungs- bzw. Eingriffsbehörden (z. T. rechtskreisübergreifend)
Arbeitsregion: Rheinland-Pfalz, Arbeit auf Stadtebene
Erfahrung im Umgang mit Dolmetschern: fast ausschließlich mit Laien; geringer Umgang mit beeidigten Dolmetschern bei polizeilichen Interventionen wegen Gewalteskalation sowie bei psychotherapeutischen Therapiegesprächen
Erfahrung im Umgang mit Telefondolmetschern: regelmäßiger Umgang mit Laiendolmetschern über das Handy der Geflüchteten
Einsatz im Projekt: 3. Einsatz

TD2

Geschlecht: männlich
Eingesetzte Sprachen: Deutsch und Syrisch-Arabisch
Benutzerdefinierte Attribute:
Status: Telefondolmetscher
Pseudo-Vorname: Adam
Pseudo-Nachname: Kilani
Geburtsort: Stuttgart
Migrationshintergrund: syrisch (väterlicherseits)

Hochschulabschluss: angehender Absolvent eines translationswissenschaftlichen Masterstudiengangs
Qualifikationen: einschlägiger Bachelorabschluss, ermächtigter Urkundenübersetzer sowie beeidigter Verhandlungsdolmetscher
Arbeitssprachen: Arabisch <> Deutsch <> Englisch
Beruf: MA-Student, freiberuflicher Übersetzer und Dolmetscher (Schwerpunkte: Recht, Asylangelegenheiten, Wirtschaft, Medizin)
Einschlägige Berufserfahrung: mind. 5 Jahre (einschl. Auslandseinsätze)
Telefondolmetscherfahrung: keine
Einsatz im Projekt: 1. Einsatz

K3

Geschlecht: männlich
Eingesetzte Sprachen: Syrisch-Arabisch
Sprachkenntnisse: Er spricht Syrisch-Arabisch und lässt sich per Telefon dolmetschen. Englisch beherrscht er konversationssicher und Deutsch auf A1-Niveau. Er besuchte zum Zeitpunkt des Gesprächs einen A2-Kurs.
Benutzerdefinierte Attribute:
Status: Klient
Pseudo-Vorname: Fares
Pseudo-Nachname: Zaki
Geburtsjahr: 1964
Geburtsort: Al-Kiswah, Provinz Rif Dimaschq, Syrien
Staatsangehörigkeit: syrisch
Schulische Ausbildung: Mittlerer Schulabschluss (9. Klasse)
Beruf (zum Zeitpunkt der Erhebung): ALG-II-Empfänger
Beruf (früher): Fahrlehrer in der Golfregion, Baustoffhändler in Syrien, bis er wegen einer Halbseitenlähmung nach einem Schlaganfall arbeitsunfähig wird und eine Rehabilitation in Anspruch nimmt
Einreisedatum: September 2015
Zweck des Aufenthalts in Deutschland: Asyl- und Flüchtlingsschutz
Aufenthaltsstatus: subsidiärer Schutz
Erfahrung im Umgang mit Dolmetschern: gering; ausschließlich mit Laien, in erster Linie Landsmännern
Erfahrung im Umgang mit Telefondolmetschern: keine

Transkriptbeispiel

[1]

	0	1
TD2 [v]	((atmet ein und hebt den Hörer ab, 0,7s))	Arbeitsbereich Inter-

[2]

		2	3	4	5	6	7
B1 [v]		Ja˙	‿Guten Tag!	•	Frau	Frei	hier.
TD2 [v]	((atmet aus))	•	-kulturelle Komm…		Ja,	hallo!	Schon…
TD2 [av]			überwiegend übertönt			ganz übertönt	

[3]

	8	9	10	11
B1 [v]				• Guten
TD2 [v]	((holt Luft)) Hallo!	‿Schönen guten Tag, Frau	Frei!	

[4]

		12	13	14
B1 [sup]			schwebend	
B1 [v]	Tag!	‿Der Lautsprecher ist	angeschaltet.	Wir können
TD2 [v]				Kleinen Moment!
TD2 [nv]				*((stellt den Lautsprecher*

[5]

	15	16	17	18	19
B1 [v]	beginnen.	Ja.			
TD2 [v]			•	Jetzt ham wir den • Laut- • -sprecher an.	• • •
TD2 [nv]	*an und legt den Hörer auf den Tisch))*				

[6]

		20	21
B1 [v]			Guten
TD2 [v]	Grüße Sie!	((schiebt den Notizblock vor sich her, 0,5s))˙	
TD2 [av]		hörbar im Beratungsraum	

[7]

		22	23	24	25
B1 [v]	Tag!	((lacht auf, 0,6s))˙			
TD2 [v]			Guten Tag!	‿Mein Name ist	Adam

[8]

	26	27	28
B1 [v]		Ja.	((lacht auf,
TD2 [v]	Kilani. ((holt Luft)) Sie wissen ja Bescheid.		Dolmetscher
TD2 [av]			überwiegend übertönt

[9]

	..	29	30	31
B1 [v]	0,4s))˙		((2,3s))	Wollen Sie sich noch vorstellen
TD2 [v]		für Arabisch.		
TD2 [av]				

[10]

	..	32	33	34
B1 [v]	bei Herrn Fares?			
TD2 [v]			• Ja, kann ich gerne machen.	((holt Luft))
TD2 [TS-de]				((holt Luft))

[11]

	..	35	36	37
TD2 [v]	əs-salāmu ᶜalēkom, əs-sayyed	Fares.	ᵓana əsmi	Adam Kilani,
TD2 [TS-de]	Friede sei mit dir, Herr Fares.		Mein Name ist Adam Kilani,	
TD2 [k]			Die Anrede in der zweiten Person	

[12]

	38	39
TD2 [v]	l-mutaržem, əl-wasīṭ əl-luġawi • ᵓəlak əl-yōm bi-hāḏa l-liqāᵓ.	
TD2 [TS-de]	der Übersetzer, dein Sprachmittler heute bei diesem Treffen.	
K3 [v]		•
TD2 [k]	Singular ist im Arabischen üblich, und soll nicht als Unhöflichkeit verstanden werden.	

[13]

	40	41	42	43
TD2 [v]		•	ᵓahlēn w-sahlēn.	((1,4s))
TD2 [TS-de]			Hallo!	
K3 [v]	ᵓahla wa-sahla fīk.			((atmet ein, setzt zum
K3 [TS-de]	Grüß dich!			
K3 [av]				nicht hörbar

[14]

	44 45 46 47
B1 [v]	• Okay. ((holt Luft))
TD2 [v]	Gut˙ ‿Vorgestellt simma.
K3 [v]	Sprechen an))˙
K3 [av]	

[15]

B1 [v]	Wollen Sie noch etwas zu Ihrer Dolmetschweise sagen, wie

[16]

	48 49
B1 [v]	Sie dolmetschen? Oder sollen wir direkt beginnen?
TD2 [v]	• Ähm ich

[17]

	50
TD2 [v]	dolmetsche am liebsten konsekutiv. Das heißt, ich würd Sie

[18]

	51
TD2 [v]	einfach aussprechen lassen in Abschnitten • — vielleicht nicht

[19]

	52
TD2 [v]	so große Abschnitte — dann verdolmetsche ich, was Sie

[20]

TD2 [v]	sagen, höre mir an, was die andere Partei • zu fragen hat, und

[21]

TD2 [v]	würde das gerade umgekehrt genauso machen, ((holt Luft))

[22]

	53 54 55
B1 [v]	• Jawohl, okay. •
TD2 [v]	wenn das Ihnen recht wäre. • Já?

[23]

		56
B1 [v]	((schmatzt)) Wollen Sie ihm das nochmal übersetzen?	
TD2 [v]		Gerne.

[24]

	57 58
TD2 [v]	• ehm • ᵓana hallaᵓ lamma taržem ḥa-ḫalli l- eh -mwaẓẓafe •
TD2 [TS-de]	Ähm wenn ich jetzt dolmetsche, werde ich die äh Mitarbeiterin äh einen Abschnitt

[25]

		59	60 61
TD2 [v]	eh teḥki	maqṭaᶜ.	• b/ bass hiyye təntəhi məl-maqṭaᶜ tabaᶜha
TD2 [TS-de]	sprechen lassen.		Sobald sie ihren Abschnitt zu Ende formuliert, dolmetsche ich

[26]

		62	63 64	65
TD2 [sup]		schwebend		
TD2 [v]	btaržəmlak yāh mšān taᶜref šū ᶜam	təḥki.	•	w-baᶜdēn ᵓana
TD2 [TS-de]	ihn dir, damit du weißt, was sie gesagt hat.			Und dann ich =/ lass
K3 [sup]				schwebend
K3 [v]				ᵓaiwa.
K3 [TS-de]				Ja.
TD2 [av]				ganz übertönt

[27]

		66
TD2 [v]	brəd bt/ bḫallīk ᵓənte təṭraḥ əs-suᵓāl tabaᶜak ᵓau	əž-žawāb.
TD2 [TS-de]	ich dich deine Frage oder die Antwort sagen.	

[28]

	67	68	69
TD2 [v]	eh btəḥki	b-maqṭaᶜ.	‿w-baᶜdēn btaržemla ᵓəlha • ᵓila
TD2 [TS-de]	Äh du sprichst einen Abschnitt lang.		Und dann dolmetsche ich ihr ins Deutsche den

[29]

		70 71
TD2 [v]	l-luġa l-ᵓalmāniyye l-maqtaᶜ əl ᵓənte • tfaḍḍalt fīh.	
TD2 [TS-de]	Abschnitt, den du gebracht hast.	
K3 [v]		• tamām,
K3 [TS-de]		Alles klar,

[30]

		72 73	74	75
B1 [v]		((nickt K3 zu))˙	((setzt zum Sprechen an))˙	
B1 [nv]			((beugt sich mit OK nach vorn und wendet KO von K3	
TD2 [v]		• ˀahla wa-sahla.	((holt Luft, schmatzt))	Sehr
TD2 [TS-de]		In Ordnung.		
K3 [v]	māši.			
K3 [TS-de]	gut.			
B1 [av]			nicht hörbar	
TD2 [av]			nicht hörbar	

[31]

		76	77	78
B1 [v]		Okay˙	((holt Luft))	Dann können wir
B1 [nv]	ab))	((lehnt sich wieder leicht zurück und blickt wieder zu K3))		
TD2 [v]	gut.			
[nn]				((Klopfen an der Tür))

[32]

	79	80	81	82	83	84
B1 [sup]					laut	
B1 [v]	beginnen.		• Hat es jetzt gerade geklopft?		Ja. •	
B1 [nv]		((blickt zur Tür))				
TD2 [v]		• Hm̌˙				
PM [v]				((1s)) Ja.		

[33]

	85	86	87	88
B1 [sup]			lauter	
B1 [v]	Ein Moment bitte!		Ja.	
B1 [nv]	((blickt zu T))			
TD2 [v]		Ja.		
[nn]			((Klopfen an der Tür))	((Eine unerwartete Besucherin

[34]

[nn]	öffnet die Tür, betritt den Raum mit ihrem Kleinkind und unterhält sich mit B1, 26s))

[35]

	89
B1 [v]	((ändert die Sitzhaltung, blickt kurz zu PM und dann zu T,
[nn]	((Tür wird geschlossen))

[36]

	90	91	92
B1 [v]	1,5s))˙ ((setzt zum Sprechen an))	Gut˙	((lacht aus, 0,3s))˙
[nn]			
B1 [av]	nur sichtbar		

[37]

	93	94	95	96	97
B1 [v]	Entschuldigung für die Störung!	((holt Luft))	So˙	Herr	Fares,
B1 [nv]		((blickt zu K3))			
TD2 [sup]		leise			
TD2 [v]		Nicht dafür.			
TD2 [av]		kaum hörbar			

[38]

	98	99
B1 [v]	• äh Sie kommen mit einem Anliegen.	Vielleicht können Sie

[39]

	..	100
B1 [v]	mir schildern, um was es geht.	
TD2 [v]		((holt Luft, schmatzt))
TD2 [TS-de]		
TD2 [av]		nicht hörbar

[40]

	101	102	103
TD2 [v]	əs-sayyed eh	Fares,	ᵓənte l-yōm ᵓižīt eh ḥābeb təṭraḥ suᵓāl ləl-
TD2 [TS-de]	Herr äh Fares, du bist heute gekommen, äh um der Mitarbeiterin eine Frage zu stellen.		

[41]

	..	104
TD2 [v]	mwaẓẓafe.	((holt Luft)) ər-ražāᵓ ᵓənnak təṭraḥ eh šū ḥābeb
TD2 [TS-de]		((holt Luft)) Bitte lege dar, äh was du erkundigen möchtest/ worüber du

[42]

	..	105	106
TD2 [v]	təstafser/ • ᶜan šū ḥābeb təstafser.		
TD2 [TS-de]	dich erkundigen möchtest.		
K3 [v]			• eh ḥābeb ᵓastafser ᶜan
K3 [TS-de]			Äh ich möchte mich über das

[43]

	..	107	108
TD2 [v]		• Hm̌˙	((2,4s)) Ich möchte gerne
TD2 [nv]		((nickt, macht Notizen))	
K3 [v]	mauḍū^{c} lamm əš-šaml.		
K3 [TS-de]	Thema Familiennachzug erkundigen.		

[44]

	109	110	111
B1 [v]			((nickt
TD2 [sup]		schwebend	
TD2 [v]	• äh mich über den Familiennachzug	erkundigen.	
TD2 [nv]			((blickt von den

[45]

	..	112	113
B1 [v]	mehrmals, 2,1s))˙	Okay˙	((schmatzt, holt Luft)) Ähm
TD2 [nv]	Notizen zum T auf, nickt mehrfach vor sich hin))		

[46]

	..	114	115	116
B1 [v]	Herr	Fares,	Sie haben	— ich habe das jetzt eben

[47]

	..	117
B1 [v]	mitbekommen —	äh • nur subsidiären Schutz leider erhalten.

[48]

	118	119
B1 [v]	•	Äh haben Sie diesen Schutz schon verlängert?
TD2 [sup]	leise	
TD2 [v]	Hm̌˙	
TD2 [nv]	((nickt vor sich hin))	
TD2 [av]	ganz übertönt	

[49]

	120	121	122	123	124
B1 [v]	Äh • wie lange haben Sie jetzt Aufenthalt?				
TD2 [sup]			leise		
TD2 [v]		• Hm̌˙		• • •	ehm
TD2 [TS-de]					Ähm
TD2 [av]			nicht hörbar		

[50]

		125	126
TD2 [v]	əs-sayyed	Fares,	nəḥna sməᶜna ᵓənnak ᵓənte ḥ/ ḥāṣel ᶜala
TD2 [TS-de]	Herr Fares, wir haben gehört, dass du =/ den subsidiären Schutz erhalten hast =/		

[51]

		127
TD2 [v]	ḥimāye ṯānawiyye bə/ lamma ᵓaddamt ṭalab əl-ləžūᵓ.	((holt
TD2 [TS-de]	nachdem du Asyl beantragt hattest.	
K3 [v]		naᶜam˙
K3 [TS-de]		Ja.

[52]

		128
TD2 [v]	Luft))	ehm ((schmatzt)) tamm tamdīd əl-ḥimāye ṯ-ṯām/ -
TD2 [TS-de]		Ähm ((schmatzt) wurde dein sud/ subsidiärer Schutz verlängert

[53]

		129
TD2 [v]	ṯānawiyye tabaᶜak walla ləssa?	
TD2 [TS-de]	oder noch nicht?	
K3 [v]		tamm/ tamm tamdīdha
K3 [TS-de]		Sie wurde/ sie wurde um zwei Jahre

[54]

		130	131	132	133
TD2 [sup]		murmelnd		leise	
TD2 [v]		hm̌˙		hm̌˙	
TD2 [TS-de]		Hm̌˙		Hm̌˙	
K3 [v]	b-səntēn•		ḫadt eh ᵓawwal šī səne. •		baᶜdēn
K3 [TS-de]	verlängert.		Ich erhielt äh zunächst ein Jahr.		Dann
TD2 [av]		nicht hörbar		nicht hörbar	

[55]

		134	135	136
TD2 [sup]		leise		
TD2 [v]		naᶜam.	((holt Luft))	Ähm ja, ich hatte ein
TD2 [TS-de]		Ja.		
K3 [v]	rəžəᶜt ᵓaḫadt səntēn.			
K3 [TS-de]	erhielt ich zwei Jahre.			
TD2 [av]		nicht hörbar		

[56]

		137
TD2 [v]	Jahr Aufenthalt bekommen.	Dieser wurde dann um weitere

[57]

		138	139
B1 [v]		• Okay˙	((holt Luft)) Haben Sie • nach
TD2 [v]	zwei Jahre verlängert.		

[58]

B1 [v]	Ihrer Anerkennung des subsidiären Schutzes den Antrag auf

[59]

		140	141
B1 [v]	die Familienzusammenführung gestellt?		
TD2 [v]		•	ḥadərtak ᵓaddamt
TD2 [TS-de]			Hast du einen Antrag äh

[60]

TD2 [v]	ṭalab eh lamm əš-šaml baᶜd mā ḥaṣalt ᶜala l-ḥimāye
TD2 [TS-de]	auf Familiennachzug gestellt, nachdem du den subsidiären Schutz

[61]

		142	143	144	145
TD2 [v]	t̲-t̲ānawiyye?				•
TD2 [TS-de]	erhalten hattest?				
K3 [sup]				schwebend	
K3 [v]		((1s))	ᵓaddamt ᶜas-safāra bəl/ eh	b-Bērūt.	
K3 [TS-de]			Ich stellte ihn bei der Botschaft in/ äh in Beirut.		
K3 [nv]		((beugt sich mit dem OK nach vorn, legt rechten EB auf den Tisch))			

[62]

	146	147	148	149
TD2 [v]	hm̌˙	((holt schnell Luft))	Ich habe den	Antrag bei
TD2 [TS-de]	Hm̌˙			
K3 [v]	((holt Luft, setzt zum Sprechen an))		è'...	
K3 [TS-de]			È'...	
K3 [nv]	*((beugt sich kurz weiter nach vorn, hebt RA leicht an und blickt zum T auf))*			
K3 [av]	nicht hörbar		ganz übertönt	

[63]

		150	151	152
B1 [v]		Hm̌˙		
B1 [nv]		*((nickt))*		
TD2 [v]	der Botschaft in Beirut gestellt.			
K3 [v]			((1s))	bass nəḥna mā
K3 [TS-de]				Aber sie erlauben uns nicht,
K3 [nv]				

[64]

		153
TD2 [v]		•
K3 [v]	byəsmaḥūlna b/ b-lamm əš-šaml lə-/ lə-ᵓiqāmet əs-səne.	
K3 [TS-de]	die Familien nachzuholen, wir, mit dem einjährigen Aufenthalt.	

[65]

TD2 [v]	Aber m/ mit dem Au/ einjährigen Aufenthalt äh wird • dem/

[66]

		154
TD2 [v]	wird der Familiennachzug nicht genehmigt.	
K3 [v]		‿maᶜ əl-ᶜəlm ᵓənni
K3 [TS-de]		Obwohl ich in
K3 [nv]		*((RA liegt weiter auf dem*

[67]

	155	156
TD2 [v]		((setzt
K3 [sup]	schwebend	
K3 [v]	daḫalt ᶜa-ᵓAlmānya ᵓa/ ᵓabl ṣudūr əl-qār/ əl-qānūn.	daḫalt
K3 [TS-de]	Deutschland v/ vor der Verabschiedung des Gesetzes einreiste.	Ich reiste
K3 [nv]	*Tisch, gestikuliert mit nach oben geöffneter rechter Handfläche in Richtung T))*	
TD2 [av]		nicht hörbar,

[68]

		157	158	159
TD2 [v]	zum Sprechen an))˙			• Und
K3 [v]		b-šahr təsᶜa ᵓalfēn w-ḫamastaᶜš.		
K3 [TS-de]	im neunten Monat zweitausend fünfzehn ein.			
K3 [nv]				
TD2 [av]	nur sichtbar			
K3 [k]		für: September		

[69]

TD2 [v]	das, obwohl ich schon im September zweitausendfünfzehn

[70]

	160	161
TD2 [v]	— also vor/ • bevor dieses Gesetz in Kraft getreten ist —	in

[71]

		162
TD2 [v]	Deutschland eingereist war.	
K3 [v]		bass tᵓaḫḫarna ḥatta ᵓəžet əl-
K3 [TS-de]		Aber kam der Aufenthalt sehr spät.

[72]

		163	164
TD2 [v]			((setzt zum Sprechen an))
K3 [v]	ᵓiqāme.	‿ᵓəžet baᶜd səne mən	eh duḫūli ᶜa-ᵓAlmānya.
K3 [TS-de]		Er kam ein Jahr äh nach meiner Einreise in Deutschland.	
TD2 [av]			nur sichtbar, ganz übertönt

[73]

	165	166	167	168
TD2 [sup]	leise			
TD2 [v]	Hm̄˙	Ich habe den Aufenthalt	erst	ein Jahr nach
K3 [v]	((holt Luft))	fa-/ fa-lažaᵓ…	eh	zə'…
K3 [TS-de]		Und so/ Und so =…	Äh =…	
K3 [nv]		*((gestikuliert mit RH in Richtung T))*		
TD2 [av]	nicht hörbar		ganz übertönt	
K3 [av]	ganz übertönt			

[74]

	169	170	171
TD2 [v]	meiner Einreise erhalten.		
K3 [v]		•	fa-lizālek əl-qānūn mā šamalna.
K3 [TS-de]			Und deshalb betraf das Gesetz uns nicht.
K3 [nv]	*((zieht RH zurück))*	*((blickt nach unten, schiebt Lesebrille vor sich hin))*	

[75]

	172	173	174	175	176
TD2 [sup]			leise		gedehnt
TD2 [v]	((atmet ein))˙		Hm̌˙	Die	Ver-
K3 [v]	hayy ət-taᵓḫ̮īr	mən ᶜandon, mū mən/	eh	kān eh	b-
K3 [TS-de]	Diese Verspätung kam von ihnen, nicht von/ äh war nicht äh in unserem				
TD2 [av]	ganz übertönt		ganz übertönt		

[76]

		177	178
TD2 [sup]			
TD2 [v]		•	-zögerung lag daher auf behördlicher Seite,
K3 [v]	maṣlaḥətna.		
K3 [TS-de]	Interesse.		
TD2 [av]			

[77]

		179	180
TD2 [sup]		schwebend	
TD2 [v]	nicht auf • meiner	Seite.	((holt Luft)) Äh aber dennoch griff

[78]

		181	182	183
B1 [v]				• Ja, ich •
TD2 [v]	das Gesetz ((atmet aus))	— das neue —	auf uns zu.	

[79]

	184	185
B1 [v]	m̄... • Soweit meine juristischen Kenntnisse reichen — ich	

[80]

		186	187
B1 [v]	bin kein Jurist —	((holt Luft))	ist es so, dass das Datum der
TD2 [sup]		leise	
TD2 [v]		Hm̌˙	
TD2 [av]		ganz übertönt	

[81]

		188	189	190
B1 [v]	Anerkennung zählt, nicht das	Datum	der Einreise.	Das ist
TD2 [sup]		leise		
TD2 [v]		Hm̌˙		ḥa…
TD2 [TS-de]				=

		188	189	190
TD2 [av]		ganz übertönt		

[82]

	191	192	193
B1 [v]	leider so.		
TD2 [v]			• ḥasab eh əl-maᶜlūmāt əlli ᶜəndna, ehm əlli byəlᶜab
TD2 [TS-de]			Nach äh unseren Informationen ähm ist, das, was eine Rolle spielt,

[83]

TD2 [v]	dōr huwwe laisa • eh səryān əl-qānūn, bal ((schluckt,
TD2 [TS-de]	nicht äh das Inkrafttreten des Gesetzes, sondern das, was eine Rolle spielt,

[84]

TD2 [v]	schmatzt)) əlli byəlᶜab dōr ᵓēmta ᵓənte ḥaṣalt ᶜala l-qubūl eh
TD2 [TS-de]	ist, wann du die Genehmigung äh deines Asylantrags erhalten hast.

[85]

		194	195
B1 [v]		Ja˙	((1,1s)) Ähm • Sie haben aber auch
TD2 [v]	la-ṭalab əl-ləžūᵓ tabaᶜak.		

[86]

B1 [v]	hier in Deutschland bei den Behörden den Antrag äh zs/

[87]

B1 [v]	fristgerecht gestellt, dass Sie Ihre Familie trotzdem nachholen

[88]

B1 [v]	möchten, wenn diese Frist, die ja ursprünglich bis März diesen

[89]

		196	197	198
B1 [sup]		fallend		
B1 [v]	Jahres • lief/ äh • gelaufen	ist?	‿Haben Sie das getan?	
TD2 [v]				•

[90]

		199	200
B1 [v]		Ja.	‿März
TD2 [v]	Meinen Sie zweitausendachtzehn?		

[91]

		201	202
B1 [v]	zweitausendachtzehn war ja angedacht,	dass auch	die
TD2 [v]		Hm̌˙	
TD2 [av]		ganz übertönt	

[92]

B1 [v]	subsidiär Schutzberechtigten ein Recht darauf hätten, ihre

[93]

		203	204
B1 [v]	Familien im vereinfachten Familiennachzug	((holt Luft))	äh
TD2 [sup]		leise	
TD2 [v]		Hm̌˙	
TD2 [av]		nicht hörbar	

[94]

		205	206
B1 [v]	nach Deutschland zu holen.	‿Ob er	diese Anträge frist-
TD2 [v]		Hm̄˙	
TD2 [av]		ganz übertönt	

[95]

	207	208	209	210
B1 [v]	gerecht	gestellt hat.		
TD2 [v]				• kān eh fī ᶜəndak kamān əl-əḥtimāl
TD2 [TS-de]	Hm̌˙			Du äh hattest auch die Möglichkeit, den
TD2 [av]	ganz übertönt			

[96]

TD2 [v]	ᵓənnak tᵓaddem ᵓənte ṭalab lamm əš-šaml ᶜan ṭarīᵓ ᵓAlmānya,
TD2 [TS-de]	Familiennachzug in Deutschland zu beantragen, hier äh im Kreis.

[97]

		211
TD2 [v]	hōn • eh bəd-dāᵓira.	‿wəl- eh -fatra əlli kān lāzem tᵓaddem
TD2 [TS-de]		Und äh die Frist, innerhalb derer du den Antrag hättest

[98]

TD2 [v]	fīha əṭ-ṭalab ᵓau əlli byəḥ/ btəḥsen tᵓaddem ḫilālha əṭ-ṭalab
TD2 [TS-de]	stellen müssen oder innerhalb derer du den Antrag hättest stellen können, war bis

[99]

		212	213	214
TD2 [v]	huwwe la-ḥaddīt	šahr tlāte	ᵓalfēn w-tməntaᶜš.	hallaᵓ əs-suᵓāl:
TD2 [TS-de]	zum dritten Monat zweitausend fünfzehn.			Jetzt die Frage:
TD2 [k]		für: März		

[100]

	215
TD2 [v]	((holt Luft)) ḥaḍərtak ᵓaddamt əṭ-ṭalabāt mən šān t/ təᶜmel
TD2 [TS-de]	((holt Luft)) Hast du einen Antrag gestellt, um einen leichteren Familiennachzug

[101]

	216 217
TD2 [v]	lamm šaml musahhal walla laᵓ?
TD2 [TS-de]	zu machen oder nicht?
K3 [v]	((1s)) mā byəsmaḥu b- eh -
K3 [TS-de]	Sie erlauben uns nicht, äh die

[102]

	218
K3 [v]	lamm əš-saml. ‿ᶜandōn (ᵓənn) əl-qanūn əlli maᶜo ᵓiqāme eh
K3 [TS-de]	Familien nachzuholen. Laut ihrem Gesetz dürfen die, die einen subsidiären

[103]

	219 220
TD2 [v]	hm̌˙ ((schmatzt, holt
TD2 [TS-de]	Hm̌˙
K3 [v]	t̲ānawiyye • mā byḥəᵓᵓəllo lamm šaml.
K3 [TS-de]	Aufenthalt haben, die Familien nicht nachholen.

[104]

TD2 [v]	Luft)) Wer ein einjähriges/ • äh einrig/ -jährigen Aufenthaltstitel

[105]

	221
B1 [v]	((1s)) Ja.
TD2 [v]	hat, der kann kein Familiennachzug beantragen.

[106]

	222 223 224 225
B1 [v]	‿Ich weiß nicht. ‿Das geht — glaube ich — nicht direkt den

[107]

	226 227 228
B1 [v]	Antrag. ‿Es ist… Ich weiß nicht genau. ‿Wie gesagt, ich bin

[108]

	229	230
B1 [v]	kein Schu/ Jurist. •	Es gibt wohl äh einen • äh Antrag
TD2 [sup]	leise	
TD2 [v]	Hm̌˙	
TD2 [av]	nicht hörbar	

[109]

		231
B1 [v]	oder etwas, das man stellen muss, um zu s/ äh	— auch wenn

[110]

		232
B1 [v]	man diesen subsidiären Schutz hat —	• um diese Fristen zu

[111]

B1 [v]	wahren, dass man dann im März zwotausendachtzehn jetzt •

[112]

		233
B1 [v]	diesen	— wenn das Gesetz weiterhin so bleibt, was er jetzt

[113]

		234	235
B1 [v]	wahrscheinlich geändert wird —	•	damit man dann • in
TD2 [sup]		leise	
TD2 [v]		Hm̌˙	
TD2 [av]		nicht hörbar	

[114]

		236
B1 [v]	diesem vereinfachten Familiennachzug kommt.	((holt Luft))
TD2 [sup]		leise
TD2 [v]		Hm̌˙
TD2 [av]		nicht hörbar

[115]

	237
B1 [v]	Es gab da wohl eine Möglichkeit, • einen Antrag oder ein/ ein/

[116]

	238	239	240
B1 [v]	ein • Papier — ich kann Ihnen nicht sagen,	wie gesagt,	ich bin
TD2 [sup]		leise	
TD2 [v]		Hm̌˙	
TD2 [av]		ganz übertönt	

[117]

		241	242
B1 [v]	kein Jurist —	•	es gab da wohl eine Möglichkeit, •
TD2 [sup]		leise	
TD2 [v]		Hm̌˙	
TD2 [av]		nicht hörbar	

[118]

B1 [v]	nachzufragen und • das zu beantragen, dass man auf diese

[119]

		243	244 245	246
B1 [v]	Liste kommt.			
TD2 [v]		Hm̌˙ •	hallaᵓ˙	‿əl-mwaẓẓafe hiyye mū muḫtaṣṣa
TD2 [TS-de]			Also˙	Die Mitarbeiterin kennt sich mit den Gesetzen

[120]

		247
TD2 [v]	bəl-qanūn.	lāken ḥ/ ḥasab əl-/ ehm ᶜəlma • fī eh mādde ṭəlᶜet
TD2 [TS-de]	nicht aus.	Aber s/ soweit sie ähm weiß, gibt es eine Regelung, die wohl vorsieht,

[121]

TD2 [v]	bətnoṣṣ ᶜala ᵓənno ᵓənte fīk tᵓaddem la-ḥaddīt šahr tlāte ᵓalfēn
TD2 [TS-de]	dass du bis zum dritten Monat zweitausendachtzehn einen Antrag auf einen

[122]

		248	249
TD2 [v]	w-tməntaᶜš • ṭalab lamm šaml	musahhal.	eh hāda l-/ hayy
TD2 [TS-de]	erleichterten Familiennachzug stellen darfst.		Äh dieser/ diese Regelung

[123]

	250	251
TD2 [v]	əl-mādde baᶜdha sārye ḥasab ᶜəlma.	((schnauft)) lāken mətl
TD2 [TS-de]	ist noch gültig, soweit sie weiß.	((schnauft)) Aber wie gesagt, nicht/

[124]

	252	253
TD2 [v]	mā ᵓəltəllak mā/ hiyye mālha eh muḫtaṣṣa bəl-qānūn.	‿ᶜa-kəll
TD2 [TS-de]	sie kennt sich mit den Gesetzen nicht aus.	Jedenfalls

[125]

	254	255
B1 [v]		((1,6))
TD2 [v]	ᵓaḥwāl • ehm • hāda l-mažāl maužūd.	
TD2 [TS-de]	ähm diese Möglichkeit gibt es.	
K3 [nv]	*((zieht AB und MU zusammen schüttelt KO))*	

[126]

	256
B1 [v]	Die meisten äh Flüchtlinge haben ja nach der Anerkennung
K3 [nv]	

[127]

	256	257
B1 [sup]		schwebend
B1 [v]	des subsidiären Schutzes einen Anwalt	aufgesucht
K3 [nv]		

[128]

	258	259
B1 [sup]		
B1 [v]	((holt Luft))	Und der hat sie dann auch dahingehend beraten,
TD2 [sup]	leise	
TD2 [v]	Hm̌˙	
TD2 [av]	nicht hörbar	

[129]

		260	261
B1 [v]	dass	sie da	• Anträge stellen müssen.
TD2 [sup]		leise	
TD2 [v]		Hm̌˙	
TD2 [av]		ganz übertönt	

[130]

	262
B1 [v]	
TD2 [v]	((holt schnell Luft)) moᶜẓam əl-lāžəᵓīn eh baᶜd mā ḥaṣalu
TD2 [TS-de]	((holt schnell Luft)) Die meisten Geflüchtete, äh nachdem sie den

[131]

	..	263	264
TD2 [v]	ᶜal-ḥ/ -ḥimāye ət̠-t̠ānawiyye	— əlli hiyye səne —	• eh
TD2 [TS-de]	subsidiären Schutz erhalten hatten — den einjährigen — äh gingen zu einem Anwalt.		

[132]

	..	265
TD2 [v]	rāḥu la-ᶜand əl-muḥāmi.	w-/ w-huwwe eh ḥakālhon ᶜan hāda l-/
TD2 [TS-de]		Und/ und er äh erzählte ihnen von diesem/

[133]

	..	266	267
TD2 [v]	ᶜan hayy əl-mādde l-maužūde.		
TD2 [TS-de]	von dieser Regelung.		
K3 [v]		•	roḥt ᵓana ᶜal-muḥāmi.
K3 [TS-de]			Ich ging zu einem Anwalt.

Anhang II Arbeitstranskript *TeDo6* (Ausschnitt)

Informationen zu Gespräch und Transkript

Transkriptionskonvention: HIAT
Transkriptionssystem: Literarische Umschrift
Zum Transkript: Die leeren Zwischenräume in Zusammenhang mit der präzisen Transkription von sprachlichen Handlungen, insbesondere ihrer zeitlichen Alignierung, sind technisch bedingt.
Zum Gespräch: Der vorliegende Transkriptausschnitt dokumentiert den Beginn eines dolmetschgestützten Beratungsgesprächs zwischen einer Arabisch sprechenden Klientin und einer Deutsch sprechenden Migrations- und Sozialberaterin, zu dem ein Dolmetscher via Telefon herangezogen wird. Das Gespräch erfolgt nach vorheriger Anmeldung. Die Beraterin ruft den Dolmetscher zum vereinbarten Termin an. Die Klientin ist subsidiär geschützte Geflüchtete und lebt mit ihrer Schwiegertochter und ihrem Enkel in einer süddeutschen Kreisstadt. Ihr Anliegen ist die Familienzusammenführung mit ihrem Sohn, der sich im Libanon aufhält. Die Familienzusammenführung war nämlich zum Zeitpunkt des Gesprächs für subsidiär Geschützte ausgesetzt. Die Klientin ist der Beraterin bereits aus früheren Kontakten gut bekannt. Den telefonisch zugeschalteten Dolmetscher (TD3) kennt sie hingegen nicht. Zu Beginn des Gesprächs äußert die Klientin den Wunsch, (professionelle) Hilfe bei der sprachlichen Verständigung, vor allem bei ärztlichen Terminen, zu erhalten. Sie hat bisher wenig Erfahrung mit organisierten Dolmetschdiensten und ist stets auf die Unterstützung von deutschkundigen Bekannten angewiesen. Saeed (K6b) ist der zweite Sohn der Klientin. Er kommt etwas später zum Gespräch, betritt leise das Beratungszimmer und schaltet sich gelegentlich ins Gespräch ein. TD3 erfährt später von seiner Anwesenheit.

Benutzerdefinierte Attribute:

Kommunikationsform: Dolmetschgestützte Face-to-Face-Kommunikation
Dolmetschmodus: Konsekutives Dolmetschen via Telefon
Institution: Sozialverwaltung – Flüchtlinge und Asylwesen (kommunaler Träger)
Bekanntheitsgrad der primären Gesprächspartner: Sie kennen sich gut.

Eingesetzte technische Ausrüstung der Beraterin: schnurgebundenes Festnetztelefon mit Lautsprecherfunktion
Eingesetzte technische Ausrüstung des Dolmetschers: schnurgebundenes Festnetztelefon mit Lautsprecherfunktion
Gesprächsdauer: 00:36:49 h
Audiovisuelle Dateien liegen vor: ja
Datum der Aufzeichnung: 01.02.2018

Informationen zu den Sprechern

PM

Geschlecht: weiblich
Eingesetzte Sprachen: Deutsch und (Ägyptisch-)Arabisch
Benutzerdefinierte Attribute:
Status: Projektmitarbeiterin (i. e. Verfasserin)

B1

Geschlecht: weiblich
Eingesetzte Sprachen: Deutsch (Erstsprache) und Englisch (Zweitsprache)
Benutzerdefinierte Attribute:
Status: Beraterin
Pseudo-Vorname: Erika
Pseudo-Nachname: Frei
Geburtsjahr: 1964
Geburtsort: Landau
Beruf (derzeit): Sozialarbeiterin in den Bereichen Flüchtlinge, Asyl und Seniorenarbeit
Tätigkeitsfelder: Anlaufstelle Asyl, (Verweis-)Beratung und soziale Betreuung von Geflüchteten und Neuankömmlingen sowie Hausbesuch, Wohnungskontrolle und Vermittlung zwischen Geflüchteten und Leistungs- bzw. Eingriffsbehörden (z. T. rechtskreisübergreifend)
Arbeitsregion: Rheinland-Pfalz, Arbeit auf Stadtebene
Erfahrung im Umgang mit Dolmetschern: fast ausschließlich mit Laien; geringer Umgang mit beeidigten Dolmetschern bei polizeilichen Interventionen wegen Gewalteskalation sowie bei psychotherapeutischen Therapiegesprächen
Erfahrung im Umgang mit Telefondolmetschern: regelmäßiger Umgang mit Laiendolmetschern über das Handy der Geflüchteten
Einsatz im Projekt: 6. Einsatz

TD3

Geschlecht: männlich
Eingesetzte Sprachen: Deutsch und (Marokkanisch-)Arabisch
Kommentar: Er bewegt sich im Varietätenkontinuum oftmals in Richtung des Ägyptisch-Arabisch und levantinischen Arabisch. Er konnte, wie bei kurzfristig gebuchten Terminen oftmals der Fall, vorab nicht ausführlich über die Vorgeschichte aufgeklärt werden.
Benutzerdefinierte Attribute:
Status: Telefondolmetscher
Pseudo-Vorname: Nadim
Pseudo-Nachname: Abdelkarim
Geburtsort: Casablanca, Marokko
Hochschulabschluss: Diplom-Übersetzer
Qualifikationen: ermächtigter Übersetzer und allgemein beeidigter Dolmetscher
Arbeitssprachen: Arabisch <> Deutsch <> Französisch
Beruf: Kundenbetreuung sowie Pflege von Korrespondenzen ins Ausland bei einem Elektronikunternehmen (hauptberuflich), freiberuflicher Übersetzer und Dolmetscher, unter anderem in gerichtlichen und polizeilichen Einsatzbereichen
Einschlägige Berufserfahrung: ca. 11 Jahre
Telefondolmetscherfahrung: keine
Einsatz im Projekt: 2. Einsatz

K6a

Geschlecht: weiblich
Eingesetzte Sprachen: Syrisch-Arabisch, Kurmandschi
Fremdsprachen: keine; keine Deutschkenntnisse
Benutzerdefinierte Attribute:
Status: Klientin
Pseudo-Vorname: Fadwa
Pseudo-Nachname: Amin
Geburtsjahr: 1964
Geburtsort: Afrin, Provinz Aleppo, Syrien
Staatsangehörigkeit: syrisch
Familienstand: verheiratet, hat zwei Söhne
Schulische Ausbildung: Grundschulabschluss

Beruf: Hausfrau
Einreisedatum: November 2015
Zweck des Aufenthalts in Deutschland: Asyl- und Flüchtlingsschutz
Aufenthaltsstatus: subsidiärer Schutz
Erfahrung im Umgang mit Dolmetschern: gering; ausschließlich mit Laien, in erster Linie Landsmännern
Erfahrung im Umgang mit Telefondolmetschern: keine

Transkriptbeispiel

[19]

B1 [v]	• Wir können loslegen. Okay. ((holt Luft)) So Fadila,
TD3 [v]	Loslegen.
K6a [v]	hm̀˙
K6a [TS-de]	Hm̀˙

[20]

B1 [v]	was ist/ ist deine Frage an mich?
TD3 [v]	((1,4s)) ehm ((1,1s)) ᵓayy/ eh
TD3 [TS-de]	Ähm irgendwelche/ äh hast du

[21]

TD3 [v]	ᶜandek ᵓasᵓila ləl- eh…
TD3 [TS-de]	Fragen an die äh…
K6a [v]	hm̀. • • • ᵓasᵓile eh… wa-llāh nəḥne
K6a [TS-de]	Hm̀. Fragen äh… Bei Gott, wir, also,
K6a [av]	ganz übertönt

[22]

K6a [v]	yaᶜni məḥtāžīn yaᶜni wāḥed mtaržem. ᵓana • yaᶜni fī ᶜandi
K6a [TS-de]	brauchen eigentlich einen Übersetzer. Ich, also, ich habe viele

[23]

TD3 [v]	• • • yaᶜni mauḍūᶜek eh
TD3 [TS-de]	Also dein Anliegen ist äh, also,
K6a [v]	mawāᶜīd ktīr mšān əd-dakātra. • ᵓē.
K6a [TS-de]	Arzttermine. Ja.

[24]

TD3 [v]	yaᶜni ᶜašān tə/ ᶜaiza trūḥi ᶜala l-doktōr.
TD3 [TS-de]	damit =/ du willst zum Arzt gehen.
K6a [v]	• ᵓē. w-/ eh w-kanti
K6a [TS-de]	Ja. Und/ äh und meine

[25]

		90	91 92
TD3 [nv]		((senkt KO nach unten, neigt LO zum T))	
K6a [v]	maᶜi.	w-əbn əbni lə-ṣġīr maᶜi.	• eh
K6a [TS-de]	Schwiegertochter ist bei mir.	Und der kleine Sohn meines Sohnes ist bei mir.	Äh sie,

[26]

		93
K6a [v]	hənnen yaᶜni eh • ᵓaḫado ᵓiqāma səne.	w-nəḥna ᵓaḫadna
K6a [TS-de]	also, äh bekamen Aufenthalt für ein Jahr.	Und wir bekamen Aufenthalt für

[27]

		94 95	96
K6a [v]	ᵓiqāma səne.	• eh w-yaᶜ/ ᵓaddāmna əᶜtərāḍ.	‿eh • əs-sayyəde
K6a [TS-de]	ein Jahr.	Äh und, al/ wir legten Widerspruch ein.	Äh die Frau Frau Frei

[28]

		97	98	99	100
K6a [v]	Frau	Frei	dalletna ᶜala muḥāmi b-	Wohlfahrtsverband A.	• • •
K6a [TS-de]	verwies uns an einen Anwalt bei Wohlfahrtsverband A.				

[29]

	101	102	103
K6a [v]	w-/ w-rəḥna.	w-ᵓižāna rafḍ mənno.	‿w-yaᶜni b
K6a [TS-de]	Und/ und wir gingen zu ihm.	Und wir bekamen eine Ablehnung von ihm.	Und, also, wir

[30]

		104
K6a [v]	-ḥāže yaᶜni…	((holt Luft)) əbn əbni yaᶜni byšūf ṣūret ᵓabūh ᶜal-
K6a [TS-de]	brauchen einfach…	((holt Luft)) Der Sohn meines Sohns, also, sieht das Foto seines

[31]

		105	106
K6a [v]	telīfōn byəbki.	w-yaᶜni mā baᶜref eh…	mᶜaᵓdīn əl-
K6a [TS-de]	Vaters auf dem Handy und weint.	Und, also, ich weiß nicht äh…	Sie machen die

[32]

		107	108
K6a [v]	ᵓumūr.	bə-hāže yaᶜni la-lamm əš-šaml.	((1s))
K6a [TS-de]	Dinge komplizierter.	Wir brauchen einfach die Familienzusammenführung.	

[33]

	109	110	111	112
K6a [v]	kanti ṣġīre.	w-əbn əbni ṣġīr.	•	bə-ḥāž/
K6a [TS-de]	Meine Schwiegertochter ist klein.	Und der Sohn meines Sohnes ist klein.		Sie brau/

[34]

	..	113	114	115	116	117	118
TD3 [v]				eh humma	^{c}āyšīn fēn əb…	eh…	
TD3 [TS-de]				Äh wo wohnen sie, Soh…		Äh…	
TD3 [nv]				*((blickt zum T auf, spricht ins T))*			
K6a [v]	bə-ḥāža la-ba^{c}ḍ.	• • •	w-	mā ba^{c}ref…			• • •
K6a [TS-de]	sie brauchen einander.		Und ich weiß nicht…				
K6a [av]			ganz übertönt				

[35]

	119	120	121	122
TD3 [v]			•	eh bass lamm əš-šamml ya^{c}ni l-/ eh lamm
TD3 [TS-de]				Äh aber Zusammenführung, also, =/ äh
K6a [v]	^{ɔ}āh hōne,	A-Heim.		
K6a [TS-de]	Ah hier, A-Heim.			

[36]

	..	123	124	125
TD3 [v]	əš-šaml ma^{c} mīn?			
TD3 [TS-de]	Zusammenführung mit wem?			
K6a [sup]		laut, schwebend		lauter
K6a [v]		ma^{c} žōzha,	ma^{c} əbni.	‿kanti
K6a [TS-de]		Mit ihrem Mann, mit meinem Sohn.		Meine
K6a [nv]			*((zeigt auf sich))*	

[37]

	..	126	127	128
TD3 [v]			((3,1s))	m/ • ma^{c}
TD3 [TS-de]				M/ mit deinem
TD3 [nv]				*((zuckt mit SC,*
K6a [sup]				
K6a [v]		w-əbn əbni ma^{c}i.		
K6a [TS-de]	Schwiegertochter und der Sohn meines Sohnes sind bei mir.			

[38]

	..	129	130	131	132	133
TD3 [v]	əbnek w-əbn əbnek?					
TD3 [TS-de]	Sohn und dem Sohn deines Sohnes?					
TD3 [nv]	*senkt KO nach unten, neigt RO zum T))*		*((neigt sich weiter nach vorn))*		*((nickt, RO*	
K6a [v]		la^{ɔ}.	•	əbni b-Ləbnān.	•	eh
K6a [TS-de]		Nein.		Mein Sohn ist im Libanon.		Äh sein

[39]

	..	134	135
TD3 [v]		((1,3s))	humma/ eh humma b-
TD3 [TS-de]			Sie/ äh sie sind im Libanon?
TD3 [nv]	*sehr nah am T))*		
K6a [v]	əbno lə-ṣġīr w-marto ma^{c}i.		
K6a [TS-de]	kleiner Sohn und seine Frau sind bei mir.		

[40]

	..	136	137	138	139	140
TD3 [v]	Lubnān?					
TD3 [TS-de]						
K6a [v]		•	eh la^{ɔ}a.	•	eh əbni b-Ləbnān.	marto w-əbno ma^{c}i.
K6a [TS-de]			Äh nein.		Äh mein Sohn ist im Libanon.	Seine Frau und sein Sohn

[41]

	..	141	142	143	144	145
TD3 [sup]						fallend
TD3 [v]		((1,4s))	^{c}āyšīn ma^{c}ek eh		b-	A-
TD3 [TS-de]			Sie wohnen bei dir äh in A-Heim?			
TD3 [nv]			*((blickt kurz zum T auf, OK und KO weiterhin zum T hin*			
K6a [v]				^{ɔ}ē.		
K6a [TS-de]	sind bei mir.			Ja.		
K6a [nv]				*((nickt))*		
K6a [av]				ganz übertönt		

[42]

	..	146	147148	149
TD3 [sup]				
TD3 [v]	Heim?			wəl-/ eh wəl-muškəla ᵓēš?
TD3 [TS-de]				Und/ äh und was ist das Problem?
TD3 [nv]	*geneigt))*			*((blickt kurz zum T auf, zuckt mit SC,*
K6a [v]		bəl-bēt.	• ᶜāyšīn maᶜ baᶜḍ.	((atmet tief ein))˙
K6a [TS-de]		Zu Hause.	Wir wohnen zusammen.	
K6a [av]				ganz übertönt

[43]

	..	150	151152
TD3 [v]		yaᶜni ᵓēš ᶜāwzīn?	
TD3 [TS-de]		Also, was wollt ihr?	
TD3 [nv]	*OK und KO weiterhin zum T hin geneigt))*		*((dreht KO nach r, KO und LO sehr nah am*
K6a [v]			• əl-məškle yaᶜni • m/ məškəlet
K6a [TS-de]			Das Problem ist also, d/ das Problem der
K6a [av]			

[44]

	..	153	154
TD3 [nv]	*T))*		
K6a [v]	lamm əš-šaml.	hiyya b-ḥāže yaᶜni la-žōzha.	w-/ w-əbn
K6a [TS-de]	Familienzusammenführung.	Sie braucht halt ihren Mann.	Und/ und der Sohn

[45]

	..	155
TD3 [nv]		
K6a [v]	əbni m/ b-ḥāže la-ᵓabūh.	wəl-muḥāmi mā ṭəleᶜ mənno šī.
K6a [TS-de]	meines Sohnes =/ braucht seinen Vater.	Und beim Anwalt kam nichts raus.

[46]

	156	157	158	159	160
TD3 [v]		yaᶜni əbn…			((holt
TD3 [TS-de]		Also der Sohn…			
K6a [sup]		laut			
K6a [v]	yaᶜni/ • yaᶜni • ᵓəza • taḥkīlna	maᶜ əs-sayyəde Frau Frei, ᵓəza			
K6a [TS-de]	Also/ also, könntest du für uns mit Frau Frau Frei sprechen, damit sie =/ vielleicht einen				
TD3 [av]		teilübertönt			ganz

[47]

	.. 161	162	163
TD3 [v]	Luft))˙	bass ᵓana ᶜāwez ᵓafham.	‿yaᶜni
TD3 [TS-de]		Aber ich will doch verstehen.	Also, der
TD3 [nv]		*((richtet sich ein wenig auf, weist mit rechter*	
K6a [v]	bətlāᵓi ġ/ yaᶜni ṭarīᵓa yaᶜni…		
K6a [TS-de]	Weg, also, findet…		
TD3 [av]	übertönt		

[48]

	..	164	165	166	167
TD3 [v]	əbn əbnek ᵓabūh ᶜāyeš fī…		•	bi-Lubnān.	
TD3 [TS-de]	Sohn deines Sohnes, sein Vater lebt in…			Im Libanon.	
TD3 [nv]	*Handfläche zum T, gestikuliert mit RH))*				
K6a [v]		b-Ləbnān.			ᵓē.
K6a [TS-de]		Im Libanon.			Ja.
TD3 [av]				überwiegend übertönt	
K6a [av]					ganz übertönt

[49]

	168	169	170	171	172	173
TD3 [v]	•	fa-huwwa byəḥtāžu yīži ᶜala/		eh ᶜala ᵓAlmānya	yaᶜni.	
TD3 [TS-de]		Und er möchte, dass er eben nach/ äh nach Deutschland kommt.				
K6a [v]			ᵓē˙		ᵓē.	ᵓakīd
K6a [TS-de]			Ja˙		Ja.	Klar, mein

[50]

	..	174	175	176	177	178
TD3 [sup]				fallend		
TD3 [v]				əbn əbnek yaᶜni?		
TD3 [TS-de]				Der Sohn deines Sohnes also?		
K6a [v]	əbni.	‿lakān?	ᵓakīd.		ᵓē.	əbn əbni
K6a [TS-de]	Sohn!	(Was denn sonst?)	Klar!		Ja.	Der Sohn

[51]

	..	179	180	181
TD3 [sup]			leise	
TD3 [v]		((1,3s))	ᵓā.	‿w-ᵓabūh b/ eh
TD3 [TS-de]			Ah!	Und sein Vater in/ äh
K6a [v]	ᶜomro ᵓē tlāt sənīn w-noṣṣ.			
K6a [TS-de]	meines Sohnes ist nun mal dreieinhalb Jahre alt.			

[52]

	182	183	184	185	186
TD3 [v]	— yaᶜni əbnek —	ᵓabūh	huwwa əbnek…	((holt Luft))˙	b-
TD3 [TS-de]	— also dein Sohn — sein Vater ist dein Sohn…			((holt Luft))˙	Im
K6a [v]		b-…		b-Ləbnān.	
K6a [TS-de]		Im…		Im Libanon.	
TD3 [av]				ganz übertönt	
K6a [av]		ganz übertönt			

[53]

		187	188	189	190
TD3 [v]	Lubnān.		•	hādi huwwa l-moškela yaᶜni?	
TD3 [TS-de]	Libanon.			Das ist also das Problem?	
K6a [v]		ᵓē.			hayy hiyye l-
K6a [TS-de]		Ja.			Das ist das Problem.

[54]

		191	192	193
K6a [v]	moškela.	w-ᵓē, w-mta/ w-…	• • •	w-bədna mtaržem.
K6a [TS-de]		Und ja, und Übers/ und…		Und wir möchten einen Übersetzer.

[55]

	194	195	196	197
TD3 [v]		ᵓā˙		w-bətrūḥu ᶜala l-muḥāmi.
TD3 [TS-de]		Ah˙		Und ihr geht zum Anwalt.
K6a [v]	yaᶜni •	bə-ḥa/	bə-ḥāža la-mtaržem.	ᵓē˙
K6a [TS-de]	Also, wir brau/ brauchen einen Übersetzer.			Ja˙
K6a [av]				ganz übertönt

[56]

	198	199
TD3 [v]	‿mā bysāᶜedkom walla ᵓēš?	
TD3 [TS-de]	Er hilft euch nicht oder was?	
K6a [v]		wa-llāh əl-muḥāmi eh baᶜatəlna
K6a [TS-de]		Bei Gott, der Anwalt äh hat uns nach einem

[57]

	..	200	201
TD3 [v]		• • •	eh b-/ yaᶜ/ rafḍ eh bi-ᵓann əl-…
TD3 [TS-de]			Äh =/ als/ eine Ablehnung äh, dass der…
K6a [v]	rafḍ baᶜd səne.		
K6a [TS-de]	Jahr eine Ablehnung zugeschickt.		

[58]

	202
TD3 [v]	eh əbnek əlli ᶜāyeš b-Lubnān mā ḥa-yəᵓdar y/ eh mā ḥa-yəᵓdar
TD3 [TS-de]	Äh dein Sohn, der im Libanon lebt, wird nicht k/ äh wird also nicht kommen können?

[59]

	..	203	204	205	206	207
B1 [v]						((beugt sich mit OK und KO
TD3 [v]	yīži yaᶜni?		((1,2s))	hṁ.	Okay˙	• Also, was ich verstanden
TD3 [TS-de]				Hṁ.		
TD3 [nv]						*((richtet sich noch weiter auf, zieht RA*
K6a [v]		ᵓē.			hṁ.	
K6a [TS-de]		Ja.			Hṁ.	

[60]

	..	208	209
B1 [v]	nach vorn, blickt nach unten))˙		
TD3 [v]	habe:	• • • Ähm Problem ist ähm Familiennachzug,	• und zwar
TD3 [nv]	*zurück))*		
K6a [nv]			*((zieht AR*

[61]

	..	210	211	212
B1 [sup]			leise	
B1 [v]		((nickt))	(Ja)˙	((nickt weiter))˙
TD3 [v]	ähm • • • ihr Enkelkind	• • •	lebt bei	ihr hier in Deu/ äh in
K6a [nv]	*zurück, verschränkt sie auf dem Tisch))*			
B1 [av]			ganz übertönt	

[62]

	213	214	215	216	217
B1 [v]		Ja˙		Ja˙	
TD3 [v]	A-Heim.		• Und äh ihr Sohn lebt in Lebanon.	Und	äh
B1 [av]				ganz übertönt	

[63]

	..	218
B1 [v]		((nickt mehrmals))
TD3 [v]	sie haben dieses Problem:	Sie möchten gerne, dass der Vater

[64]

	..	219	220
B1 [v]		Ja˙	((nickt
TD3 [v]	• jetzt nach Deutschland kommt,	weil der/ weil der/	äh das

[65]

	..	221	222	223
B1 [v]	weiter))			Ja˙
TD3 [v]	Kind	— also ihr Enkelkind —	ähm sein Vater vermisst.	Und

[66]

	224	225
TD3 [v]	sie hat schon/ äh sie ist schon einmal gegangen.	• Aber ähm

[67]

	..	226	227
B1 [v]		• Hm̌.	((holt tief Luft)) Ja˙
TD3 [v]	sie hat eine Absage bekommen.	((dreht KO nach l, neigt	

[68]

	228	229
B1 [v]	Das Problem ist, also die Schwiegertochter •	— die
TD3 [v]	RO zum T))˙	((neigt sich

[69]

	230	231	232
B1 [v]	Dalia —	hat	auch • leider nur subsidiären Schutzstatus
TD3 [v]	nach vorn))˙		
K6a [v]		hm̀˙	
K6a [TS-de]		Hm̀˙	

[70]

	..	233	234	235	236
B1 [v]	bekommen.			Das heißt, der Familiennachzug ist ja —	
K6a [sup]			leise		
K6a [v]		•	hm̀˙		
K6a [TS-de]			Hm̀˙		

[71]

	..	237
B1 [v]	das wurde jetzt heute ganz aktuell • beschlossen —	

[72]

	..	238
B1 [v]	tatsächlich bis Ende Juli zunächst noch ausgesetzt.	((holt tief

[73]

	..
B1 [v]	Luft)) Das heißt, man muss leider immer noch abwarten • • •

[74]

	..
B1 [v]	und muss äh schauen, wie sich die Situation weiterentwickelt.

[75]

	239	240	241	242	243
B1 [v]			((schmatzt))˙		
TD3 [v]	•	Hm̌.	((holt Luft))	okay˙	ehm • əl-mas^{ə}ala əlli bətḫoṣṣ/ eh
TD3 [TS-de]			((holt Luft))	Okay˙	Ähm was der/ äh der äh

[76]

	..	244	245
TD3 [v]	bətḫoṣṣ əl- eh -lamm əš-šaml:	•	fa-/ • • • fa-ya^{c}ni ḫaraž qarār əl
TD3 [TS-de]	Familienzusammenführung äh betrifft: Also/ also, ja, heute ist ein Beschluss		

[77]

	246 247 248 249 250
TD3 [v]	-yōm • — w-bəḍḍabṭ əl-yōm — bi-^{ɔ}Almānya — ya^{c}ni bəl-/ eh
TD3 [TS-de]	rausgekommen — und gerade heute — in Deutschland — also im/ äh äh im/ äh im
K6a [v]	hm̀˙ ^{ɔ}ē˙
K6a [TS-de]	Hm̀˙ Ja˙
K6a [av]	ganz übertönt ganz übertönt

[78]

	251
TD3 [v]	• • • eh bəl-/ eh bəl-qānūn əl-^{ɔ}almāni — bi-^{ɔ}anno • žummid
TD3 [TS-de]	deutschen Gesetz — dass dies, also, bis äh Ende Juli auf Eis gelegt wurde.

[79]

	252 253 254 255
B1 [v]	ḿhm̀˙
TD3 [v]	ya^{c}ni • li-ġāyet • • • eh nihāyet • eh ((1s)) yūlyo.
TD3 [TS-de]	
K6a [v]	((unv.))˙ ((nimmt den
[nn]	*((Handy von K6a klingelt))*
B1 [av]	ganz übertönt

[80]

	256 257 258
TD3 [v]	• fa-ya^{c}ni mā fī/ mā yumken əl-^{ɔ}ān eh • tə^{c}ṭīk
TD3 [TS-de]	Und, also, es gibt keine/ sie kann dir jetzt äh, also, keine äh
K6a [v]	Anruf entgegen)) ^{ɔ}ā, ^{ɔ}alo.
K6a [TS-de]	Ja, hallo!
K6a [nv]	*((spricht am Handy))*

[81]

	259 260 261
TD3 [v]	ya^{c}ni eh ^{ɔ}əršādāt/ ^{ɔ}əršādāt ^{ɔ}au • ^{ɔ}ēš ya^{c}ni yəmken tə^{c}melīh fī
TD3 [TS-de]	Informationen/ Informationen geben, oder dazu, was du also tun kannst in dieser…
K6a [v]	((unv.))˙ ((unv.))˙
K6a [nv]	
K6a [k]	kurdisch kurdisch

[82]

	..	262	263	264
TD3 [v]	hādi l-…	(fal-hawa)/ əl-wāḥed lāzem yə/ yəstanna, •		yəšūf
TD3 [TS-de]		(Und, also, =)/ man muss ab/ abwarten und schauen, was danach		
K6a [v]		((legt auf))˙	hm̀˙	
K6a [TS-de]			Hm̀˙	
K6a [nv]				
K6a [k]				

[83]

	..
TD3 [v]	ᵓēš ḥa-yəḥṣal mən baᶜd, liᵓann humma žāmmədūh • li-ğāyet
TD3 [TS-de]	passieren wird, denn sie haben das bis Ende Juli auf Eis gelegt.

[84]

	..	265
TD3 [v]	eh nihāyet yūlyo.	ᵓəḥna mā/ yaᶜni mā/ hiyya mā btəᶜraf • yaᶜni
TD3 [TS-de]		Wir wis/ also wis/ sie weiß nicht, was, also, nach äh nach Juli/

[85]

	..	266	267
TD3 [v]	ᵓēš ḥa-yṣīr	baᶜd	eh • baᶜd yūlyo/ baᶜd nihāyet yūlyo, yaᶜni
TD3 [TS-de]	nach Ende Juli passieren wird, also Anfang des achten Monats zweitausendachtzehn.		
K6a [v]		hm̀˙	
K6a [TS-de]		Hm̀˙	
K6a [av]		ganz übertönt	

[86]

	..268	269	270	271	272	273
TD3 [v]	bidāyet	šahr tamānya	ᵓalfēn	w-tmantāᶜš.	• • •	fal-qānūn
TD3 [TS-de]						Und das Gesetz
K6a [v]	hm̀˙		ᵓaiwa˙			
K6a [TS-de]	Hm̀˙		Ja˙			
K6a [av]	ganz übertönt					

[87]

	..	274	275
TD3 [v]	yaᶜni ᵓuṣder əl-yōm.		eh hādi l-/ eh qānūn lamm əš-šaml
TD3 [TS-de]	wurde eben heute verkündet.		Äh dieses =/ äh das Gesetz der Familien-
K6a [v]		hm̀˙	
K6a [TS-de]		Hm̀˙	

[88]

		276	277
TD3 [v]	eh žummid yaᶜni.	((1s))	mā fī/ eh • ehm •
TD3 [TS-de]	zusammenführung äh wurde ja auf Eis gelegt.		Es wird nichts/ äh ähm

[89]

TD3 [v]	• • eh mā fī qarārāt əl-ᵓān yaᶜni li-ḥadd/ li-ġāyet nihāyet yūlyo.
TD3 [TS-de]	äh es wird jetzt nichts entschieden, also bis/ bis Ende Juli.

[90]

	278	279	280
B1 [v]		((holt Luft, setzt zum Sprechen an))˙	
TD3 [v]		((holt Luft))	fa-lāzem əl-/ eh
TD3 [TS-de]		((holt Luft))	Also müssen die/ äh wir
K6a [v]	hm̄˙		
K6a [TS-de]	Hm̄˙		
B1 [av]		ganz übertönt	
TD3 [av]		ganz übertönt	

[91]

		281
TD3 [v]	nəstanna ((1,1s)) li- eh -bidāyat eh šahr tamānya.	ḥa-yəšūfu
TD3 [TS-de]	warten bis äh Anfang äh des achten Monats.	Sie schauen

[92]

TD3 [v]	ᵓēš əlli ḥa-yṣīr yaᶜni b-/ eh ((1,1s)) eh b-ḫoṣūṣ eh qāḍiyyet
TD3 [TS-de]	nach, was, also, aus/ äh äh aus äh der Frage der Familienzusammenführung wird.

[93]

	..	282	283	284	285	286	287
PM [v]							((unv., 0,9s))˙
B1 [v]		• Ja.			Das ist leider…		
TD3 [v]	lamm əš-šaml.						
TD3 [TS-de]							
K6a [sup]				leise			
K6a [v]			• Ja.			əbni barra.	
K6a [TS-de]						Mein Sohn ist draußen.	
K6a [nv]						*((schaut zu PM))*	
PM [av]							nicht hörbar
K6a [av]						ganz übertönt	

[94]

	288	289	290	291	292	293	294
PM [v]		((1,1s))	ᵓāh!	(ᵓarūḥ) • ᵓagību?		hm̀.	
PM [TS-de]			Ah!	Soll ich ihn holen?		Hm̀.	
B1 [v]							
K6a [v]	əbni barra.				ᵓā.		
K6a [TS-de]	Mein Sohn ist draußen.				Ja.		
PM [av]						nicht hörbar	
K6a [k]	zu PM						

[95]

	..	295	296	297	298	299
PM [sup]			flüsternd			
PM [v]			(Der Soh)…			
B1 [v]	((1,7s)) Hḿ?			• Bitte?		
TD3 [v]		Ähm…	((dreht KO nach r, neigt LO dem T zu))˙			
K6a [v]					• • •	Saeed.
K6a [TS-de]						Saeed.
PM [k]			zu B1			

[96]

	300	301	302	303	304
PM [v]	Der S/ der Sohn.				
B1 [v]		Ach so!	• Okay, • ja.	Also äh…	
K6a [sup]		murmelnd			
K6a [v]		Hm̀.		wāḥed	šābb rafīc
K6a [TS-de]		Hm̀.		Ein junger Mann, groß und	
PM [k]	zu B1				
K6a [av]		ganz übertönt		ganz übertönt	

[97]

	..	305	306	307	308
PM [v]		šabb	ṭawīl.	((verlässt den Raum, holt K6b ab))˙	
PM [TS-de]		Ein großer junger Mann.			
B1 [v]			Ja.	((holt tief Luft)) Also˙	Es tut mir wirklich
TD3 [v]			((schaut zum T))˙		
K6a [v]	ṭāwīl.				
K6a [TS-de]	schlank.				
PM [av]		nicht hörbar			

[98]

	..	309
PM [v]		
B1 [v]	leid, dass sich das im Moment so entwickelt hat.	‿Wir hatten

[99]

	..
B1 [v]	ja alle gehofft, dass jetzt im März • auch für die subsidiär

[100]

	..	310	311
B1 [v]	Schutzberechtigten, wie	Dalia	der Familiennachzug möglich

[101]

	..	312	313
B1 [v]	werden	wird.	• Das wurde jetzt von der Politik neu verhandelt.

Verzeichnis der Abbildungen und Tabellen

Literaturverzeichnis

Abboud-Haggar, Soha (2006). „Dialects: Genesis." Bd. 1 von *Encyclopedia of Arabic Language and Linguistics*. Hrsg. Kees Versteegh. 5 Bde. Leiden: Brill, 613–622.

Abdelali, Ahmed, et al. (2018). „The WAW Corpus: The First Corpus of Interpreted Speeches and their Translations for English and Arabic." *Proceedings of the Eleventh International Conference on Language Resources and Evaluation (LREC'18)*. Hrsg. Nicoletta Calzolari et al. Miyazaki: European Language Resources Association, 2135–2140.

Abdelaty, Ragab (2015). *Technisches Übersetzen im Deutschen und Arabischen: Stand, Probleme, Perspektiven. Eine Untersuchung am Beispiel der Kfz-Technik*. Translatologie: Studien zur Übersetzungswissenschaft 11. Hamburg: Kovač.

Abd-el-Jawad, Hassan R. S. (1992). „Is Arabic a Pluricentric Language?." *Pluricentric Languages: Differing Norms in Different Nations*. Hrsg. Michael Clyne. Contributions to the Sociology of Languages 62. Berlin: De Gruyter, 261–303.

Abdulla, Alia Badr, und Zahraa Nasir Talib (2009). „The Meanings of Interjections in English and Arabic." *Journal of College of Arts: University of Basrah* 50, 89–107.

Abu Kwaik, Kathrein, et al. (2018). „Shami: A Corpus of Levantine Arabic Dialects." *Proceedings of the Eleventh International Conference on Language Resources and Evaluation (LREC'18)*. Hrsg. Nicoletta Calzolari et al. Miyazaki: European Language Resources Association, 3645–3652.

Abuhamdia, Zakaria (1988). „Speech Diversity and Language Unity: Arabic as an Integrating Factor." *The Politics of Arab Integration*. Hrsg. Giacomo Luciani und Ghassan Salamé. Nation, State and Integration in the Arab World 4. Istituto Affari Internazionali, Rome. London: Croom Helm, 33–53.

AbuZeina, Dia, und Moustafa Elshafei (2012). *Cross-word Modeling for Arabic Speech Recognition*. SpringerBriefs in Electrical and Computer Engineering: SpringerBriefs in Speech Technology. New York: Springer.

Ágel, Vilmos, und Mathilde Hennig (2006). „Theorie des Nähe- und Distanzsprechens." *Grammatik aus Nähe und Distanz: Theorie und Praxis am Beispiel von Nähetexten 1650–2000*. Hrsg. Vilmos Ágel und Mathilde Hennig. Berlin: Niemeyer, 3–32.

Akeel, Eman Saleh (2016). „Investigating Code Switching between Arabic/English Bilingual Speakers." *English Linguistics Research* 5.2, 57–64.

Al Rousan, Rafat, Ahmad Al Harahsheh und Fadia Huwari (2020). „The Pragmatic Functions of the Discourse Marker *Bas* in Jordanian Spoken Arabic: Evidence from a Corpus." *Journal of Educational and Social Research* 10.1, 130–142.

Alaoui, Mohammed (2010). „Die Rechtsterminologie im Deutsch-Arabischen Wörterbuch von Götz Schregle: Kritik und Verbesserungsvorschläge." *Am Schnittpunkt von Philologie und Translationswissenschaft: Festschrift zu Ehren von Martin Forstner.* Hrsg. Hannelore Lee-Jahnke und Erich Prunč. Bern: Lang, 1–19.

Albirini, Abdulkafi (2011). „The Sociolinguistic Functions of Codeswitching between Standard Arabic and Dialectal Arabic." *Language in Society* 40.5, 537–562.

Albirini, Abdulkafi, und Brahim Chakrani (2017). „Switching Codes and Registers: An Analysis of Heritage Arabic Speaker's Sociolinguistic Competence." *International Journal of Bilingualism* 21.3, 326–348.

Aldoukhi, Rima, Stephan Procházka und Anna Telič [u. Mitarb. v. Narine Grigoryan] (2014). Bd. 2 von *Lehrbuch des Syrisch-Arabischen: Damaszenisch für Fortgeschrittene.* 2 Bde. Semitica Viva, Series Didactica 5.2. Wiesbaden: Harrassowitz.

Aldoukhi, Rima, Stephan Procházka und Anna Telič [u. Mitarb. v. Narine Grigoryan] (2016). Bd. 1 von *Lehrbuch des Syrisch-Arabischen: Praxisnaher Einstieg in den Dialekt von Damaskus.* 2 Bde. Semitica Viva, Series Didactica 5.1. 2. Aufl. Wiesbaden: Harrassowitz [2014].

Alghamdi, Mansour (2004). „ḫawārizmīyat li-raumanat al-ᵓasmāᵓ al-ᶜarabīya [„Algorithmen für die Romanisierung arabischer Namen"]." *Journal of King Saud University: Computer and Information Sciences* 17, 1–27.

Al-Ghamdi, Naimah Ahmed (2018). „Linguistic Variation of Paradigmatic Sound Change in Gulf Arabic." *Fikr wa-ᵓibdāᶜ* 122, 1–85.

Al-Harahsheh, Ahmad Mohammad Ahmad (2013). „A Study of Pragmatic Functions of Silence in Colloquia Jordanian Arabic." *Indian Journal of Applied Linguistics* 39.1, 5–45.

Al-Harahsheh, Ahmad Mohammad Ahmad (2015). „A Conversation Analysis of Self-initiated Repair Structures in Jordanian Spoken Arabic." *Discourse Studies* 17, 1–18.

Alkhamees, Abdulrahman, Rasha Elabdali und Keith Walters (2019). „Destabilizing Arabic Diglossia?: New Media and Translingual Practice." *Perspectives on Arabic Linguistics XXXI: Papers from the Annual Symposium on Arabic Linguistics, Norman, Oklahoma, 2017.* Hrsg. Amel Khalfaoui und Youssef A. Haddad. Studies in Arabic Linguistics 8. Amsterdam: Benjamins, 105–134.

Allehaiby, Wid H. (2013). „Arabizi: An Analysis of the Romanization of the Arabic Script from a Sociolinguistic Perspective." *Arab World English Journal: International Peer Reviewed Journal* 4.3, 52–62.

Almeida, Antonio, und Angelika Braun (1982). „Probleme der phonetischen Transkription." Halbbd. 1 von *Dialektologie: ein Handbuch zur deutschen und allgemeinen Dialektforschung.* 2 Halbbde. Hrsg. Werner Besch et al. Handbücher zur Sprach- und Kommunikationswissenschaft 1. Berlin: De Gruyter, 597–615.

Alphabetum Arabicum (1592). Rom: Typographia Medicea [„Medici-Druckerei"].

Alphabetum Arabicum: unà cum Oratione Dominicali, Salutatione Angelica et Symbolo Apostolico [„Das arabische Alphabet: zusammen mit Vaterunser, Ave Maria und apostolischem Glaubensbekenntnis"]. (1715). Rom: Sacra Congregatio de Propaganda Fide [„Kongregation für die Verbreitung des Glaubens"].

AlQattan, Shaima, und Ghada Khattab (2015). „Arabic Kuwaiti Corpus." *Talkbank.* ‹https://phonbank.talkbank.org/access/Other/Arabic/Kuwaiti.html› (31. Juli 2021).

Al-Sabbagh, Rania, und Roxana Girju (2012). „YADAC: Yet Another Dialectal Arabic Corpus." *Proceedings of the Eighth International Conference on Language Resources and Evaluation (LREC'12).* Hrsg. Nicoletta Calzolari et al. Istanbul: European Language Resources Association, 2882–2889.

Amato, Amalia, Nicoletta Spinolo und María Jesús González Rodríguez (Hrsg.) (2018). *Handbook of Remote Interpreting: SHIFT in Orality Erasmus+ Project. Shaping the Interpreters of the Future and Today.* Bologna: University of Bologna, Department of Interpretation and Translation.

Angermeyer, Philipp, Bernd Meyer und Thomas Schmidt (2012). „Sharing Community Interpreting Corpora: A Pilot Study." *Multilingual Corpora and Multilingual Corpus Analysis.* Hrsg. Thomas Schmidt und Kai Wörner. Hamburg Studies on Multilingualism 14. Amsterdam: Benjamins, 275–294.

Angermeyer, Philipp, und Bernd Meyer (2021). „Forms and Functions of Non-Renditions in Community Interpreting: A Corpus-based Study." *The Translator* 27.1, 119–136.

Apfelbaum, Birgit (2004). *Gesprächsdynamik in Dolmetsch-Interaktionen: Eine empirische Untersuchung von Situationen internationaler Fachkommunikation unter besonderer Berücksichtigung der Arbeitssprachen Deutsch, Englisch, Französisch und Spanisch.* Radolfzell: Verlag für Gesprächsforschung.

Apfelbaum, Birgit (2008). „Professionelles Dolmetschen in dialogisch organisierten beruflichen Handlungsfeldern." *Jahrbuch Deutsch als Fremdsprache* 34, 112–125.

Arbeitsgruppe Bielefelder Soziologen (Hrsg.) (1980). *Alltagswissen, Interaktion und gesellschaftliche Wirklichkeit.* 2. Bde. WV studium 54/55. 5. Aufl. Wiesbaden: VS Verlag für Sozialwissenschaften [1973].

Arkhangelskiy, Timofey, Hanna Hedeland und Aleksandr Riaposov (2021). „Evaluating and Assuring Research Data Quality for Audiovisual Annotated Language Data." Hrsg. Costanza Navarretta and Maria Eskevich. *Selected Papers from the Ninth CLARIN Annual Conference 2020. Virtual Event, 2020, 5–7 October.* Linköping Electronic Conference Proceedings 180. Linköping: Linköping University Electronic Press, 1–7.

Arumí, Marta, und Mireia Vargas-Urpi (2018). „Annotation of Interpreters' Conversation Management Problems and Strategies in a Corpus of Criminal Proceedings in Spain: The Case of Non-renditions." *Translation and Interpreting Studies: The Journal of the American Translation and Interpreting Studies Association* 13.3, 421–441.

Atkinson, J. Maxwell, und John Heritage (Hrsg.) (1984). *Structures of Social Action: Studies in Conversation Analysis.* Cambridge: Cambridge University Press.

Atoui, Brahim, i. A. v. Arabic Division of the United Nations Group of Experts on Geographical Names (2012). „The Issue of the Romanization System of the Arab Countries: Between Legitimacy and Practices. Which solutions?." *Tenth United Nations Conference on the Standardization of Geographical Names, New York,* 31 July–19 August 2012. ‹https://unstats.un.org/unsd/geoinfo/UNGEGN/docs/10th-uncsgn-docs/econf/E_CONF.101_96_The%20issue%20of%20Romanization.pdf› (29. Oktober 2021).

Auer, Peter (1993). „Über ." *LiLi: Zeitschrift für Literaturwissenschaft und Linguistik* 23.90/91 (= Sonderheft *Materiale Bedingungen der Linguistik*; Hrsg. Brigitte Schlieben-Lange), 104–138.

Auer, Peter (2000). „*On line*-Syntax – Oder: was es bedeuten könnte, die Zeitlichkeit der mündlichen Sprache ernst zu nehmen." *Sprache und Literatur* 31.1, 43–56.

Auer, Peter (2007). „Syntax als Prozess." *Gespräch als Prozess: Linguistische Aspekte der Zeitlichkeit verbaler Interaktion.* Hrsg. Heiko Hausendorf. Studien zur deutschen Sprache: Forschungen des Instituts für Deutsche Sprache 37. Tübingen: Narr, 95–124.

Auer, Peter (2010). „Zum Segmentierungsproblem in der gesprochenen Sprache." *InLiSt: Interaction and Linguistic Structures* 49, 134–184.

Auer, Peter (2013). *Sprachliche Interaktion: eine Einführung anhand von 22 Klassikern.* De Gruyter Studium. 2. Aufl. Berlin: De Gruyter [1999].

Auer, Peter (2020). „Die Struktur von Redebeiträgen und die Organisation des Sprecherwechsels." *Einführung in die Konversationsanalyse.* Hrsg. Karin Birkner et al. Berlin: De Gruyter, 106–235.

Auer, Peter, und Susanne Günthner (2003). „Die Entstehung von Diskursmarkern im Deutschen: Ein Fall von Grammatikalisierung?." *Interaction and Linguistic Structures* 38.

Ayaß, Ruth (2015). „Doing Data: The Status of Transcripts in Conversation Analysis." *Discourse Studies* 17.5, 505–528.

Babel, Reinhard (2015). *Translationsfiktionen: Zur Hermeneutik, Poetik und Ethik des Übersetzens.* Bielefeld: trancript.

Badawi, El-Said (1973). *mustawayāt al-ᶜarabīya al-muᶜāṣira fī miṣr: baḥṯ fī ᶜalāqat al-luġa bil-ḥaḍāra* [„Sprachebenen des modernen Arabisch in Ägypten: Eine Untersuchung zum Verhältnis von Sprache und Kultur"]. Kairo: Dār al-Maᶜārif.

Badawi, El-Said, und Martin Hinds (1986). *A Dictionary of Egyptian Arabic: Arabic-English.* Beirut: Librairie du Liban.

Badawi, Mohamed (1997). *Probleme des Fachwortschatzes im Arabischen: dargestellt insbesondere an der Terminologie der Teleinformatik.* Arabistische Texte und Studien 11. Hildesheim: Olms.

Badwy, Nadia (2013). *Postrevolutionäre Literatur in Ägypten am Beispiel der Kurzgeschichtensammlung Sitt-i l-Ḥāgga Maṣr von Bilāl Faḍl.* Diplomarbeit zur Erlangung des akademischen Grades einer Magistra der Philosophie in der Arabistik. Universität Wien: Philologisch-Kulturwissenschaftliche Fakultät.

Baedeker, Karl (1897). *Palästina und Syrien: Handbuch für Reisende.* 4. Aufl. Leipzig: Baedeker [1875].

Bailey, Guy, Jan Tillery und Claire Anders (2005). „Some Effects of Transcribers on Data in Dialectology." *American Speech* 80.1, 3–21.

Bajrić, Amela (2014). *Transkription(ssysteme) beim Dolmetschen.* Masterarbeit zur Erlangung des akademischen Grades Master of Arts in der Dolmetschwissenschaft. Universität Wien: Zentrum für Translationswissenschaft.

Baraldi, Claudio (2012). „Interpreting as Dialogic Mediation: The Relevance of Expansions." *Coordinating Participation in Dialogue Interpreting.* Hrsg. Claudio Baraldi und Laura Gavioli. Benjamins Translation Library 102. Amsterdam: Benjamins, 297–326.

Baraldi, Claudio, und Laura Gavioli (2007). „Dialogue Interpreting as Intercultural Mediation: An Analysis in Healthcare Multicultural Settings.“ *Dialogue and Culture*. Hrsg. Marion Grein und Edda Weigand. Dialogue Studies 1. Amsterdam: Benjamins, 155–175.

Baraldi, Claudio, und Laura Gavioli (2010). „Interpreter-Mediated Interaction as a Way to Promote Multilingualism.“ *Multilingualism at Work: From Policies to Practices in Public, Medical and Business Settings*. Hrsg. Bernd Meyer und Birgit Apfelbaum. Hamburg Studies on Multilingualism 9. Amsterdam: Benjamins, 141–162.

Baraldi, Claudio, und Laura Gavioli (Hrsg.) (2012). *Coordinating Participation in Dialogue Interpreting*. Benjamins Translation Library 102. Amsterdam: Benjamins.

Baraldi, Claudio, und Laura Gavioli (2013). „On the Achievement of Question-Answer Sequences in Interpreter-Mediated Interactions in Healthcare: Some Notes on Coordination as Mediation.“ *Empirical Modelling of Translation and Interpreting*. Hrsg. Silvia Hansen-Schirra, Oliver Czulo und Sascha Hofmann. Translation and Multilingual Natural Language Processing 7. Berlin: Language Science Press, 353–370.

Baraldi, Claudio, und Laura Gavioli (2014). „Are Close Renditions the Golden Standard?: Some Thoughts on Translating Accurately in Healthcare Interpreter-Mediated Interaction.“ *The Interpreter and Translator Trainer* 8.3, 336–353.

Baraldi, Claudio, und Laura Gavioli (2015). „Interpreting as Coordination in Doctor-Patient Interaction: Talk Organization and (Inter)cultural Presuppositions.“ *Cultus: The Journal of Intercultural Mediation and Communication. The Intercultural Question and the Interpreting Professions* 8, 50–75.

Baraldi, Claudio, und Laura Gavioli (2016). „On Professional and Non-Professional Interpreting in Healthcare Services: The Case of Intercultural Mediators.“ *European Journal of Applied Linguistics* 4.1, 33–55.

Baraldi, Claudio, und Laura Gavioli (2018). „Managing Uncertainty in Healthcare Interpreter-Mediated Interaction: On Rendering Question-Answer Sequences.“ *Communication & Medicine* 15.2, 150–164.

Barb, Heinrich Alfred (1860). *Die Transcription des arabischen Alphabets*. Wien: Karl Gerold’s Sohn.

Barth-Weingarten, Dagmar (2008). „Interactional Linguistics.“ *Handbook of Interpersonal Communication*. Hrsg. Gerd Antos und Eija Ventola, u. Mitarb. v. Tilo Weber. Handbook of Applied Linguistics: Communication Competence, Language and Communication Problems, Practical Solutions 2. Berlin: De Gruyter, 77–105.

Bassiouney, Reem (2018). „Identity, Repertoire, and Performance: The Case of an Egyptian Poet." *Identity and Dialect Performance: A Study of Communities and Dialects.* Hrsg. Reem Bassiouney. Routledge Studies in Language and Identity. London: Routledge, 287–302.

Bassiouney, Reem (2020). *Arabic Sociolinguistics.* 2. Aufl. Edinburgh: Edinburgh University Press [2009].

Bauer, Thomas (1996). „Das arabische Schriftsystem." Bd. 2 von *Schrift und Schriftlichkeit: ein interdisziplinäres Handbuch interdisziplinärer Forschung.* 2 Bde. Hrsg. Hartmut Günther und Otto Ludwig. Handbücher zur Sprach- und Kommunikationswissenschaft 10. Berlin: De Gruyter, 1433–1436.

Bausch, Karl-Heinz (1971a). „Die Forschungsstelle Freiburg des Instituts für Deutsche Sprache." *Linguistische Berichte* 71.15, 52–55.

Bausch, Karl-Heinz (1971b). „Zur Umschrift gesprochener Hochsprache." *Texte gesprochener deutscher Standardsprache I.* Heutiges Deutsch 2. München: Hueber, 33–54.

Becker, Thomas (2012). *Einführung in die Phonetik und Phonologie des Deutschen.* Einführung Germanistik. Darmstadt: Wissenschaftliche Buchgesellschaft.

Becker-Mrotzek, Michael, und Gisela Brünner (1999). „Gesprächsforschung für die Praxis: Ziele, Methoden, Ergebnisse." *Sprache, Sprachwissenschaft, Öffentlichkeit.* Hrsg. Gerhard Stickel. Jahrbuch des Instituts für Deutsche Sprache 1998 Berlin: De Gruyter, 172–193.

Becker-Mrotzek, Michael, und Gisela Brünner (2002). „Diskursanalytische Fortbildungskonzepte." *Methoden und Anwendungsbereiche.* Bd. 2 von *Angewandte Diskursforschung.* 2 Bde. Hrsg. Gisela Brünner, Reinhard Fiehler und Walther Kindt. Radolfzell: Verlag für Gesprächsforschung, 36–49.

Becker-Mrotzek, Michael, und Christoph Meier (2002). „Arbeitsweisen und Standardverfahren der Angewandten Diskursforschung." *Grundlagen und Beispielanalysen.* Bd. 1 von *Angewandte Diskursforschung.* 2 Bde. Hrsg. Gisela Brünner, Reinhard Fiehler und Walther Kindt. Radolfzell: Verlag für Gesprächsforschung, 18–45.

Beesley, Kenneth R. (1991). „Computer Analysis of Arabic Morphology: A Two-Level Approach with Detours." *Perspectives on Arabic Linguistics III: Papers from the Third Annual Symposium on Arabic Linguistics.* Hrsg. Bernard Comrie und Mushira Eid. Amsterdam Studies in the Theory and History of Linguistic Science 80. Current Issues in Linguistic Theory 4. Amsterdam: Benjamins, 155–172.

Beesley, Kenneth R. (1998). „Arabic Morphological Analysis on the Internet.“ *Proceedings of the 6th International Conference and Exhibition on Multilingual Computing.* Cambridge: Centre for Middle Eastern Studies. ‹https://citeseerx.ist.psu.edu/doc_view/pid/e2bf472b3b06cb59733ebb7ac1a1472c4f1a8311› (05. November 2022).

Behaghel, Otto (1927). „Geschriebenes Deutsch und gesprochenes Deutsch.“ *Von deutscher Sprache: Aufsätze, Vorträge und Plaudereien.* Hrsg. Otto Behaghel. Lahr in Baben: Schauenburg, 11–34.

Behnstedt, Peter (1994). *Der arabische Dialekt von Soukhne (Syrien).* 3 Bde. Semitica viva 15. Wiesbaden: Harrassowitz.

Behnstedt, Peter, und Manfred Woidich (2005). *Arabische Dialektgeographie: eine Einführung.* Handbuch der Orientalistik 78.1. Leiden: Brill.

Behnstedt, Peter, und Manfred Woidich (2013). „Dialectology.“ *The Oxford Handbook of Arabic Linguistics.* Hrsg. Jonathan Owens. Oxford: Oxford University Press, 300–325.

Belczyk-Kohl, Yvonne (2016). „Some Remarks on Transcript Translation in Discourse Analysis.“ *European Journal of Applied Linguistics* 4.1, 139–164.

Bendazzoli, Claudio (2017). „Editorial: A Dialogue on Dialogue Interpreting (DI) Corpora.“ *The Interpreter's Newsletter* 22, VII–XVII.

Benjamin, Walter (1963). „Die Aufgabe des Übersetzers.“ *Das Problem des Übersetzens.* Hrsg. Hans Joachim Störig. Wege zur Forschung 8. Darmstadt: Wissenschaftliche Buchgesellschaft, 182–195.

Bentahila, Abdelali, Eirlys Davies und Jonathan Owens (2013). „Codeswitching and Related Issues Involving Arabic.“ *The Oxford Handbook of Arabic Linguistics.* Hrsg. Jonathan Owens. Oxford: Oxford University Press, 300–325.

Berens, Franz-Josef, et al. (1976). *Projekt Dialogstrukturen: ein Arbeitsbericht.* Vorw. Hugo Steger. München: Hueber.

Bergmann, Jörg R. (1981). „Ethnomethodologische Konversationsanalyse.“ *Dialogforschung: Jahrbuch 1980 des Instituts für Deutsche Sprache.* Hrsg. Peter Schröder und Hugo Steger. Sprache der Gegenwart: Schriften des Instituts für Deutsche Sprache 54. Düsseldorf: Pädagogischer Verlag Schwann, 9–51.

Bergmann, Jörg R. (1985). „Flüchtigkeit und methodische Fixierung sozialer Wirklichkeit: Aufzeichnungen als Daten der interpretativen Soziologie.“ *Entzauberte Wissenschaft: Zur Relativität und Geltung soziologischer Forschung.* Hrsg. Wolfgang Bonß und Heinz Hartmann. Soziale Welt: Sonderband 3. Göttingen: Schwarz, 299–320.

Bergmann, Jörg R. (1988a). *Ethnomethodologie: Untersuchungen zur methodischen Erzeugung von sozialer Wirklichkeit im alltäglichen Handeln.* Bd. 1 von *Ethnomethodologie und Konversationsanalyse.* Kurseinheiten der Fernuniversität Hagen. 3 Bde.

Bergmann, Jörg R. (1988b). *Der Untersuchungsansatz der ethnomethodologischen Konversationsanalyse.* Bd. 2 von *Ethnomethodologie und Konversationsanalyse.* Kurseinheiten der Fernuniversität Hagen. 3 Bde.

Bergmann, Jörg R.(2001). „Das Konzept der Konversationsanalyse." Bd. 2 von *Text- und Gesprächslinguistik: ein internationales Handbuch zeitgenössischer Forschung.* 2 Bde. Hrsg. Klaus Brinker et al. Handbücher zur Sprach- und Kommunikationswissenschaft 16. Berlin: De Gruyter, 919–927.

Bergmann, Jörg R.(2019). „Ethnomethodologische Konversationsanalyse." *Sprachwissenschaft: ein Reader.* Hrsg. Ludger Hoffmann. De Gruyter Studium: Sprachwissenschaft. 4. Aufl. Berlin: De Gruyter [1996], 348–363.

Bergsträsser, Gotthelf (1915). *Sprachatlas von Syrien und Palästina: 42 Tafeln nebst 1 Übersichtskarte und erläuterndem Text.* Leipzig: Hinrichs'sche Buchhandlung.

Betten, Anne (1977/78). „Erforschung gesprochener deutscher Standardsprache." *Deutsche Sprache: Zeitschrift für Theorie, Praxis, Dokumentation* 5, 335–361; *Deutsche Sprache* 6, 21–44.

Biere, Bernd Ulriche (1994). „Verstehen und Beschreiben von Dialogen." *Handbuch der Dialoganalyse.* Hrsg. Gerd Fritz und Franz Hundsnurscher. Tübingen: Niemeyer, 155–175.

Bies, Ann, et al. (2014). „Transliteration of Arabizi into Arabic Orthography: Developing a Parallel Annotated Arabizi-Arabic Script SMS/Chat Corpus." *Proceedings of the EMNLP 2014 Workshop on Arabic Natural Language Processing (ANLP).* Doha: Association for Computational Linguistics, 93–103.

Birkner, Karin (2020). „Sequenzstruktur." *Einführung in die Konversationsanalyse.* Hrsg. Karin Birkner et al. Berlin: De Gruyter, 236–330.

Birkner, Karin, et al. (Hrsg.) (2020). *Einführung in die Konversationsanalyse.* Berlin: De Gruyter.

Birkner, Karin, und Oliver Ehmer (Hrsg.) (2013). *Veranschaulichungsverfahren im Gespräch.* Mannheim: Verlag für Gesprächsforschung.

Birkner, Karin, und Anja Stukenbrock (Hrsg.) (2009). *Die Arbeit mit Transkripten in Fortbildung, Lehre und Forschung.* Mannheim: Verlag für Gesprächsforschung.

Biselli, Anna (2018). „Die IT-Tools des BAMF: Fehler vorprogrammiert." *Netzpolitik.org* 28. Dezember 2018. ‹https://netzpolitik.org/2018/die-it-tools-des-bamf-fehler-vorprogrammiert/› (29. Oktober 2021).

Blanc, Haim (1964). „Style Variation in Spoken Arabic: A Sample of Interdialectal Educated Conversation." *Contributions to Arabic Linguistics.* Hrsg. Charles A. Ferguson. Harvard Middle Eastern Monographs 3. Cambridge, Massachusetts: Harvard University Press, 81–156.

Bloch, Ariel (1965). *Die Hypotaxe im Damaszenisch-Arabischen: Mit Vergleichen zur Hypotaxe im Klassisch-Arabischen.* Abhandlungen für die Kunde des Morgenlandes 35.4. Wiesbaden: Steiner.

Bloch, Ariel, und Heinz Grotzfeld (1964). *Damaszenisch-Arabische Texte: Mit Übersetzung, Anmerkungen und Glossar.* Vorw. Wehr, Hans. Abhandlungen für die Kunde des Morgenlandes 35.2. Wiesbaden: Steiner.

Blühdorn, Hardarik, et al. (Hrsg.) (2017). *Diskursmarker im Deutschen: Reflexionen und Analysen.* Göttingen: Verlag für Gesprächsforschung.

Boahen, Albert Adu (1961). „The African Association: 1788–1805." *Transactions of the Historical Society of Ghana* 5.1, 43–64.

Bobzin, Hartmut (1992). „Geschichte der arabischen Philologie in Europa bis zum Ausgang des achtzehnten Jahrhunderts." *Supplement.* Bd. 3 von *Grundriss der arabischen Philologie.* 3. Bde. Hrsg. Wolfdietrich Fischer. Wiesbaden: Reichert, 155–187.

Bobzin, Hartmut (2014). *Der Koran: eine Einführung.* 8. Aufl. München: C.H.Beck [1999].

Bodmer, Franck, et al. (2002). „Von der Tonbandaufnahme zur integrierten Text-Ton-Datenbank: Instrumente für die Arbeit mit Gesprächskorpora." *Romanistische Korpuslinguistik: Korpora und gesprochene Sprache.* Hrsg. Claus D. Pusch und Wolfgang Raible. ScriptOralia 126. Tübingen: Narrs, 209–243.

Bodmer, Franck, und Rudolf Schmidt (2004). „Computertechnische Erschließung von Gesprächskorpora." *Automatische Textanalyse: Systeme und Methoden zur Annotation und Analyse natürlichsprachlicher Texte.* Hrsg. Alexander Mehler und Henning Lobin. Wiesbaden: VS Verlag für Sozialwissenschaften, 167–183.

Bolden, Galina B. (2000). „Toward Understanding Practices of Medical Interpreting: Interpreters' Involvement in History Taking." *Discourse Studies* 2.4, 387–419.

Bolden, Galina B. (2018). „Understanding Interpreters' Actions in Context." *Communication & Medicine* 15.2, 135–149.

Borgman, Christine L. (2010). „The Digital Future is Now: A Call to Action for the Humanities." *Digital Humanities Quarterly* 3.4. ‹http://digitalhumanities.org/dhq/vol/3/4/000077/000077.html%20/000077.html› (27. September 2021).

Borgman, Christine L. (2015). *Big Data, Little Data, No Data: Scholarship in the Networked World.* Cambridge: The MIT Press.

Bouamor, Houda, et al. (2018). „The MADAR Arabic Dialect Corpus and Lexicon." *Proceedings of the Eleventh International Conference on Language Resources and Evaluation (LREC'18)*. Hrsg. Nicoletta Calzolari et al. Miyazaki: European Language Resources Association, 3387–3396.

Bourel, Dominique (1988). „Die deutsche Orientalistik im 18. Jahrhundert: von der Mission zur Wissenschaft." *Historische Kritik und biblischer Kanon in der deutschen Aufklärung*. Hrsg. Henning Graf Reventglow, Walter Sparn und John Woodbridge. Wolfenbütteler Forschungen 41. Harrassowitz: Wiesbaden, 113–126.

Boussoffara-Omar, Naima (2006a). „Diglossia." Bd. 1 von *Encyclopedia of Arabic Language and Linguistics*. Hrsg. Kees Versteegh. 5 Bde. Leiden: Brill, 629–637.

Boussoffara-Omar, Naima (2006b). „Neither Third Language nor Middle Varieties but Diglossic Switching." *Zeitschrift für Arabische Linguistik* 45, 55–80.

Bowdre, Paul Hull, Jr. (1964). *A Study of Eye Dialect*. A Dissertation Presented to the Graduate Council of the University of Florida in Partial Fulfilment of the Requirement for the Degree Doctor of Philosophy.

Braun, Johann (1888). „Raphelengius, Franz." *Allgemeine Deutsche Biographie: Quad-Reinald*. Hrsg. Historische Kommission bei der Königlichen Akademie der Wissenschaften. Bd. 27. Leipzig: Duncker & Humblot, 281–283.

Braun, Sabine (2013). „Keep your Distance? Remote Interpreting in Legal Proceedings: A Critical Assessment of a Growing Practice." *Interpreting: International Journal of Research and Practice in Interpreting* 15.2, 200–228.

Braun, Sabine (2017). „What a Micro-Analytical Investigation of Additions and Expansions in Remote Interpreting can Tell us About Interpreters' Participation in a Shared Virtual Space." *Journal of Pragmatics* 107, 165–177.

Breuer, Franz, et al. (2014). „All is Data: Qualitative Forschung und ihre Daten." *Qualitative Forschung: Analysen und Diskussionen – 10 Jahre Berliner Methodentreffen*. Hrsg. Günter Mey und Katja Mruck. Wiesbaden: Springer, 261–290.

Breydenbach, Bernhard von (1486). *Peregrinatio in terram sanctam* [„Pilgerreise ins Heilige Land"]. Mainz: Erhard Reuwich [mit den Typen Peter Schöffers].

Brinker, Klaus, und Sven F. Sager (2010). *Linguistische Gesprächsanalyse: eine Einführung*. Grundlagen der Germanistik 30. 5. Aufl. Berlin: Schmidt [1989].

Britain, David (2013). „Contact and Dialectology." *The Handbook of Language Contact*. Hrsg. Raymond Hickey. Malden, Massachusetts: Wiley-Blackwell, 208–229.

British Standards Institution (1968). *Transliteration of Arabic Characters: BS 4280*. London: British Standards House.

Brockelmann, Carl, et al. (1935). *Die Transliteration der arabischen Schrift in ihrer Anwendung auf die Hauptliteratursprachen der islamischen Welt: Denkschrift dem 19. Internationalen Orientalistenkongreß in Rom, vorgelegt von der Transkriptionskommission der Deutschen Morgenländischen Gesellschaft*. Leipzig: Brockhaus.

Brockhaus, Hermann (1863). „Die Transcription des arabischen Alphabets." *Zeitschrift der Deutschen Morgenländischen Gesellschaft* 17.3, 441–543.

Brücke, Ernst (1860). „Beiträge zur Lautlehre der arabischen Sprache." *Sitzungsberichte der kaiserlichen Akademie der Wissenschaften: philosophisch-historische Classe* 34.2, 307–356.

Brünner, Gisela (2005). *Kommunikation in institutionellen Lehr-Lern-Prozessen: Diskursanalytische Untersuchungen zu Instruktionen in der betrieblichen Ausbildung*. Radolfzell: Verlag für Gesprächsforschung [Erstauflage 1987, Tübingen: Narr].

Brünner, Gisela, Reinhard Fiehler und Walther Kindt (Hrsg.) (2002). *Angewandte Diskursforschung*. 2 Bde. Radolfzell: Verlag für Gesprächsforschung.

Brünner, Gisela, und Peter Weber (2009). „Gesprächsdidaktik: Gespräche im Unterricht transkribieren und analysieren." *Mündliche Kommunikation und Gesprächsdidaktik*. Hrsg. Michael Becker-Mrotzek. Deutschunterricht in Theorie und Praxis 3. Baltmannsweiler: Schneider Verlag Hohengehren, 297–323.

Bubrowski, Helene (2019). „BAMF-Leiter im Gespräch: ‚Wir sind deutlich schneller geworden'." *Frankfurter Allgemeine Zeitung* 10. Juli 2019. ‹https://www.faz.net/aktuell/politik/inland/bamf-leiter-sommer-ueber-veraenderungen-bei-asylverfahren-16270638.html› (29. Oktober 2021).

Bucholtz, Mary (2000). „The Politics of Transcription." *Journal of Pragmatics* 32, 1439–1465.

Bücker, Jörg (2018). „Gesprächsforschung und Interaktionale Linguistik." *Handbuch Pragmatik*. Hrsg. Frank Liedtke und Astrid Tuchen. Stuttgart: Metzler, 41–52.

Buckwalter, Tim (2002). „Arabic Morphology Analysis." *QAMUS: Arabic Lexicography*. ‹http://www.qamus.org/morphology.htm› (29. Oktober 2021).

Buckwalter, Tim (2004). „Issues in Arabic Orthography and Morphology Analysis." *Proceedings of the Workshop on Computational Approaches to Arabic Script-based Languages*. Hrsg. Ali Farghaly und Karine Megerdoomian. Genf: International Conference on Computational Linguistics (COLING), 31–34.

Buckwalter, Tim (2007). Eintrag in der Mailingliste *Corpora-List* unter dem Betreff „Arabic Transliteration“, 22. Oktober 2007. ‹https://mailman.uib.no/public/corpora/2007-October/005368.html› (29. Oktober 2021).

Buddenbohm, Stefan, Claudia Engelhardt und Ulrike Wuttke (2016). „Angebotsgenese für ein geisteswissenschaftliches Forschungsdatenzentrum.“ *ZfdG: Zeitschrift für digitale Geisteswissenschaften* 1. ‹https://zfdg.de/2016_003› (29. Oktober 2021).

Bude, Heinz (1989). „Der Essay als Form der Darstellung sozialwissenschaftlicher Erkenntnisse.“ *Kölner Zeitschrift für Soziologie und Sozialpsychologie* 41.3, 526–539.

Bührig, Kristin (1996). *Reformulierende Handlungen: Zur Analyse sprachlicher Adaptierungsprozesse in institutioneller Kommunikation.* Tübingen: Narr.

Bührig, Kristin, et al. (2012). „The Corpus ‚Interpreting in Hospitals‘: Possible Applications for Research and Communication Training.“ *Multilingual Corpora and Multilingual Corpus Analysis.* Hrsg. Thomas Schmidt und Kai Wörner. Hamburg Studies on Multilingualism 14. Amsterdam: Benjamins, 305–315.

Bührig, Kristin, und Bernd Meyer (2004). „*Ad hoc*-Interpreting and the Achievement of Communicative Purposes in Doctor-Patient-Communication.“ *Multilingual Communication.* Hrsg. Juliane Hourse und Jochen Rehbein. Hamburg Studies on Multilingualism 3. Amsterdam: Benjamins, 43–62.

Bührig, Kristin, und Bernd Meyer (2007). „Unterschriften und ihre diskursive Vorgeschichte: wie Patienten in die Durchführung medizinischer Methoden einwilligen.“ *Diskurse und Texte: Festschrift für Konrad Ehlich zum 65. Geburtstag.* Hrsg. Angelika Redder. Tübingen: Stauffenburg, 641–650.

Bührig, Kristin, und Bernd Meyer (2014). „Interpreting Risks: Medical Complications in Interpreter-Mediated Doctor-Patient Communication.“ *European Journal of Applied Linguistics* 2.2, 233–353.

Bührig, Kristin, und Jan D. ten Thije (2005). „Diskurspragmatische Beschreibung.“ Bd. 2 von *Soziolinguistik: ein internationales Handbuch zur Wissenschaft von Sprache und Gesellschaft.* Hrsg. Ulrich Ammon et al. 3 Bde. Handbücher zur Sprach- und Kommunikationswissenschaft 3. 2. Aufl. Berlin: De Gruyter [1988], 1225–1250.

Bundesregierung (2018). „Einsatz von IT-Assistenzsystemen im Bundesamt für Migration und Flüchtlinge“ *Deutscher Bundestag.* Antwort der Bundesregierung auf die Kleine Anfrage der Abgeordneten Ulla Jelpke, Dr. André Hahn, Gökay Akbulut, weiterer Abgeordneter und der Fraktion DIE LINKE. Drucksache 19/6647 vom 19. Dezember 2018. Berlin: Abgeordnetenhaus. ‹http://dipbt.bundestag.de/dip21/btd/19/066/1906647.pdf› (29. Oktober 2021).

Bundesverband der Dolmetscher und Übersetzer LV Bayern e. V. (2012). *Allgemeine Leitlinie für die Anfertigung von Urkundenübersetzungen in Bayern.* ‹https://docplayer.org/7769150-Allgemeine-leitlinie-fuer-die-anfertigung-von-urkundenuebersetzungen-in-bayern.html› (27. September 2021).

Burckhardt, John Lewis (1819). *Travels in Nubia.* London: Association for promoting the discovery of the interior parts of Africa.

Burckhardt, John Lewis (1822). *Travels in Syria and the Holy Land.* London: Association for promoting the discovery of the interior parts of Africa.

Burckhardt, John Lewis (1875). *Arabic Proverbs; or the Manners and Customs of the Modern Egyptians, Illustrated form their Proverbal Sayings Current at Cairo.* 2. Aufl. London: Quaritch [1830].

Burgess, James (1894). „The Transliteration of Oriental Alphabets." *Actes du dixième congrès international des orientalistes; session de Genève: rapport de la Commission de Transcription.* Leiden: Brill, 27–42.

Bußmann, Hadumond [u. Mitarb. v. Hartmut Lauffer] (Hrsg.) (2008). *Lexikon der Sprachwissenschaft.* 4. Aufl. Stuttgart: Körner [1983].

Cameron, Deborah (1995). *Verbal Hygiene: The Politics of Language.* London: Routledge.

Canavan, Alexandra und George Zipperlen (1996, 1997). „CALLFRIEND Egyptian Arabic." *Linguistic Data Consortium.* ‹https://catalog.ldc.upenn.edu/LDC96S49› (April 2020).

Canavan, Alexandra, George Zipperlen und David Graff (1997). „CALLHOME Egyptian Arabic Speech." *Linguistic Data Consortium.* ‹https://catalog.ldc.upenn.edu/LDC97S45› (29. Oktober 2021).

Cantineau, Jean, und Youssef Helbaoui (1953). *Manuel élémentaire d'arabe orientale: Parler de Damas.* Paris: Klincksieck.

Cantor, Moritz (1876). „Christmann, Jakob." *Allgemeine Deutsche Biographie: Carmer-Deck.* Hrsg. Historische Kommission bei der Königlichen Akademie der Wissenschaften. Bd. 4. Leipzig: Duncker & Humblot, 222.

Caspari, Carl Paul (1859). *Grammatik der arabischen Sprache für akademische Vorlesungen: nebst einigen aus Handschriften entnommenen und durch ein Glossar erläuterten Lesestücken.* 2. Aufl. Leipzig: Fritzsche [1844].

Caspari, Carl Paul [Bearb. v. August Müller] (1876). *Dr. C.P. Caspari's Arabische Grammatik.* 4. Aufl. Halle: Verlag der Buchhandlung des Waisenhauses [1844].

Castagnoli, Sara, und Natacha Niemants (2018). „Corpora Worth Creating: A Pilot Study on Telephone Interpreting." *inTRAlinea: Online Translation Journal 20 (= Special Issue: New Findings in Corpus-based Interpreting).* Hrsg. Claudio Bendazzoli, Mariachiara Russo und Bart Defrancq. ‹https://www.intralinea.org/index.php/specials/article/corpora_worth_creating_a_pilot_study_on_telephone_interpreting› (29. Oktober 2021).

Christmann, Jakob (1582). *Alphabetum Arabicum: cum Isagoge scribendi legendique arabice* [„Das arabische Alphabet: mit einer Einführung zum Schreiben und Lesen des Arabischen"]. Neapoli Nemetum: Harnisch.

Cindark, Ibrahim, und David Hünlich (2017). „Zur Gegenwart der sprachlich-beruflichen Integration von Flüchtlingen: Chancen und Risiken." Zum Umgang mit Migration: zwischen Empörungsmodus und Lösungsorientierung. Hrsg. Ursula Gross-Dinter, Florian Feuser und Carmen Ramos Méndez-Sahlender. Edition Kulturwissenschaft 125. Bielefeld: transcript, 47–68.

Clemente, Ignasi (2013). „Conversation Analysis and Anthropology." *The Handbook of Conversation Analysis.* Hrsg. Jack Sidnell und Tanya Stivers. Chichester, West Sussex: Wiley-Blackwell, 688–700.

Clyne, Michael (Hrsg.) (1992). *Pluricentric Languages: Differing Norms in Different Nations.* Contributions to the Sociology of Languages 62. Berlin: De Gruyter.

Cnyrim, Andrea (2017). „Mehrsprachigkeit im interkulturellen Behördenhandeln: Herausforderungen und Lösungen in Form von virtuellem Dolmetschen. Das Projekt Virtueller Dolmetscherpool (VIP)." *Forschung aktuell 2017: Hochschule Karlsruhe – Technik und Wirtschaft.* Monsheim: VMK, 94–26.

Cnyrim, Andrea (2020). „Virtuelles Dolmetschen als Lösung für Herausforderungen der Mehrsprachigkeit im interkulturellen Behördenhandeln." *Engagement für Integration und Teilhabe in der Einwanderungsgesellschaft.* Hrsg. Frank Gesemann et al. Wiesbaden: Springer, 357–371.

Cnyrim, Andrea, Susanne Hagemann und Julia Neu (2013). „Towards a Framework of Reference for Translation Competence." *New Prospects and Perspectives for Educating Language Mediators.* Hrsg. Don Kiraly, Silvia Hansen-Schirra und Karin Maksymski. Translationswissenschaft 10. Tübingen: Narr, 9–34.

Coates, Jennifer, und Joanna Thornborrow (1999). „Myths, Lies and Audiotapes: Some Thoughts on Data Transcripts." *Discourse & Society* 10.4, 594–597.

Cook, Guy (1990). „Transcribing Infinity: Problems of Context Presentation." *Journal of Pragmatics* 14, 1–24.

Couper-Kuhlen, Elizabeth, und Margret Selting (2018). *Interactional Linguistics: Studying Language in Social Interaction.* Cambridge: Cambridge University Press.

Dasigi, Pradeep, und Mona Diab (2011). „CODACT: Towards Identifying Orthographic Variants in Dialectal Arabic." Proceedings of Fifth International Joint Conference on Natural Language Processing. Hrsg. Haifeng Wang und David Yarowsky. Chaing Mai, Thailand: Asian Federation of Natural Language Processing, 318–326.

Dausendschön-Gay, Ulrich, Gülich, Elisabeth, und Ulrich Krafft (Hrsg.) (2015). *Ko-Konstruktionen in der Interaktion: Die gemeinsame Arbeit an Äußerungen und anderen sozialen Ereignissen.* Bielefeld: transcript Verlag.

Davidson, Christina (2009). „Transcription: Imperatives for Qualitative Research." *International Journal of Qualitative Methods* 8.2, 36–52.

Davidson, Judy (1984). „Subsequent Versions of Invitations, Offers, Requests, and Proposals Dealing with Potential or Actual Rejection." *Structures of Social Action: Studies in Conversation Analysis.* Hrsg. J. Maxwell Atkinson und John Heritage. Cambridge: Cambridge University Press, 102–128.

Davies, Humphrey (2006). „Dialect Literature." Bd. 1 von *Encyclopedia of Arabic Language and Linguistics.* Hrsg. Kees Versteegh. 5 Bde. Leiden: Brill, 597–604.

Davitti, Elena, und Sabine Braun (2020). „Analysing Interactional Phenomena in Video Remote Interpreting in Collaborative Settings: Implications for Interpreter Education." *The Interpreter and Translator Trainer* 14.3, 279–302.

Delais-Roussarie, Elisabeth, und Brechtje Post (2014). „Corpus Annotation: Methodology and Transcription Systems." *The Oxford Handbook of Corpus Phonology.* Hrsg. Jacques Durand, Ulrike Gut und Gjert Kristofferson. Oxford: Oxford University Press, 46–88.

Denzin, Norman K. (1995). „The Experiential Text and the Limits of Visual Understanding." Educational Theory 45.1, 7–18.

Department of Linguistics (2015). *The Leipzig Glossing Rules: Conventions for Interlinear Morpheme-by-Morpheme Glosses.* Hrsg. Universität Leipzig: Max Planck Institute for Evolutionary Anthropology, 1–10. ‹https://www.eva.mpg.de/lingua/resources/glossing-rules.php› (29. Oktober 2021).

Deppermann, Arnulf (2007). *Grammatik und Semantik aus gesprächsanalytischer Sicht.* Linguistik: Impulse & Tendenzen 14. Berlin: De Gruyter.

Deppermann, Arnulf (2008). *Gespräche analysieren: eine Einführung.* Qualitative Sozialforschung: Praktiken, Methodologien, Anwendungsfelder 3. 4. Aufl. Wiesbaden: VS Verlag für Sozialwissenschaften.

Deppermann, Arnulf (2010). „Zur Einführung: ‚Verstehen in professionellen Handlungsfeldern' als Gegenstand einer ethnographischen Konversationsanalyse." *Verstehen in professionellen Handlungsfeldern*. Hrsg. Arnulf Deppermann. Studien zur Deutschen Sprache 52. Tübingen: Narr, 7–25.

Deppermann, Arnulf (2013a). „Zur Einführung: Was ist eine ‚Interaktionale Linguistik' des Verstehens'?." *Deutsche Sprache: Zeitschrift für Theorie, Praxis und Dokumentation* 13. Berlin: Schmidt, 1–5.

Deppermann, Arnulf (2013b). „Introduction: Multimodal Interaction from a Conversation Analytic Perspective." *Journal of Pragmatics* 46, 1–7.

Deppermann, Arnulf (2018a). „Changes in Turn-Design over Interactional Histories: The Case of Instructions in Driving School Lessons." *Time in Embodied Interaction: Synchronicity and Sequentiality of Multimodal Resources*. Hrsg. Arnulf Deppermann und Jürgen Streeck. Pragmatics & Beyond New Series 293. Amsterdam: Benjamins, 293–324.

Deppermann, Arnulf (2018b). „Instruction Practices in German Driving Lessons: Differential Uses of Declaratives and Imperatives." *International Journal of Applied Linguistics* 28.2, 265–282.

Deppermann, Arnulf (2018c). „Sprache in der multimodalen Interaktion." *Sprache im kommunikativen, interaktiven und kulturellen Kontext*. Hrsg. Arnulf Deppermann und Silke Reineke. Germanistische Sprachwissenschaft um 2020, Bd. 3. Berlin: De Gruyter, 51–85.

Deppermann, Arnulf, und Ibrahim Cindark (2018). „Instruktion und Verständigung unter fragilen Interaktionsbedingungen: gesprächsanalytische Untersuchungen zu beruflichen Qualifizierungsmaßnahmen für Flüchtlinge." *Deutsche Sprache: Zeitschrift für Theorie, Praxis, Dokumentation* 46.3, 245–288.

Deppermann, Arnulf, und Jürgen Streeck (Hrsg.) (2018). *Time in Embodied Interaction: Synchronicity and Sequentiality of Multimodal Resources*. Pragmatics & Beyond New Series 293. Amsterdam: Benjamins.

Deppermann, Arnulf, und Reinhold Schmitt (2008). „Verstehensdokumentationen: Zur Phänomenologie von Verstehen in der Interaktion." *Deutsche Sprache: Zeitschrift für Theorie, Praxis und Dokumentation* 36.3, 220–245.

Deppermann, Arnulf, und Susanne Günthner (Hrsg.) (2015). *Temporality in Interaction*. Studies in language and social interaction 27. Amsterdam: Benjamins.

Deppermann, Arnulf, und Thomas Spranz-Fogasy (Hrsg.) (2006). *bedeuten: Wie Bedeutung im Gespräch entsteht*. 2. Aufl. Tübingen: Stauffenburg [2002].

Deppermann, Arnulf, und Wilfried Schütte (2008). „Data and Transcription." *Handbook of Interpersonal Communication*. Hrsg. Gerd Antos und Eija Ventola. Handbooks of Applied Linguistics 2. Berlin: De Gruyter.

Deutsche Forschungsgemeinschaft (2015). „Leitlinien zum Umgang mit Forschungsdaten.“ *Information für die Wissenschaft* 66, 1–2. ‹https://www.dfg.de/download/pdf/foerderung/grundlagen_dfg_foerderung/forschungsdaten/leitlinien_forschungsdaten.pdf› (29. Oktober 2021).

Deutsches Institut für Normung / Normenausschuss Bibliotheks- und Dokumentationswesen (2011). *Information und Dokumentation: Umschrift des arabischen Alphabets für die Sprachen Arabisch, Osmanisch-Türkisch, Persisch, Kurdisch, Urdu und Paschtu.* DIN 31635: 1982–04. Berlin: Beuth.

DFG-Fachkollegium 104 „Sprachwissenschaften“ (2013). „Informationen zu rechtlichen Aspekten bei der Handhabung mündlicher Korpora.“ *Informationen zu rechtlichen Aspekten bei der Handhabung von Sprachkorpora.* Fachspezifische Empfehlungen zum Umgang mit Forschungsdaten Bonn: Deutsche Forschungsgemeinschaft, 4–11. ‹https://www.dfg.de/download/pdf/foerderung/grundlagen_dfg_foerderung/informationen_fachwissenschaften/geisteswissenschaften/standards_recht.pdf› (29. Oktober 2021).

DFG-Fachkollegium 104 „Sprachwissenschaften“ (2019). „Empfehlungen zu datentechnischen Standards und Tools bei der Erhebung mündlicher Korpora.“ *Empfehlungen zu datentechnischen Standards und Tools bei der Erhebung von Sprachkorpora.* Fachspezifische Empfehlungen zum Umgang mit Forschungsdaten. Bonn: Deutsche Forschungsgemeinschaft [2012], 4–16. ‹https://www.dfg.de/download/pdf/foerderung/grundlagen_dfg_foerderung/informationen_fachwissenschaften/geisteswissenschaften/standards_sprachkorpora.pdf› (29. Oktober 2021).

Dichy, Joseph (1994). „La pluriglossie de l'arabe.“ *Bulletin d'études orientales: langue et littérature arabes* 46, 19–42.

Diem, Werner (1974). *Hochsprache und Dialekt im Arabischen: Untersuchungen zur heutigen arabischen Zweisprachigkeit.* Abhandlungen für die Kunde des Morgenlandes 41.1. Wiesbaden: Steiner.

Diem, Werner (1979). „Untersuchungen zur frühen Geschichte der arabischen Orthographie (I): Die Schreibung der Vokale.“ *Orientalia* 48.2, 207–257.

Diem, Werner (1982). „Die Entwicklung der arabischen Orthographie.“ *Sprachwissenschaft.* Bd. 1 von *Grundriss der arabischen Philologie.* 3. Bde. Hrsg. Wolfdietrich Fischer. Wiesbaden: Reichert, 184–190.

Dietrich, Albert (1956). „Damaszener Schwänke: Herrn Professor Dr. A. Falkenstein zum 17.IX.1956 ergebenst zugeeignet.“ *Zeitschrift der Deutschen Morgenländischen Gesellschaft* 106.2, 317–344.

„Digitalisierungsagenda 2020: Bisherige Erfolge und Ausblicke auf weitere digitale Projekte im Bundesamt für Migration und Flüchtlinge“ (2020). *Bundesamt für Migration und Flüchtlinge.* ‹https://www.bamf.de/SharedDocs/Anlagen/DE/Digitalisierung/broschuere-digitalisierungsagenda-2020.pdf?__blob=publicationFile&v=9› (29. Oktober 2021).

Dipper, Stefanie, et al. (2006). „Sustainability of Linguistic Resources." *Proceedings of the Fifth International Conference on Language Resources and Evaluation (LREC'06)*. Workshop on Merging and Layering Linguistic Information. Hrsg. Erhard Hinrichs et al. Genua: European Language Resources Association, 48–54.

Dittmann, Allen T., und Lynn G. Llewellyn (1968). „Relationship between Vocalizations and Head Nods as Listener Responses." *Journal of Personality and Psychology* 9.1, 79–84.

Dittmar, Norbert (2009). *Transkription: ein Leitfaden mit Aufgaben für Studenten, Forscher und Laien*. Qualitative Sozialforschung 10. 3. Aufl. Wiesbaden: Verlag für Sozialwissenschaften.

Dix, Cornelia (2021). *Die christliche Predigt im 21. Jahrhundert: Multimodale Analyse einer kommunikativen Gattung*. Wissen, Kommunikation und Gesellschaft: Schriften zur Wissenssoziologie. Wiesbaden: Springer.

Dörflinger, Gabriele (2015). *Christmann, Jakob (1554–16.6.1613): Materialsammlung*. Homo Heidelbergensis mathematicus: Heidelberger Texte zur Mathematikgeschichte. Heidelberg: Universitätsbibliothek Heidelberg.

Douglas, Jack D. (Hrsg.) (1970). *Understanding Everday Life: Toward the Reconstruction of Sociological Knowledge*. Chicago: Aldine Publishing.

Dresing, Thorsten, und Thorsten Pehl (2020). „Transkription: Implikationen, Auswahlkriterien und Systeme für psychologische Studien." *Designs und Verfahren*. Bd. 2 von *Handbuch Qualitative Forschung in der Psychologie*. 2 Bde. Hrsg. Günter Mey und Katja Mruck. 2. Aufl. Wiesbaden: Springer, 835–854.

Drude, Sebastian, et al. (2014). „Best Practices in the Creation, Archiving and Dissemination of Speech Corpora at the Language Archive." *Best Practices for Spoken Corpora in Linguistic Research*. Hrsg. Şükriye Ruhi et al. Newcastle upon Tyne: Cambridge Scholars Publishing, 183–207.

Du Bois, John W. (1991). „Transcription Design Principles for Spoken Discourse Research." *Pragmatics: Quarterly Publication of the International Pragmatics Association* 1.1, 71–106.

Duden: das Fremdwörterbuch (2020). Bd. 5. 12. Aufl. Hrsg. Kathrin Kunkel-Razum et al Berlin: Dudenverlag [1960].

Duncan, Starkey, Jr. (1973). „Toward a Grammar for Dyadic Conversation." *Semiotica: Journal of the International Association for Semiotic Studies* 9.1, 29–46.

Duncan, Starkey, Jr. (1974). „On the Structure of Speaker-Auditor Interaction During Speaking Turns." *Language in Society* 3.2, 161–180.

Durand, Jacques, Ulrike Gut und Gjert Kristofferson (Hrsg.) (2014). *The Oxford Handbook of Corpus Phonology*. Oxford: Oxford University Press.

Duranti, Alessandro (1997). *Linguistic Anthropology*. Cambridge textbooks in linguistics. Cambridge: Cambridge University Press.

Duranti, Alessandro (2006). „Transcripts, like Shadows on a Wall.“ *Mind, Culture, and Activity* 13.4, 301–310.

Dürscheid, Christa (2002). *Einführung in die Schriftlinguistik*. Wiesbaden: Springer.

Dürscheid, Christa (2003). „Medienkommunikation im Kontinuum von Mündlichkeit und Schriftlichkeit: Theoretische und empirische Probleme.“ *Zeitschrift für angewandte Linguistik* 38, 37–56.

Dürscheid, Christa, und Sarah Brommer (2009). „Getippte Dialoge in neuen Medien: Sprachkritische Aspekte und linguistische Analysen.“ *Linguistik online* 37.1, 3–20.

Edwards, Jane A. (1992a). „Computer Methods in Child Language Research: Four Principles for the Use of Archived Data.“ *Journal of Child Language* 19.2, 435–458.

Edwards, Jane A. (1992b). „Design Principles in the Transcription of Spoken Discourse.“ *Directions in Corpus Linguistics: Proceedings of Nobel Symposium 82, Stockholm*, 4–8 August 1991. Hrsg. Jan Svartvik. Trends in Linguistics: Studies and Monographs 65. Berlin: De Gruyter, 129–148.

Edwards, Jane A. (1993). „Principles and Contrasting Systems of Discourse Transcription.“ *Talking Data: Transcription and Coding in Discourse Research*. Hrsg. Jane A. Edwards und Martin D. Lampert. New York: Psychology Press, 3–31.

Edwards, Jane A. (2001). „The Transcription of Discourse.“ *The Handbook of Discourse Analysis*. Hrsg. Deborah Schiffrin, Deborah Tannen und Heidi E. Hamilton. Malden, Massachusetts: Wiley-Blackwell, 321–348.

Edwards, Jane A. (2003). „Transcription.“ *Aave-Esperanto*. Bd. 1 von *International Encyclopedia of Linguistics*. 4. Bde. Hrsg. William J. Frawley. 2. Aufl. Oxford: Oxford University Press [1992], 445–448.

Edwards, Jane A., und Martin D. Lampert (Hrsg.) (1993). *Talking Data: Transcription and Coding in Discourse Research*. New York: Psychology Press.

Edzard, Lutz (1998). *Polygenesis, Convergence, and Entropy: An Alternative Model of Linguistic Evolution Applied to Semitic Linguistics*. Wiesbaden: Harrassowitz.

Egbert, Maria, Mamiko Yufu und Fumiya Hirataka (2016). „An Investigation of How 100 Articles in the Journal of Pragmatics Treat Transcriptions of English and Non-English Languages.“ *Journal of Pragmatics* 94, 98–111.

Ehlich, Konrad (1979). Bd. 1 von *Verwendungen der Deixis beim sprachlichen Handeln: Linguistisch-philologische Untersuchungen zum hebräischen deiktischen System*. 2 Bde. Forum Linguisticum 24. Frankfurt am Main: Lang.

Ehlich, Konrad (1983). „Text und sprachliches Handeln: die Entstehung von Texten aus dem Bedürfnis nach Überlieferung." Schrift und Gedächtnis: Beiträge zur Archäologie der literarischen Kommunikation. Hrsg. Aleida Assmann, Jan Assmann und Christof Hardmeier. München: Fink, 24–43.

Ehlich, Konrad (1984). „Zum Textbegriff." *Text, Textsorten, Semantik: Linguistische Modelle und maschinelle Verfahren*. Hrsg. Annely Rothkegel und Barbara Sandig. Papiere zur Textlinguistik 52. Hamburg: Buske, 9–25.

Ehlich, Konrad (1986). *Interjektionen*. Lingistische Arbeiten 111. Tübingen: Niemeyer.

Ehlich, Konrad (1991). „Funktional-pragmatische Kommunikationsanalyse: Ziele und Verfahren." *Verbale Interaktion: Studien zur Empirie und Methodologie der Pragmatik*. Hrsg. Dieter Flader. Stuttgart: Metzler, 127–143.

Ehlich, Konrad (1993). „HIAT: A Transcription System for Discourse Data." *Talking Data: Transcription and Coding in Discourse Research*. Hrsg. Jane A. Edwards und Martin D. Lampert. New York: Psychology Press, 123–148.

Ehlich, Konrad (1994). „Funktion und Struktur schriftlicher Kommunikation." Bd. 1 von *Schrift und Schriftlichkeit: Writing and its Use*. 2 Bde. Hrsg. Hartmut Günther und Otto Ludwig. Handbücher zur Sprach- und Kommunikationswissenschaft 10. Berlin: De Gruyter, 18–41.

Ehlich, Konrad (2007a). „Text und sprachliches Handeln: Die Entstehung von Texten aus dem Bedürfnis nach Überlieferung." *Diskurs, Narration, Text, Schrift*. Bd. 3 von *Sprache und sprachliches Handeln*. 3 Bde. Berlin: De Gruyter, 483–507.

Ehlich, Konrad (2007b). „Zu Diskurs, Face-to-face-Kommunikation, Adressat, Diskursanalyse: Einträge aus dem Metzler-Lexikon Sprache." *Diskurs, Narration, Text, Schrift*. Bd. 3 von *Sprache und sprachliches Handeln*. 3 Bde. Berlin: De Gruyter, 3–9.

Ehlich, Konrad (2007c). „‚So kam ich in die IBM': Eine diskursanalytische Studie." *Diskurs, Narration, Text, Schrift*. Bd. 3 von *Sprache und sprachliches Handeln*. 3 Bde. Berlin: De Gruyter, 65–107.

Ehlich, Konrad (2012). „Schrifträume." *Schriftbildlichkeit, Wahrnehmbarkeit, Materialität und Operativität von Notationen*. Hrsg. Sybille Krämer, Eva Cancik-Kirschbaum und Rainer Totzke. Schriftbildlichkeit 1. Berlin: Akademie Verlag, 39–60.

Ehlich, Konrad, et al. (Hrsg.) (1990). *Medizinische und therapeutische Kommunikation: diskursanalytische Untersuchungen*. Opladen: Westdeutscher Verlag.

Ehlich, Konrad, Hans Ramge und Bernd Switalla (1976). „Transkriptionen gesprochener Sprache: Dokumentation (TGSD)." *Studium Linguistik* 3, 116–117.

Ehlich, Konrad, und Angelika Redder (Hrsg.) (1994a). *Gesprochene Sprache: Transkripte und Tondokumente*. PHONAI: Texte und Untersuchungen zum gesprochenen Deutsch 41. Tübingen: Niemeyer.

Ehlich, Konrad, und Angelika Redder (1994b). „Einleitung." *Gesprochene Sprache: Transkripte und Tondokumente*. Hrsg. Konrad Ehlich und Angelika Redder. PHONAI: Texte und Untersuchungen zum gesprochenen Deutsch 41. Tübingen: Niemeyer, 3–17.

Ehlich, Konrad, und Bernd Switalla (1976). „Transkriptionssysteme: eine exemplarische Übersicht." *Studium Linguistik* 2, 78–105.

Ehlich, Konrad, und Jochen Rehbein (1976). „Halbinterpretative Arbeitstranskription." *Linguistische Berichte: Forschung, Information, Diskussion* 45, 21–41.

Ehlich, Konrad, und Jochen Rehbein (1979). „Erweiterte halbinterpretative Arbeitstranskription (HIAT 2): Intonation." *Linguistische Berichte* 59, 51–75.

Ehlich, Konrad, und Jochen Rehbein (1981a). „Zur Notierung nonverbaler Kommunikation für diskursanalytische Zweck: Erweiterte halbinterpretative Arbeitstranskriptionen (HIAT 2)." *Methoden zur Analyse von Face-to-Face-Situationen*. Hrsg. Peter Winkler. Stuttgart: Metzler, 302–329.

Ehlich, Konrad, und Jochen Rehbein (1981b). „Die Wiedergabe intonatorischer, nonverbaler und aktionaler Phänomene im Verfahren HIAT." Bd. 2 von *Zeichenkonstitution: Akten des 2. Semiotischen Kolloquiums Regensburg 1978*. 2 Bde. Hrsg. Annemarie Lange-Seidl. Grundlagen der Kommunikation: Bibliotheksausgabe. Berlin: De Gruyter, 174–186.

Ehlich, Konrad, und Jochen Rehbein (1982). *Augenkommunikation: Methodenreflexion und Beispielanalyse*. Linguistik Aktuell 2. Amsterdam: Benjamins.

El Essawi, Raghda (2011). „Arabic in Latin Script in Egypt: Who Uses it and Why?." *Global English and Arabic: Issues of Language, Culture, and Identity*. Hrsg. Ahmad Al-Issa und Laila S. Dahan. Contemporary studies in descriptive linguistics 31. Oxford: Lang, 253–284.

Elmahdy, Mohamed, et al. (2011). „Rapid Phonetic Transcription Using Everyday Life Natural Chat Alphabet Orthography for Dialectal Arabic Speech Recognition." *IEEE International Conference on Acoustics, Speech and Signal Processing (ICASSP)*, 4936–4939.

Elmahdy, Mohamed, Rainer Gruhn und Wolfgang Minker (2012). *Novel Techniques for Dialectal Arabic speech recognition*. New York: Springer.

Elouakili, Samira (2017). „A Conversation Analysis Approach to Attributable Silence in Moroccan Conversation." *International Research in Education* 5.2, 1–21.

Endress, Gerhard (1982a). „Herkunft und Entwicklung der arabischen Schrift." *Sprachwissenschaft*. Bd. 1 von *Grundriss der arabischen Philologie*. 3. Bde. Hrsg. Wolfdietrich Fischer. Wiesbaden: Reichert, 165–183.

Endress, Gerhard (1982b). „Die Anfänge der arabischen Typographie und die Ablösung der Handschrift durch den Buchdruck." *Sprachwissenschaft*. Bd. 1 von *Grundriss der arabischen Philologie*. 3. Bde. Hrsg. Wolfdietrich Fischer. Wiesbaden: Reichert, 291–296.

Engel, Ulrich (1971). „Bericht über das Forschungsunternehmen ‚Grundstrukturen der deutschen Sprache'." *Sprache und Gesellschaft: Beiträge zur soziolinguistischen Beschreibung der deutschen Gegenwartssprach. Jahrbuch 1970 des Instituts für Deutsche Sprache*. Hrsg. Hugo Moser. Sprache der Gegenwart: Schriften des Instituts für Deutsche Sprache 13. Düsseldorf: Pädagogischer Verlag Schwann, 295–322.

Enzenhofer, Edith, und Katharina Resch (2011). „Übersetzungsprozesse und deren Qualitätssicherung in der qualitativen Sozialforschung." *Forum: Qualitative Sozialforschung* 12.2. ‹https://doi.org/10.17169/fqs-12.2.1652›.

Enzenhofer, Edith, und Katharina, Resch (2013). „Unsichtbare Übersetzung?: Die Bedeutung der Übersetzungsqualität das Fremdverstehen in der qualitativen Sozialforschung." *Going the Distance*. Hrsg. Richard Bettmann und Michael Roslon. Wiesbaden: Springer, 203–229.

Ermisch, Samantha (2011). *Politische Talkshows im arabischen Fernsehen: Die Verwendung von Hochsprache und Dialekt am Beispiel der Fernsehsendung Ḥiwār al-ʿArab*. Diplomarbeit zur Erlangung des akademischen Grades Diplom-Dolmetscherin. Universität Leipzig: Institut für Angewandte Linguistik und Translatologie.

Falk, Daniel (2018). „Sand im Getriebe: Neuronale maschinelle Übersetzung (NMÜ) und Arabisch." *MDÜ: Fachzeitschrift für Dolmetscher und Übersetzer* 6, 10–14.

Falkner, Hermann (1998). „‚Diglossia': Back to the Roots – Diglossie bei Ferguson und Fishman." *Grazer Linguistische Studien* 49, 1–13.

Farag, Rahaf (2019a). „Aspekte der computergestützten Transkription arabisch-deutscher Gesprächsdaten." *Gesprächsforschung: Online-Zeitschrift zur verbalen Interaktion* 20, 270–322.

Farag, Rahaf (2019b). „Conversation-Analytic Transcription of Arabic-German Talk-In-Interaction." *Working Papers in Corpus Linguistics and Digital Technologies: Analyses and methodology* 2. ‹https://doi.org/10.14232/wpcl.2019.2›.

Farag, Rahaf (2021). „Kommunikative Verfahren beim Telefondolmetschen Arabisch-Deutsch in der institutionellen Kommunikation mit Geflüchteten." *Mehrsprachigkeit, Interkulturelle Kommunikation, Sprachvermittlung: Internationale Perspektiven auf DaF und Herkunftssprachen.* Hrsg. Beatrix Kreß et al. Hildesheimer Schriften zur Interkulturellen Kommunikation 10. Frankfurt am Main: Lang, 241–269.

Farag, Rahaf, und Bernd Meyer (2022). „Telefondolmetschen Arabisch-Deutsch: Gesprächstranskription im Spannungsfeld von Mehrsprachigkeit, schriftlichem Standard und Varietätenvielfalt." *Transkription und Annotation gesprochener Sprache und multimodaler Interaktion: Konzepte, Probleme, Lösungen.* Hrsg. Sven Grawunder und Cordula Schwarze. Tübingen: Narr, 219–243.

Farag, Rahaf, und Bernd Meyer (2023). „Coordination in Arabic-German Telephone-based Remote Interpreting." Interpreting: International Journal of Research and Practice in Interpreting (online first). ‹https://doi.org/10.1075/intp.00097.far›.

Farghal, Mohammed, und Ahmed Borini (1996). „Pragmalinguistic Failure and the Translatability of Arabic Politeness Formulas into English: A Case Study of Mahfouz's Awlād Ḥāritna." *INTERFACE: Journal of Applied Linguistics* 11.1, 3–23.

Farghaly, Ali, und Khaled Shaalan (2009). „Arabic Natural Language Processing: Challenges and Solutions." *ACM Transactions on Asian Language Information Processing (TALIP)* 8.4, 1–22.

Farini, Federico (2012). „Interpreting as Mediation for the Bilingual Dialogue between Foreign Citizens and Institutions in Italian Healthcare Settings." *Diversity and Equality in Health and Care* 9, 179–189.

Farini, Federico (2013). „The Pragmatics of Emotions in Interlinguistic Healthcare Settings." *Research in Language: The Journal of University of Lodz* 11.2, 163–187.

Farini, Federico (2015). „Talking Emotions in Multilingual Healthcare Settings: A Qualitative Study of Interpreted-Mediated Interaction in Italian Hospitals." *Interpreter's Newsletter* 20, 123–128.

Ferguson, Charles A. (1959). „Diglossia." *WORD* 15.2, 325–340.

Ferguson, Charles A. (1996). „Epilogue: Diglossia Revisited." *Understanding Arabic: Essays in Contemporary Arabic Linguistics in Honor of El-Said Badawi.* Hrsg. Alaa Elgibali. Kairo: The American University in Cairo Press, 49–67.

Ferguson, Charles A. (1997). „‚Review of Manuel élémentaire d'arabe orientale (parler de Damas)', by Jean Cantineau and Youssef Helbaoui (1953).“ *Structuralist Studies in Arabic Sociolinguistics: Charles A. Ferguson's Papers, 1954–1994.* Studies in Semitic Languages and Linguistics 24. Leiden: Brill, 101–106.

Fernández, Mauro (1993). *Diglossia: A Comprehensive Bibliography, 1960–1990.* Vorw. William F. Mackey. Amsterdam Studies in the Theory and History of Linguistic Science 23. Library and Information Sources in Linguistics 5. Amsterdam: Benjamins.

Fiehler Reinhard, und Wolfgang Sucharowski (Hrsg.) (1992). *Kommunikationsberatung und Kommunikationstraining: Anwendungsfelder der Diskursforschung.* Opladen: Westdeutscher Verlag.

Fiehler, Reinhard (1994). „Analayse- und Beschreibungskategorien für geschriebene und gesprochene Sprache. Alles eins?.“ *Writing vs Speaking: Language, Text, Discourse, Communication. Proceedings of the Conference Held at the Czech Language Institute of the Academy of Sciences of the Czech Republic, Prague, October 14–16, 1992.* Hrsg. Světla Čmejrková, František Daneš und Eva Havlová. Tübinger Beiträge zur Linguistik 392. Tübingen: Narr, 175–180.

Fiehler, Reinhard (1995). „Kommunikationsanalyse an der Fakultät für Linguistik und Literaturwissenschaft der Universität Bielefeld.“ *Untersuchungen zur Kommunikationsstruktur.* Hrsg. Reinhard Fiehler und Dieter Metzing. Bielefelder Schriften zu Linguistik und Literaturwissenschaft 5. Bielefeld: Aisthesis, 9–20.

Fiehler, Reinhard (2000). „Gesprochene Sprache: Gibt's die?.“ *Jahrbuch der ungarischen Germanistik 2000.* Hrsg. Vilmos Ágel und Andreas Herzog. Budapest und Bonn: Gesellschaft ungarischer Germanisten und Deutscher Akademischer Austauschdienst, 93–104.

Fiehler, Reinhard (2011). „Mündliche Verständigung und gesprochene Sprache.“ *Deutsch aktuell 2: Einführung in die Tendenzen der deutschen Gegenwartssprache.* Hrsg. Sandro M. Moraldo. Lingue e Letterature Carocci 128. Rom: Carocci, 83–107.

Fiehler, Reinhard (2016). „Gesprochene Sprache.“ *Die Grammatik: Unentbehrlich für richtiges Deutsch.* Bd. 4 von *Duden.* Hrsg. Angelika Wöllstein und Dudenredaktion 9. Aufl. Mannheim: Dudenverlag [2005], 1175–1256.

Fiehler, Reinhard, et al. (2004). *Eigenschaften gesprochener Sprache.* Studien zur Deutschen Sprache: Forschungen des Instituts für Deutsche Sprache 30. Tübingen: Narr.

Fiehler, Reinhard, Peter Schröder und Peter Wagener (2007). „Analyse und Dokumentation gesprochener Sprache am IDS." *Sprach-Perspektiven: Germanistische Linguistik und das Institut für Deutsche Sprache.* Hrsg. Heidrun Kämper und Ludwig M. Eichinger. Studien zur deutschen Sprache 40. Tübingen: Narr, 331–365.

Fiehler, Reinhard, und Reinhold Schmitt (2009). „Die Vermittlung kommunikativer Fähigkeiten als Kommunikation: Kommunikationstrainings als Gegenstand der Gesprächsanalyse." *Analyse und Vermittlung von Gesprächskompetenz.* Hrsg. Michael Becker-Mrotzek und Gisela Brünner. forum ANGEWANDTE LINGUISTIK 43. 2. Aufl. Frankfurt am Main: Lang [2004], 113–135.

Fiehler, Reinhard, und Reinhold Schmitt (2011). „Gesprächstraining." *Angewandte Linguistik: ein Lehrbuch.* Hrsg. Karlfried Knapp et al. UTB 8275. 3. Aufl. Tübingen: Francke [2004], 335–375.

Fine, Elizabeth (1983). „ In Defense of Literary Dialect: A Response to Dennis R. Preston." *The Journal of American Folklore* 96.381, 323–330.

Fischer, Kerstin (Hrsg.) (2006). *Approaches to Discourse Particles.* Studies in Pragmatics 1. Bingley: Emerald.

Fischer, Wolfdietrich (1982a). „Die geschichtliche Rolle des Arabischen." *Sprachwissenschaft.* Bd. 1 von *Grundriss der arabischen Philologie.* 3. Bde. Hrsg. Wolfdietrich Fischer. Wiesbaden: Reichert, 1–5.

Fischer, Wolfdietrich (1982b). „Frühe Zeugnisse des Neuarabischen." *Sprachwissenschaft.* Bd. 1 von *Grundriss der arabischen Philologie.* 3. Bde. Hrsg. Wolfdietrich Fischer. Wiesbaden: Reichert, 83–95.

Fischer, Wolfdietrich (1995). „Zum Verhältnis der neuarabischen Dialekte zum Klassisch-Arabischen." *Dialectologia arabica: A collection of articles in honour of the sixtieth birthday of Professor Heikki Palva.* Hrsg. Tapani Harviainen Studia orientalia 75. Helsinki: Finnish Oriental Society, 75–86.

Fischer, Wolfdietrich, und Otto Jastrow (1979). *Lektionen 1–30.* Bd. 1 von *Lehrgang für die arabische Schriftsprache der Gegenwart.* 2 Bde. 2. Aufl. Wiesbaden: Reichert [1977].

Fischer, Wolfdietrich, und Otto Jastrow (Hrsg.) (1980). *Handbuch der arabischen Dialekte.* Porta linguarum orientalium 16. Wiesbaden: Harrassowitz.

Fishman, Joshua A. (1967). „Bilingualism with and without Diglossia: Diglossia with and without Bilingualism." *Journal of Social Issues* 23.2, 29–38.

Fishman, Joshua A. (1971). *Sociolinguistics: A Brief Introduction.* Rowley, Massachusetts: Newbury House.

Fishman, Joshua A. (2002). „Comment Diglossia and Societal Multilingualism: Dimensions of Similarity and Difference." *International Journal of the Sociology of Language* 157, 93–100.

Fishman, Joshua A., et al. (Hrsg.) (1986). *The Fergusonian Impact: In Honor of Charles A. Ferguson on the Occasion of his 65th Birthday.* 2. Bde. Contributions to the Sociology of Language 42. Berlin: De Gruyter.

Flemming, Johannes, et al. (1893). „Protokollarischer Bericht über die zu Bonn am 15. und 16. September 1893 abgehaltene Generalversammlung der D. M. G." *Zeitschrift der Deutschen Morgenländischen Gesellschaft* 47.3, XXIII–XXVI.

Flick, Uwe (2009). *Qualitative Sozialforschung: eine Einführung.* 2. Aufl. Reinbek bei Hamburg: Rowohlt [2007].

Franck, Dorothea (1989). „Zweimal in den gleichen Fluß steigen?: Überlegungen zu einer reflexiven, prozeßorientierten Gesprächsanalyse." *Zeitschrift für Sprachwissenschaft, Phonetik und Kommunikationsforschung* 42.2, 160–167.

Fritz, Gerd, und Franz Hundsnurscher (Hrsg) (1994). *Handbuch der Dialoganalyse.* Tübingen: Niemeyer.

Fuchs, Reimar (1955). „Breidenbach, Bernhard v." *Neue Deutsche Biographie: Behaim-Bürkel.* Hrsg. Historische Kommission bei der Bayerischen Akademie der Wissenschaften. Bd. 2. Berlin: Duncker & Humblot, 571.

Fück, Johann (1953). „Geschichte der semitischen Sprachwissenschaft." *Semitistik.* Bd. 3 von *Handbuch der Orientalistik.* Abschn. 1/3. Hrsg. Bertold Spuler. Leiden: Brill, 31–39.

Fück, Johann (1954). „Geschichte der Arabistik." *Semitistik.* Bd. 3 von *Handbuch der Orientalistik.* Abschn. 1/3. Hrsg. Bertold Spuler. Leiden: Brill, 341–349.

Fück, Johann (1955). *Die arabischen Studien in Europa bis in den Anfang des 20. Jahrhunderts.* Leipzig: Harrassowitz.

Furchner, Ingrid (2002). „Gespräche im Alltag – Alltag im Gespräch: die Konversationsanalyse." *Arbeitsbuch Linguistik.* Hrsg. Horst M. Müller. Paderborn: Schöningh, 306–328.

Fuß, Susanne, und Ute Karbach (2019). *Grundlagen der Transkription: eine praktische Einführung.* 2. Aufl. Opladen: Budrich [2014].

GAIS (2019). „Auswahlkriterien für einen geeigneten Transkriptionseditor." *GAIS: Gesprächsanalytisches Informationssystem.* ‹http://prowiki.ids-mannheim.de/bin/view/GAIS/AuswahlTranskriptionseditor› (26. September 2021).

Garcés, Carmen Valero (2005). „Doctor-Patient Consultations in Dyadic and Triadic Exchanges." *Interpreting: International Journal of Research and Practice in Interpreting* 7.2, 193–210.

Gardner, Rod (2001). *When Listeners Talk: Response Tokens and Listener Stance.* Pragmatics & Beyond New Series 92. Amsterdam: Benjamins.

Garfinkel, Harold (1967). *Studies in Ethnomethodology*. Englewood Cliffs, New Jersey: Prentice-Hall.

Gavioli, Laura (2012). „Minimal Responses in Interpreter-Mediated Medical Talk." *Coordinating Participation in Dialogue Interpreting*. Hrsg. Claudio Baraldi und Laura Gavioli. Benjamins Translation Library 102. Amsterdam: Benjamins, 201–227.

Georges, Karl Ernst (1918). Bd. 2 von *Ausführliches lateinisch-deutsches Handwörterbuch, aus den Quellen zusammengetragen und mit besonderer Bezugnahme auf Synonymik und Antiquitäten unter Berücksichtigung der besten Hilfsmittel ausgearbeitet*. 2 Bde. 8. Aufl. Hannover: Hahnsche Buchhandlung [1869].

Gil-Bardají, Anna (2020). „Ethics, Accuracy, and Interpreting in Social Settings: Assessing a Non-Professional Interpreter Profile." *Translation and Interpreting Studies* 15.1, 132–152.

Glas, Reinhold, und Konrad Ehlich (2000a). *Deutsche Transkripte 1950 bis 1995: ein Repertorium*. Arbeiten zur Mehrsprachigkeit: Folge A 63. ‹https://www.ehlich-berlin.de/DTR/DTR.HTM› (29. September 2021).

Glas, Reinhold, und Konrad Ehlich (2000b). „Einleitung." *Deutsche Transkripte 1950 bis 1995: ein Repertorium*. Arbeiten zur Mehrsprachigkeit: Folge A 63. ‹https://www.ehlich-berlin.de/DTR/DTR__EIN.HTM› (29. September 2021).

Goffman, Erving (1961). *Encounters: Two Studies in the Sociology of Interaction*. Indianapolis: The Bobbs-Merrill Company.

Goffman, Erving (1966). *Behavior in Public Places: Notes on the Social Organization of Gatherings*. New York: The Free Press.

Goffman, Erving (1971). *Relations in Public: Microstudies of the Public Order*. New York: Basic Books.

Goffman, Erving (1981). *Forms of Talk*. University of Pennsylvania Publications in Conduct and Communication. Philadelphia: University of Pennsylvania Press.

Goodwin, Charles (1981). *Conversational Organization: Interaction between Speakers and Hearers*. Language, Thought, and Culture: Advances in the Study of Cognition. New York: Academic Press.

Goodwin, Charles (1993). „Recording Human Interaction in Natural Settings." *Pragmatics* 3.2, 181–209.

Goodwin, Charles (1994). „Professional Vision." *American Anthropologist* 96.3, 606–633.

Goodwin, Charles (1996). „Transparent Vision." *Interaction and Grammar.* Hrsg. Elinor Ochs, Emanuel A. Schegloff und Sandra A. Thompson. Studies in Interactional Sociolinguistics 13. Cambridge: Cambridge University Press, 370–404.

Götze, Lutz (2014). „Grundstrukturen der deutschen Sprache: eine Zusammenarbeit zwischen dem Goethe-Institut und dem Institut für Deutsche Sprache." *Ansichten und Einsichten: 50 Jahre Institut für Deutsche Sprache.* Hrsg. Institut für Deutsche Sprache. Mannheim: Institut für Deutsche Sprache, 529–532.

Graff, David, et al. (2006). „Lexicon Development for Varieties of Spoken Colloquial Arabic." *Proceedings of the Fifth International Conference on Language Resources and Evaluation (LREC'06).* Hrsg. Nicoletta Calzolari et al. Genua: European Language Resources Association, 999–1004.

Green, Judith, Maria Franquiz und Carol Dixon (1997). „The Myth of the Objective Transcript: Transcribing as a Situated Act." *Tesol Quarterly* 31.1, 172–176.

Gross, Peter (1979). „Gesprochenes verschriften und Miteinanderreden beschreiben: einige Unterschiede und Probleme." *Zeitschrift für Semiotik* 1, 153–159.

Grotzfeld, Heinz (1964). *Laut- und Formenlehre des Damaszenisch-Arabischen.* Abhandlungen für die Kunde des Morgenlandes 35.3. Wiesbaden: Steiner.

Grotzfeld, Heinz (1965). *Syrisch-Arabische Grammatik: Dialekt von Damaskus.* Porta Linguarum Orientalium 8. Wiesbaden: Harrassowitz.

Grotzfeld, Heinz (1980). „Das syrisch-palästinensische Arabisch." *Handbuch der arabischen Dialekte.* Hrsg. Wolfdietrich Fischer und Otto Jastrow. Porta linguarum orientalium 16. Wiesbaden: Harrassowitz, 174–206.

Grotzfeld, Heinz (1995). „Arabische Wortlisten in Pilgerhandbüchern des 15. Jahrhunderts." *Proceedings of the 14th Congress of the Union Européenne des Arabisants et Islamisants: Budapest 29th August-3rd September 1988.* Hrsg. Alexander Fodor. Bd. 2. The Arabist Budapest Studies in Arabic 15–16. Budapest: Eötvös Loránd University, Chair for Arabic Studies, 33–48.

Gruber, Helmut (2001). „Die Struktur von Gesprächssequenzen." Bd. 2 von *Text- und Gesprächslinguistik: ein internationales Handbuch zeitgenössischer Forschung.* 2 Bde. Hrsg. Klaus Brinker et al. Handbücher zur Sprach- und Kommunikationswissenschaft 16. Berlin: De Gruyter, 1226–1241.

Grünert, Max Theodor (1876). „Die Imâla, der Umlaut im Arabischen." *Sitzungsberichte der kaiserlichen Akademie der Wissenschaften: philosophisch-historische Classe* 81.3, 447–542.

Grüter, Majana (2012). *Schwa im Französischen und im marokkanischen Arabisch: Untersuchungen zur phonologischen und phonetischen Variabilität eines instabilen Vokals.* Dissertation zur Erlangung des Grades eines Doktors der Philosophie am Fachbereich Sprach- und Literaturwissenschaft der Universität Osnabrück.

Gülich, Elisabeth, und Lorenza Mondada [u. Mitarb. v. Ingrid Furchner] (2008). *Konversationsanalyse: eine Einführung am Beispiel des Französischen.* Romanistische Arbeitshefte 52. Tübingen: Niemeyer.

Gumperz, John J., und Dell Hymes (Hrsg.) (1972). *Directions in Sociolinguistics: The Ethnography of Communication.* New York: Holt, Rinehart and Winston.

Gumperz, John J., und Norine Berenz (1993). „Transcribing Conversational Exchanges." *Talking Data: Transcription and Coding in Discourse Research.* Hrsg. Jane A. Edwards und Martin D. Lampert. New York: Psychology Press, 91–121.

Günther, Hartmut (1995). „Die Schrift als Modell der Lautsprache." *Osnabrücker Beiträge zur Sprachtheorie* 51, 15–32.

Günthner, Susanne, und Lars Wegner (2017). „Der konversationsanalytische Ansatz." Der *Deutschunterricht: Diskursanalyse(n)* 6, 35–43.

Günthner, Susanne, und Paul J. Hopper (2010). „Zeitlichkeit & sprachliche Strukturen: Pseudoclefts im Englischen und Deutschen." *Gesprächsforschung: Online-Zeitschrift zur verbalen Interaktion* 11, 1–28.

Habash, Nizar (2010). *Introduction to Arabic Natural Language Processing.* Synthesis Lectures on Human Language Technologies 10. San Rafael, CA: Morgan & Claypool Publishers.

Habash, Nizar, Abdelhadi Soudi und Tim Buckwalter (2007). „On Arabic Transliteration." *Arabic Computational Morphology: Knowledge-based and Empirical Methods.* Hrsg. Abdelhadi Soudi, Antal van den Bosch und Günter Neumann. Text, Speech and Language Technology 38. Dordrecht: Springer, 15–22.

Habash, Nizar, et al. (2018). „Unified Guidelines and Resources for Arabic Dialect Orthography." *Proceedings of the Eleventh International Conference on Language Resources and Evaluation (LREC'18).* Hrsg. Nicoletta Calzolari et al. Miyazaki: European Language Resources Association, 3628–3637.

Habash, Nizar, Mona Diab und Owen Rambow (2012). „Conventional Orthography for Dialectal Arabic." *Proceedings of the Eighth International Conference on Language Resources and Evaluation (LREC'12).* Hrsg. Nicoletta Calzolari et al. Istanbul: European Language Resources Association, 711–718.

Hafez, Ola Mohamed (1991). „Turn-Taking in Egyptian Arabic: Spontaneous Speech vs. Drama Dialogue." *Journal of Pragmatics* 15.1, 59–81.

Hahn-Hahn, Ida, Gräfin (1844). *Orientalische Briefe*. 3 Bde. Berlin: Duncker.

Hanebutt-Benz, Eva (2002). „Schriftproben orientalischer Schriften aus europäischen Gießereien." *Sprachen des Nahen Ostens und die Druckrevolution: eine interkulturelle Begegnung*. Katalog und Begleitband zur Ausstellung des Gutenberg-Museums Mainz. Hrsg. Eva Hanebutt-Benz, Dagmar Glaß und Geoffrey Roper; u. Mitarb. v. Theo Smets. Westhofen: WVA-Verlag Skulima, 13–32.

Hanebutt-Benz, Eva, Dagmar Glaß und Geoffrey Roper [u. Mitarb. v. Theo Smets] (Hrsg.) (2002a). *Sprachen des Nahen Ostens und die Druckrevolution: eine interkulturelle Begegnung*. Katalog und Begleitband zur Ausstellung des Gutenberg-Museums Mainz. Westhofen: WVA-Verlag Skulima.

Hanebutt-Benz, Eva, Dagmar Glaß und Geoffrey Roper (2002b). „Exponatsbeschreibungen." *Sprachen des Nahen Ostens und die Druckrevolution: eine interkulturelle Begegnung*. Katalog und Begleitband zur Ausstellung des Gutenberg-Museums Mainz. Hrsg. Eva Hanebutt-Benz, Dagmar Glaß und Geoffrey Roper; u. Mitarb. v. Theo Smets. Westhofen: WVA-Verlag Skulima, 443–517.

Hanisch, Ludmila (2003). Die Nachfolger der Exegeten: Deutschsprachige Erforschung des Vorderen Orients in der ersten Hälfte des 20. Jahrhunderts. Wiesbaden: Harrassowitz.

Harff, Arnold von (1860). *Die Pilgerfahrt des Ritters Arnold von Harff von Cöln durch Italien, Syrien, Aegypten, Arabien, Aethiopien, Nubien, Palästina, die Türkei, Frankreich und Spanien, wie er sie in den Jahren 1496–1499 vollendet beschrieben und durch Zeichnungen erläutert hat: Nach den ältesten Handschriften und deren 47 Bildern in Holzschnitt*. Hrsg. Eberhard von Groote. Köln: Heberle.

Harrat, Salima, et al. (2015). „Cross-dialectal Arabic Processing." *Computational Linguistics and Intelligent Text Processing: Sixteenth International Conference on Computational Linguistics and Intelligent Text Processing, CICLing 2015, held in Cairo, Egypt, in April 2015*. Hrsg. Alexander Gelbukh. Bd. 1/2. Lecture Notes in Computer Science 9041. Cham: Springer, 620–632.

Harrer, Gudrun (1993). *Zur Wiedergabe arabischer Wörter in den deutschsprachigen Medien. Problematik, Praxis und Lösungsvorschläge*. Europäische Hochschulschriften 35. Frankfurt am Main: Lang.

Hartig, Katja, und Volker Soßna (2016). *Forschungsdatenmanagement in DFG-Anträgen: Was kann, was soll, was muss beschrieben werden?*. Ergebnisse des Workshops VI im Rahmen der Jahrestagung der Forschungs- und Technologiereferent/innen 2016 am 18./19. Februar in Potsdam. Hannover: Institutionelles Repositorium der Leibniz Universität Hannover. ‹https://www.repo.uni-hannover.de/handle/123456789/284› (27. September 2021).

Harvey, Ross (2012). *Preserving Digital Materials.* 2. Aufl. Berlin: De Gruyter Saur [2005].

Hary, Benjamin H. (1992). *Multiglossia in Judeo-Arabic: with an Edition, Translation and Grammatical Study of the Cairene Purim scroll.* Leiden: Brill.

Hary, Benjamin H. (1996). „The Importance of the Language Continuum in Arabic Multiglossia." *Understanding Arabic: Essays in Contemporary Arabic Linguistics in honor of El-Said Badawi.* Hrsg. Alaa Elgibali. Kairo: The American University in Cairo Press, 69–90.

Hausendorf, Heiko (1997). „Die Körperlichkeit des Sprechens: ein Stilmittel der mündlichen Kommunikation?." *Sprech- und Gesprächsstile.* Hrsg. Margret Selting und Barbara Sandig. Berlin: De Gruyter, 400–426.

Hausendorf, Heiko (2001). „Gesprächsanalyse im deutschsprachigen Raum." Bd. 2 von *Text- und Gesprächslinguistik: ein internationales Handbuch zeitgenössischer Forschung.* 2 Bde. Hrsg. Klaus Brinker et al. Handbücher zur Sprach- und Kommunikationswissenschaft 16. Berlin: De Gruyter, 971–979.

Hausendorf, Heiko (2015). „Interaktionslinguistik." *Sprachwissenschaft im Fokus: Positionsbestimmungen und Perspektiven.* Hrsg. Ludwig M. Eichinger. Jahrbuch des Instituts für Deutsche Sprache 2014. Berlin: De Gruyter, 43–70.

Hausendorf, Heiko, Schmitt, Reinhold, und Wolfgang Kesselheim (Hrsg.) (2016). *Interaktionsarchitektur, Sozialtopographie und Interaktionsraum.* Studien zur Deutschen Sprache: Forschungen des Instituts für Deutsche Sprache 72. Tübingen: Narr.

Hawkins, Peter (1983). „Diglossia revisited." *Language Sciences* 5.1, 1–20.

Hedeland, Hanna (2022). „FAIR-Prinzipien und Qualitätskriterien für Transkriptionsdaten: Empfehlungen und offene Fragen." *Transkription und Annotation gesprochener Sprache und multimodaler Interaktion: Konzepte, Probleme, Lösungen.* Hrsg. Sven Grawunder und Cordula Schwarze. Tübingen: Narr, 345–374.

Hedeland, Hanna, (2021). „Towards Comprehensive Definitions of Data Quality for Audiovisual Annotated Language Resources. " *Selected Papers from the Ninth CLARIN Annual Conference 2020. Virtual Event, 2020, 5–7 October.* Hrsg. Costanza Navarretta und Maria Eskevich. Linköping Electronic Conference Proceedings 180. Linköping: Linköping University Electronic Press, 93–103.

Hedeland, Hanna, Daniel Jettka und Timm Lehmberg (2014). „Vernetzung statt Vereinheitlichung: Digitale Forschungsinfrastrukturen in den Geisteswissenschaften.“ *b.i.t. online* 17.5, 446–455.

Henkel, Willi (1977). *Die Druckerei der Propaganda Fide: eine Dokumentation.* Beiheft 5 zu „Communicatio Socialis: Zeitschrift für Publizistik in Kirche und Welt“. München: Schöningh.

Henne, Helmut, und Helmut Rehbock (2001). *Einführung in die Gesprächsanalyse.* 4. Aufl. Berlin: De Gruyter [1979].

Hennig, Mathilde (2006). *Grammatik der gesprochenen Sprache in Theorie und Praxis.* Kassel: kassel university press.

Hepburn, Alexa, und Galina B. Bolden (2013). „The Conversation Analytic Approach to Transcription.“ *The Handbook of Conversation Analysis.* Hrsg. Jack Sidnell und Tanya Stivers. Chichester, West Sussex: Wiley-Blackwell, 57–76.

Heritage, John (1984). *Garfinkel and Ethnomethodology.* Cambridge: Polity Press.

Hermann, Brockhaus (1863). „Die Transcription des Arabischen Alphabets.“ *Zeitschrift der Deutschen Morgenländischen Gesellschaft* 17.3, 441–543.

Hess-Lüttich, Ernest W. B. (1981). „Zur Notation multimedialer Kommunikation.“ Bd. 2 von *Zeichenkonstitution: Akten des 2. Semiotischen Kolloquiums Regensburg 1978.* 2 Bde. Hrsg. Annemarie Lange-Seidl. Grundlagen der Kommunikation: Bibliotheksausgabe. Berlin: De Gruyter, 72–79.

Heyd, Wilhelm von (1876). „Breidenbach, Bernhard v.“ *Allgemeine Deutsche Biographie: Bode v. Carlowitz.* Hrsg. Historische Kommission bei der Königlichen Akademie der Wissenschaften. Bd. 3. Leipzig: Duncker & Humblot, 285.

Heyd, Wilhelm von (1879). „Harff, Arnold Ritter v.“ *Allgemeine Deutsche Biographie: Gruber-Hassencamp.* Hrsg. Historische Kommission bei der Königlichen Akademie der Wissenschaften. Bd. 10. Leipzig: Duncker & Humblot, 599–600.

Hirschmann, Hagen (2019). *Korpuslinguistik: eine Einführung.* Stuttgart: Metzler.

Hoffmann, Ludger (2018). „Grammatik und gesprochene Sprache im Diskurs.“ *Sprache im kommunikativen, interaktiven und kulturellen Kontext.* Hrsg. Arnulf Deppermann und Silke Reineke. Germanistische Sprachwissenschaft um 2020, Bd. 3. Berlin: De Gruyter, 5–28.

Hohenstein, Christiane (1999). „Sprecherexothesen im Japanischen (I): Vokallängung und ‚ano‘.“ *Sprachtheorie und sprachliches Handeln: Festschrift für Jochen Rehbein zum 60. Geburtstag.* Hrsg. Kristin Bührig und Yaron Matras. Tübingen: Stauffenburg, 265–279.

Hohenstein, Christiane, und Shinichi Kameyama (2000). „Zur kontrastiven Analyse von sprachlichen Ausdrucksmitteln in Expertendiskursen: am Beispiel japanischer und deutscher Vortrags- und Planungsdiskurse." *Text/Diskurs, Oralität/Literalität unter dem Aspekt mehrsprachiger Kommunikation: Beiträge zum Workshop „Methodologie und Datenanalyse"*. Hrsg. Bernd Meyer und Notis Toufexis. Arbeiten zur Mehrsprachigkeit: Folge B 11. Hamburg: Universität Hamburg, Sonderforschungsbereich 538 Mehrsprachigkeit, 26–44.

Holes, Clive (2004). *Modern Arabic: Structures, Functions, and Varieties*. 2. Aufl. Washington, D.C: Georgetown University Press [1995].

Holes, Clive (2013). „Orality, Culture, and Language." *The Oxford Handbook of Arabic Linguistics*. Hrsg. Jonathan Owens. Oxford: Oxford University Press, 281–299.

Hoogeweg, Hermann (1887). „Oliver von Paderborn" *Allgemeine Deutsche Biographie: Noort-Ovelacker*. Hrsg. Historische Kommission bei der Königlichen Akademie der Wissenschaften. Bd. 24. Leipzig: Duncker & Humblot, 305–308.

Hornemann, Friedrich Konrad (1802a). *Fr. Hornemann's Tagebuch seiner Reise von Cairo nach Murzuck der Hauptstadt des Königreichs Fessan in Afrika in den Jahren 1797 und 1798: aus der teutschen Handschrift desselben*. Hrsg. Carl König. Weimar: Verlage des Landes-Industrie-Comptoirs.

Hornemann, Friedrich Konrad (1802b). *The Journal of Frederick Hornemans Travels, from Cairo to Mourzouk, the Capital of the Kingdom of Fezzan, in Africa: in the Years 1797–8*. Vorw. William Young, Secretary to the African Association. London: Bulmer and Co.

House, Juliane, Bernd Meyer und Thomas Schmidt (2012). „CoSi: A Corpus of Consecutive and Simultaneous Interpreting." *Multilingual Corpora and Multilingual Corpus Analysis*. Hrsg. Thomas Schmidt und Kai Wörner. Hamburg Studies on Multilingualism 14. Amsterdam: Benjamins, 295–304.

Hudson, Alan (1991). „Toward the Systematic Study of Diglossia." *Southwest Journal of Linguistics* 10.1, 1–22.

Hudson, Alan (1992). „Diglossia: A Bibliographic Review." *Language in Society* 21.4, 611–678.

Hudson, Alan (2002). „Outline of a Theory of Diglossia." *International Journal of the Sociology of Language* 157, 1–48.

Hundsnurscher, Franz, und Edda Weigand (Hrsg.) (1995). *Future Perspectives of Dialogue Analysis*. Beiträge zur Dialogforschung 8. Tübingen: Niemeyer.

Hutchby, Ian, und Robin Wooffitt (1998). *Conversation Analysis: Principles, Practices and Applications*. Cambridge: Polity Press.

Hymes, Dell (1980). *Language in Education: Ethnolinguistic Essays.* Language and ethnography series. Washington, D.C.: Center for Applied Linguistics.

Imo, Wolfgang (2013). *Sprache in Interaktion: Analysemethoden und Untersuchungsfelder.* Linguistik: Impulse & Tendenzen 49. Berlin:: De Gruyter.

Imo, Wolfgang, und Philipp Lanwer (2019). *Interaktionale Linguistik: eine Einführung.* Stuttgart: Metzler.

Instruktionen für die alphabetischen Kataloge der Preussischen Bibliotheken und für den Preussischen Gesamtkatalog (1899). Berlin: Asher & Co.

Instruktionen für die alphabetischen Kataloge der Preuszischen Bibliotheken (1908). 2. Aufl. Berlin: Behrend & Co [1899].

Internationale Organisation für Normung (1984). *Dokumentation: Transliteration von arabischen Buchstaben in lateinische Buchstaben.* ISO 233. Vernier, Genf.

Internationale Organisation für Normung (1993). *Information und Dokumentation: Transliteration von arabischen Buchstaben in lateinische Buchstaben: arabische Sprache; vereinfachte Transliteration.* ISO 233–2. Vernier, Genf.

Internationale Organisation für Normung (2016). *Language Resource Management: Transcription of Spoken Language.* ISO 24624. Vernier, Genf.

Ives, Summer (1950). „A Theory of Literary Dialect." *Tulane Studies in English II*, 137–182.

Izwaini, Sattar (2010). „What Transliteration Standard Do We Aspire to?." *Romanization of Arabic Names. Proceedings of the International Symposium on Arabic Transliteration Standard: Challenges and Solutions.* Abu Dhabi: Ministry of Culture, Youth and Community Development, 51–61.

Jaffe, Alexandra (2007). „Variability in Transcription and the Complexities of Representation, Authority and Voice." *Discourse Studies* 9.6, 831–836.

Jäger, Karl-Heinz (1976). *Untersuchungen zur Klassifikation gesprochener deutscher Standardsprache: Redekonstellationstypen und argumentative Dialogsorten.* Heutiges Deutsch: Linguistische und didaktische Beiträge für den deutschen Sprachunterricht, veröffentlicht vom Institut für Deutsche Sprache und vom Goethe-Institut 11. Linguistische Grundlagen I. München: Huber.

Jäger, Siegfried (1980). „Standardsprache." *Lexikon der germanistischen Linguistik.* Hrsg. Hans Peter Althaus, Helmut Henne und Herbert Ernst Wiegard. 2. Aufl. Tübingen: Niemeyer [1973], 375–379.

Jansen-Winkeln, Karl (2005): „‚Asyndetische' Relativsätze im Ägyptischen und Arabischen." *Studia Semitica et Semitohamitica: Festschrift für Rainer Voigt anläßlich seines 60. Geburtstages am 17. Januar 2004.* Hrsg. Bogdan Burtea, Josef Tropper und Helen Younansardaroud. Altes Orient und Altes Testament 317. Münster: Ugarit-Verlag, 125–136.

Jarrar, Mustafa, et al. (2017). „Curras: An Annotated Corpus for the Palestinian Arabic Dialect.“ *Language Resources & Evaluation* 51.3, 745–775.

Jastrow, Otto (2008). „Das Spannungsfeld von Hochsprache und Dialekt im arabischen Raum.“ *Sterben die Dialekte aus?*. Hrsg. Horst Haider Munske. Vorträge am Interdisziplinären Zentrum für Dialektforschung an der Friedrich-Alexander-Universität Erlangen-Nürnberg, 22.10.-10.12.2007. URN: urn:nbn:de:bvb:29-opus-9532.

Jefferson, Gail (1984). „Transcript Notation.“ *Structures of Social Action: Studies in Conversation Analysis*. Hrsg. J. Maxwell Atkinson und John Heritage Cambridge: Cambridge University Press, ix–xvi.

Jewitt, Carey (Hrsg.) (2009). *The Routledge Handbook of Multimodal Analysis*. London: Routledge.

Jones, William (Hrsg.) (1799). Bd. 1 von *Asiatic Researches; or, Transactions of the Society, Instituted in Bengal, for Inquiring into the History and Antiquities, the Arts, Sciences, and Literature of Asia*. London, Kalkutta: Asiatic Society of Bengal [1788].

Kade, Otto (1963). „Aufgaben der Übersetzungswissenschaft: Zur Frage der Gesetzmäßigkeit im Übersetzungsprozeß.“ *Fremdsprachen: Zeitschrift für Dolmetscher, Übersetzer und Sprachkundige* 2, 83–94.

Kallas, Elie (1994). „Arabophones ou araboscribes?.“ *Annali della Facoltà di lingue e letterature straniere di Ca' Foscari: Serie Orientale* 33.3, 77–96.

Kallmeyer, Werner (1981). „Aushandlung und Bedeutungskonstitution.“ *Dialogforschung: Jahrbuch 1980 des Instituts für Deutsche Sprache*. Hrsg. Peter Schröder und Hugo Steger. Sprache der Gegenwart: Schriften des Instituts für Deutsche Sprache 54. Düsseldorf: Pädagogischer Verlag Schwann, 89–127.

Kallmeyer, Werner (1985). „Handlungskonstitution im Gespräch: Dupont und sein Experte führen ein Beratungsgespräch.“ *Grammatik, Konversation, Interaktion: Beiträge zum Romanistentag 1983*. Hrsg. Elisabeth Gülich und Thomas Kotschi. Linguistische Arbeiten 153. Tübingen: Niemeyer, 81–122.

Kallmeyer, Werner, und Fritz Schütze (1976). „Konversationsanalyse.“ *Studium Linguistik* 1, 1–28.

Kalusky, Werner (2017). *Die Transkription der Sprachlaute des Internationalen Phonetischen Alphabets: Vorschläge zu einer Revision der systematischen Darstellung der IPA-Tabelle*. LINCOM Studies in Phonetics 22. München: LINCOM.

Kameyama, Shinichi (2004). *Verständnissicherndes Handeln: Zur reparativen Bearbeitung von Rezeptionsdefiziten in deutschen und japanischen Diskursen*. Mehrsprachigkeit 14. Münster: Waxmann.

Kästner, Hartmut (1981). *Phonetik und Phonologie des modernen Hocharabisch.* Leizipg: Enzyklopädie.

Kaye, Alan S. (1970). „Modern Standard Arabic and the Colloquials." *Lingua* 24, 374–391.

Kaye, Alan S. (1994). „Formal vs. Informal in Arabic: Diglossia, Triglossia, Tetraglossia, etc., Polyglossia – Multiglossia Viewed as a Continuum." *Zeitschrift für Arabische Linguistik* 27, 47–66.

Kendon, Adam (1967). „Some Functions of Gaze-Direction in Social Interaction." *Acta Psychologica* 26, 22–63.

Kern, Sophie (o. J.). „Kern Corpus." *Talkbank.* ‹https://phon.talkbank.org/access/Other/Arabic/KernArabic.html› (29. Oktober 2021).

Kirchhoff, Katrin (2011). „Language-Specific Models and Systems: Arabic." *Handbook of Natural Language Processing and Machine Translation: DARPA Global Autonomous Language Exploitation.* Hrsg. Joseph Olive, Caitlin Christianson und John McCary. New York: Springer, 520–569.

Kirchhoff, Katrin, und Dimitra Vergyri (2005). „Cross-Dialectal Data Sharing for Acoustic Modeling in Arabic Speech Recognition." *Speech Communication* 46, 37–51.

Kirsten, Peter (1607). *Grammatices Arabicae liber I.* Breslae: Baumann.

Klein, Wolfgang (1985). „Gesprochene Sprache – geschriebene Sprache." *LiLi: Zeitschrift für Literaturwissenschaft und Linguistik* 15.59 (= Sonderheft *Schriftlichkeit*; Hrsg. Wolfgang Klein), 9–35.

Klein, Wolfgang (1993). „Wie ist der Stand der germanistischen Sprachwissenschaft, und was können wir tun, um ihn zu verbessern?." *LiLi: Zeitschrift für Literaturwissenschaft und Linguistik* 23.90/91 (= Sonderheft *Materiale Bedingungen der Linguistik*; Hrsg. Brigitte Schlieben-Lange), 40–52.

Klein, Wolfgang, und Wilfried Schütte (2004). *Transkriptionsrichtlinien für die Eingabe in DIDA.* Mannheim: Institut für Deutsche Sprache. ‹http://agd.ids-mannheim.de/download/dida-trl.pdf› (29. Oktober 2021).

Kloss, Heinz (1978). *Die Entwicklung neuer germanischer Kultursprachen seit 1800.* Sprache der Gegenwart: Schriften des Instituts für Deutsche Sprache 37. 2. Aufl. Düsseldorf: Pädagogischer Verlag Schwann [1952].

Knapp, Karlfried, et al. (Hrsg.) (2011). *Angewandte Linguistik: ein Lehrbuch.* UTB 8275. 3. Aufl. Tübingen: Francke [2004].

Knapp, Karlfried, und Annelie Knapp-Potthoff (1985). „Sprachmittlertätigkeit in interkultureller Kommunikation." *Interkulturelle Kommunikation.* Hrsg. Jochen Rehbein. Kommunikation und Institution 12. Tübingen: Narr, 450–463.

Knetschke, Edeltraud, und Margret Sperlbaum (1967). *Anleitung für die Herstellung der Monographien der Lautbibliothek.* Phonai: Lautbibliothek der europäischen Sprachen und Mundarten. Deutsche Reihe A.2. Basel: Karger.

Knetschke, Edeltraud, und Margret Sperlbaum (1983). *Deutsches Spracharchiv.* Mitteilungen des Instituts für deutsche Sprache 6. 2. Aufl. Mannheim: Institut für Deutsche Sprache [1979].

Koch, Peter, und Wulf Oesterreicher (1985). „Sprache der Nähe – Sprache der Distanz: Mündlichkeit und Schriftlichkeit im Spannungsfeld von Sprachtheorie und Sprachgeschichte." *Romanistisches Jahrbuch* 36, 15–43.

Koch, Peter, und Wulf Oesterreicher (1994). „Schriftlichkeit und Sprache." Bd. 1 von *Schrift und Schriftlichkeit: Writing and its Use.* 2 Bde. Hrsg. Hartmut Günther und Otto Ludwig. Handbücher zur Sprach- und Kommunikationswissenschaft 10. Berlin: De Gruyter, 587–604.

Koch, Peter, und Wulf Oesterreicher (2019). „Mündlichkeit und Schriftlichkeit von Texten." *Textlinguistik: 15 Einführungen und eine Diskussion.* Hrsg. Nina Janich. narr Studienbücher. 2. Aufl. Tübingen: Narr [2008], 191–207.

Kohl, Yvonne (2010). „Kritische Bemerkungen zur analysierenden Person und zu Transkriptübersetzungen in der Gesprächsanalyse." *Übersetzbarkeit zwischen den Kulturen: sprachliche Vermittlungspfade, mediale Parameter, europäische Perspektiven.* Hrsg. Bettina Kremberg, Artur Pelka und Judith Schildt. Frankfurt am Main: Lang, 181–202.

Kohlmayer, Rainer (2018). „Hokuspokus verschwindibus!: Oder vom Scopus zum Skopus." *Die Schnake: Zeitschrift für Sprachkritik, Satire, Literatur* 47 + 48, 2–22.

Koller, Werner [u. Mitarb. v. Kjetil Berg Henjum] (2011). *Einführung in die Übersetzungswissenschaft.* UTB 3520. 8. Aufl. Tübingen: Francke [1979].

König, Katharina (2021). „Mehrsprachigkeit in transmodaler Kommunikation: Praktiken der Sprachalternation in deutsch-arabischen WhatsApp-Chats." *Sprache und Interaktion: Arbeitspapierreihe* 84. ‹http://arbeitspapiere.sprache-interaktion.de/arbeitspapiere/arbeitspapier84.pdf› (3. September 2021).

Kosack, Wolfgang (1971). *Historisches Kartenwerk Ägyptens: altägyptische Fundstellen, mittelalterliches arabisches Ägypten, koptische Kultur (Delta, Mittelägypten, Oberägypten).* 2 Bde. Bonn: Habelt.

Kowal, Sabine, und Daniel C. O'Connell (1995). „Notation und Transkription in der Gesprächsforschung." *KODIKAS / CODE – Ars Semiotica: An International Journal of Semiotics* 18.1–3, 113–138.

Kowal, Sabine, und Daniel C. O'Connell (Hrsg.) (2004). *Zeitschrift für Semiotik* 26.1–2 [= Sonderband zu Interjektionen.]

Krämer, Sybille, Cancik-Kirschbaum und Rainer Totzke (Hrsg.) (2012). *Schriftbildlichkeit, Wahrnehmbarkeit, Materialität und Operativität von Notationen*. Schriftbildlichkeit 1. Berlin: Akademie Verlag.

Krapp, George Philip (1926). „The Psychology of Dialect Writing." The Bookman 63, 522–527.

Krapp, George Philip (1960). Bd. 1 von *The English Language in America*. 2 Bde. 2. Aufl. New York: Ungar [1925].

Krause, Arne (2018). *Transkription deutsch-arabischer Diskurse*. Anhang: Transliterationstabelle. MuM-Multi-Arbeitspapier: Sprachförderung im Mathematikunterricht unter Berücksichtigung der Mehrsprachigkeit – Wirksamkeit und Wirkungen von ein- und zweisprachigen Förderungen. ‹https://www.slm.uni-hamburg.de/germanistik/personen/ehemalige/krause/downloads/transliterationstabelle-deutsch-arabisch.pdf› (27. September 2021).

Krause, Arne, et. al. (2021). „New Migrants, New Challenges? – Activating Multilingual Resources for Understanding Mathematics: Institutional and Interactional Factors." *European Journal of Applied Linguistics* 10.1, 1–30.

Krause, Arne, und Ángela Uribe (2022). „Inhaltliche und methodische Darstellung des Korpus." *Mehrsprachiges Mathematiklernen: Von sprachhomogenen Kleingruppen zum Regelunterricht in sprachlich heterogenen Klassen*. Hrsg. Jonas Wagner et al. Sprach-Vermittlungen 22. Münster: Waxmann, 77–91.

Krug, Maximilian (2022). *Gleichzeitigkeit in der Interaktion: Strukturelle (In) Kompatibilität bei Multiaktivitäten in Theaterproben*. Linguistik: Impulse & Tendenzen 99. De Gruyter: Berlin.

Kuhn, Ernst, und Hans Schnorr von Carolsfeld (1897). *Die Transcription fremder Alphabete: Vorschläge zur Lösung der Frage auf Grund des Genfer „Rapport de la Commission de Transcription" und mit Berücksichtigung von Bibliothekszwecken*. Leipzig: Harrassowitz.

Kühnel, Roland (2008). „Von der *lange de Molière* zur *lange de Zidane*: Gelebte Frakophonie im Libanon." *Mehrsprachigkeit in frankophonen Räumen*. Hrsg. Sabine Bastian und Elisabeth Burr. München: Meidenbauer, 83–95.

Kühnel, Roland (2018). „Der arabische Sprachraum: Einheit in Vielfalt?." *Arabische Sprache im Kontext: Festschrift zu Ehren von Eckehard Schulz*. Hrsg. Beate Backe, Thoralf Hanstein und Kristina Stock. Leipziger Beiträge zur Orientforschung 37. Berlin: Lang, 303–321.

Kuhnt, Eberhard (1958). *Syrisch-arabischer Sprachführer*. Wiesbaden: Harrassowitz.

Kumar, Gaurav, et al. (2014). „Translations of the CallHome Egyptian Arabic Corpus for Conversational Speech Translation." *Proceedings of the Eleventh International Workshop on Spoken Language Translation (IWSLT)*. Hrsg. Marcello Federico, Sebastian Stücker und François Yvon. Lake Tahoe, CA: IWSLT, 244–248.

Kuntz, Blair (2005). „Is the Organization for Standardization (ISO)'s Arabic Transliteration Scheme an Improvement over Library of Congress'?." *MELA Notes* 78, 55–66.

Kuzu, Taha Ertuğrul (2019). *Mehrsprachige Vorstellungsentwicklungsprozesse: Lernprozessstudie zum Anteilskonzept bei deutsch-türkischen Lernenden.* Vorw. Susanne Prediger. Dortmunder Beiträge zur Entwicklung und Erforschung des Mathematikunterrichts 42. Wiesbaden: Springer.

Labov, William (1972). *Sociolinguistic Patterns.* Philadelphia: University of Pennsylvania Press.

Lahrkamp, Helmut (1966). „Harff, Arnold v." *Neue Deutsche Biographie: Grassauer-Hartmann.* Hrsg. Historische Kommission bei der Bayerischen Akademie der Wissenschaften. Bd. 7. Berlin: Duncker & Humblot, 672–673.

Lalouschek, Johanna, und Florian Menz (2002). „Empirische Datenerhebung und Authentizität von Gesprächen." *Grundlagen und Beispielanalysen.* Bd. 1 von *Angewandte Diskursforschung.* 2 Bde. Hrsg. Gisela Brünner, Reinhard Fiehler und Walther Kindt. Radolfzell: Verlag für Gesprächsforschung, 46–68.

Lane, Edward William (1850). „Ueber die Aussprache der arabische Vocale und die Betonung der arabischen Wörter." *Zeitschrift der Deutschen Morgenländischen Gesellschaft* 4, 171–186.

Langenscheidt Latein-Deutsch Online-Wörterbuch (2021). „curare." ‹https://de.langenscheidt.com/latein-deutsch/curare› (28. September 2021).

Langmantel, Valentin (1890). „Schiltberger, Hans S." *Allgemeine Deutsche Biographie: Scheller-Karl Schmidt.* Hrsg. Historische Kommission bei der Königlichen Akademie der Wissenschaften. Bd. 31. Leipzig: Duncker & Humblot, 262–264.

Lapadat, Judith C., und Anne C. Lindsay (1999). „Transcription in Research and Practice: From Standardization of Technique to Interpretive Positionings." *Qualitative Inquiry* 5.1, 64–86.

Lapadat, Judith C. (2000). „Problematizing Transcription: Purpose, Paradigm and Quality." *International Journal of Social Research Methodology* 3.3, 203–219.

Larcher, Pierre (2010). „In Search of a Standard: Dialect Variation and New Arabic Features in the Oldest Arabic Written Documents." *The Development of Arabic as a Written Language.* Supplement to the Proceedings of the Seminar for Arabian Studies 40. Hrsg. Michael C.A. MacDonald. Oxford: Archaeopress, 103–112.

Lauterbach, Gwendolin (2014). „Dolmetscher/inneneinsatz in der qualitativen Sozialforschung: Zu Anforderungen und Auswirkungen in gedolmetschten Interviews." *Forum: Qualitative Sozialforschung* 15.2. ‹https://doi.org/10.17169/fqs-15.2.2025›.

Lehnen, Katrin, und Elisabeth Gülich (1997). „Mündliche Verfahren der Verschriftlichung: zur interaktiven Erarbeitung schriftlicher Formulierungen." *LiLi: Zeitschrift für Literaturwissenschaft und Linguistik* 27.4, 108–136.

Lenk, Uta (1999). „Notation Systems in Spoken Language Corpora." *Handbook of Pragmatics: 1999 Installment*. Hrsg. Jef Verschueren et al. Handbook of Pragmatics 5. Amsterdam: Benjamins, 1–26.

Lepsius, Richard (1849). *Denkmäler aus Ägypten und Äthiopien: nach den Zeichnungen der von seiner Majestät dem Könige von Preussen Friedrich Wilhelm IV nach diesen Ländern gesendeten und in den Jahren 1842–1845 ausgeführten wissenschaftlichen Expedition auf Befehl seiner Majestät herausgegeben und erläutert von C. R. Lepsius*. 5 Bde. Osnabrück: Biblio.

Lepsius, Richard (1855). *Das allgemeine linguistische Alphabet: Grundsätze der Übertragung fremder Schriftsysteme und bisher noch ungeschriebener Sprachen in europäische Buchstaben*. Berlin: Hertz.

Lepsius, Richard (1981). *Standard Alphabet for Reducing Unwritten Languages and Foreign Graphic Systems to a Uniform Orthography in European Letters*. Hrsg. J. Alan Kemp. Amsterdam Studies in the Theory and History of Linguistic Science 5. Amsterdam Classics in Linguistics, 1800–1925. Amsterdam: Benjamins.

Li, Xuansong, Stephen Grimes und Stephanie Strassel (2020). „BOLT Egyptian Arabic-English Word Alignment: Conversational Telephone Speech Training." *Linguistic Data Consortium*. ‹https://catalog.ldc.upenn.edu/LDC2020T05› (29. Oktober 2021).

Liedke, Martina, Angelika Redder und Susanne Scheiter (2002). „Interkulturelles Handeln lehren: ein diskursanalytischer Trainingsansatz." *Methoden und Anwendungsbereiche*. Bd. 2 von *Angewandte Diskursforschung*. 2 Bde. Hrsg. Gisela Brünner, Reinhard Fiehler und Walther Kindt. Radolfzell: Verlag für Gesprächsforschung, 148–179.

Liedtke, Frank, und Astrid Tuchen (Hrsg.) (2018). *Handbuch Pragmatik*. Stuttgart: Metzler.

Liegmann, Hand, und Heike Neuroth (2010). „Einführung." *nestor-Handbuch: Eine kleine Enzyklopädie der digitalen Langzeitarchivierung*. Hrsg. Heike Neuroth et al. Version 2.3. Göttingen: Niedersächsische Staats- und Universitätsbibliothek, 1–10.

Lindermann, Colinda (2017). „Al-Fīrūzābādī *togatus*: Arabische Wörterbücher in der europäischen Frühmoderne." *Geschichte der Germanistik: Historische Zeitschrift für die Philologien* 51/52, 66–74.

Linell, Per (1982). *The Written Language Bias in Linguistics*. Linköping: University of Linköping, Department of Communication Studies, SIC 2.

Linell, Per (2005). *The Written Language Bias in Linguistics: Its Nature, Origins and Transformation*. Routledge Advances in Communication and Linguistic Theory 5. London: Routledge.

Link, Manfred (1963). *Der Reisebericht als literarische Kunstform von Goethe bis Heine*. Inaugral-Dissertation zur Erlangung des Doktorgrades der Philologischen Fakultät der Universität Köln.

Ludwig, Jens, und Harry Enke (Hrsg.) (2013). *Leitfaden zum Forschungsdaten-Management: Handreichungen aus dem WissGrid-Projekt*. Glückstadt: vwh.

Ludwig, Ralph (1988). *Korpus: Texte des gesprochenen Französisch; Materialien I*. ScriptOralia 8. Tübingen: Narr.

Luff, Paul, und Christian Heath (2015). „Transcribing Embodied Action." Bd. 1 von *The Handbook of Discourse Analysis*. 2 Bde. Hrsg. Deborah Schiffrin, Deborah Tannen und Heidi E. Hamilton. 2. Aufl. Malden, Massachusetts: Wiley-Blackwell, 367–390.

Maamouri, Mohamed, et al. (2007). „Fisher Levantine Arabic Conversational Telephone Speech." *Linguistic Data Consortium*. ‹https://catalog.ldc.upenn.edu/LDC2007S02› (29. Oktober 2021).

Maamouri, Mohamed, Tim Buckwalter und Christopher Cieri (2004). „Dialectal Arabic Telephone Speech Corpus: Principles, Tool Design, and Transcription Conventions." *NEMLAR International Conference on Arabic Language Resources and Tools, Cairo, 22–23 Septembre*. ‹https://www.ldc.upenn.edu/sites/www.ldc.upenn.edu/files/nemlar2004-dialectal-arabic-telephone-speech.pdf› (29. Oktober 2021).

Maas, Utz (1986). „‚Die Schrift ist ein Zeichen für das, was in dem Gesprochenen ist.' Zur Frühgeschichte der sprachwissenschaftlichen Schriftauffassung: das aristotelische und nacharistotelische (phonographische) Schriftverständnis." *KODIKAS / CODE – Ars Semiotica: An International Journal of Semiotics* 18.3–4, 247–292.

Maas, Utz (2001). „Nomen und Verb im marokkanischen Arabischen im Horizont des maghrebinischen Sprachbunds: eine morphoprosodische Studie." *Mediterranean Language Review* 13, 55–160.

Maas, Utz (2011). *Marokkanisches Arabisch: die Grundstrukturen*. Lincom Sprachlehrbücher. München: Lincom Europa.

Maas, Utz (2019). *Marokkanisches Arabisch: zur Struktur einer Sprache im Werden*. Digital veröffentlichtes Manuskript. Universität Osnabrück.

Mackey, William F. (1986). „The Polyglossic Spectrum.“ *Sociolinguistics and the Sociology of Language*. Bd. 2 von *The Fergusonian Impact: In Honor of Charles A. Ferguson on the Occasion of his 65th Birthday*. 3. Bde. Hrsg. Joshua A. Fishman et al. Contributions to the Sociology of Language 42. Berlin: De Gruyter, 237–243.

Mangold, Max (1965). *Transliteration und Transkription*. Duden-Beiträge zu Fragen der Rechtschreibung, der Grammatik und des Stils 27. Mannheim: Bibliographisches Institut.

Mangold, Sabine (2004). *Eine „weltbürgerliche Wissenschaft“: Die deutsche Orientalistik im 19. Jahrhundert*. Pallas Athene: Beiträge zur Universitäts- und Wissenschaftsgeschichte 11. Stuttgart: Steiner.

Marçais, William (1930). „La diglossie arabe.“ *L'Enseignement Public: Revue Pédagogique* 104.12, 401–409.

Marchand, Suzanne L. (2009). *German Orientalism in the Age of Empire: Religion, Race, and Scholarship*. Cambridge: Cambridge University Press.

Martini, Mareike (2008). *Deutsch-kubanische Arbeitsbesprechungen: Eine gesprächsanalytische Studie zu gedolmetschter Kommunikation in internationalen Hochschulkooperationen*. Tübingen: Stauffenburg.

Masmoudi, Abir, et al. (2014). „A Corpus and Phonetic Dictionary for Tunisian Arabic Speech Recognition.“ *Proceedings of the Ninth International Conference on Language Resources and Evaluation (LREC'14)*. Hrsg. Nicoletta Calzolari et al. Reykjavik: European Language Resources Association, 306–310.

Mauer, Reiner, und Jonas Recker (2019). „Data Sharing: Von der Sicherung zur langfristigen Nutzung der Forschungsdaten.“ *Forschungsdatenmanagement sozialwissenschaftlicher Umfragedaten: Grundlagen und praktische Lösungen für den Umgang mit quantitativen Forschungsdaten*. Hrsg. Uwe Jensen, Sebastian Netscher und Katrin Weller. Opladen: Budrich, 115–133.

May, Stephen (2011). „Language Rights: The ‚Cinderella‘ Human Right.“ *Journal of Human Rights* 10.3, 265–289.

Maynard, Douglas W. (2013). „Everyone and No One to Turn to: Intellectual Roots and Contexts for Conversation Analysis.“ *The Handbook of Conversation Analysis*. Hrsg. Jack Sidnell und Tanya Stivers. Chichester, West Sussex: Wiley-Blackwell, 11–31.

McEnery, Tony, Andrew Hardie und Nagwa Younis (Hrsg.) (2019). *Arabic Corpus Linguistics*. Edinburgh: Edinburgh University Press.

Meer, Dorothee (2007). „‚ich wollte ja eigentlich mittagessen‘: Zur Notwendigkeit und den Möglichkeiten der Didaktisierung gesprächsanalytischer Daten für Fortbildungszwecke.“ *Gesprächsforschung: Online-Zeitschrift zur verbalen Interaktion* 8, 117–159.

Meer, Dorothee (2009). „,ich muss ja zugeben, dass ich das häufig genauso mach': Arbeit mit Transkripten in gesprächsanalytisch fundierten Fortbildungen." *Die Arbeit mit Transkripten in Fortbildung, Lehre und Forschung.* Hrsg. Karin Birkner und Anja Stukenbrock. Mannheim: Verlag für Gesprächsforschung, 16–25.

Meer, Dorothee, und Carmen Spiegel (Hrsg.) (2009). *Kommunikationstrainings im Beruf: Erfahrungen mit gesprächsanalytisch fundierten Fortbildungskonzepten.* Mannheim: Verlag für Gesprächsforschung.

Meer, Dorothee, und Ina Pick (2019). *Einführung in die Angewandte Linguistik: Gespräche, Texte, Medienformate analysieren.* Stuttgart: Metzler.

Meinhof, Carl (Übers.) (1926). *Phonetische Transkription und Transliteration: nach den Verhandlungen der Kopenhagener Konferenz im April 1925.* Original bearb. v. Otto Jespersen und Holger Pedersen. Heidelberg: Winters Universitätsbuchhandlung.

Meiseles, Gustav (1980). „Educated Spoken Arabic and the Arabic Language Continuum." *Archivum Linguisticum: A Review of Comparative Philology and General Linguistics* 11.2, 118–148.

Mejdell, Gunvor (2006). *Mixed Styles in Spoken Arabic in Egypt: Somewhere between Order and Chaos.* Studies in Semitic Languages and Linguistics 48. Leiden: Brill.

Menu, Heinrich [Bearb. v. Ernst Heinrich Toelken] (1824). *Reise zum Tempel des Jupiter Ammon in der libyschen Wüste und nach Ober-Aegypten in den Jahren 1820 und 1821: mit einem Atlas von 38 Tafeln und einer Karte des Karavanenzuges.* Berlin: Bücker.

Meyer, Bernd (1998). „What Transcriptions of Authentic Discourse can Reveal about Interpreting." *Interpreting: International Journal of Research and Practice in Interpreting* 3.1, 65–83.

Meyer, Bernd (2002). „Untersuchungen zu den Aufgaben des interkulturellen Mittelns." *Übersetzen und Dolmetschen: Eine Orientierungshilfe.* Hrsg. Joanna Best und Sylvia Kalina. UTB 2329. Tübingen: Francke, 51–59.

Meyer, Bernd (2004). *Dolmetschen im medizinischen Aufklärungsgespräch: Eine diskursanalytische Untersuchung zur Arzt-Patienten-Kommunikation im mehrsprachigen Krankenhaus.* Mehrsprachigkeit 13. Münster: Waxmann.

Meyer, Bernd (2019). „Corpus-based Studies on Interpreting and Pragmatics." *The Routledge Handbook of Translation and Pragmatics.* Hrsg. Rebecca Tipton und Louisa Desilla. London: Routledge, 75–92.

Meyer, Bernd (2021). „Entwicklungslinien der deutschen Forschung zum Dolmetschen im soziokulturellen Kontext." *Entwicklungslinien des Dolmetschens im soziokulturellen Kontext: Translationskultur(en) im DACH-Raum.* Hrsg. Sonja Pöllabauer und Mira Kadrić. Tübingen: Narr Francke Attempto, 113–126.

Meyer, Bernd, und Rahaf Farag (2023). *Telephone Interpreting German-Arabic (TIGA) / Telefondolmetschen Arabisch-Deutsch (TeDo)* (Version 1.0) [Data set]. ‹http://doi.org/10.25592/uhhfdm.13191›.

Miller, Konrad (1926). *Mappae Arabicae: Die arabischen Welt- und Länderkarten des 9.-13. Jahrhunderts in arabischer Urschrift, lateinischer Transkription und Übertragung in neuzeitliche Kartenskizzen*. Bd. 1/5. Stuttgart: Selbstverlag.

Mishler, Elliot G. (2003). "Representing Discourse: The Rhetoric of Transcription." *Turning Points in Qualitative Research: Tying Knots in a Handkerchief*. Hrsg. Yvonna S. Lincoln und Norman K. Denzin. Crossroads in qualitative inquiry 3. Walnut Creek, Kalifornien: AltaMira Press, 297–326.

Mitchell, Terence F. (1980). „Dimensions of Style in a Grammar of Educated Spoken Arabic." *Archivum Linguisticum: A Review of Comparative Philology and General Linguistics* 11.2, 89–106.

Mitchell, Terence F. (1984). *Soziolinguistische und stilistische Aspekte des gesprochenen Arabisch der Gebildeten (Educated Spoken Arabic) in Ägypten und der Levante*. Sitzungsberichte der sächsischen Akademie der Wissenschaft zu Leipzig. Philologisch-historische Klasse 123.6. Berlin: Akademie.

Mondada, Lorenza (2007). „Commentary: Transcript Variations and the Indexicality of Transcribing Practices." *Discourse Studies* 9.6, 809–821.

Mondada, Lorenza (2011). „Understanding as an Embodied, Situated and Sequential Achievement in Interaction." *Journal of Pragmatics* 43.2, 542–552.

Mondada, Lorenza (2013). „The Conversation Analytic Approach to Data Collection." *The Handbook of Conversation Analysis*. Hrsg. Jack Sidnell und Tanya Stivers. Chichester, West Sussex: Wiley-Blackwell, 32–56.

Mondada, Lorenza (2016). „Challenges of Multimodality: Language and the Body in social Interaction." *Journal of Sociolinguistics* 20, 336–366.

Mondada, Lorenza (2017). „Conversation Analysis." *The Routledge Handbook of Language and Dialogue*. Hrsg. Edda Weigand. London: Routledge, 26–45.

Mondada, Lorenza (2019a). *Conventions for Multimodal Transcribing Multimodality*. ‹https://www.lorenzamondada.net/multimodal-transcription› (29. Oktober 2021).

Mondada, Lorenza (2019b). „Transcribing Silent Actions: A Multimodal Approach of Sequence Organization." *Social Interaction: Video-based Studies of Human Sociality* 2.1. ‹https://doi.org/10.7146/si.v2i1.113150›.

Moore, Robert J. (2015). „Featured Debate: Automated Transcription." *Research on Language and Social Interaction* 48.3, 253–270.

Mörth, Karlheinz (2018). „Arabic Lexicography in the Internet Era." *The Routledge Handbook of Lexicography*. Hrsg. Pedro A. Fuertes-Olivera. London: Routledge, 503–517.

Mörth, Karlheinz, und Tanja Wissik (2018). „Digitale Sprachressourcen in Österreich." *Digitale Infrastrukturen für die germanistische Forschung.* Hrsg. Henning Lobin, Roman Schneider und Andreas Witt. Germanistische Sprachwissenschaft um 2020, Bd. 6. Berlin: De Gruyter, 73–88.

Mozer, Isolde (Hrsg.) (2010). *Bernhard von Breydenbach: Peregrinatio in terram sanctam – eine Pilgerreise ins Heilige Land.* Frühneuhochdeutscher Text und Übersetzung. Berlin: De Gruyter.

Mroczynski, Robert (2014). *Gesprächslinguistik: eine Einführung.* narr Studienbücher. Tübingen: Narr.

Mughazy, Mustafa A. (2003). „Discourse Particles Revisited: The Case of *Wallahi* in Egyptian Arabic." *Perspectives on Arabic Linguistics XV: Papers from the Fifteenth Annual Symposium on Arabic Linguistics, Salt Lake City, 2001.* Hrsg. Dilworth B. Parkinson und Samira Farwaneh. Amsterdam Studies in the Theory and History of Linguistic Science 247. Current Issues in Linguistic Theory 4. Amsterdam: Benjamins, 3–17.

Müller, Cornelia, et al. (Hrsg.) (2013). Bd. 1 von *Body, Language, Communication: An International Handbook on Multimodality in Human Interaction.* 2. Bde. Handbücher zur Sprach- und Kommunikationswissenschaft 38.1. Berlin: De Gruyter.

Müller, Cornelia (Hrsg.) (2014). Bd. 2 von *Body, Language, Communication: An International Handbook on Multimodality in Human Interaction.* 2. Bde. Handbücher zur Sprach- und Kommunikationswissenschaft 38.2. Berlin: De Gruyter.

Müller, Friedrich (1897). „Die Transcription fremder Alphabete." *Sitzungsberichte der kaiserlichen Akademie der Wissenschaften: philosophisch-historische Classe* 136.14, 1–12.

Müller, Jürgen E. (1981). „Alltagswissen über face-to-face Situationen und Notationssysteme." Bd. 2 von *Zeichenkonstitution: Akten des 2. Semiotischen Kolloquiums Regensburg 1978.* 2 Bde. Hrsg. Annemarie Lange-Seidl. Grundlagen der Kommunikation: Bibliotheksausgabe. Berlin: De Gruyter, 80–92.

Müller, Walter W. (1982). „Das Altarabische der Inschriften aus vorislamischer Zeit." *Sprachwissenschaft.* Bd. 1 von *Grundriss der arabischen Philologie.* 3. Bde. Hrsg. Wolfdietrich Fischer. Wiesbaden: Reichert, 30–36.

Niebuhr, Carsten (1772). *Beschreibung von Arabien: aus eigenen Beobachtungen und im Lande selbst gesammleten Nachrichten.* Kopenhagen: Möller.

Niebuhr, Carsten (1774). *Reisebeschreibung nach Arabien und andern umliegenden Ländern.* Bd. 1/2. Kopenhagen: Möller.

Niederau, Philipp (2021). „curare, curo." *NAVIGIUM: Latein-Deutsch Wörterbuch.* ‹https://www.navigium.de/latein-woerterbuch/curare?nr=null› (28. September 2021).

Niedzielski, Nancy, und Howard Giles (1996). „Linguistic Accommodation." Bd. 1 von *Kontaktlinguistik: ein internationales Handbuch zeitgenössischer Forschung.* 2 Bde. Hrsg. Hans Goebl et al. Handbücher zur Sprach- und Kommunikationswissenschaft 12. Berlin: De Gruyter, 332–342.

Niehoff-Panagiotidis, Johannes (1994). *Koine und Diglossie.* Mediterranean Language and Culture 10. Wiesbaden: Harrassowitz.

Niemants, Natacha S. A. (2012). „The Transcription of Interpreting Data." *Interpreting: International Journal of Research and Practice in Interpreting* 14.2, 165–191.

Nikander, Pirjo (2008). „Working with Transcripts and Translated Data." *Qualitative Research in Psychology* 5, 255–231.

Nord, Christiane (1998) „Loyalität statt Treue: Vorschläge zu einer funktionalen Übersetzungstypologie." *Lebende Sprachen* 34.3, 100–105.

Norrick, Neal R. (2011). „Interjections." *Pragmatics of Society.* Hrsg. Gisle Andersen und Karin Aijmer. Handbools of Pragmatics 5. Berlin: De Gruyter, 243–292.

Norrick, Neal R. (2014). „Interjections." *Corpus Pragmatics: A Handbook.* Hrsg. Karin Aijmer und Christoph Rühlemann. Cambridge: Cambridge University Press, 249–275.

O'Connell, Daniel C. (1993). „The Spoken Flies Away, the Written Stays Put." *LiLi: Zeitschrift für Literaturwissenschaft und Linguistik* 23.90/91 (= Sonderheft *Materiale Bedingungen der Linguistik*, hrsg. von Brigitte Schlieben-Lange), 178–186.

O'Connell, Daniel C., und Sabine Kowal (1999). „Transcription and the Issue of Standardization." *Journal of Psycholinguistic Research* 28.2, 103–120.

Ochs, Elinor (1979). „Transcription as Theory." *Developmental Pragmatics.* Hrsg. Elinor Ochs und Bambi B. Schieffelin. New York: Academic Press, 43–72.

Olive, Joseph, Caitlin Christianson und John McCary (Hrsg.) (2011). *Handbook of Natural Language Processing and Machine Translation: DARPA Global Autonomous Language Exploitation.* New York: Springer.

Oliverus, Thomas (1894). „Historia de ortu Jerusalem et eius variis eventibus" [„Geschichte vom Anfang Jerusalems und von seinen Wechselfällen"]. *Die Schriften des Kölner Domscholasters, späteren Bischofs von Paderborn und Kardinalbischofs von S. Sabina Oliverus.* Hrsg. Hermann Hoogeweg. Bibliothek des Litterarischen Vereins in Stuttgart 202. Stuttgart: Literarischer Verein in Stuttgart, 25–79.

Olson, David R. (1994). *The World on Paper: The Conceptual and Cognitive Implications of Writing and Reading.* Cambridge: Cambridge University Press.

Orozco-Jutorán, Mariana (2018). „The TIPp Project: Developing Technological Resources Based on the Exploitation of Oral Corpora to Improve Court Interpreting.“ *inTRAlinea: Online Translation Journal* 20 (= *Special Issue: New Findings in Corpus-based Interpreting;* Hrsg. Claudio Bendazzoli, Mariachiara Russo und Bart Defrancq). ‹https://www.intralinea.org/index.php/specials/article/the_tipp_project› (29. Oktober 2021).

Oßwald, Achim Regine Scheffel und Heike Neuroth (2012). „Langzeitarchivierung von Forschungsdaten: einführende Überlegungen.“ *Langzeitarchivierung von Forschungsdaten: eine Bestandsaufnahme.* Hrsg. Heike Neuroth et al. nestor: Kompetenznetzwerk Langzeitarchivierung und Langzeitverfügbarkeit digitaler Ressourcen für Deutschland. Boizenburg: vwh, 13–21.

Ost, Bernhard (2017). *Dimensionen der Bedeutungskonstitution in verbaler Interaktion.* Inaugral-Dissertation zur Erlangung des Doktorgrades der Philosophie (Dr. phil.) durch die Philosophische Fakultät der Heinrich-Heine-Universität Düsseldorf.

Owens, Jonathan (2013). „History.“ *The Oxford Handbook of Arabic Linguistics.* Hrsg. Jonathan Owens. Oxford: Oxford University Press, 451–471.

Owens, Jonathan, und Trent Rockwood (2008). „Yaʕni: What it (Really) Means.“ *Perspectives on Arabic Linguistics XXI: Papers from the Twenty-First Annual Symposium on Arabic Linguistics, Provo, Utah, March 2007.* Hrsg. Dilworth B. Parkinson. Amsterdam Studies in the Theory and History of Linguistic Science 301. Current issues in linguistic theory 4. Amsterdam: Benjamins, 83–113.

Palfreyman, David, und Muhamed al Khalil (2003). „‚A Funky Language for Teenz to Use‘: Representing Gulf Arabic in Instant Messaging.“ *Journal of Computer-Mediated Communication* 9.1. ‹https://doi.org/10.1111/j.1083-6101.2003.tb00355.x›.

Palva, Heikki (2006). „Dialects: Classification.“ *Bd. 1 von Encyclopedia of Arabic Language and Linguistics.* Hrsg. Kees Versteegh. 5 Bde. Leiden: Brill, 604–613.

Panović, Ivan (2018). „‚You Don’t Have Enough Letters to Make this Noise‘: Arabic Speakers’ Creative Engagements with the Roman Script.“ *Language Sciences* 65, 70–81.

Paret, Rudi (1966). Arabistik und Islamkunde an deutschen Universitäten: Deutsche Orientalisten seit Theodor Nöldeke. Wiesbaden: Steiner.

Pehlivanian, Meliné (Hrsg.) (2006). *Exotische Typen: Buchdruck im Orient – Orient im Buchdruck.* Vorw. Barbara Schneider-Kempf. Red. Siegfried Schmitt. Ausstellung der Staatsbibliothek zu Berlin: Preußischer Kulturbesitz, 7. April bis 10. Juni 2006. Berlin: Staatsbibliothek zu Berlin.

Pfeiffer, Ida (1856). *Reise einer Wienerin in das heilige Land, nämlich: von Wien nach Konstantinopel, Brussa, Beirut, Jaffa, Jerusalem, dem Jordan und todten Meere, nach Nazareth, Damaskus, Balbeck und dem Libanon, Alexandrien, Kairo, durch die Wüste an das rothe Meer, und zurück über Malta, Sicilien, Neapel, Rom u.s.w.; unternommen im März bis Dezember 1842; nach den Notaten ihrer sorgfältig geführten Tagebücher von ihr selbst beschrieben.* 2 Bde. 4. Aufl. Wien: Dirnböck [1943].

Pöllabauer, Sonja (2005). *„I don't understand your English, Miss.": Dolmetschen bei Asylanhörungen.* Translationswissenschaft 2. Tübingen: Narr.

Pouliquen, Bruno, et al. (2005). „Multilingual Person Name Recognition and Transliteration." *Corela: Cognition, représentation, langage* 2, 1–23.

Preissler, Hoger (1995). „Die Anfänge der Deutschen Morgenländischen Gesellschaft." *Zeitschrift der Deutschen Morgenländischen Gesellschaft* 145.2, 241–327.

Preston, Dennis R. (1982). „‚Ritin' Fowklower Daun 'Rong: Folklorists' Failures in Phonology." *The Journal of American Folklore* 95.377, 304–326.

Preston, Dennis R. (1983). „Mowr Bayud Spellin': A Reply to Fine." *The Journal of American Folklore* 96.381, 330–339.

Preston, Dennis R. (1985). „The Li'l Abner Syndrome: Written Representations of Speech." *American Speech* 60.4, 328–336.

Preston, Dennis R. (2000). „Mowr and Mowr Bayud Spellin': Confessions of a Sociolinguist." *Journal of Sociolinguistics* 4.4, 614–621.

Prunč, Erich (2007). *Entwicklungslinien der Translationswissenschaft: Von den Asymmetrien der Sprachen zu den Asymmetrien der Macht.* TRANSÜD: Arbeiten zur Theorie und Praxis des Übersetzens und Dolmetschens 43. Berlin: Franck & Timme.

Przyborski, Aglaja, und Monika Wohlrab-Sahr (2014). *Qualitative Sozialforschung: ein Arbeitsbuch.* Lehr- und Handbücher der Soziologie. 4. Aufl. München: Oldenbourg [2008].-

Psathas, George, und Timothy Anderson (1990). „The ‚Practices' of Transcription in Conversation Analysis." *Semiotica: Journal of the International Association for Semiotic Studies* 78.1–2, 75–99.

Putnings, Markus, Heike Neuroth und Janna Neumann (Hrsg.) (2021). *Praxishandbuch Forschungsdatenmanagement.* Berlin: De Gruyter Saur.

Ramge, Hans (1978). *Alltagsgespräche: Arbeitsbuch für den Deutschunterricht in der Sekundarstufe II und zum Selbststudium.* Kommunikation/Sprache: Materialien für den Kurs- und Projektunterricht. Frankfurt am Main: Dieserweg.

Raphelengius, Franciscus (1595). *Specimen Charactervm Arabicorvm.* Lugdunum Batavorum: Plantijn.

Rat für Informationsinfrastrukturen (2016). *Begriffsklärungen: Bericht des Redaktionsausschusses Begriffe an den RfII.* RfII Berichte 1. Göttingen. ‹https://rfii.de/download/rfii-berichte-no-1/› (29. Oktober 2021).

Rath, Rainer (1994). „Was ist aus der Erforschung der gesprochenen deutschen Sprache geworden?: Anmerkungen zur Geschichte eines Wissenschaftsgebietes." *Texttyp, Sprechergruppe, Kommunikationsbereich: Studien zur deutschen Sprache in Geschichte und Gegenwart; Festschrift für Hugo Steger zum 65. Geburtstag.* Hrsg. Heinrich Löffler, Karlheinz Jakob und Bernhard Kelle. Berlin: De Gruyter, 375–395.

Rath, Rainer (2001). „Gesprächsschritt und Höreraktivitäten." Bd. 2 von *Text- und Gesprächslinguistik: ein internationales Handbuch zeitgenössischer Forschung.* 2 Bde. Hrsg. Klaus Brinker et al. Handbücher zur Sprach- und Kommunikationswissenschaft 16. Berlin: De Gruyter, 1213–1226.

Rauch, Christoph (2018). „Die Erschließung orientalischer Handschriften an der Staatsbibliothek zu Berlin: Historische Entwicklung und aktuelle Perspektiven im nationalen Kontext." *Bibliotheksdienst* 52.6, 481–495.

Reber, Elisabeth (2018). „Interjektionen." *Handbuch Pragmatik.* Hrsg. Frank Liedtke und Astrid Tuchen. Stuttgart: Metzler, 229–239.

Reber, Elisabeth, und Elizabeth Couper-Kuhlen (2010). „Interjektionen zwischen Lexikon und Vokalität: Lexem oder Lautobjekt?." *Sprache intermedial: Stimme und Schrift, Bild und Ton.* Hrsg. Arnulf Deppermann und Angelika Linke. Jahrbuch des Instituts für Deutsche Sprache 2009. Berlin: De Gruyter, 69–96.

Redder, Angelika (2001). „Aufbau und Gestaltung von Transkriptionssystemen." Bd. 2 von *Text- und Gesprächslinguistik: ein internationales Handbuch zeitgenössischer Forschung.* 2 Bde. Hrsg. Klaus Brinker et al. Handbücher zur Sprach- und Kommunikationswissenschaft 16. Berlin: De Gruyter, 1038–1059.

Redder, Angelika (2002). „Professionelles Transkribieren." *Transkribieren: Medien, Lektüre.* Hrsg. Ludwig Jäger und Georg Stanitzek. München: Fink, 115–131.

Regmi, Krishna, Jennie Naidoo und Paul Pilkington (2010). „Understanding the Processes of Translation and Transliteration in Qualitative Research." *International Journal of Qualitative Methods* 9.1, 16–26.

Rehbein, Jochen (1979). Handlungstheorien. In: Studium Linguistik 7, 1–25.

Rehbein, Jochen (1977). *Komplexes Handeln: Elemente zur Handlungstheorie der Sprache.* Stuttgart: Metzler.

Rehbein, Jochen (1999). „Zum Modus von Äußerungen." *Grammatik und mentale Prozesse.* Hrsg. Angelika Redder und Jochen Rehbein. Tübingen: Stauffenburg, 91–139.

Rehbein, Jochen (2001). „Das Konzept der Diskursanalyse." Bd. 2 von *Text- und Gesprächslinguistik: ein internationales Handbuch zeitgenössischer Forschung.* 2 Bde. Hrsg. Klaus Brinker et al. Handbücher zur Sprach- und Kommunikationswissenschaft 16. Berlin: De Gruyter, 927–945.

Rehbein, Jochen, et al. (2004). *Handbuch für das computergestützte Transkribieren nach HIAT.* Arbeiten zur Mehrsprachigkeit: Folge B 56. Hamburg: Universität Hamburg, Sonderforschungsbereich 538 Mehrsprachigkeit.

Rehbein, Jochen, und Harrie Mazeland (1991). „Kodierentscheidungen: Zur Kontrolle interpretativer Prozesse bei der Kommunikationsanalyse." *Verbale Interaktion: Studien zur Empirie und Methodologie der Pragmatik.* Hrsg. Dieter Flader. Stuttgart: Metzler,166–221.

Rehbein, Jochen, und Shinichi Kameyama (2006). „Pragmatik." Bd. 1 von *Soziolinguistik: ein internationales Handbuch zur Wissenschaft von Sprache und Gesellschaft.* Hrsg. Ulrich Ammon et al. 3 Bde. Handbücher zur Sprach- und Kommunikationswissenschaft 3. 2. Aufl. Berlin: De Gruyter [1988], 556–588.

Reiß, Katharina (1985). „Was heißt Übersetzen?." *Die Übersetzung der Bibel – Aufgabe der Theologie: Stuttgarter Symposium 1984.* Hrsg. Joachim Gnilka und Hans Peter Rüger. Texte und Arbeiten zur Bibel 2. Bielefeld: Luther, 33–47.

Richter, Helmut (1982). „Darstellung und Verwendung verschiedener Transkriptionssysteme und -methoden." Halbbd. 1 von *Dialektologie: ein Handbuch zur deutschen und allgemeinen Dialektforschung.* 2 Halbbde. Hrsg. Werner Besch et al. Handbücher zur Sprach- und Kommunikationswissenschaft 1. Berlin: De Gruyter, 585–597.

Riehl, Claudia Maria (2014). *Sprachkontaktforschung: eine Einführung.* 3. Aufl. Tübingen: Narr [2004].

Rivas-Carmona, María Del Mar (2018). „Conversation Analysis as a Methodologic Tool in the Training and Study of Telephone Interpreting." *Approaches to Telephone Interpretation: Research, Innovation, Teaching and Transference.* Hrsg. Aurora Ruiz Mezcua. Linguistic Insights 250. Bern: Lang, 107–127

Rodinson, Maxime (1964). „Les principes de la translittération, la translittération de l'arabe et la nouvelle norme de l'ISO." *Bulletin des Bibliothèques de France* 9.1, 1–24.

Rohlfing, Katharina, et al. (2006). „Comparison of Multimodal Annotation Tools: Workshop Report." *Gesprächsforschung: Online-Zeitschrift zur verbalen Interaktion* 7, 99–123.

Roper, Geoffrey (2002). „Early Arabic Printing in Europe." *Sprachen des Nahen Ostens und die Druckrevolution: eine interkulturelle Begegnung.* Katalog und Begleitband zur Ausstellung des Gutenberg-Museums Mainz. Hrsg. Eva Hanebutt-Benz, Dagmar Glaß und Geoffrey Roper; u. Mitarb. v. Theo Smets. Westhofen: WVA-Verlag Skulima, 127–150.

Rosenbaum, Gabriel M. (2000). „‚Fuṣḥāmmiyya': Alternating Style in Egyptian Prose." *Zeitschrift für Arabische Linguistik* 38, 68–87.

Roy, Cynthia B. (2000). *Interpreting as a Discourse Process.* New York: Oxford University Press.

Rozovskaya, Alla, Richard Sproat und Elabbas Benmamoun (2006). „Challenges in Processing Colloquial Arabic: The Challenge of Arabic for NLP/MT." *Proceedings of the International Conference at the British Computer Society, London/England*, 4–14.

Ruhi, Şükriye, et al. (2014). „Introduction: Putting Practices in Spoken Corpora into Focus." *Best Practices for Spoken Corpora in Linguistic Research.* Hrsg. Şükriye Ruhi et al. Newcastle upon Tyne: Cambridge Scholars Publishing, 1–17.

Ruoff, Arno (1973). *Grundlagen und Methoden der Untersuchung gesprochener Sprache: Einführung in die Reihe „Idiomatica" mit einem Katalog der ausgewerteten Tonbandaufnahmen.* Idiomatica: Veröffentlichung der Tübinger Arbeitsstelle „Sprache in Südwestdeutschland" 1. Tübingen: Niemeyer.

Rupp, Heinz (1979). „Gesprochenes und geschriebenes Deutsch." *Deutsche Gegenwartssprache: Entwicklungen, Entwürfe, Diskussionen.* Hrsg. Peter Braun. München: Fink, 156–171.

Saadah, Eman (2009). „The ‚How are You?' Sequence in Telephone Openings in Arabic." *Studies in the Linguistic Sciences: Illinois Working Papers*, 171–186.

Saadane, Houda, und Nizar Habash (2015). „A Conventional Orthography for Algerian Arabic." *Proceedings of the Second Workshop on Arabic Natural Language Processing.* Hrsg. Nizar Habash, Stephan Vogel und Kareem Darwish. Peking: Association for Computational Linguistics, 69–79.

Sabuni, Abdulghafur (1980). *Laut- und Formenlehre des Arabischen Dialekts von Aleppo.* Heidelberger Orientalische Studien 2. Frankfurt am Main: Lang.

Sacks, Harvey (1984). „Notes on Methodology." *Structures of Social Action: Studies in Conversation Analysis.* Hrsg. J. Maxwell Atkinson und John Heritage. Cambridge: Cambridge University Press, 21–27.

Sacks, Harvey [Bearb. v. Gail Jefferson] (1995). *Lectures on Conversation.* 2 Bde. Vorw. Emanuel A. Schegloff. Oxford: Blackwell Publishing.

Sacks, Harvey, Emanuel A. Schegloff und Gail Jefferson (1974). „A Simplest Systematics for the Organization of Turn-Taking for Conversation." *Language* 50.4, 696–735.

Said, Edward W. (1978). *Orientalism*. New York: Pantheon Books.

Salaets, Heidi, und Geert Brône (Hrsg.) (2020). *Linking up with Video: Perspectives on Interpreting Practice and Research*. Benjamins Translation Library 149. Amsterdam: Benjamins.

„Satzungen des Vereins ‚Deutsche Morgenländische Gesellschaft' in der am 8. Oktober 1903 von der allgemeinen Versammlung zu Halle a/S. angenommenen und am 28. November dess. J. in das Vereinsregister zu Leipzig eingetragenen Gestalt." (1913). *Zeitschrift der Deutschen Morgenländischen Gesellschaft* 67.4, LXXI–LXXVIII.

„Satzung der Deutschen Morgenländischen Gesellschaft e. V." (2014). *Deutsche Morgenländische Gesellschaft*. Halle an der Saale. ‹https://www.dmg-web.de/page/satzung_de/DMG_Satzung2014.pdf› (29. Oktober 2021).

Sayahi, Lotfi (2014). *Diglossia and Language Contact: Language Variation and Change in North Africa*. Cambridge: Cambridge University Press.

Schank, Gerd, und Gisela Schoenthal (1976). *Gesprochene Sprache: eine Einführung in Forschungsansätze und Analysemethoden*. Germanistische Arbeitshefte 18. Tübingen: Niemeyer.

Schank, Gerd, und Johannes Schwitalla (1980). „Gesprochene Sprache und Gesprächsanalyse." *Lexikon der germanistischen Linguistik*. Hrsg. Hans Peter Althaus, Helmut Henne und Herbert Ernst Wiegard. 2. Aufl. Tübingen: Niemeyer [1973], 313–322.

Schegloff, Emanuel A. (1968). „Sequencing in Conversational Openings." *American Anthropologist* 70.6, 1075–1095.

Schegloff, Emanuel A. (1996). „Turn Organization: One Intersection of Grammar and Interaction." *Interaction and Grammar*. Hrsg. Elinor Ochs, Emanuel A. Schegloff und Sandra A. Thompson. Studies in Interactional Sociolinguistics 13. Cambridge: Cambridge University Press, 52–133.

Schegloff, Emanuel A. (1998). „Reflections on Studying Prosody in Talk-in-Interaction." *Language and Speech* 41.3–4, 235–263.

Schegloff, Emanuel A. (2007). *Sequence Organization in Interaction: A Primer in Conversation Analysis*. Cambridge: Cambridge University Press.

Schegloff, Emanuel A., und Harvey Sacks (1973). „Opening up Closings." *Semiotica: Journal of the International Association for Semiotic Studies* 8.4, 289–327.

Schenkein, Jim (1978). „Explanation of Transcript Notation." *Studies in the Organization of Conversational Interaction*. Hrsg. Jim Schenkein. Language, Thought, and Culture: Advances in the Study of Cognition. New York: Academic Press, xi–xvi.

Schiefer, Lieselotte, und Bernd Pompino-Marschall (1996). „Phonetische Transkription." Bd. 2 von *Schrift und Schriftlichkeit: ein interdisziplinäres Handbuch interdisziplinärer Forschung.* 2 Bde. Hrsg. Hartmut Günther und Otto Ludwig. Handbücher zur Sprach- und Kommunikationswissenschaft 10. Berlin: De Gruyter, 1583–1591.

Schiffrin, Deborah (1987). *Discourse Markers.* Cambridge: Cambridge University Press.

Schiffrin, Deborah (2003). „Discourse Markers." *Aave-Esperanto.* Bd. 1 von *International Encyclopedia of Linguistics.* 4. Bde. Hrsg. William J. Frawley. 2. Aufl. Oxford: Oxford University Press [1992], 458–461.

Schiltberger, Hans (1885). *Hans Schiltbergers Reisebuch nach der Nürnberger Handschrift.* Hrsg. Valentin Langmantel. Bibliothek des Litterarischen Vereins in Stuttgart 172. Tübingen: Laupp.

Schimmelpfennig, Adolf (1882). „Kirstenius, Petrus." *Allgemeine Deutsche Biographie: Kircher-v. Kotzebue.* Hrsg. Historische Kommission bei der Königlichen Akademie der Wissenschaften. Bd. 16. Leipzig: Duncker & Humblot, 34–35.

Schittenhelm, Karin (2017). „Mehrsprachigkeit als methodische Herausforderung in transnationalen Forschungskontexten." *Zeitschrift für Qualitative Forschung* 18.1, 101–115.

Schleiermacher, Andreas August Ernst (1864). *Das harmonische oder allgemeine Alphabet zur Transcription fremder Schriftsysteme in lateinische Schrift, zunächst in seiner Anwendung auf die slawischen und semitischen Sprachen.* Unveränderter Abdruck des von dem Verfasser hinterlassenen Manuscripts. Darmstadt: Jonghaus.

Schleiermacher, Friedrich Daniel Ernst (2009). „Ueber die verschiedenen Methoden des Uebersetzens." *Dokumente zur Theorie der Übersetzung antiker Literatur in Deutschland seit 1800.* Hrsg. Josefine Kitzbichler, Katja Lubitz und Nina Mindt. Transformation der Antike 10. Berlin: De Gruyter, 59–81.

Schlieben-Lange, Brigitte (1993). „Einleitung: Materiale Bedingungen der Sprach- (und Literatur-)wissenschaft." *LiLi: Zeitschrift für Literaturwissenschaft und Linguistik* 23.91/91, 7–22.

Schlott-Kotschote, Achim (2004). *Transkription arabischer Schriften: Vorschläge für eine einheitliche Umschrift arabischer Bezeichnungen.* Islamische Untersuchungen 262. Berlin: Klaus Schwarz.

Schmidt, Thomas (2002). „Gesprächstranskription auf dem Computer: das System EXMARaLDA." *Gesprächsforschung: Online-Zeitschrift zur verbalen Interaktion* 3, 1–23.

Schmidt, Thomas (2004a). „EXMARaLDA: ein Modellierungs- und Visualisierungsverfahren für die computergestützte Transkription gesprochener Sprache." *Proceedings of Konvens 2004.* Hrsg. Ernst Buchberger. Schriftenreihe der Österreichischen Gesellschaft für Artificial Intelligence 5. Wien: ÖGAI, 1–8.

Schmidt, Thomas (2004b). „EXMARaLDA: ein System zur computergestützten Diskurstranskription." *Automatische Textanalyse: Systeme und Methoden zur Annotation und Analyse natürlichsprachlicher Texte.* Hrsg. Alexander Mehler und Henning Lobin. Wiesbaden: VS Verlag für Sozialwissenschaften, 203–218.

Schmidt, Thomas (2005a). *Computergestützte Transkription: Modellierung und Visualisierung gesprochener Sprache mit texttechnologischen Mitteln.* Sprache, Sprechen und Computer: Computer Studies in Language and Speech 7. Frankfurt am Main: Lang.

Schmidt, Thomas (2005b). „Datenarchive für die Gesprächsforschung: Perspektiven, Probleme und Lösungsansätze." *Gesprächsforschung: Online-Zeitschrift zur verbalen Interaktion* 6, 103–126.

Schmidt, Thomas (2007). „Transkriptionskonventionen für die computergestützte gesprächsanalytische Transkription." *Gesprächsforschung: Online-Zeitschrift zur verbalen Interaktion* 8, 229–241.

Schmidt, Thomas (2015). „Vom analogen Archiv zum digitalen Forschungsdatenzentrum: Aktuelle Herausforderungen im Archiv für Gesprochenes Deutsch (AGD)." *FORGE 2015: Forschungsdaten in den Geisteswissenschaften.* Tagungsheft. Hamburg: Projekt „Geisteswissenschaftliche Infrastruktur für Nachhaltigkeit", Fakultät für Geisteswissenschaften der Universität Hamburg, 40–41. ‹https://www.fdm.uni-hamburg.de/ueber-uns/a-nachrichten/aktivitaeten/ forge15/programm.html› (29. September 2021).

Schmidt, Thomas (2016). „Construction and Dissemination of a Corpus of Spoken Interaction: Tools and Workflows in the FOLK Project." *Journal for Language Technology and Computational Linguistics* 31.1, 127–154.

Schmidt, Thomas (2017). „New or Modified Keyboard for Arabic Transliteration #129." *EXMARaLDA GitHub.* ‹https://github.com/Exmaralda-Org/exmaralda/issues/129› (29. Oktober 2019).

Schmidt, Thomas (2018a). „Gesprächskorpora: aktuelle Herausforderungen für einen besonderen Korpustyp." *Korpuslinguistik.* Hrsg. Marc Kupietz und Thomas Schmidt. Germanistische Sprachwissenschaft um 2020; Bd. 5. Berlin: De Gruyter, 209–230.

Schmidt, Thomas (2018b). „ZuMult: das Projekt stellt sich vor.“ *ZuMult: Zugänge zu multimodalen Korpora gesprochener Sprache – Vernetzung und zielgruppenspezifische Ausdifferenzierung.* ‹https://zumult.org/2018/04/11/zumult-das-projekt-stellt-sich-vor› (29. Oktober 2021).

Schmidt, Thomas, et al. (2006). „Avoiding Data Graveyards: From Heterogeneous Data Collected in Multiple Research Projects to Sustainable Linguistic Resources.“ *Proceedings of the EMELD 2006 Workshop on Digital Language Documentation. Tools and Standards: the State of the Art.* Lansing, Michigan. ‹http://emeld.org/workshop/2006/proceedings.html› (29. Oktober 2021).

Schmidt, Thomas, und Kai Wörner (2005). „Erstellen und Analysieren von Gesprächskorpora mit EXMARaLDA.“ *Gesprächsforschung: Online-Zeitschrift zur verbalen Interaktion* 6, 171–195.

Schmidt, Thomas, und Kjell Elenius (2010). „Multimedia Encoding and Annotation: General Distinctions/Terminology.“ *Interoperability and Standards.* Hrsg. Erhard Hinrichs und Iris Vogel. CLARIN-D5C-3; S. 123–126 ‹https://office.clarin.eu/pp/D5C-3.pdf› (12. September 2021).

Schmidt, Thomas, Wilfried Schütte und Jenny Winterscheid (2015). *Konventionen für das computergestützte Transkribieren in Anlehnung an das Gesprächsanalytische Transkriptionssystem 2 (GAT2).* URN: urn:nbn:de:bsz:mh39-46169.

Schmitt, Reinhold (2005). „Zur multimodalen Struktur von turn-taking.“ *Gesprächsforschung: Online-Zeitschrift zur verbalen Interaktion* 6, 17–61.

Schmitt, Reinhold (Hrsg.) (2007a). *Koordination: zur Begründung eines neuen Forschungsgegenstandes.* Studien zur deutschen Sprache: Forschungen des Instituts für Deutsche Sprache 38. Tübingen: Narr.

Schmitt, Reinhold (2007b). „Von der Konversationsanalyse zur Analyse multimodaler Interaktion.“ *Sprach-Perspektiven: Germanistische Linguistik und das Institut für Deutsche Sprache.* Hrsg. Heidrun Kämper und Ludwig M. Eichinger Studien zur Deutschen Sprache: Forschungen des Instituts für Deutsche Sprache 40. Tübingen: Narr, 395–417.

Schmitt, Reinhold (2013). *Körperlich-räumliche Aspekte der Interaktion.* Studien zur deutschen Sprache: Forschungen des Instituts für Deutsche Sprache 64. Tübingen: Narr.

Schmitt, Reinhold (2015). „Positionspapier: Multimodale Interaktionsanalyse.“ *Ko-Konstruktionen in der Interaktion: die gemeinsame Arbeit an Äußerungen und anderen sozialen Ereignissen.* Hrsg. Ulrich Dausendschön-Gay, Elisabeth Gülich und Ulrich Krafft. Bielefeld: transcript, 43–51.

Schneider, Jan Georg (2018). „Medialität.“ *Handbuch Pragmatik.* Hrsg. Frank Liedtke und Astrid Tuchen. Stuttgart: Metzler, 272–281.

Schneider, Richard (2017). „Nach erfolgreichen Tests: BAMF setzt Sprachsoftware zur Dialekterkennung im Arabischen jetzt bundesweit ein.“ *UEPO.de: das Übersetzungsportal* 22. Oktober 2017. ‹https://uepo.de/2017/10/22/nach-erfolgreichen-tests-bamf-setzt-sprachsoftware-zur-dialekterkennung-im-arabischen-jetzt-bundesweit-ein/› (22. April 2021).

Schneider, Richard (2018). „BAMF hat technisch aufgerüstet: Software analysiert arabische Dialekte und transkribiert Namen einheitlich.“ *UEPO.de: das Übersetzungsportal* 7. November 2018. ‹https://uepo.de/2018/11/07/bamf-hat-technisch-aufgeruestet-software-analysiert-arabische-dialekte-und-transkribiert-namen-einheitlich/› (22. April 2021).

Schnierer, Madeleine (2019). *Qualitätssicherung: Die Praxis der Übersetzungsrevision im Zusammenhang mit EN 15038 und ISO 17100.* TRANSÜD: Arbeiten zur Theorie und Praxis des Übersetzens und Dolmetschens 105. Berlin: Franck & Timme.

Schomaker, Sunny Gail (2015). *Resistance is Durable, not Futile: Local Organization in Arabic Immersion Program.* A Dissertation Submitted in Partial Fulfillment of the Requirements for the Degree of Doctor of Philosophy. University of Wisconsin-Madison.

Schreiber, Michael (1998). „Übersetzungstypen und Übersetzungsverfahren.“ *Handbuch Translation.* Hrsg. Mary Snell-Hornby et al. Tübingen: Stauffenburg, 151–154.

Schreiber, Michael (2017). *Grundlagen der Übersetzungswissenschaft: Französisch, Italienisch, Spanisch.* Romanistische Arbeitshefte 49. 2. Aufl. Berlin: De Gruyter [2006].

Schröder, Peter (1975). „Die Untersuchung gesprochener Sprache im Projekt ‚Grundstrukturen der deutschen Sprache‘: Planungen, Probleme, Durchführung.“ *Gesprochene Sprache: Bericht der Forschungsstelle Freiburg.* Hrsg. Ulrich Engel und Irmgard Vogel. Forschungsberichte des Instituts für Deutsche Sprache Mannheim 7. 2. Aufl. Tübingen: Narr [1972], 5–46.

Schubert, Charlotte (2018). „Digitalität als Herausforderung der Geisteswissenschaften.“ *Digital Classics Online* 4.1, 1–4.

Schuster, Jörg (2007). „Reisebericht.“ *Metzler Lexikon Literatur: Begriffe und Definitionen.* Hrsg. Dieter Burdorf, Christoph Fasbender und Burkhard Moennighoff. 3. Aufl. Stuttgart: Metzler [1990], 640–641.

Schütte, Wilfried (2010). „Korpora gesprochener Sprache im IDS und ihre Bearbeitung: von der Aufnahme über Dokumentation und Transkription zur Datenbankrecherche.“ *Kompendium Korpuslinguistik: eine Bestandsaufnahme aus deutsch-tschechischer Perspektive.* Hrsg. Iva Kratochvílová und Norbert Richard Wolf. Heidelberg: Winter, 75–86.

Schütte, Wilfried (2012). „Vergleich von Transkriptionseditoren und ihren Merkmalen." *GAIS: Gesprächsanalytisches Informationssystem.* ‹http://prowiki.ids-mannheim.de/pub/GAIS/AuswahlTranskriptionseditor/Transkriptionseditoren_Vergleich_Tabelle2012.pdf› (29. Oktober 2021).

Schütte, Wilfried (2019). „Architektur von Transkripionssystemen." *Gesprächsanalytisches Informationssystem (GAIS).* ‹http://prowiki.ids-mannheim.de/bin/view/GAIS/ ArchitekturTranskriptionskonventionen› (29. Oktober 2021).

Schütz, Alfred (1932). *Der sinnhafte Aufbau der sozialen Welt: eine Einleitung in die verstehende Soziologie.* Wien: Verlag von Julius Springer.

Schwarze, Cordula (2014). „Theoretische und methodische Überlegungen zur Praxis der gesprächsanalytischen Datensitzung." *Interaktionsforschung: Gesprächsanalytische Fallstudien und Forschungspraxis.* Hrsg. Cordula Schwarze und Carmen Konzett. Sprachwissenschaft 20. Berlin: Frank & Timme, 161–175.

Schwarze, Cordula, und Sven Grawunder (2019). „Call der Sektion Phonetik und Sprechwissenschaft: Transkription und Annotation gesprochener Sprache und multimodaler Interaktion: Konzepte, Probleme, Lösungen." *Einladungsheft der GAL-Sektionentagung 2019 an der Martin-Luther-Universität Halle-Wittenburg.* S. 26–28. ‹https://gal-tagung-2019.sprechwiss.uni-halle.de/files/2019/04/GAL2019-Einladungsheft.pdf› (29. Oktober 2021).

Schwitalla, Johannes (1979). *Dialogsteuerung in Interviews: Ansätze zur Theorie der Dialogsteuerung mit empirischen Untersuchungen von Politiker-, Experten- und Starinterviews in Rundfunk und Fernsehen.* Heutiges Deutsch: Linguistische und didaktische Beiträge für den deutschen Sprachunterricht 1/15. München: Hueber.

Schwitalla, Johannes (1994). „Gesprochene Sprache: dialogisch gesehen." *Handbuch der Dialoganalyse.* Hrsg. Gerd Fritz und Franz Hundsnurscher. Tübingen: Niemeyer, 17–36.

Schwitalla, Johannes (2012). *Gesprochenes Deutsch: eine Einführung.* Grundlagen der Germanistik 33. 4. Aufl. Berlin: Schmidt [1997].

Schwitalla, Johannes (2018). „Was ist ein Gespräch?." *Handbuch Text und Gespräch.* Hrsg. Karin Birkner und Nina Janich. Handbücher Sprachwissen 5. Berlin: De Gruyter, 80–103.

Seetzen, Ulrich Jasper (1859). *Commentare.* Bd. 4 von *Reisen durch Syrien, Palästina, Phönicien, die Transjordan-Länder, Arabia Petraea und Unter-Aegypten: nebst sämmtlichen Original-Charten Seetzen's, von ihm selbst zu seiner Reise gezeichnet und auf seinen Wunsch vervollständigt durch Hinzufügung mehrerer Ortsnamen nach seinen Tagebüchern, so wie der alten Namen der zu bestimmenden Orte.* 4 Bde. Hrsg. Friedrich Kruse. Berlin: Reimer.

Selting, Margret (2001a). „Probleme der Transkription verbalen und paraverbalen/prosodischen Verhaltens." Bd. 2 von *Text- und Gesprächslinguistik: ein internationales Handbuch zeitgenössischer Forschung.* 2 Bde. Hrsg. Klaus Brinker et al. Handbücher zur Sprach- und Kommunikationswissenschaft 16. Berlin: De Gruyter, 1059–1068.

Selting, Margret (2001b). „Fragments of Units as Deviant Cases of Unit Production in Conversational Talk." *Studies in Interactional Linguistics.* Hrsg. Margret Selting und Elizabeth Couper-Kuhlen. Studies in Discourse and Grammar 10. Amsterdam: Benjamins, 229–258.

Selting, Margret (2016). „Praktiken des Sprechens und Interagierens im Gespräch aus der Sicht von Konversationsanalyse und Interaktionaler Linguistik." *Sprachliche und kommunikative Praktiken.* Hrsg. Arnulf Deppermann, Helmuth Feilke und Angelika Linke. Jahrbuch des Instituts für Deutsche Sprache 2015. Berlin: De Gruyter, 27–56.

Selting, Margret, et al. (1998). „Gesprächsanalytisches Transkriptionssystem (GAT)." *Linguistische Berichte* 173, 91–122.

Selting, Margret, et al. (2009). „Gesprächsanalytisches Transkriptionssystem 2 (GAT 2)." *Gesprächsforschung: Online-Zeitschrift zur verbalen Interaktion* 10, 353–402.

Shaalan, Khaled, Abdoul Ella Hassanien und Fahmy Tolba (Hrsg.) (2018). *Intelligent Natural Language Processing: Trends and Applications.* Studies in Computational Intelligence 740. Cham: Springer.

Shoufan, Abdulhadi, und Sumaya Al-Ameri (2015). „Natural Language Processing for Dialectal Arabic: A Survey." *Proceedings of the Second Workshop on Arabic Natural Language Processing.* Hrsg. Nizar Habash, Stephan Vogel und Kareem Darwish. Peking: Association for Computational Linguistics, 36–48.

Sidnell, Jack, und Nicholas J. Enfield (2014). „The Ontology of Action, in Interaction." *Interaction and Intersubjectivity.* Bd. 3 von *The Cambridge Handbook of Linguistic Anthropology.* 5 Bde. Hrsg. Jack Sidnell, Nicholas J. Enfield und Paul Kockelman. Cambridge: Cambridge University Press, 423–446.

Sidnell, Jack, und Tanya Stivers (Hrsg.) (2013). *The Handbook of Conversation Analysis.* Chichester, West Sussex: Wiley-Blackwell.

Siever, Holger (2015). *Übersetzungswissenschaft: eine Einführung.* Tübingen: Narr Francke Attempto.

Sinclair, William (1901). „The African Association of 1788." *Journal of the Royal African Society* 1.1, 145–149.

Singer, Hans-Rudolf (1982). „Der neuarabische Sprachraum." *Sprachwissenschaft.* Bd. 1 von *Grundriss der arabischen Philologie.* 3. Bde. Hrsg. Wolfdietrich Fischer. Wiesbaden: Reichert, 110–119, 124–127.

Sinner, Carsten (2014). *Varietätenlinguistik: eine Einführung*. Tübingen: Narr.

Smith, Anja (2012). „Der Appell zur intersubjektiven Verständigung: zur Rolle phatischer Diskursmarker." *Intersubjektivität und Sprache: Zur An- und Abgleichung von Sprecher- und Hörervorstellungen in Texten und Gesprächen*. Hrsg. Anne Larrory-Wunder. Eurogermanistik: Europäische Studien zur deutschen Sprache 30. Tübingen: Stauffenburg, 25–50.

Snell-Hornby, Mary, et al. (1998). *Handbuch Translation*. Tübingen: Stauffenburg.

Socin, Albert (1895). „Referat über die Transcriptionsfrage." *Zeitschrift der Deutschen Morgenländischen Gesellschaft* 49.1, 180–183.

Söll, Ludwig [Bearb. v. Franz Josef Hausmann] (1985). *Gesprochenes und geschriebenes Französisch*. Grundlagen der Romanistik 6. 3. Aufl. Berlin: Schmidt [1974].

Soulaimani, Dris (2018). „Talk, Voice, and Gestures in Reported Speech: Toward an Integrated Approach." *Discourse Studies* 20.3, 1–16.

Spiegel, Carmen (1996). „Bedeutungskonstitution im Gespräch: Die Geschichte eines Ledersofas." *Bedeutung – Konzepte, Bedeutungskonzepte: Theorie und Anwendung in Linguistik und Psychologie*. Hrsg. Joachim Grabowski, Gisela Harras und Theo Herrmann. Opladen: Westdeutscher Verlag, 277–300.

Spiegel, Carmen (2009). „Transkripte als Arbeitsinstrument: von der Arbeitsgrundlage zur Anschauungshilfe." *Die Arbeit mit Transkripten in Fortbildung, Lehre und Forschung*. Hrsg. Karin Birkner und Anja Stukenbrock. Mannheim: Verlag für Gesprächsforschung, 7–15.

Spitta-Bey, Wilhelm (1880). Grammatik des arabischen Vulgärdialectes von Aegypten. Leipzig: Hinrichs'sche Buchhandlung.

Spranz-Fogasy, Thomas (1993). *Beteiligungsrollen und interaktive Bedeutungskonstitution*. Arbeiten aus dem Sonderforschungsbereich 245 „Sprache und Situation". Bericht Nr. 52. Mannheim: Institut für Deutsche Sprache.

Stachowiak, Herbert (1973). *Allgemeine Modelltheorie*. Wien: Springer.

Stati, Sorin, und Edda Weigand (Hrsg.) (1992). *Methodologie der Dialoganalyse*. Beiträge zur Dialogforschung 3. Tübingen: Niemeyer.

Steensig, Jakob (2011). „Turn-Taking in Conversation." *Pragmatics of Society*. Hrsg. Gisle Andersen und Karin Aijmer. Handbook of Pragmatics 5. Berlin: De Gruyter, 501–535.

Steger, Hugo (1967). „Gesprochene Sprache: zu ihrer Typik und Terminologie." *Satz und Wort im heutigen Deutsch: Ergebnisse neuerer Forschung*. Jahrbuch des Instituts für Deutsche Sprache 1965/66. Sprache der Gegenwart: Schriften des Instituts für Deutsche Sprache 1. Düsseldorf: Pädagogischer Verlag Schwann, 259–291.

Steger, Hugo (1970). „Über Dokumentation und Analyse gesprochener Sprache: die Erforschung der gesprochenen deutschen Gegenwartssprache.“ *Zielsprache Deutsch: Zeitschrift für Unterrichtsmethodik und angewandte Sprachwissenschaft* 1, 13–21; 2, 51–63.

Steger, Hugo, et al. (1974). „Redekonstellation, Redekonstellationstyp, Textexemplar, Textsorte im Rahmen eines Sprachverhaltensmodells: Begründung einer Forschungshypothese.“ Hrsg. Hugo Moser. *Gesprochene Sprache: Jahrbuch 1972*. Sprache der Gegenwart: Schriften des Instituts für Deutsche Sprache 26. Düsseldorf: Pädagogischer Verlag Schwann, 39–97.

Steinke, Ines (2017). „Gütekriterien qualitativer Forschung.“ *Qualitative Forschung: ein Handbuch*. Hrsg. Uwe Flick, Ernst von Kardoff und Ines Steinke. 12. Aufl. Reinbek bei Hamburg: Rowohlt [2000], 319–331.

Stelma, Juurd H., und Lynne J. Cameron (2007). „Intonation Units in Spoken Interaction: Developing Transcription Skills.“ *Text and Talk: An Interdisciplinary Journal of Language, Discourse & Communication Studies* 27.3, 361–393.

Stift, Ulf-Michael, und Thomas Schmidt (2014). „Mündliche Korpora am IDS: vom Deutschen Spracharchiv zur Datenbank für Gesprochenes Deutsch.“ *Ansichten und Einsichten: 50 Jahre Institut für Deutsche Sprache*. Hrsg. Institut für Deutsche Sprache: Red. Melanie Steinle und Franz Josef Berens. Mannheim: Institut für Deutsche Sprache, 360–375.

Stivers, Tanya (2013). „Sequence Organization.“ *The Handbook of Conversation Analysis*. Hrsg. Jack Sidnell und Tanya Stivers. Chichester, West Sussex: Wiley-Blackwell, 191–209.

Stock, Kristina (2018). „Arabische Literatur auf Deutsch: Translatorische Problemfelder und Lösungsansätze.“ *Arabische Sprache im Kontext: Festschrift zu Ehren von Eckehard Schulz*. Hrsg. Beate Backe, Thoralf Hanstein und Kristina Stock. Leipziger Beiträge zur Orientforschung 37. Berlin: Lang, 53–88.

Stoltenburg, Benjamin (2016). *Zeitlichkeit als Ordnungsprinzip der gesprochenen Sprache*. Tübinger Beiträge zur Linguistik 557. Tübingen: Narr.

Stolze, Radegundis (2008). *Übersetzungstheorien: eine Einführung*. narr Studienbücher. 5. Aufl. Tübingen: Narr [1994].

Streeck, Jürgen, Charles Goodwin und Curtis LeBaron (Hrsg). (2011). *Embodied Interaction, Language and Body in the Material World*. Cambridge: Cambridge University Press.

Strübing, Jörg, et al. (2018). „Gütekriterien qualitativer Sozialforschung: ein Diskussionsanstoß.“ *Zeitschrift für Soziologie* 47.2, 83–100.

Stubbs, Michael (1983). *Discourse Analysis: The Sociolinguistic Analysis of Natural Language*. Language in Society 4. Oxford: Blackwell.

Stukenbrock, Anja (2009). „Herausforderungen der multimodalen Transkription: methodische und theoretische Überlegungen aus der wissenschaftlichen Praxis." *Die Arbeit mit Transkripten in Fortbildung, Lehre und Forschung.* Hrsg. Karin Birkner und Anja Stukenbrock. Mannheim: Verlag für Gesprächsforschung, 144–169.

Stukenbrock, Anja (2015). *Deixis in der face-to-face-Interaktion.* linguae & litterae: Publications of the School of Language & Literature, Freiburg Institute for Advances Studies 47. Berlin: De Gruyter.

Stumme, Hans (1902). *Arabisch, Persisch und Türkisch in den Grundzügen der Laut- und Formenlehre, für das Privatstudium sowohl als für akademische Vorlesungen, in denen Wörter und Namen aus dem Kulturkreise der islamischen Welt zu erklären sind; ohne Anwendung der arabischen Schrift.* Leipzig: Hinrichs'sche Buchhandlung.

Suleiman, Yasir (2003). *The Arabic Language and National Identity: A Study in Ideology.* Edinburgh: Edinburgh University Press.

Svennevig, Jan (2014). „Other-Repetition as Display of Hearing, Understanding and Emotional Stance." *Discourse Studies* 6.4, 489–516.

Taha, Zeinab A. (Hrsg.) (2020). *Revisiting Levels of Contemporary Arabic in Egypt: Essays on Arabic Varieties in Memory of El-Said Badawi.* Cairo: The American University in Cairo Press.

Temnikova, Irina, et al. (2017). „Interpreting Strategies Annotation in the WAW Corpus." *Proceedings of the Workshop "Human-Informed Translation and Interpreting Technology" (HiT-IT).* Hrsg. Irina Temnikova et al. Shoumen, Bulgarien: Association for Computational Linguistics, 36–43.

Temnikova, Irina, et al. (2019). „Human-informed Speakers and Interpreters Analysis in the WAW Corpus and an Automatic Method for Calculating Interpreter's Décalage." *Proceedings of the Second Workshop on Human-Informed Translation and Interpreting Technology (HiT-IT 2019).* Hrsg. Irina Temnikova et al. Shoumen, Bulgarien: Incoma Ltd., 105–115.

ten Have, Paul (2007). *Doing Conversation Analysis: A Practical Guide.* 2. Aufl. Los Angeles: SAGE [1999].

„Tenth International Congress of Orientalists, Held at Geneva: Report of the Transliteration Committee" (1895). *The Journal of the Royal Asiatic Society of Great Britain and Ireland* 27.4, 879–892.

Tewksbury, George, E. (1897). *A Complete Manual of the Edison Phonograph.* Vorw. Thomas A. Edison. Orange, New Jersey: National Phonograph, Edison Laboratory.

Thawabteh, Mohammad Ahmad (2010). „The Translatability of Interjections: A Case Study of Arabic-English Subtitling." *Meta: Journal des traducteurs* 55.3, 499–515.

Tollefson, James W. (1983). „Language Policy and the Meanings of Diglossia." *WORD* 34.1, 1–9.

Tremmel, Markus (2005). „Schiltberger, Hans." *Neue Deutsche Biographie: Rohmer-Schinkel.* Hrsg. Historische Kommission bei der Bayerischen Akademie der Wissenschaften. Bd. 22. Berlin: Duncker & Humblot, 773–774.

United Nations Group of Experts on Geographical Names (2007). *Technical Reference Manual for the Standardization of Geographical Names.* New York: United Nations. ‹https://digitallibrary.un.org/record/600005› (5. November 2022).

United States Board on Geographic Names, Foreign Names Committee (1994). *Romanization Systems and Roman-Script Spelling Conventions.* Fairfax, VA: Defense Mapping Agency.

Valero-Garcés, Carmen (2008). „Hospital Interpreting Practice in the Classroom and the Workplace." *Crossing Borders in Community Interpreting: Definitions and Dilemmas.* Hrsg. Carmen Valero-Garcés und Anne Martin. Benjamins Translation Library 76. Amsterdam: Benjamins, 165–185.

Vargas-Urpi, Mireia (2019). „Public Service Interpreting in Educational Settings: Issues of Politeness and Interpersonal Relationships." *The Routledge Handbook of Translation and Pragmatics.* Hrsg. Rebecca Tipton und Louisa Desilla. London: Routledge, 336–354.

Versteegh, Kees (1996). „Linguistic Attitudes and the Origin of Speech in the Arab world." *Understanding Arabic: Essays in Contemporary Arabic Linguistics in Honor of El-Said Badawi.* Hrsg. Alaa Elgibali. Kairo: The American University in Cairo Press, 15–31.

Versteegh, Kees (Hrsg.) (2006). *Encyclopedia of Arabic Language and Linguistics.* 5 Bde. Leiden: Brill.

Versteegh, Kees (2013). „Contact and the Development of Arabic." *The Handbook of Language Contact.* Hrsg. Raymond Hickey. Malden, Massachusetts: Wiley-Blackwell, 634–651.

Versteegh, Kees (2014). *The Arabic Language.* 2. Aufl. Edinburgh: Edinburgh University Press [1977].

Vollers, Karl (1906). *Volkssprache und Schriftsprache im alten Arabien.* Straßburg: Karl J. Trübner.

Volney, Constantin-François de Chasseboeuf (1794). *Simplification des langues orientales, ou méthode nouvelle et facile d'apprendre les langues Arabe, Persane et Turque, avec des charactère Européens.* Paris: L'imprimerie de la République.

Wadensjö, Cecilia (1992). *Interpreting as Interaction: On Dialogue-Interpreting in Immigration Hearings and Medical Encounters.* Linköping Studies in Arts and Science 83. Linköping: Linköping University.

Wadensjö, Cecilia (1998). *Interpreting as Interaction.* Vorw. Candlin, Christopher N. Language in Social Life Series. London: Longman.

Wagener, Peter (1981). „Die Erfahrungen der Dialektologie mit der Notation sprachlicher Daten." Bd. 2 von *Zeichenkonstitution: Akten des 2. Semiotischen Kolloquiums Regensburg 1978.* 2 Bde. Hrsg. Annemarie Lange-Seidl. Grundlagen der Kommunikation: Bibliotheksausgabe. Berlin: De Gruyter, 150–158.

Wagener, Peter, und Karl-Heinz Bausch (Hrsg.) (1997). *Tonaufnahmen des gesprochenen Deutsch: Dokumentation der Bestände von sprachwissenschaftlichen Forschungsprojekten und Archiven.* PHONAI: Texte und Untersuchungen zum gesprochenen Deutsch 40. Tübingen: Niemeyer.

Wagner, Ewald (1961). *Regeln für die alphabetische Katalogisierung von Druckschriften in den islamischen Sprachen (arabisch, persisch, türkisch): auf Grund von Beratungen eines Gremiums von Fachbibliothekaren zusammengestellt.* Wiesbaden: Harrassowitz.

Wagner, Jonas, Arne Krause und Angelika Redder (2022). „‚Sprachreflexion' als Instrument des mehrsprachigen Regelunterrichts – linguistische Fundierung." *Mehrsprachiges Mathematiklernen: Von sprachhomogenen Kleingruppen zum Regelunterricht in sprachlich heterogenen Klassen.* Hrsg. Jonas Wagner et al. Sprach-Vermittlungen 22. Münster: Waxmann, 95–151.

Wallin, Georg August (1855). „Ueber die Laute des Arabischen und ihre Bezeichnung." *Zeutschrift der Deutschen Morgenländischen Gesellschaft* 9.1, 1–69.

Walters, Keith (1996). „Diglossia, Linguistic Variation, and Language Change in Arabic." *Perspectives on Arabic Linguistics VIII: Papers from the Eighth Annual Symposium on Arabic Linguistics.* Hrsg. Mushira Eid. Amsterdam Studies in the Theory and History of Linguistic Science 134. Current Issues in Linguistic Theory 4. Amsterdam: Benjamins, 157–197.

Wanzenbeck, Roland (2013). *Zur Umsetzung der Rahmenkonvention zum Schutz nationaler Minderheiten in Österreich.* Diplomarbeit zur Erlangung des akademischen Grades eines Magisters der Philosophie in der Allgemeinen und Angewandten Sprachwissenschaft. Universität Wien: Philologisch-Kulturwissenschaftliche Fakultät.

Weatherall, Ann, et al. (2021). „The Multimodality and Temporality of Pain Displays." *Language & Communication* 80, 56–70.

Weber, Andreas, und Claudia Piesche (2021). „Datenspeicherung, -kuration und Langzeitverfügbarkeit." *Praxishandbuch Forschungsdatenmanagement*. Hrsg. Markus Putnings, Heike Neuroth und Janna Neumann. *Praxishandbuch Forschungsdatenmanagement*. Berlin: De Gruyter Saur, 327–355.

Wehr, Hans (1934). *Die Besonderheiten des heutigen Hocharabischen mit Berücksichtigung der Einwirkung der europäischen Sprachen*. Inaugral-Dissertation zur Erlangung der Doktorwürde einer Hohen Philologischen Fakultät der Martin-Luther-Universität Halle-Wittenberg. Berlin: Reichsdruckerei.

Wehr, Hans (1979). *A Dictionary of Modern Written Arabic: Arabic-English*. Hrsg. J. Milton Cowan. 4. Aufl. Wiesbaden: Harrassowitz [1961].

Wehr, Hans [u. Mitarb. v. Lorenz Kropfitsch] (1985). *Arabisches Wörterbuch für die Schriftsprache der Gegenwart: Arabisch-Deutsch*. 5. Aufl. Wiesbaden: Harrassowitz [1952].

Wehr, Hans [u. Mitarb. v. Lorenz Kropfitsch] (2020). *Arabisches Wörterbuch für die Schriftsprache der Gegenwart: Arabisch-Deutsch*. 6. Aufl. Wiesbaden: Harrassowitz [1952].

Weigand, Edda [Bearb. v. Sebastian Feller] (2009). *Language as Dialogue: From Rules to Principles of Probability*. Amsterdam: Benjamins.

Weigand, Edda, und Istcan Kecskes (Hrsg.) (2018). *From Pragmatics to Dialogue*. Amsterdam: Benjamins.

Weingarten, Elmar, Fritz Sack und Jim Schenkschein (1979). *Ethnomethodologie: Beiträge zu einer Soziologie des Alltagshandelns*. Frankfurt am Main: Suhrkamp [1976].

Wellisch, Hans H. (1978). *The Conversion of Scripts: Its Nature, History, and Utilization*. New York: Wiley & Sons.

Wellisch, Hans H. (1995). *Transcription and Transliteration: An Annotated Bibliography on Conversion of Scripts*. Silver Spring, Maryland: Institute of Modern Languages.

Wettemann, Ulrich (2012). „Übersetzung qualitativer Interviewdaten zwischen Translationswissenschaft und Sozialwissenschaft." *Qualitative Interviewforschung in und mit fremden Sprachen: eine Einführung in Theorie und Praxis*. Hrsg. Jan Kruse et al. Weinheim: Beltz Juventa, 101–120.

Wetzstein, Johann Gottfried (1868). „Sprachliches aus den Zeltlagern der syrischen Wüste." *Zeitschrift der Deutschen Morgenländischen Gesellschaft* 22.1, 69–194.

White, Michael Grant, und Deryle W. Londsdale (2019). „Verbs in Egyptian Arabic: A Case for Register Variation." *Proceedings of the 3rd Workshop on Arabic Corpus Linguistics*. Hrsg. Mahmoud El-Haj et al. Cardiff, Wales: Association for Computational Linguistics, 60–71.

Wild, Stefan, (1982). „Die arabische Schriftsprache der Gegenwart.“ *Sprachwissenschaft*. Bd. 1 von *Grundriss der arabischen Philologie*. 3. Bde. Hrsg. Wolfdietrich Fischer. Wiesbaden: Reichert, 51–57.

Wild, Kathrin (2019). „Überlegungen zur Fragebogenübersetzung in multilingualen Kontexten.“ *Wissen, Können, Wollen – sollen?!: (Angehende) LehrerInnen und äußere Mehrsprachigkeit*. Hrsg. Diana Maak und Julia Ricart Brede. Mehrsprachigkeit 46. Münster: Waxmann, 75–94.

Wille, Manuel, et al. (2020). „Korpusanalysetools.“ *LinguTools: Der Paderborner Blog rund um die linguistische Korpusanalyse*. ‹https://blogs.uni-paderborn.de/lingutools/korpusanalysetools/› (26. September 2021).

Winterscheid, Jenny, et al. (2019). *Normalisieren mit OrthoNormal: Konventionen und Bedienungshinweise für die orthografische Normalisierung von FOLKER-Transkripten*. Version 1.1. Mannheim: Leibniz-Institut für Deutsche Sprache. ‹https://doi.org/10.14618/ids-pub-9326›.

Wittenburg, Peter, Paul Trilsbeek und Florian Wittenburg (2014). „Corpus Archiving and Dissemination.“ *The Oxford Handbook of Corpus Phonology*. Hrsg. Jacques Durand, Ulrike Gut und Gjert Kristofferson. Oxford: Oxford University Press, 133–149.

Woidich, Manfred (1990). „Einige Aspekte der Diglossie im heutigen Ägypten.“ *Amsterdam Middle Eastern Studies*. Hrsg. Manfred Woidich. Wiesbaden: Reichert, 99–130.

Woidich, Manfred (2006). *Das Kairenisch-Arabische: Eine Grammatik*. Porta linguarum orientalium 22. Wiesbaden: Harrassowitz.

Woidich, Manfred (2010). „Von der wörtlichen Rede zur Sachprosa: Zur Entwicklung der Ägyptisch-Arabischen Dialektliteratur.“ *Dialektliteratur heute: regional und international*. Hrsg. Horst Haider Munske. Forschungskolloquium am Interdisziplinären Zentrum für Dialektforschung an der Friedrich-Alexander-Universität Erlangen-Nürnberg, 19.11.-20.11.2009.

Wörner, Kai (2009). *Werkzeuge zur flachen Annotation von Transkriptionen gesprochener Sprache*. Dissertation zur Erlangung des akademischen Grades Doctor philosophiae an der Fakultät für Linguistik und Literaturwissenschaft der Universität Bielefeld.

Wray, Samantha, und Ahmed Ali (2015). „Crowdsource a Little to Label a Lot: Labeling a Speech Corpus of Dialectal Arabic.“ *Sixteenth Annual Conference of the International Speech Communication Association in Dresden, Germany (INTERSPEECH 2015): Speech Beyond Speech; Towards a Better Understanding of the Most Important Biosignal*. Baixas: International Speech Communications Association, 2824–2828.

Yaghan, Mohammad Ali (2008). „‚Arabizi‘: A Contemporary Style of Arabic Slang.“ *Design Issues* 24.2, 39–52.

Youssi, Abderrahim (1983). „La triglossie dans la typologie linguistique.“ *La Linguistique* 19.2, 71–83.

Zaidan, Omar F., und Chris Callison-Burch (2014). „Arabic Dialect Identification.“ *Computational Linguistics* 40.1, 171–202.

Zbib, Rabih, et al. (2012). „Machine Translation of Arabic Dialects.“ *Proceedings of the 2012 Conference of the North American Chapter of the Association for Computational Linguistics: Human Language Technologies.* Hrsg. Eric Fosler-Lussier, Ellen Riloff und Srinivas Bangalore. Montréal: Association for Computational Linguistics, 49–59.

Zeroual, Imad, und Abdelhak Lakhouaja (2018). „Arabic Corpus Linguistics: Major Progress, but Still a Long Way to Go.“ *Intelligent Natural Language Processing: Trends and Applications.* Hrsg. Khaled Shaalan, Abdoul Ella Hassanien und Fahmy Tolba. Studies in Computational Intelligence 740. Cham: Springer, 613–636.

Zwirner, Eberhard, und Wolfgang Bethge (1958). *Erläuterungen zu den Texten.* Hrsg. Deutsches Spracharchiv. Lautbibliothek der Deutschen Mundarten 1. Göttingen: Vandenhoeck & Ruprecht.

Sachregister

U

FTSK

Publikationen des Fachbereichs Translations-, Sprach- und Kulturwissenschaft der Johannes Gutenberg-Universität Mainz in Germersheim

Band 1 Dietrich Briesemeister (Hrsg.): Sprache, Literatur, Kultur. Romanistische Beiträge. 1974.

Band 2 Reinhart Herzog (Hrsg.): Computer in der Übersetzungswissenschaft. Sprachpraktische und terminologische Studien. 1981.

Band 3 Karl-Heinz Stoll: The New British Drama. A Bibliography with Particular Reference to Arden, Bond, Osborne, Pinter, Wesker. 1975.

Band 4 Sergej Mawrizki: Außenhandel der Sowjetunion gestern und heute. Grundlagen, Entwicklung und der Westhandel nach dem Zweiten Weltkrieg. 1976.

Band 5 Michael T. Trabert: Das religiöse Erbe im Frühwerk Philip Roths. *Goodbye Columbus*. 1985.

Band 6 H. W. Drescher / Signe Scheffzek (Hrsg.): Theorie und Praxis des Übersetzens und Dolmetschens. 1976. (vergriffen)

Band 7 Dagmar Steffen: Der Zweiakter im zeitgenössischen englischen Drama. Studien zu John Mortimers *The Judge,* David Mercers *After Haggerty* und *Flint* und Tom Stoppards *Jumpers*. 1983.

Band 8 J. Albrecht / H. W. Drescher / H. Göhring / N. Salnikow (Hrsg.): Translation und interkulturelle Kommunikation. 40 Jahre Fachbereich Angewandte Sprachwissenschaft der Johannes Gutenberg-Universität Mainz in Germersheim. 1987. (vergriffen)

Band 9 Renate von Bardeleben (Hrsg.): Wege amerikanischer Kultur / Ways and Byways of American Culture. Aufsätze zu Ehren von / Essays in Honor of Gustav H. Blanke. 1989.

Band 10 Christel Balle: Tabus in der Sprache. 1990.

Band 11 Michael Dunker: Beeinflussung und Steuerung des Lesers in der englischsprachigen Detektiv- und Kriminalliteratur. Eine vergleichende Untersuchung zur Beziehung Autor-Text-Leser in Werken von Doyle, Christie und Highsmith. 1991.

Band 12 Hjördis Jendryschik: Afrikanische Bauformen des Erzählens. Spezifische Eigenarten des frankophonen Romans Schwarzafrikas. 1991.

Band 13 Martin Forstner (Hrsg.): Festgabe für Hans-Rudolf Singer. Zum 65. Geburtstag am 6. April 1990 überreicht von seinen Freunden und Kollegen. 1991.

Band 14 Marcellinus Edorh: Theater in Ghana. Weltsicht, Rituale, Mythen, Tanzdrama, „Social drama", „Ananse sem", „Comic plays" und moderne Dramen. 1991.

Band 15 Martin Forstner / Klaus von Schilling (Hrsg.): Interdisziplinarität. Deutsche Sprache und Literatur im Spannungsfeld der Kulturen. Festschrift für Gerhart Mayer zum 65. Geburtstag. 1991.

Band 16 Anthony Pym: Translation and Text Transfer. An Essay on the Principles of Intercultural Communication. 1992.

Band 17 Harald Nelson: Die Sprache französischer Schüler. Schulspezifische Designate und ihre Bezeichnung. 1994.

Band 39 Matthias Vollet / Felipe Castañeda (Hrsg.): Mission und Sprache. Interdisziplinäre Erkundungen zum Orden Colonial in Iberoamerika. 2004.

Band 40 Vito Lo Scrudato: L'ultimo brigante. Nel latifondo siciliano tra '800 e '900. 2004.

Band 41 Barbara Ahrens: Prosodie beim Simultandolmetschen. 2004.

Band 42 Klaus Pörtl: Panorámica del teatro español y latinoamericano del siglo XX. 2004.

Band 43 Araceli Marín Presno: Zur Rezeption der Novelle *Rinconete y Cortadillo* von Miguel de Cervantes im deutschsprachigen Raum. 2005.

Band 44 Rebekka Bratschi: Xenismen in der Werbung. Die Instrumentalisierung des Fremden. 2005.

Band 45 Katrin Buchta / Andreas Guder (Hrsg.): China.Literatur.Übersetzen. Beiträge eines Symposiums zu Ehren von Ulrich Kautz. 2006.

Band 46 Wolfgang Pöckl / Michael Schreiber (Hrsg.): Geschichte und Gegenwart der Übersetzung im französischen Sprachraum. 2008.

Band 47 Peter Kupfer (ed.): Youtai – Presence and Perception of Jews and Judaism in China. 2008.

Band 48 Athanasios Anastasiadis: Der Norden im Süden. Kostantinos Chatzopoulos (1868-1920) als Übersetzer deutscher Literatur. 2008.

Band 49 Michael Poerner: Business-Knigge China. Die Darstellung Chinas in interkultureller Ratgeberliteratur. 2009.

Band 50 Barbara Ahrens / Lothar Černý / Monika Krein-Kühle / Michael Schreiber (Hrsg.): Translationswissenschaftliches Kolloquium I. Beiträge zur Übersetzungs- und Dolmetschwissenschaft (Köln/ Germersheim). 2009.

Band 51 Konstantina Glykioti / Doris Kinne (Hrsg.): Griechisch – Ελληνικά – Grekiska: Festschrift für Hans Ruge. 2009.

Band 52 Judith Schreier: Der Piropo als Instrument verbaler Interaktion. Eine soziopragmatische Untersuchung am Beispiel Venezuelas. 2009.

Band 53 Aiga Dukāte: Translation, Manipulation and Interpreting. 2009.

Band 54 Erika Worbs (Hrsg.): Neue Zeiten – neue Wörter – neue Wörterbücher. Beiträge zur Neologismenlexikografie und -lexikologie. 2009.

Band 55 Stefan Feihl: Resultativkonstruktionen mit Prädikatsadjektiv und ihre Übersetzung aus dem Deutschen ins Französische, Italienische, Spanische und Portugiesische. 2009.

Band 56 Владислава В. Жданова/Vladislava Ždanova: „Нашим оружием было слово...". Переводчики на войне. „Unsere Waffe war das Wort...". Translation in Kriegszeiten. 2009.

Band 57 Dennis Scheller-Boltz: Präponeme und Präponemkonstrukte im Russischen, Polnischen und Deutschen. Zur Terminologie, Morphologie und Semantik einer Wortbildungseinheit und eines produktiven Kompositionstypus. 2010.

Band 58 Doris Kinne: Untersuchungen zur Morphologie des Verbs in griechischen Pressetexten unter dem Aspekt der Bistrukturalität. 2011.

Band 59 Cornelia Schindelin / Michael Poerner (Hrsg.): Sprache und Genuss. Beiträge des Symposiums zu Ehren von Peter Kupfer. 2012.

Band 60 Barbara Ahrens / Silvia Hansen-Schirra / Monika Krein-Kühle / Michael Schreiber / Ursula Wienen (Hrsg.): Translationswissenschaftliches Kolloquium II. Beiträge zur Übersetzungs- und Dolmetschwissenschaft (Köln/Germersheim). 2012.

Band 61 Silvia Hansen-Schirra / Don Kiraly (Hrsg.): Projekte und Projektionen in der translatorischen Kompetenzentwicklung. 2013.

Band 62 Silvia Hansen-Schirra / Karin Maksymski (eds.): Aviation Communications. Between Theory and Practice. 2013.

Band 63 Martina Sahliger: *Did you acknowledge my last transmission?* Sprechfunkverkehr in der Luftfahrt. Audioverbale Interaktion zwischen Flugsicherung und Crew. 2013.

Band 64 Streifzüge durch die Welt der Sprachen und Kulturen. Festschrift für Dieter Huber zum 65. Geburtstag. Herausgegeben von Melanie Arnold, Silvia Hansen-Schirra und Michael Poerner. 2013.

Band 65 Barbara Ahrens / Silvia Hansen-Schirra / Monika Krein-Kühle / Michael Schreiber / Ursula Wienen (Hrsg.): Translationswissenschaftliches Kolloquium III. Beiträge zur Übersetzungs- und Dolmetschwissenschaft (Köln/Germersheim). 2014.

Band 66 Anne Burgert / Ângela Maria Pereira Nunes (Hrsg.): Stimmen hinter der Tür. Übersetzen des polyphonen Romans *A Prisioneira de Emily Dickinson* in Projektarbeit. 2014.

Band 67 Jelena Nikolic: Nominalsyntagmen mit Präposition. Eine Studie zum Italienischen und Portugiesischen. Unter besonderer Berücksichtigung des inneren Artikels. 2016.

Band 68 Rainer Kohlmayer: Deutsche Sprachkomik. Ein Überblick für Übersetzer und Germanisten. 2017.

Band 69 Sylvia Reinart: Untertitelung in einem Synchronisationsland. When wor(l)ds collide? 2018.

Band 70 Judith Antonia Eiring: Kulturelle Übersetzungsprozesse zwischen indigenen Traditionen und der Moderne in Ecuador. 2018.

Band 71 Rainer Kohlmayer: Rhetorik und Translation. Germanistische Grundlagen des guten Übersetzens. 2018.

Band 72 Rainer Kohlmayer: Literaturübersetzen. Ästhetik und Praxis. 2019.

Band 73 Eleni Stagkouraki: El festival *Grito de Mujer* como plaza pública de activismo poético. Arte y comunidad en diálogo. 2021.

Band 74 Elizaveta Dorogova: Meister Eckharts mittelhochdeutsche Predigten in Übersetzung. Eine übersetzungskritische Analyse der neuhochdeutschen und französischen Versionen. 2022.

Band 75 Rahaf Farag: Computergestützte Transkription arabisch-deutscher Gesprächsdaten. Ein methodischer Beitrag zur Untersuchung gedolmetschter Gespräche. 2023.

www.peterlang.com

www.ingramcontent.com/pod-product-compliance
Ingram Content Group UK Ltd.
Pitfield, Milton Keynes, MK11 3LW, UK
UKHW021821290926
8980IPUK00004B/193

9 783631 883181